U0687970

高等院校工商管理系列教材

现代商品学概论

（第二版）

张　烨　主编

科学出版社

北　京

内容简介

商品学是一门以自然科学和技术科学为主，融合社会科学、经济学为一体的一门应用性学科。本书主要是对商品学基础知识点进行介绍，包括商品学概论、商品分类与编码、商品质量与质量管理、商品标准与标准化、商品检验、商品包装、商品物流配送、商品储存、商品与环境、新产品的研究与开发战略、纺织商品和食品商品等。本书在明确商品学基本概念和基本原理的前提下，每章后附思考与练习，目的在于强调其实际的运用和实践操作。

本书融知识性和实用性为一体，可作为贸易、工商、市场营销等专业的本科教材，也可作为高职高专经济管理类的相关专业教材，还可供企业经营管理人员阅读及作为消费者生活消费指南。

图书在版编目（CIP）数据

现代商品学概论/张烨主编. —2版. —北京：科学出版社，2011

（高等院校工商管理系列教材）

ISBN 978-7-03-031424-6

I. ①现… II. ①张… III. ①商品学-高等学校-教材 IV. ①F76

中国版本图书馆CIP数据核字（2011）第106556号

责任编辑：田悦红 任锋娟 / 责任校对：耿耘

责任印制：吕春珉 / 封面设计：一克米工作室

科学出版社 出版

北京东黄城根北街16号

邮政编码：100717

http://www.sciencep.com

天津翔远印刷有限公司 印刷

科学出版社发行 各地新华书店经销

*

2005年9月第 一 版 开本：B5（720×1000）

2011年8月第 二 版 印张：25 3/4

2021年1月第十六次印刷 字数：533 000

定价：66.00元

（如有印装质量问题，我社负责调换〈翔远〉）

销售部电话 010-62134988 编辑部电话 010-62138978-2015（HF02）

高等院校工商管理系列教材

编 委 会

第二版前言

商品学是一门综合性的应用学科，历来就是高等院校贸易经济、工商管理、市场营销、物流管理、产品质量工程等专业的必修课程。本书第一版自2005年出版后，已使用6年，实践证明本书体系完整，基本理论和基础知识选材得当，能满足工商管理类专业和相近专业的需要。随着科学技术和商品经济的迅猛发展，商品学的理论体系在不断发展和完善，商品学的研究内容在不断更新和充实，商品学的研究范围和应用领域也在不断拓宽。为发挥商品学理论知识对国民经济的积极、促进作用，体现商品学学科发展的最新状况，有必要对第一版做修改和补充，出第二版。

我国加入WTO 10年来，经济、贸易和环境方面的全球化急剧加速，在管理、经济学科方面也发生了一定的变化。本版吸收了国内外商品学及其相关领域的最新研究成果，对第一版中已不再适应我国社会主义市场经济需要的国际规范、规则的内容进行了较为细致的梳理和删除，修订和补充了最新的内容。特别是在商品分类与编码、商品质量与质量管理、商品标准与标准化、商品检验等章中，对其所用的概念、术语全部采用最新的国家标准和国际标准，此外，还把服务作为商品研究范围进行了新的探索。另外，结构上也有一定的变化，将商品学基础理论和实务结合为一体，补充了纺织商品和食品商品的相关知识；更新了最新的案例分析题和补充阅读材料；同时参照工商管理精品教材编写规范在每章思考与练习中增加了实训题。王玉莲参加了本版部分章节的编写工作。

本书适用性强，不仅可作为大学本科、专科及成人教育等相关专业的教材，还可作为外贸、商业部门从事商品营销工作的业务参考书。

本书在编写过程中，吸收和引用了有关学者的著述或研究成果，在此表示深深的感谢。由于编写时间仓促，作者水平有限，书中难免有不足之处，敬请广大读者不吝赐教，以期修正、完善。

张　烨

2011年3月

第一版前言

商品学学科，是随着商品生产和科学技术的发展而发展的，在国外，许多发达国家已将市场学、广告学、商品学视为营销战略的三大理论支柱。商品学也是管理、营销，而且是统计、计划、财会、物价、市场预测、储运、商业计算机管理等业务工作中必不可少的知识。商品是社会经济的缩影，是经营活动的指南，在市场经济化的今天，消费的多样化、个性化、市场的专业化、产品的细分化导致了商品的重要性。进入市场的商品，要实现它的价值，就必须具备一定的使用价值，满足消费者的需要。在市场上，以商品为中介，经营者与消费者构成一对矛盾，矛盾的主要方面，在买方。只有买方愿意把货币转化为商品，卖方才能把商品转变为货币，实现其经济价值。要使商品顺利依次转化，对于生产者而言，关键在于掌握商品的经营规律和特点，灵活运用营销手段。对于消费者而言，消费者面对激烈的竞争环境，需要强化自我保护的意识和能力，学会商品的基本理论和鉴别常识，能够运用商品质量法规维护自身的权益，争取交易的主动权。

综上所述，商品学是一门综合性应用学科，历来就是高等院校中贸易经济、工商管理、市场营销、物流管理、产品质量工程等专业的必修课程。我校为培养高等应用型人才的需要，编写了此教材。本章包括绪论在内，共有十章。这些内容，是笔者近十年从事商品学教学工作的体会和经验的总结，同时，也得到我的家人的大力支持。在这里，感谢陈飞、乔春莹、赵春兰的校对和排版工作。在编写过程中，本书吸收和引用了有关专家、学者的著述或研究成果，在此表示深深谢意。

由于作者水平有限，书中难免有不妥之处，敬请广大读者不吝赐教。

目　录

第一章　商品学概论

【主要概念】

商品　商品价值和使用价值　商品整体概念　商品学　IGWT

第一节　商品和商品学

一、商品的定义、范围和属性

商品学是研究商品使用价值的一门学科。商品学是以商品为研究对象，以商品质量研究为中心内容的一门技术和经济结合型的管理类学科。商品具有价值和使用价值两个基本范畴，价值范畴由经济类学科来研究，而使用价值的形成、评价、维护、实现和再生主要由商品学来研究。

当消费者走入商店，看见琳琅满目的商品时，被其所吸引。这些商品首先是产品，当产品不是为生产者自己消费，而是为他人、为社会需要而存在时，才有可能成为商品，并通过交换进入社会的消费。因而，劳动产品要成为商品必须具备两个条件，一是社会需要，二是通过交换，两者缺一不可。劳动产品从供给者经由流通环节到消费者手中，才能转换为商品。明确地说，马克思主义政治经济学家认为，商品是用来交换的劳动产品。随着社会经济的不断发展，商品已从物质形态发展到能够满足社会、消费需要的所有形态。例如，商品既包括生产资料商品和生活资料商品，又包括知识商品，如科学技术商品、文化艺术商品、信息商品。商品分类如图 1.1 所示。商品学主要侧重于有形商品的分析研究。

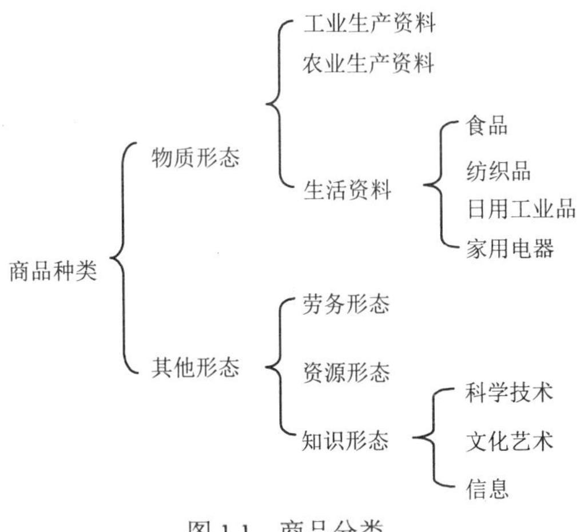

图 1.1　商品分类

政治经济学认为，商品的产生必须具备两个条件：一是社会分工，这是商品产生的前提条件；二是生产资料和劳动产品属于不同的所有者。

商品必须是用来交换的劳动产品，不是劳动产品不能成为商品，而劳动产品如果不用于交换，也不能成为商品。商品是价值和使用价值的统一体。马克思曾经指出："商品首先是一个外界的对象，一个靠自己的属性来满足人的某种需要的物。"商品具有价值与使用价值相统一的属性。商品的使用价值是商品价值的物质承担者，是能够满足人们某种需要的有用性，构成了社会财富的物质内容。商品的使用价值为商品学这门学科提供材料。使用价值只能在使用或消费中得到实现。使用价值是指商品的效用，取决于商品的物理、化学等性质，由商品的自然属性决定。商品的价值是人类一般劳动的凝结，是商品交换的基础，为商品的社会属性。商品的使用价值和价值互相依存。没有使用价值的东西不可能有价值；没有价值的东西，既不是劳动产品，也不能成为商品。商品的价值是看不见摸不到的，只有在交换的过程中，商品的价值才能表现出来。从商品交换的属性来看，卖方拥有商品的使用价值，拥有商品的所有权，而买方没有所有权，通过市场交换，卖方把商品的使用价值让渡给了买方，失去了商品的所有权，得到了价值。

商品的使用价值和价值（商品的自然属性和社会属性）处在一种既相矛盾又相统一的关系之中。一方面，价值必须以使用价值为物质承担者；另一方面，使用价值必须承担价值。二者缺一不可，这是它们统一性的表现。而商品生产者为了取得价值，必须把使用价值让渡给买者，使商品的使用价值和价值发生分离。如果使用价值不符合社会需要，让渡便发生困难，以致商品的价值不能实现，使用价值也不能实现，这是它们矛盾性的表现。

综上所述，商品所具有的特征构成了商品的定义：

1）商品是具有使用价值的劳动产品。

2）商品不是供生产者自己消费，而是通过交换、供他人和社会消费的劳动产品。

3）商品通过交换，使其使用价值和价值得以实现。

4）商品要满足人类和社会的共同需要。

补充阅读 1.1

商品的定义

关于商品的定义，有很多阐述。例如，《辞海》对"商品"的描述："为交换而生产的产品，具有使用价值和价值两个因素。为自己消费不是为交换而生产的劳动产品不是商品，为他人生产但不经过交换的劳动产品也不是商品。"马克思在《资本论》中对其作了分析："商品首先是一个外界的对象，一个靠自己的属性来满足人的某种需要的物。"恩格斯在《资本论》第四版中有一段话："而且不只是单纯为别人。中世纪农民为封建主生产交纳役租的粮食，或是交纳代税的粮食，却并不因为是为别人生产的就成为商品。要成为商品，产品必须通过交换，转到把它当作使用价值的人的手里。”《大英百科全书》将商品叙述为：“是为人们希望获得并具有满足欲望能力，在供给上又须有限，因而在交换上具有交换价值的物。凡具有满足人类个体效用之物，均为商品。”另有需求产生商品之说，这是美国人本主义行为学家马斯洛（Maslon）提出的，马斯洛建立的需要层次理论（hierarchy of needs theory）认为人的需要共有五类，第一类是生理需要（physiological needs），第二类是安全需要（safety needs），第三类是社会需要（social needs），第四类是尊重需要（esteem needs），第五类是自我实现需要（self-actualixation needs）。正是由于人们有各种各样不同的需要，所以就有了生产商品的必要。

二、商品的整体概念

商品是人类社会生产力发展到一定历史阶段的产物，是用来交换的劳动产品。从市场角度看，商品是有形实体和无形服务的统一，是一个整体的概念。商品生产的发展，使得供求矛盾逐渐转化，由卖方市场转化为买方市场，生产出的商品能否实现，关键在于其能否满足消费者的需要。因此，在买方市场条件下研究商品，还必须充分考虑买方的需求，即消费者的需要，着眼于商品的整体。商品的整体概念包括三层含义，如表 1.1 所示。

表 1.1　商品的整体概念

商 品 体	有形附加物	无形附加物
商品功能 购买者追求的利益	质量 品种 外观 标志 包装 商标 成分 结构	售后服务 质量保证 安装调试 广告宣传 信贷 送货 奖励 信息咨询

1）商品体，是人们劳动创造的、由多种不同层次要素构成的有机整体，具有实质性，具有使用价值。

2）有形附加物，包括商品包装、标志、装潢、商标、检验合格证、使用说明书和发票等，具有实体性。

3）无形附加物，人们购买有形商品时获得的服务和附加利益，具有延伸性。

商品的整体概念包括三层次论和五层次论。近年来，菲利普·科特勒（Philip Kotler）等学者倾向于使用五个层次来表述商品整体概念，如图 1.2 所示。

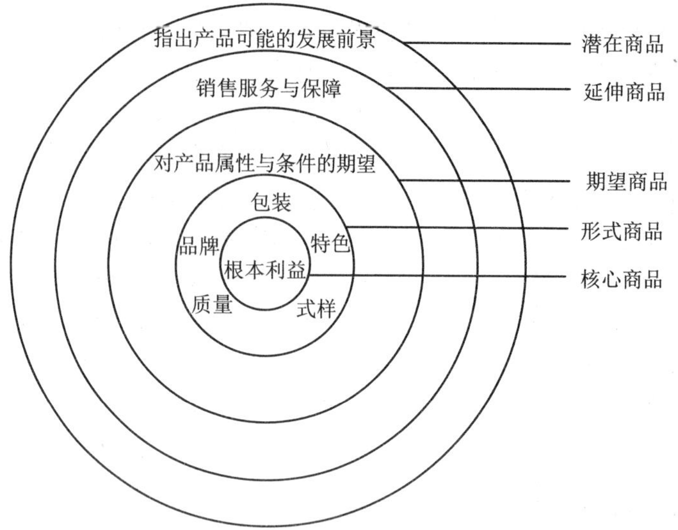

图 1.2　商品整体概念的五个层次

核心商品是商品的第一个层次，也是整体商品最基本的层次。核心商品是指向顾客提供商品的基本效用或利益，也就是顾客购买该商品要得到的根本利益或服务。从根本上说，每一种商品实质上都是为解决某种问题而提供给顾客的利益。例如，人们购买电视机想要得到的就是“娱乐和资讯”，购买电冰箱就是为了“保存食物”，旅客去旅馆购买的就是“休息和睡眠”。因此，必须根据顾客需要的核心利益有针对性地开发商品。

形式商品是商品的第二个层次，是核心商品借以实现的形式或目标市场对某一需求的特定满足形式，也是商品的基本形式。形式商品包括五个特征，即质量、式样、特征、品牌和包装。生产厂商应努力寻求更加完善的商品形式来将顾客的核心利益转换成一般的商品。电视和电冰箱就包含很多电子元件和符合视觉要求的美观外形，旅馆是包含有许多可供出租房屋的建筑物。

期望商品是商品的第三个层次，是购买者在购买该商品时期望得到的与商品密切相关的一整套属性和条件。对于旅馆的客人来说，期望得到的是干净的床、香皂、毛巾、卫生设施、电话、衣橱和安静的环境。因为大多数的旅馆都能满足这种最低限度的期望，因此，旅行者在选择档次大致相同的旅馆时，一般会选择一家最便利的旅馆。

延伸商品是商品的第四个层次，是顾客购买核心商品、形式商品和期望商品时得到的附加服务和利益，从而把一个公司的商品与其他公司的商品区别开来。例如，商品说明书、质量保证、免费安装、上门维修、送货、技术培训等。对于旅馆来说，可以通过提供电视、鲜花、快速结账服务、免费早餐和优质房间服务来增加其商品的内涵。

如今企业的竞争越来越多地发生在延伸商品这个层次。国内外许多企业成功的案例说明，竞争的焦点并非是形式商品和期望商品，而是附加在商品上的包装、服务、广告、顾客咨询、信用、运送及其他有价值的延伸商品。能够针对顾客需求发展延伸商品的企业必然会在竞争中赢得主动。

但是，企业在发展延伸商品时要考虑到几个问题。首先，每增加一样延伸商品都会增加成本，生产厂商必须了解顾客是否愿意支付更多的钱来补偿商品成本；其次，延伸商品很快会变成顾客的期望商品，如旅馆的客人会期望房间内装有电视和小型电冰箱等设备，这就意味着企业要不断寻找其他的利益来发展他们的商品，以应付日趋激烈的竞争；最后，当一个企业不断发展延伸商品，提高商品的价值时，一些竞争者会以更低价格提供“削减商品”抢走一批价格敏感的顾客。

潜在商品是商品的第五个层次，是该种商品最终可能的所有增加和改变，潜在商品指出了现有商品的可能演变趋势和前景。例如，彩色电视机可能发展为录像机、电脑终端机等；旅馆的房间可能发展成附带厨房、起居室、书房等的全套房间。

商品整体概念的三层次论和五层次论十分清晰地体现了以顾客为中心的现代营销观念。这两个概念的内涵和外延都是以顾客需求为标准的，由顾客来决定的，而不是由生产者决定的。可以说，企业如果对商品的整体概念没有充分的认识，就不能真正贯彻现代市场营销观念。

从商品的整体概念看来，商品是有形和无形因素组成的组合体，这些因素关系到商品的功能、质量、可靠性、安全性、经济性等，同时这些因素也构成了商品的有形价值和无形价值，成为市场竞争的重要手段，只有提供了使顾客在各个因素上都满意的商品的企业才能成为市场的赢家。

随着企业生产技术和管理水平的不断提高以及顾客购买能力的不断增强，顾客的生活方式和生活内涵日益丰富多彩，对商品的需求也随之更加多种多样，整体商品中的无形因素在企业市场营销中的作用日趋重要，并逐步成为决定企业市场竞争能力的关键。可以说，服务作为顾客需求的一个部分，已经不仅只受到服务业的重视，也开始为其他生产型的企业所重视。了解顾客眼中商品的整体概念后，企业必须正确认识服务也是构成商品的重要因素之一。

补充阅读 1.2

菲利普·科特勒

菲利普·科特勒，是现代营销集大成者，被誉为“现代营销学之父”，任西北大学凯洛格管理学院终身教授，是西北大学凯洛格管理学院国际市场学荣誉教授。他还是美国管理科学联合市场营销学会主席，美国市场营销协会理事，营销科学学会托管人，管理分析中心主任，杨克罗维奇咨询委员会成员，哥白尼咨询委员会委员。

科特勒博士一直致力于营销战略与规划、营销组织、国际市场营销及社会营销的研究，他的最新研究领域包括高科技市场营销，城市、地区及国家的竞争优势研究等。他创造的一些概念，如“反向营销”和“社会营销”等等，被人们广泛应用和实践。科特勒博士著作众多，许多都被翻译[Marketing Management: Application，Planning，Implementation and Control，1967 第一版，与凯文· 凯勒（Kevin Keller）合著]为 20 多种语言，被 58 个国家的营销人士视为营销宝典。其中，《营销管理》一书更是被奉为营销学的“圣经”。他们的《营销管理》不断再版，已是第十二次再版，是世界范围内使用最广泛的营销学教科书。该书成为现代营销学的奠基之作，被选为全球最佳的 50 本商业书籍之一，许多海外学者把该书誉为市场营销学的“圣经”。在大多数学校的 MBA 项目中，这本著作是市场营销学的核心教材，它改变了主要以推销、广告和市场研究为主的营销概念，扩充了营销的内涵，将营销上升为科学。在科特勒之前，市场营销是 4P 营销组合（product，产品；pricing，价格；place，地点；promotion，推销）的同义词，随着市场营销概念的不断拓宽，企业开始积极创造并滋养市场。“优秀的企业满足需求；杰出的企业创造市场。”这是科特勒的名言。

（资料来源：劳拉·玛佐，露埃拉·迈尔斯. 2008. 对话营销大师. 刘艳红，裴蓉译. 北京：企业管理出版社.）

三、商品学的由来和发展

任何一门学科的诞生都是前人经验的总结，都是在一定的科学文化、社会经济发展的条件下创造出来的，商品学也不例外。

（一）商品学的产生

由于各国商品经济发展的情况不同，商品学的起源与发展状况也不同；又由于研究者各自占有的资料以及资料来源不同，因此，对国外商品学发展概况的说法也不相一致，甚至有相悖之处。这里仅就有关国家商品学的起源与发展作粗略的介绍。在国外，商品学的起源可追溯到公元 9 世纪到 10 世纪，阿拉伯人阿里·阿德·迪米斯基（Ali Ade GuideMiskey）著《商业之美》，其副标题是“关于优质商品和劣质商品的鉴别方法及对商品骗子与伪货的识别指南”，这可算做国外最早的商品学著作。

1. 德国

16 世纪中叶，欧洲兴起了许多新的工业部门，如造纸、火药、制糖、棉织、军工、造船等。随着蒸汽机的出现，新技术的应用，自然科学在理论方面也取得了重大突破。社会化大生产和生产关系的大变革极大地促进了商品经济的发展。在这一背景下，对于商业的研究不断向对商品的研究方向拓展。意大利普那裴特

（Pulafite）著药物商品学《生药学》，法国沙瓦利（Sawallisch）著《完美商人》，详细地记述了关于纤维商品和染料为主的各种商品的产地、销路、包装及贮藏方法等。

18 世纪，德国哥丁堡大学的约翰·贝克曼（John Beckman）教授 1793 年在德国哥丁堡大学首先开设了“工艺学和商品学”课程，并于 1793～1800 年出版了《商品学导论》两卷本，构成了古典商品学的基本体系。全书共分两卷，第一卷讲述了商品生产技术，主要是工艺学，第二卷叙述了商品性能、用途、产地、包装等知识，这两部分构成了古典商品学的基本体系，因此，他被誉为商品学的学科创始人。书中对于商品的制造工艺与方法，商品的分类、性能、用途、质量、价格、检验、产地、主要市场及商品包装等内容做了十分详尽的描述，从而明确和拓展了商品学研究的范围，建立了科学的学科体系。同时，还选定了一些国际贸易商品进行了分析并做出规范性的叙述，为贸易商品进行学科阐述创造了先例。贝克曼的理论受到了社会科学界的广泛欢迎，他所创立的“商品学”被誉为“贝克曼商品学”。随着国际间的商品贸易与学术交流，这门学科先后传入了意大利、俄国、奥地利、日本等国。1810 年，莫斯科商学院将“商品学”列为必修课；1884 年，东京商学院正式开设了“商品学”课程。

2. 日本

日本东京农业大学斋藤进教授著的《食品商品学》一书中提到，日本的商品学是从 16 世纪开始出现的，有一位名叫直濑道三的医学科学工作者著有《宜禁本草》一书，是日本最早的一部接近于商品学的书。1811 年山太世孺编著的《怀山食性》一书，内容有菜、谷、酿造、鸟、兽、鱼、果等 7 个部分，主要叙述食用性质，属于食品商品学。1849 年青苔园编著了进出大阪批发市场商人用的通俗读物图谱，介绍鱼的形状、味道、食用方法等知识。1874 年日本创办商法讲习所，即日本的第一所商业学校（现日本一桥大学的前身），讲授《物产志》。书中内容采用伊夫《商业博物志》的材料，主要讲述按区域划分原材料、动物、植物、矿物、工业用材料、食用原料、药用原料及制品等。明治 24 年，博物馆的户田翠香出版了《日本商品学》，该书以动物、矿物各论为主体，共分三编，同时包括进出口商品相关内容。明治 30 年日本高等商业学校派部分教师和学生去比利时的安特卫普学习商业科学；明治 40 年代留学比利时的学生又去德国留学；1890～1891 年日本的高等商业学校规定正规课程开设商品学，并在第一、二学年讲授，1906 年日本出版了《商品学基础教程》，1926 年上坂西三又出版了《商品学概论》。迄今，日本的商品学研究非常有名。

（二）现代商品学的发展

自 1810 年后，商品学相继传入波兰、意大利、奥地利、匈牙利、罗马、前苏联、日本和中国。目前，世界上约有30多个国家（独联体各国、东欧各国、中国、越南、德国、奥地利、意大利、比利时、瑞士、日本、韩国等）将商品学作为一门独立的学科，进行商品学教育和科学研究。而在美国、英国、法国等国家中没有商品学学科，只是在市场学、营销学、消费科学、家政学等学科中有商品学的内容。

济学派在欧洲一些资本主义国家逐渐形成。当时一些人主张用经济或技术经济的观点来研究商品与人、经济技术、自然资源以及环境的关系，把商品学归属于经济学科范畴，同时认为商品学具有社会科学性质。与此同时，商品学的研究有了新的发展。V. 帕施尔（V.Poschl）教授创立了以经济目的为出发点的“目的商品学”；奥地利维也纳国际贸易学院的E. 格仑斯泰尔（E.Glunsteidl）教授创立了“商品经济学”；原联邦德国科隆经济大学的A. 库兹尔尼格（A.Kutzelnigg）教授创立了“经济商品理论学”。他们把经济观点和方法引进到商品学中，强调分析商品与人、商品与环境、商品与时代以及商品相互之间的各种关系。而在美国、日本、意大利为代表形成的“经营商品学”，主要以自然科学和技术科学为主，大量引进市场学的内容。近年来，又出现了“销售商品学”、“消费商品学”、“技术商品学”以及各专业商品学。从商品学的研究内容看，逐渐在广泛；从商品学的研究领域范围看，逐渐在扩大；从商品学研究方向看，更侧重于商品经济管理问题的研究。第二次世界大战（以下简称“二战”）以后，与自然科学和技术科学体系的商品学技术学派并立的经济学派开始逐渐发展起来。

世界上各国的政治制度和经济体制不同，商品学教育和研究的目的也有明显差别。在商品学发展过程中，各国商品学学者对商品学学科的性质、研究对象、任务、内容等问题的认识，始终存在不同观点，学科发展的决策与方向也有所不同。从教学上来看，各国的商品学基础课内容基本相同，大多有数学、物理学、化学、生物学、工艺学等自然科学课程。专业课内容侧重点有差异。例如，东欧一些国家专业商品学课多为食品商品学和工业品商品学（包括纺织品商品学和日用工业品商品学）。其中，中等商业学校一般讲授普通商品学（或商品学概论），而高等经济和商业院校中，大多讲授专业商品学；在日本及西欧一些国家，中等商业学校主要讲授综合性的商品知识，高等财经和商业、贸易类院校中大多讲授商品经济理论。造成这些差异的主要原因，是由于培养目标不同，前者主要培养商品流通领域内和质量管理部门中所需的实际工作者，而后者则是给学习商业、贸易经济和经济科学的学生讲授商品理论知识和必要的商品知识，使他们成为名副其实的经济学家，更好地胜任未来的各种经济工作。因而，也就形成了不同的学科体系。国际上商品学主要分为三个学派。

1. 技术派

技术派以前苏联、东欧各国为代表，认为商品学是研究物质本身自然属性，以自然科学和技术科学的观点，来研究商品的使用价值、质量及其变化规律。

2. 经济派

经济派以日本、西欧各国为代表，认为应以销售经济、消费经济、市场经济、企业经济等经济科学的观点进行商品学的教学和研究，也就是从社会科学和经济科学的观点出发，来研究商品的使用价值，商品学应归属于经济科学的范畴。商品学教学没有形成单独的商品学系，而是分别包括在有关经济科学之中，成为其中的重要内容。

3. 综合派

综合派以日本商品学学者水野良象为代表，认为商品学是一门边缘科学，既研究商品的自然属性，又研究商品的社会属性，是两者融合起来的综合性学科。另外，还把商品学分论研究与商品学概论研究作为一个统一的理论加以解决。因此，商品学的研究方法与其他相关科学有着密切的联系，如图 1.3 所示。

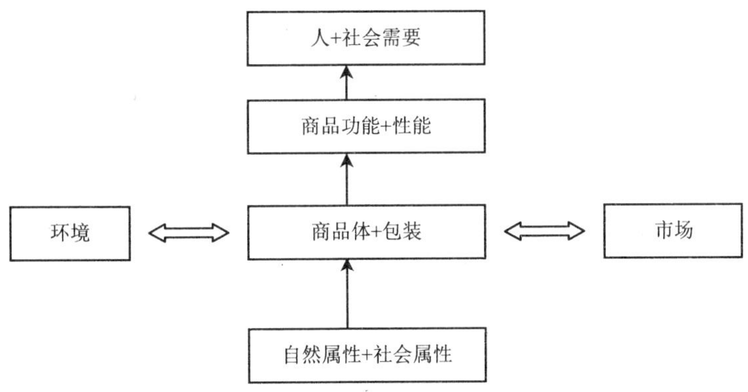

图 1.3 人、商品、市场、环境之间的关系

随着国际与国内的学术交流，技术派、经济派已有相互渗透、相互融合的发展趋势。

（三）中国商品学简况

据记载，春秋时代（前 770～前 476）有师旷曾著《禽经》一书，可算是较早一部有关禽类商品知识的著作。晋朝时期（265～420）戴凯之著《竹谱》一书，是一部有关竹类商品知识的著作。而远在战国时期，我国就开始有了市场。到汉朝，以长安（今西安）、洛阳、邯郸、成都等城市为中心的较大的市场相继出现，并有了一定规模的发展。当时生产和交换的商品主要有铁器、陶器、食盐等。到了唐朝（618～907），我国处于封建社会经济繁荣兴盛时代，农业、手工业、纺织业、冶炼业、采矿业、造船业、印刷业等都有了很大发展，西京（长安）、东京（洛阳）两地的商业已相当繁盛，成为四方财物的集散之地；广州、泉州、扬州等地已成为中国对外贸易的重要商埠，当时市场交易的主要商品有金、银、铜、铁、茶、盐、粮食、马匹、棉布、珍珠等；这些商品的生产与交换是商品学起源的客观物质基础。

我国商品学的发展，经历了从唐代到清末，从清末到中华人民共和国成立，及中华人民共和国成立以后三个历史阶段，每个历史阶段都有既适应时代要求，又运用时代成果而完成的专著和做出贡献的代表人物。

1. 唐代到清末

公元760年，湖北复州的安检茶叶专家陆羽总结茶叶的相关知识，著书《茶经》，该书分为上、中、下三卷共十节，其内容为：一之源，二之具，三之造，四之器，五之煮，六之饮，七之事，八之出，九之略，十之图。从种茶、采茶、制茶、饮茶到茶叶功能，几乎都有论及，《茶经》对“茶文化”的发展及商品经济的繁荣起到推动作用。到明朝，公元1596年，李时珍的《本草纲目》出版，共五册五十二卷。这是一部最早、最完备的医药类商品学专著。

此外，还有宋代吴淑的《茶赋》、黄儒的《茶录》、元末明初顾元庆的《茶谱》和闻龙的《茶笺》。1796年，江西商人吴中孚著有《商贾便览》一书，共九篇，其中“江湖必读”、“工商切要”两篇是商人必读之书，里面都有大量的商品知识。

2. 清末到中华人民共和国成立

1908年李澂将日本的《商品学》译成《新译商品学》出版；1914年曾慵编著《商品学教本》，盛在珦著《商品学》；1928年潘吟阁著《分业商品学》；1934年刘冠英著《现代商品学》，其内容比原有书籍更为丰富，并对商品学这门学科的对象作了解释，为我国现有商品学打下基础；1937年万嘉禾著《商品研究通论》。这些商品学著作均反映了我国商品学研究的发展历史。

1902年废除科举制度之后，学校式的商业教育开始出现。当时颁发的商业学堂章程中规定供本科以及中等或初等商业学堂课程中，“商品学”均列为必修课程之一，商品学随之诞生。1922年，中国大学第一次开设了商品学课程，从1936年起，天津的津沽大学、上海的沪江大学、广州的暨南大学相继开设商品学课程，重点是培养商品检验技术人员。

3. 中华人民共和国成立之后

中华人民共和国成立，国民经济得以恢复和发展，科学文化教育发展有了飞跃。1954年，商业部所属中等商业专科学校，在会计、统计等教学计划中设置了“商品学基础”课程。1956年，商业部培养商业人员，创建商品学系和商品学专业，1953～1962年，中国人民大学出版社出版了《商品学总论》共5个分册，1959年，黑龙江商学院出版社出版了《日工》、《食商》、《纺织品》，商业部还组织院校共同编写了《纺织》、《针棉织品》、《五金》、《麻类》、《棉花》、《茶叶》等书。1963～

1964 年，在哈尔滨、大连分别召开了全国第一、二届商品学学术讲座会，发表了许多理论文章，对我国商品学的发展起了重要的推动作用。

20 世纪 50 年代末 60 年代初是我国商品学学科创建发展的兴盛时期，商品学学术研究空气比较活跃。1961 年 7 月开始，《大公报》开辟专栏进行商品学学术讨论，并刊载许多商品知识。1963 年 9 月，在哈尔滨召开了全国第一届商品学学术讨论会。这次会议在我国商品学发展史上具有重要意义，对推动我国商品学的发展起到了很大促进作用；1964 年，在大连召开了全国第二届商品学学术讨论会。

1977 年以后，特别是 1978 年党的十一届三中全会以后，高等教育得到了恢复与发展，商业高等教育也得到了迅速发展，商品学也得到了迅速发展。20 世纪 80 年代初，我国商品学学术活动又重新开始活跃起来。各省市商品学会不定期召开学术讨论会。1992 年 8 月，中国人民大学商品学系举办商品学教学理论发展研讨会，会上同时成立了中国商品学会筹备组，同年，中国人民大学商品学系正式加入国际商品学会。1995 年 9 月第十届国际商品学学术讨论会在中国人民大学举办，同时成立了中国商品学会。

目前，我国已与德国、意大利、波兰、奥地利、日本、韩国等国家的商品学会及高等院校中的商品学教学、科研工作者建立了学术交流与往来关系。

第二节　商品学的研究对象、内容与任务

一、商品学的研究对象

商品学的研究对象是商品的使用价值和使用价值实现的规律性。

商品的使用价值为商品学这门学科提供材料，因此商品学的研究对象不仅要研究商品工艺学，即在商品的使用价值上，研究商品的成分、外形、构造，商品的物理化学性质及工艺对商品质量的影响，还要研究商品在交换过程中实现使用价值的规律。具体地说，商品学的研究对象包括两方面内容。

1. 商品的使用价值

商品的使用价值是由商品自身的有用性构成的，而商品的有用性又是由商品的自然属性所决定的。这其中包括商品的成分、外形、结构、化学性质、物理性质、机械性质、生物学性质及生产工艺对商品质量的影响，商品在流通与使用过程中的质量变化，以及自然和社会环境对商品质量的影响。

通过对上述属性的研究、分析，阐明了商品的有用性，并能拟定商品的质量指标和检验方法，确定适宜的包装、保管、运输的方法，以利于保护商品质量，降低商品损耗。同时，研究商品使用价值也要为研究商品的标准服务，提高商品质量，研究商品的科学分类，以适宜经济管理的要求。

商品的质量是比较同类商品使用价值大小的尺度，商品学研究的质量不是狭义，而是广义的商品质量，它由商品自身的内在质量、流通过程中的服务质量和消费后的质量反馈三部分组成，通过对商品全面质量管理，达到维护消费者利益的目的。

2. 实现使用价值的规律性

商品的使用价值不仅取决于商品的自然属性，还取决于社会对它的需要，即能够被公众承认和接受的程度。因为商品仅具有可用性还不能成为商品，必须同时具备满足消费者多层次的需要，并通过交换完成使用价值的转移和让渡，才称其为商品。因此，商品学的研究内容必须从自然属性扩展到社会属性。例如，研究消费者的消费习惯、消费动机、社会需求、流通渠道、商品广告营销策略等。总之，影响商品使用价值转移，实现商品价值的相关内容都是商品学研究内容。值得一提的是，商品的使用价值是随着科学技术的发展和人们经验的不断丰富而陆续被发现的。商品的使用价值是一个动态的、综合性的概念。准确而全面地理解商品的使用价值，运用商品的使用价值学说指导商品的生产、经营和消费，对发展我国社会主义市场经济，具有重大的现实意义。商品自然属性的相对稳定性和商品社会经济属性的相对变化性，决定着我们的商品生产者、经营者要不断地调整商品结构，树立一切从市场出发、从消费者出发的思想。

二、商品学研究的内容

商品学研究的内容、任务和方法是由商品学的研究对象决定的。

研究商品使用价值的物质性内容，即以商品质量为中心展开的内容，包括商品的成分、结构和性质、商品的质量、商品的标准及标准化、商品检验、商品包装、商品养护；研究商品使用价值的社会性内容，即开展对商品销售和售后服务，如消费权益保障、商品消费需求、商品分类（或种类）、商品与审美及商品法律法规等。同时，寻求商品与人、商品与市场、商品与环境、商品与商品之间的关系。商品学在研究和评价商品时，应把商品的环境效应作为重要内容。

目前，商品学的学科体系分为总论与分论两大部分，我们分别称之为“商品学概论”与“商品学分论”，或者又称之为“理论与实务”。“商品学概论”是商品学研究的宏观内容，是学科的主体和基础，是研究各种不同类别商品所必需的基本理论和基础知识。其内容包括商品学的起源与发展，商品学的研究对象、内容与任务，商品学的研究方法与意义，商品分类与质量管理，商品标准与检验，商品包装、储存与养护，新产品的开发及商品与环境的关系等。“商品学分论”是商品学研究的微观内容，主要研究各类具体商品所具有的特殊性问题。按行业分为食品商品学、纺织品商品学、日用工业品商品学、家用电器商品学、化工产品商品学、石油商品学等。

归纳起来，商品学研究的基本内容与商品质量的关系如图 1.4 所示。

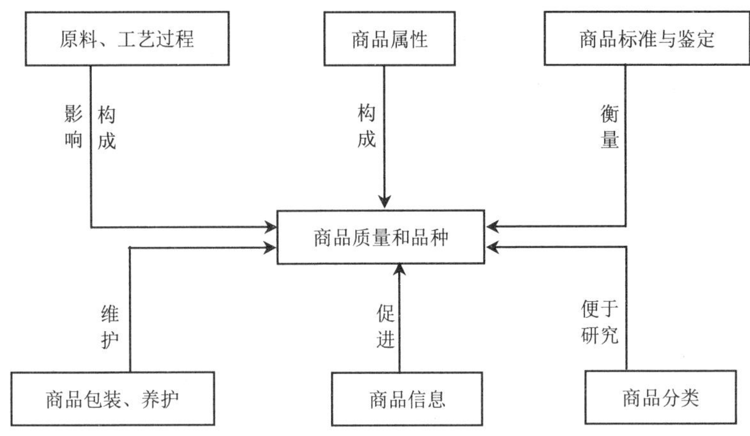

图 1.4 商品学研究的基本内容与商品质量的关系

三、商品学的学科任务

1. 引导消费，促进生产发展，促进商品使用价值的实现

通过对市场调查、消费心理及消费习惯的研究，有效运用商品广告、商品信息等手段科学地客观地介绍商品性能，引导消费；并在消费中，反馈商品的信息。

2. 维护消费者利益，促进商品的公开竞争

特别是通过对商品内在质量和外在质量的研究，明确商品的质量标准以及检验测试方法，全面准确地鉴定商品的质量，防止假冒伪劣商品进入市场。

3. 确保流通领域商品质量完好

通过对商品物理性质、化学性质、机械性质、生物学性质的研究，分析商品在生产和流通过程中发生质量变化的因素，明确商品在储存、运输中的要求以及适宜条件，从而实施科学管理，降低商品的损耗，确保商品质量完好。

4. 利用促销方法和手段加速商品流转

通过市场调查和预测，了解商品用料、工艺、表面处理、包装装潢、商标广告等因素在消费者中的反映，进一步探索出不同消费层次的需求特点，从而为生产部门反馈市场需求。通过对商品资源和市场的调查预测，为有关部门实施商品结构调整、商品科学分类、商品的进出口管理与质量监督管理、商品的环境管理、商品标准及政策法规、商品发展规划提供决策的科学依据；并能为企业提供商品基本质量要求，指导商品质量改进和新商品开发，提高经营管理素质，保证市场商品物美价廉，适销对路。

5. 指导商品使用价值的形成

通过商品检验与鉴定手段，保证商品质量符合规定的标准或合同，维护正常的市场竞争秩序，保护买卖双方的合法权益，创造公平、平等的商品交换环境。

6. 研究商品使用价值的再生

通过对商品废弃物与包装废弃物处置、回收和再生政策、法规、运行机制、低成本加工技术等问题的研究，促进资源节约、再生和生活废物减量，推动了保护环境的绿色行动工程开展。

补充阅读 1.3

商品学与其他相关学科的关系

商品多样化、使用价值的物质性和社会性决定商品学与多种自然科学和社会科学必然发生广泛的联系。

商品学与物理学、化学、生物学、生物化学、生理学、微生物学及其他一些基础学科有着密切的联系，这些学科的基础理论和基本方法是研究商品组成成分、理化性质、宏微观结构的工具。

商品学与材料科学、工艺学、农艺学、家畜饲养学、环境科学、气象学、昆虫学、生态学及其他一些技术学科也有着密切的联系，应用这些学科的知识，为阐述商品使用价值的形成和维护提供了重要资料。

商品学与食品营养学、食品卫生学、服装科学、人体工程学及与此有关的应用学科更有千丝万缕的联系，应用这些学科的成果对提高商品质量、扩大商品品种有着十分重要的作用。

商品学在研究商品使用价值的社会性因素时，必然与社会科学保持一定的交叉渗透关系，从政治经济学、企业管理学、市场学、销售学、统计学、社会学、心理学、美学、广告学、物价学、经济地理学、质量工程学、质量管理学等学科汲取和借鉴某些研究成果，形成商品学的学科体系，有利于本学科的研究和发展。

随着商品学学科的不断发展，商品学又在本学科内部形成了不同的学科分类，如商品包装学、商品检验学、商品分类学、商品养护学、商品储运学、商品美学、食品商品学、家用电器商品学、日用品商品学、纺织品商品学、医药商品学等。

商品学的研究对象决定了其既不是纯粹的自然科学，也不是纯粹的社会科学。学科与学科之间相互联系是科学发展的必然结果。学科之间文理结合，内容方面彼此交叉渗透是当今科学发展的必然趋势。商品学与其他相关学科的关系不是简单的拼凑堆砌，而是采取为我所用的原则，在商品学的体系下形成有机的融合。反过来商品学的研究成果也必然被其他学科吸收利用，达到相辅相成、共荣共进的目的。

（资料来源：刘安莉，高懿．2002．新编商品学概论．北京：对外经济贸易大学出版社．）

第三节　学习商品学的意义和方法

一、学习商品学的意义

1. 有效地扩大生产经营活动范围，提高经济效益

对经营者而言，学习商品学的知识，可以了解到商品生产的工艺流程、品质特征、产销情况、适销范围、规格品种、质量标准、包装条件、养护措施、使用常识等方面的知识。对经销者而言，了解一些商品知识，正确宣传、评价商品，从而刺激、引导消费，促进销售，严把质量关，提高工商企业管理水平，实现管理现代化，对于各个行业者来说，离不开商品学的知识。

2. 掌握各类商品的经营规律和特点，实施各种营销策略，提高企业竞争力

商品学学科，是随着商品生产和科学技术的发展而发展的。在国外，许多发达国家已将市场学、广告学、商品学视为营销战略的三大理论支柱。商品学也是管理、营销，而且是统计、计划、财会、物价、市场预测、储运，商业计算机管理等业务必不可少的知识。在市场上，以商品为中介，经营者与消费者构成一对矛盾，矛盾的主要方面在买方，只有买方愿意把货币转化为商品，实现其使用价值，卖方才能把商品转变为货币，实现其价值。要使商品顺利依次转化，关键在于掌握商品的经营规律和特点，灵活运用营销手段，才能提高商品经营能力。

二、学习商品学的方法

1. 集中学习带有共性、规律性的知识

尽管商品千差万别，但是商品质量要求、质量评价、质量管理、质量检验、质量认证、质量监督、包装和装潢、装卸和运输、贮藏和养护、销售和售后服务、供应和需求，成分及其结构和性质等仍然存在许多共同的特点，因而对于这些带共性的知识，要集中起来学习，从而掌握其普遍性的规律。

2. 解剖有代表性的商品，取得典型经验

尽管商品品种繁多，但是可以按照科学的分类方法划分为大类，我们可以在

大类中先取部分有代表性的商品，进行深入分析研究，取得典型经验，达到举一反三的效果。例如，为了分析质量缺陷形成原因，无疑要分析工艺过程，但是，任何人都不可能去了解各种工艺过程，而只能够筛选具有代表性的商品，对它的工艺过程进行解剖，从而获得带普遍指导性的知识。

3. 参加业务实践，掌握第一手资料

要到工厂、农村亲自参加生产实践，逐个工序进行观察、了解。并能够参加采购、检验、运输、储运、销售、维修等各个工种的实践，调查研究各个环节的业务情况。要到零售商店、批发市场、车站码头、仓库等处接触实际问题，了解发展变化中的实际情况。结合教学内容，到实验室进行物理、化学试验，并参加装配、维修的操作实习，提高动手能力。

三、商品学的研究方法

1. 科学实验法

科学试验法是在实验室内运用一定的测试仪器和设备，对商品的成分、构造、性能等进行理论分析和鉴定的研究方法。此法具有良好的控制和观察条件，所得的结论正确可靠，是分析商品成分，鉴定商品质量，研制新商品的常见方法。这种方法需要一定的物质技术设备，投资较大。

2. 现场实验法

现场试验法是通过一些商品专家，或有代表性的消费者群，凭人体感观的知觉，对商品质量作出评价的研究方法。这种方法的正确程度受参加实验者的技术水平和人为因素的影响，但简便易行，许多商品的质量评比及一些新商品的试穿、试戴、试用都采用这种方法。

3. 技术指标法

技术指标法是一种在科学实验的基础上，对一系列同类商品，根据国内或国际生产力发展水平，确定质量技术指标，供生产者和消费者共同鉴定商品质量的方法。这种方法有利于促进商品质量的提高，但确定各类商品的质量指标是一项复杂而巨大的工程。

4. 社会调查法

商品的使用价值是一种社会性的使用价值，全面考察商品的使用价值需要进行各种社会调查，特别是在商品不断升级换代、新商品层出不穷的现代社会，社会调查显得更加实际和重要，具有双向沟通的重要作用。社会调查法主要有现场调查法、调查表法、直接面谈法和定点统计法等。

5. 对比分析法

对比分析法是将不同时期、不同地区、不同国家的商品资料收集积累，加以分析比较，从而找出提高商品质量、增加花色品种、拓展商品功能的新途径。流通部门可以利用联系面广、信息来源多的特点，运用对比分析法正确识别商品，促进生产部门改进商品质量，实现商品的升级换代，更好地满足广大消费者的需要。

6. 系统分析比较法

商品的研究还需考虑到商品与环境、商品与人、商品与国民经济的关系，是一个复杂的系统的工程，单从一个方面或几个方面来研究，有时难免有偏差，只有把商品作为一个小系统，放在社会这个大系统中加以分析、研究和考察，才能得出一个全面、公正的结论。

7. 商品标准法

商品标准是以科学、技术和实践经验的综合成果为基础，大家共同遵守的准则和依据。它是商品质量指标的技术依据。因而，通过对已有商品标准的了解、认知，找出商品最本质的属性，更好地认识到商品的使用价值，为质量管理工作提供全面的依据。

补充阅读 1.4

中国商品学会

中国商品学会（China Society of Commodity Science，CSCS）是在中华人民共和国民政部登记注册的全国性学术团体，主要由全国的大专院校和科研院所从事商品学及其相关专业教学与研究的学者和教授组成，此外还广泛吸纳了商检、海关、质量监督检验检疫、工商行政管理和消费者协会等部门的专家和部分企业家。学会的主要宗旨是推动和发展商品学的基础理论及应用研究，并参与商品质量及其相关的咨询和培训等活动。学会广泛开展国内外学术交流活动，代表中国参加国际商品学会的学术活动，中国商品学会的网址是 http://www.cscs.org.cn。

1976 年，国际商品学会在奥地利成立，以德文缩写“IGWT”为会徽标志，会刊为《商品论坛——科学与实践》。国际商品学会是国际商品学界及其相关领域的唯一的国际性学术团体，主要由从事与商品学及其应用研究有关的专家、学者、企业家和管理人员构成。会员分布在美洲、欧洲和亚洲的 20 多个国家。第一届国际商品学会学术研讨会于 1978 年在奥地利的维也纳大学举办，以后每两年举办一次，分别由各会员国轮流主办。目前共举办了十六届。1995 年中国商品学会曾成功地在北京主办了第十届国际商品学会学术研讨会，第十四届国际商品学会中国论坛于 2003 年 8 月在中国北京举行。第一届至第十六届国际商品学会学术研讨会的会议主题分别是：各国和国际商品学的发展现状与目标；商品包装与现代商品学；商品学与消费需求研究的合作领域；未来的商品开发与商品学的发展；商品质量保证与现代商品学；商品研究与商品的生产、流通和消费；21 世纪的商品；变化中的欧洲商品与技术；无环境污染的商品和技术；市场经济条件下现代商品学的发展；商品与可持续发展；21 世纪商品的商品质量；全球未来商品的商品学——技术、质量和环境；聚焦新世纪——商品•贸易•环境；全球商品与环境安全和生活质量；数字融合时代追求卓越的商品与服务。

（资料来源：http://www.cscs.org.cn.）

小　　结

商品是用来交换的劳动产品，具有使用价值和价值两个基本属性，主要以物质形态存在于社会，商品整体由核心部分、形式部分和延伸部分构成。商品学是研究商品使用价值及其变化规律的科学。商品的使用价值是指商品对消费者的有用性或效用，商品的使用价值是由商品整体属性所决定的，是满足他人和社会的使用价值，并随着科学技术的发展和人们经验的不断丰富，而陆续被发现的，因此，商品的使用价值是一个动态的、综合性的概念。商品学研究的中心内容是商品质量，研究的具体内容是与商品质量密切相关的问题，研究的整体内容还包括商品与人、商品与时代、商品与环境等方面的问题。商品学的研究任务是指导商品使用价值的形成、评价、维护、实现和再生，满足人们物质文明和精神文明的需要，不断提高企业的效益。商品学研究方法有科学实验法、现场实验法、技术指标法、社会调查法、对比分析法和系统分析比较法等。

思考与练习

填空题

1. 商品学作为一门独立的学科已有________年的历史。

2. 唐代的________收集了大量有关茶叶的生产和消费方面的知识，根据所见所闻，于公元 760 年写出________。

3. 据西方和日本文献记载，现存世界上最早的商业著作是产生于 9～10 世纪，身居大马士革的阿拉伯人阿里•阿德•迪米斯基所著________，该书的副标题为________________________。

4. ________被西方称为《商品学》的创始人，他所创立的《商品学》被誉为________。

简答题

1. 简述我国商品学的发展概况。
2. 陆羽的《茶经》内容及作用是什么？
3. 商品整体概念由哪些要素组成的？
4. 商品学的研究的对象是什么？
5. 商品学研究的内容有哪些？
6. 作为商品学研究的使用价值必须具备哪几点？
7. 商品学研究的方法有哪些？
8. 人们选购商品时，总希望“物美价廉”。那么，“物美”和“价廉”分别是从什么角度提出的要求？它说明了什么问题？

判断题

1. 消费者购买商品，本质上是购买一种需要。（　）
2. 商品学是研究商品使用价值及其变化规律的科学。（　）
3. 商品的自然属性决定了商品具有一定的用途和功能。（　）
4. 1976 年，国际商品学会在奥地利成立，实现了国际商品学学术交流活动一体化。（　）
5. 中国的茶叶之所以闻名于世，也与茶叶商品学专著《茶经》的传播有密切关系。（　）
6. 为他人生产，但不经过交换的劳动产品，不是商品。（　）
7. 商品是为交换而生产的劳动产品。具有使用价值和价值两个因素。（　）

实训题

1. 以“商品是现代经济的细胞”为题展开调研，以小组形式完成哪些物品是商品并具有什么特点的讨论。
2. 查阅相关网站，了解商品学学科的发展和研究方向。

【案例 1.1】

商品的价值和使用价值

1）猪肉是人们经常食用的一类食物，而对有些人来说，却无食用价值；中山服原来为我国的“国服”，而现在流行的是休闲服、西服等；灯具已大大突破了照明这一效用，成为美化生活的一部分。

2）为什么无氟冰箱、无磷洗衣粉、可降解塑料、低噪声家用电器和绿色食品等越来越受人们青睐？

3）氟作为一种坚固骨骼和牙齿的物质，世界卫生组织一直推荐使用含氟牙膏来预防龋齿。目前国内含氟牙膏的使用已经非常普遍，不少厂家也以“含氟”作为卖点来进行宣传。其实在不同地区的生态环境中氟的含量本身就有高有低，另外，人体吸收的氟过量以后，会引起氟中毒，最主要的病症就是氟斑牙和氟骨症。所以含氟牙膏并不是人人都适用。

4）18世纪中叶，人们把石油叫做石头油，以区别于动物油和植物油。最初，这种石头油漂浮在美国宾西法尼亚洲西北偏远的森林山谷的泉水或水井中，人们用原始的方法获取泉水表面的油层。那时候的石油大多被用来制药，主要医治头痛、耳聋、风湿等疾病。此后，石油除被用为制药原料外，更多地被制成一种为人们提供照明的“蜡油”，从而使漫漫长夜“缩短”，工作时间延长。据说，19世纪末洛克菲勒之所以能够成为美国最富的人，主要是因为生产出售这种“蜡油”。

20世纪初，汽油发动机内燃机车的出现开辟了石油时代的新纪元。第一次世界大战前夕，时任英国海军部长的丘吉尔决定，将传统上以煤为燃料的英国海军军舰改为以石油为动力。

现如今，石油在很多国家之间广泛地买卖交换，成为全球出进口量最大的商品。石油的用途也逐渐扩大为制作燃料，染料，药品，化肥，塑料，合成纤维等。

石油和人类之间结下了不解之缘。

5）许爱东，女，中国第一“卖炭翁”，她2003年9月在杭州清河坊开起第一家“卖炭翁”，现在全国已经有了900多家加盟连锁店。店里的木炭被做成各种形状，消毒处理后可以放在电饭锅里，做出的米饭更清香；还可以放在冰箱里去除里面的异味。加以装饰后放在装修过的房子里可以吸附空气中的有害物质，净化空气；另外木炭还可以除湿保湿、美容美肤、阻隔电磁波等。

6）南京冠生园食品厂去年用陈馅翻炒后再制成月饼出售的事件经媒体披露后，不仅冠生园的月饼无人问津，其他产品如元宵、糕点也一同被市场打入“冷宫”。去年2月，终于向法院申请破产。一家具有70多年的老字号，就这样“香消玉殒”了。

（资料来源：CCTV-新闻，每周质量报告，2003年第7期“谨慎使用含氟牙膏”．）

问题：

根据该案例，分析商品的价值和使用价值及商品学的研究对象。

【案例1.2】

不知如何是好的AT&T

20世纪80年代以前，美国电报电话公司（AT&T）垄断了美国电话机市场。后来美国最高法院宣布，消费者可以自行决定购买哪家公司的电话机，瞬间，几百家企业挤入当时容量只有15亿美元的电话机市场。

为此，AT&T推出数百种电话机进行防御，从7美元的简单电话机，到几百美元的豪华电话机；功能从能重拨、自动拨号、暂停，到记忆存储，应有尽有。

随着竞争的加剧，电话机销量上升，但市场需求却发生了很大变化。首先是廉价电话机销量增长缓慢。人们对廉价电话机很反感，认为外壳脆弱、故障率高。

这与初始的状况很不一致，在刚推出廉价电话机时，顾客购买踊跃，造成 AT&T 廉价电话机具有很大的产能。

其次是对高档豪华电话机反应冷淡。这是出乎 AT&T 意料的。消费者认为没必要花这么多钱买那些用不上且难以弄懂的功能。他们倾向于购买价格中等、质地坚固且性能可靠的电话机。然而，AT&T 在高档电话机上花了很大功夫与投资，并且这也是 AT&T 的技术优势所在。

再次是消费者喜欢到有信誉的商店购买电话机，认为那些商店能够提供咨询、质量担保与售后服务。这与原来的情况不一样，原来消费者不在乎购买地点，只要价格合理，邮购也行。尽管 AT&T 有上万家连锁店，近千家专卖店，在分销渠道上具有一定的竞争力；但是毕竟这些连锁店与专卖店不是“名牌零售店”，不是消费者乐意光顾的大商场。弄不好 AT&T 的分销渠道就是一个包袱。

尽管消费者是“国王”，但消费者更看重自身需求；尽管顾客是企业的“上帝”，但顾客并不为企业存亡承担责任。AT&T 该怎么办？

有些专家们认为，应该继续维持现有的高、中、低档产品系列。理由是到 1984 年，诸多美国家庭仍在租用电话机，租用电话机的总量达 1.2 亿部。

但有人反对这种见解，认为 1982 年美国家庭电话机平均拥有量已经达到 1.7 部。租用电话机并非是因为买不起。根据市场需求显示，大力发展中档且高可靠性电话机是明智的。

更有专家预计，高性能与多功能高档话机是 AT&T 的未来所在。顾客一旦用惯了高科技电话机，就不会再选择中低档电话机。

但是这又会带来麻烦。AT&T 在电话机业务上并不赚钱，且原有中、低档电话机已经形成一定的产能，不易轻易放弃。更难的是，高科技电话机的推销人员需要大量培训，尤其名牌商店的推销员。如果名牌商店的培训跟不上，那么市场就会受到威胁；如果跟得上，现有 AT&T 电话机分销渠道就得改组。

（资料来源：林功实．2001．产品管理．大连：东北财经大学出版社．）

问题：

1. 电话机市场是如何变化的？
2. AT&T 应该发展怎样的产品以便在变化的市场上把握机会？

【案例 1.3】

索尼公司通过“创造需求”开发新产品

公关专家伯内斯曾说，工商企业要“投公众所好”。这似乎成了实业界一条“颠扑不破且放之四海而皆准”的真理。但索尼公司敢于毅然地说“不”。索尼的营销政策是：不先调查消费者喜欢什么商品，而是以新产品去引导他们进行消费，因为消费者不可能从技术方面考虑一种产品的可行性，因此，索尼公司并不在市场调查方面投入过多的兵力，而是集中力量探索新产品及其用途的各种可能性，通过与消费者的直接交流，教会他们使用这些新产品，达到开拓市场的目的。

索尼的创始人盛田昭夫认为，新产品的发明往往来自于灵感，突然闪现，且稍纵即逝。现在流行于全世界的便携式立体声单放机的诞生，就出自于一种必然中的“偶然”。一天，井深先生抱着一台索尼公司生产的便携式立体声盒式录音机，头戴一副标准规格的耳机，来到盛田昭夫房间。从一进门，井深先生便一直抱怨这台机器如何笨重。盛田昭夫问其原因，他解释说：“我想欣赏音乐，又怕妨碍别人，但也不能为此而整天坐在这台录音机前，所以就带上它边走边听。不过这家伙太重了，实在受不了。”井深的烦恼，点亮了盛田昭夫酝酿已久的构想。他连忙找来技师，希望他们能研制出一种新式的超小型放音机。然而，却遭到索尼公司内部的一致反对。但盛田昭夫毫不动摇，坚持研制。结果不出所料，该产品投放市场，空前畅销。而恰恰正是这一不起眼的小小的产品，改变了世界上几百万、几千万人的音乐欣赏方式。

企业必须不断开发新产品才可能赢得竞争，凡成功的企业都在新产品开发方面表现出极强的创造性。索尼公司随身听产品开发的成功，正说明了该公司深刻领会了市场营销的基本思想，从而确保了新产品开发的成功。

现代市场营销理论的基本原理告诉我们，企业的一切活动必须以消费者需求为中心、为出发点。新产品开发活动也必须如此。索尼公司的随身听的创意来源并不是公司内部的专业技术人员，也不会科研院所的专家教授，而是一位普通的消费者。这位消费者希望运动与欣赏音乐两不误，这就对提供音乐欣赏的产品提出了要求——它能够方便地移动与携带。这就是消费者的需求，那么将原来的台式录音机缩小成可以随身携带的产品，不就正好满足了这个需要吗？于是一个新产品的创意就此产生。

企业开发新产品的创意来源是多样的。它既可以来自企业内部，也可以来自企业外部。企业内部的管理人员、营销人员、工程技术人员、生产一线的员工都可以是新产品概念的创意者；企业外部的消费者/顾客、经销商、合作伙伴、科研院所、高校等也都是新产品创意的重要来源。企业不应该只局限于一种来源，应该不拘一格，灵活选择。

但不管创意来源何处，都必须要坚持“以消费者/顾客需求为核心”的原则，对所获得的创意进行审核与评估，因为企业的新产品开发，不是为企业本身，也不是为了其他什么人，而是为企业的消费者/顾客开发的，如果不能满足消费者/顾客的需求，就无法得到消费者/顾客的认可，那么再好的创意也是将失败的。企业必须放弃那种孤芳自赏的新产品开发模式，才能像索尼公司这样获得成功。

（资料来源：钱旭潮．2009．市场营销管理需求的创造、传播和实现．北京：机械工业出版社．）

问题：

1. 你认为应从哪些方面来理解“创造需求”这一概念？
2. 结合案例分析该公司是如何通过“创造需求”来开发商品的？

第二章　商品分类与编码

【主要概念】

分类　商品分类　商品分类标志　线分类法　面分类法　商品目录

商品代码　条形码

商品分类是社会发展的必然结果，是深入研究商品使用价值、探讨商品使用价值实现规律的前提。

第一节　商品分类的概念与作用

一、商品分类的概念

1. 分类的概念

以一个简单的小例子来说明分类。以农业生产资料为例，按其用途可分为化学农药、化学肥料、家用薄膜、农药械、半机械化家具等；化学农药按其用途又可分为杀虫剂、除草剂、杀菌剂、杀鼠剂等；杀虫剂按其化学成分的不同，又可分为有机磷杀虫剂、有机氟杀虫剂、有机氯杀虫剂、植物杀虫剂；有机磷杀虫剂可以分为敌百虫、敌敌畏、乐果等。敌百虫又可分为2.5%粉剂、50%可溶性粉剂、80%可溶性粉剂和95%固体晶块。

从上例可以看出农业生产资料的分类体系的构成。当然这是局部的，但也说明了一个特点，即分类是指由一个大范围的抽象集合体，按照一定的标志分为一个个范围较小的单元，因此，我们对分类可以做出这样的概念：分类就是自然界的物质，甚至物质以外的抽象概念，只要它是一定范围的集合体，都可以根据一定的标志，逐次划分为若干范围较小（局部集合体）以及更小的（集合体）单位。这种将集合总体科学地、系统地、逐次地划分的过程，称为分类。

分类在自然科学和社会科学的理论研究和实际工作中，是最普遍采用的一种方法。人们运用分类可以按一定的系统和秩序，深入研究各个类群的共同点、特异点，以及它们与总体之间的各种联系和发展规律，因此说，科学的分类可以把看来杂乱无章的事物条理化。据不完全统计，农、林、牧、副、渔、轻工、纺织、石油、煤炭、化工、机械等各行各业生产的商品品种近30万种，如不进行分类，各项经济活动根本无法开展。

2. 商品分类

商品分类，是将商品集合总体按照一定的标志（特征）科学、系统地逐次划分为总类、大类、类别、组别、品目、乃至规格、花色等细目的过程。

可见，商品分类是为了一定的目的，满足某种需要，选择一定的分类标志，将商品总体逐级划分为系列不同的类目，类别，品目及至品种，规格，花色等，并在此基础上进行系统的编排，形成一个有层次的逐级展开的商品分类体系的过程，如表 2.1 所示。

表 2.1　商品分类的排列程序及其应用实例

商品类目名称	应用实例	
商品门类	消费品	消费品
商品大类	食品	日用工业品
商品中类	食粮	家用化学品
商品小类	乳和乳制品	肥皂、洗涤剂
商品品类或品目	奶	肥皂
商品种类	牛奶	浴皂、洗衣皂
商品亚种	饮用牛奶	香皂
商品品种	全脂饮用牛奶	檀香皂
质量等级	特级××牌全脂饮用牛奶	一级××牌檀香皂

我国通常将商品分成大类、品目、品种、细目等。

商品大类最能体现商品生产和流通领域的行业分工，它既要同生产行业对口，又要与流通组织相适应。例如，商品可分为食品、纺织品、五金、百货等。

商品品目是指具有若干共同性质或特征的商品总称，包括若干商品品种。例如，纺织品可分为针织品、棉织品、塑料制品等。

商品品种是指按商品的性能、成分等方面特征来划分，指具体的商品名称。例如，电视机、洗衣机、电冰箱等。电视机按色彩可以分为黑白电视机、彩色电视机；按尺寸可以分为 18 英寸、19 英寸、21 英寸、32 英寸、34 英寸等；按显像管屏幕可以分为球面彩电、平面直角彩电、超屏彩电、纯屏彩电等。

细目是对商品的详尽区分，包括商品的规格、花色、质量等级等特征，能更具体区分反映出商品的特征。例如，玻璃花瓶按外形、结构、容量大小的不同，可分为平边、卷边、翻口、深形、圆形、方形等类型。

二、商品分类的作用

商品分类涉及到国民经济各个领域、各个生产部门，它既是商品学研究的重要内容之一，又是商业现代化管理的重要手段。随着生产力的发展，科学技术水平的提高，商品品种逐渐增多、市场竞争越来越激烈，为提高企业经营管理水平，商品分类的作用愈来愈重要。

1. 商品分类是国民经济核算、统计的需要

商品的生产与消费涉及到国民经济的各个部门，直接影响国民经济发展和国家基本建设与投资。只有将商品统一分类后，生产、计划、核算、统计才有统一的类别项目，才便于统筹规划和管理。商品分类为此提供了全面的、系统的资料，为国家的总体规划提供了可靠的依据，从而有利于生产力的合理布局，有利于新产品的开发与研究。

2. 商品分类有利于合理组织商品流通

商品在购、销、运、存中需根据商品特征进行分类，以便采取相应的运输条件与储存设施，保证商品在运输和储存中的质量。同时，在经营销售中根据消费需要，按商品分类的原则和方法，指导商业网点布局、柜台设置、橱窗陈列、为编制进销计划、妥善安排经营品种结构创造条件，从而促进流通，加速周转，提高企业的经济效益。

特别是超市理货员，通过商品分类实现商品合理配置。将多种类的商品按照其理想配置做分类，让顾客觉得这些商品对他们生活有很大便利性。或将已经分类的商品充分地备齐品目，以便让顾客能充分选择他们生活上所必需的商品。还可以将已经分类的商品中比较有关联性（附属性）的安排在一起，让顾客买起来方便和愉快。超市理货员在进行商品配置时，可将商品按大分类、中分类、小分类做垂直陈列，也可按厂商分别做大分类规划，再按小分类做细部规划。规划时，应考虑陈列之整齐、清洁及逻辑性。

3. 商品分类有助于消费者了解商品性能和特征

商品种类繁多，特征、用途各异，通过对商品分类，便于了解各类商品的性能。商品经营、管理人员都应该熟悉自己所主管的商品特性、研究商品质量变化的规律，才能有助于科学地保管、养护商品，有效地促进商品使用价值的实现。对于消费者（用户）来说，如果商品分类清楚、明了，那么就能更好地选购较为理想的商品，达到“买得放心，用得称心”。

4. 商品分类有助于编制“商品目录”和“商品编码”，提高商业现代化

商品流通企业的现代化管理离不开计算机在管理中的应用。而计算机在商品流通企业管理上的应用，主要依靠的是“商品目录”和“商品编码”。目前，许多国家将计算机应用于商品的经营管理，而商品的科学分类是实现商业现代化管理的一项很重要的基础工作。在经济比较发达的国家商品全国统一编号。在生产单

位包装商品时，就将商品编号印刷在外包装上了。生产者—仓储公司—批发商或零售商，它们之间的货物转交，均由计算机调节、控制。如果商品分类不科学、编号不准确，很可能发生货物转移错误。因此，通过分类建立统一的商品分类目录和配套代码或条形码，就可以促进全国商品名称、类别统一化和系统化，有利于安排生产和组织商品流通，有利于推进企业管理现代化的步伐。

5. 商品分类有助于商品学的教学与科研工作

商品品种繁多，性质各异，商品学的教学时数有限，不可能将所有商品一一进行讲述，只能按教学需要和科研要求，将商品进行分类。知识的系统化、专业化，使学生更便于理解、消化、吸收，从而达到提高商品学的教学质量的目的。

第二节　商品分类的原则和标志

商品的科学分类的原则是建立科学的商品分类体系的重要依据。首先必须明确拟分类的商品集合体所包括的范围，其次必须提出商品分类的明确目的，最后必须选择适当的分类标志。

一、商品分类的原则

商品分类的原则是商品分类体系的重要依据，为了使商品分类能满足特定的目的和需要，商品分类原则有总体原则和基本原则两种。商品分类总体原则如下：

1）必须明确拟分类的商品集合体包括的范围，商品层次分类如图 2.1 所示。

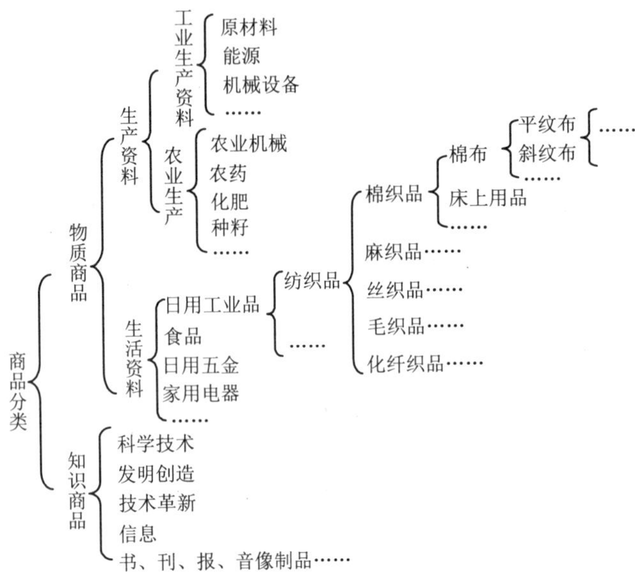

图 2.1　商品层次分类示意图

2）必须提出商品分类的明确目的。

3）必须选择适当的分类标志。

但由于现阶段商品包括的范围较以前扩大，外延也扩展了，各部门对商品进行分类的目的和要求有所不同，而且在进行商品分类时，可供选择的标志也很多。因此，在确定分类标志时，必须遵守以下原则：

1）科学性原则。根据商品分类的具体目的，选择商品最本质和最稳定的属性或特征，作为分类的主要标志。

2）适用性原则。商品分类体系应具有适用性，能满足分类的目的和要求，如进行商品分类，就要为每一种产品赋予一个标志。

3）系统性原则。以选定的商品属性或特征为标志，将商品总体按一定排列顺序予以系统化形成一个合理的科学分类系统。

4）唯一性原则。在商品分类体系中的每一个分类层次，即每一次划分，只能采用一个分类标识，不准同时采用两个或多个分类标志。否则，会造成子项不互相排斥的逻辑混乱。

5）可扩延原则，又称后备性原则。能划分规定范围内所有的商品，还要事先设置足够的收容（后备）类目，可为不断补充新商品留有余地。

6）兼容性原则。商品分类既要求与国家政策及相关标准协调一致，又要与原有的商品分类保持一定的连续性和可转换性。

7）综合实用性原则。在满足国家总任务、总要求的前提下，尽可能满足各部门、各系统内各有关单位的实际需要。

二、商品分类的主要标志

1. 以商品用途作为分类标志

商品的用途是体现商品使用价值的重要标志，也是探讨商品质量和商品品种的重要依据。商品的用途是商品分类的重要依据，不仅适合于对商品大类的划分，也适用于类别、品种的进一步细分。

例如，属于生活资料的商品，按用途可分为服装、日用品、食品等；日用商品，按用途分为鞋类、玩具类、洗涤类、纸张类等；纸张，按用途又可细分为印刷纸、书写纸、包装纸、生活用纸（餐巾纸、卫生纸）等。又如将化妆品按用途分为发用化妆品，包括洁发用品、护发用品、美发用品；护肤化妆品，包括抗日晒用品、防干裂用品、保光洁用品；美容化妆品，包括唇膏、眼影、指甲油；芳香性用品，包括香水、花露水、芳香喷雾剂等。此外，还有抑汗化妆品、祛斑化妆品、脱毛化妆品和剃须用化妆品等。

优、缺点：以商品用途作为分类标志，便于分析和比较同一用途商品的质量和性能，从而有利于生产部门改进商品质量，开发商品新品种，生产适销对路的商品，也便于商业（贸易）部门经营管理和消费者按需对口选购，但对多用途的商品，一般不宜采用此分类标志，应确定其主要用途作为分类标志。

2. 以商品原材料作为分类标志

商品的原材料是决定商品质量、使用性能、特征的重要因素之一，原材料的种类和质量也在一定程度上反映商品的质量以及商品养护的特点。

例如，纺织品按原料来源不同可分为棉织品、毛织品、麻织品、丝织品、化纤织品等；鞋类商品按原料来源不同可分为布鞋、皮鞋、胶鞋、塑料鞋、人造革鞋等；食品按原料来源可分为植物性食品、动物性食品和矿物性食品，其化学成分和营养价值有明显差别。

优、缺点：按商品的原材料分类，其特点是分类清楚，能从本质上反映出每类商品的性能、特点、使用及保管方面的要求，尤其适应于那些原材料来源较多，且对性能影响较大的商品进行分类，但对那些由两种以上的原材料构成的商品，且商品的加工程度高，其特征与原材料关系不大的商品不适用，如汽车、电视机、电冰箱、录像机、洗衣机等。

3. 以商品的生产方法作为分类标志

很多商品即使选用同样的原料，由于生产方法和加工工艺不同，也会给商品形成不同的质量水平和特性，从而形成截然不同的品种类别。

例如，棉织品根据织纹组织的不同可分为平布、卡其布、华达呢、府绸等。又如各种茶叶所用原材料是相同的，但由于加工方法不同而得到功能、特性不同的各种茶。在加工过程中经过发酵工艺处理的茶，称为红茶；未经过发酵工艺处理制成的茶，称为绿茶；经过半发酵工艺处理制成的茶，称为乌龙茶。在三大类茶叶中，同属一类茶、但因加工方法的差异也会形成不同特征的品种茶，如绿茶中的烘青、炒青等就是由于加工工艺的差异，使茶的性能、特点及风格也明显不同。

优、缺点：适用于那些可以选用多种生产方法制造的商品，但是对那些虽然生产方法不同，但产品质量、特征不会产生实质性区别的商品不宜用此种分类方法。例如，对热塑性塑料用品，就不能用加工方法为标志进行分类，因为热塑性的塑料制品，尽管采用吹塑、注射、挤出、热挤冷压或压铸成型等不同的加工成型方法，但其制品质量和基本性能并未产生实质性差别。

4. 以商品的化学成分（主要成分或特殊成分）作为分类标志

商品的性能很大程度上决定于其化学成分。在一定条件下，商品的化学成分不同，其属性、等级以及用途、保管方法也不相同。

例如，对塑料制品，就可按其主要成分（合成树脂）的不同，分为聚乙烯、聚氯乙烯、聚丙烯等塑料。另外，还有些商品，它们主要的化学成分虽然相同，但是由于含有不同的特殊成分，而形成质量、性能和用途完全不同的商品，如各种营养护肤用品和各种药物牙膏等。

优、缺点：便于深入研究各类商品的特性、储运条件及使用方法等问题，但对那些复合成分的商品或化学成分区别不明显的商品，不宜采用。

5. 以商品的使用期长短作为分类标志

以商品的使用期长短作为分类标志，商品可分为消耗性商品和耐用性商品。

消耗性商品：使用一次或次数不多，其使用价值即消失的商品。例如，生产用品中的食品、燃料及某些卫生用品、文具。

耐用性商品：能使用很多次或连续使用较长时间的商品。例如，自行车、家用电器、衣料、家具等。

随着消费观念变化及销售竞争的激烈化，商品的消耗性与耐用性也是相对变化的，这要具体问题具体分析，如一次性商品。

6. 按商品的经营情况作为分类标志

为了便于经营管理各种商品，根据需要使用了各种分类标准，但也未必能将所有的商品全部包括进去。最普通的分类方法是将所有的商品分为消费者用品和产业用品两大类，如表 2.2 所示。

表 2.2　消费者用品与产业用品的特性比较

特性	消费者用品	产业用品
购买者	一般消费者	制造业者、各类企事业单位、政府机关等
市场	水平型市场	垂直型市场
一次购入量	少量	一般为大量
需求的灵活性	大	小
商品知识	对商品知识不一定了解充分、深刻	通常对所购商品已掌握充分的情报，也在某种程度上了解各供给源及商品竞争性等特征
购买动机	多凭感情、习惯	多为理性的、有计划的
其他	一般消费者的购买动机大多易被社会性的影响力所左右，如广告宣传、促销手段等	派生需求：对某制造业的商品的需求增加，对一些相关企业的商品需求也会相应的增加 互换性：这种情况多出现在商品被标准化、所提供的商品的价格与品质无多大差异的企业界

（资料来源：刘爱珍．1998．现代服务学概论．上海：上海财经大学出版社．）

根据购买习惯，将消费者用品划分为就近购买商品、选购商品、专门商品；

根据生产与供给的不同情况，将产业用品划分为设备用品、原材料、生产消耗品、作业消耗品、管理用具等。

日本一般采用此方法。其优点是可以明显地区分消费者用品与产业用品两者之间特性的异同。对消费者用品的分类，还可依据对不同商品的购买频率、购买能力、购买数量等进行分类，如表 2.3 所示。这样，便于统计管理，为产品的开发提供可靠的信息。

表 2.3　消费者用品依据经营情况进一步分类

消费者用品	商品名称	购买频率	购买能力	购买数量	价格	商品关心程度	商品特性
就近商品	食品、香烟、杂志等	大	小	小	低	小	因为质量几乎相同，价格低，一般都在离居住地就近的商店中就可购买的商品，销量大
选购商品	妇女用品、服装、鞋、帽、电视机等	小	中	小	中	大	因为商店的不同，商品的质量、设计、款式、价格等均不同，要进行一番挑选后才买的商品
专门商品	高级手表、小轿车、珠宝等	极小	大	极小	高	极大	为了购得此类商品，需花费时间、精力了解专门知识，此类商品的牌号、价格很受重视

（资料来源：刘爱珍．1998．现代商品学基础与应用．上海：立信会计出版社．）

7. 以商品的其他特点作为分类标志

1）按技术市场的开拓和经营管理的需要分类。按技术市场的开拓和经营管理的需要分类，商品分为技术商品和信息商品。

2）按国内外贸易的要求分类。按国内外贸易的要求分类，商品分为内销商品和议价商品等。

3）按商品产地分类。以商品产地作为分类标志，更具特色。这种分类方法对商品质量、特征有明显的比较和识别作用。某些商品由于生产地区的自然气候条件、原料质量、培育方式的不同，而使同类产品往往具有不同的品质特征。

例如，工夫红茶习惯上以产地命名，如祁红、滇红、闽红、宜红、川红、宁红、湖红等；我国所产的珍眉绿茶习惯上亦以产地命名，生丝按照放养方式和放养地的不同可分为家蚕丝（桑蚕丝）和野蚕丝（柞蚕丝）；鱼类按照捕捞水域的不同被分成咸水鱼和淡水鱼两大品种。

4）按销售习惯进行分类。茶叶是我国具有悠久历史的传统饮料，具有提神、解暑、解油、助消化、利尿、消炎的保健作用。市场上销售的茶叶按一般习惯分为红茶、绿茶、乌龙茶、花茶、紧压茶、袋泡茶六大类。

5）按商品生产季节分类。对于同种产品由于生产季节不同，差异也很大。某些农产品和畜产品由于生产季节不同，品质也有所区别，如羊毛，春季剪毛为春毛，秋季剪毛为秋毛，春毛和秋毛的品质、特征就有明显差别，所以可以按照生产季节的不同来进行分类。再如，茶叶按鲜叶采摘加工的季节分为春茶、夏茶、秋茶和冬茶，我国大陆茶叶以春茶品质最佳，而台湾省乌龙茶则以夏茶品质为优。又如按照生产季节的不同，还可以将苹果分为早熟种、中熟种和晚熟种；将小麦分为春麦和冬麦；将稻谷分为早稻、中稻、晚稻等。

6）按商品外观、形状分类。以商品外观、形状、结构、颜色等作为商品分类标志。例如，钢材分为管材、线材、板材、元钢、工字钢、螺纹钢等；糖分为白糖、红糖等。

这些分类常随着某一时期政策的改变而变化，不可作为商品分类研究的主要内容。

三、商品分类方式

商品分类方式有区分、类集和归类三种。

1）区分。将商品按其基本特征、特性的不同而分开，即为区分。

2）类集。将商品按其特征、特性以及用途基本相同、相近放在一起，即为类集。区分与类集是商品分类的本质含义，是确定商品分类标志的依据。

3）归类。对具体商品，依据其特征、特性归入与之相同的一组商品中去，形成“类群”，即为归类。归类方法，通常是按照商品用途作为归类的基本原则，然后依据其成分、结构、性质、产地、形状、包装等基本特征分门别类地归入与其特征相同的一组商品中，以达到便于保管、储存、运输和经营销售的目的。

四、商品分类体系

商品分类体系是先确定一个主要标志将商品分成总类，再以不同的标志逐次将商品划分为大类、中类、小类、细目等而形成的一个完整的、具有内在联系的分类系统。因而，在任何一次商品分类中，可将任一商品集合总体逐次划分为包括大类、中类、小类、细类在内的完整的、具有内在联系的类目系统。这个类目系统即为商品分类体系。

商品种类繁多，分类目的不同，选择的分类标志与采用的分类方法不一，从而形成多种商品分类体系。但从适用的角度而言，主要有基本分类体系、习惯分类体系、国家分类体系、教学分类体系和其他分类体系。

1. 基本分类体系

基本分类体系是按商品的基本使用价值，即按商品的主要用途为基本标志进行分类的。这是最基本的商品分类体系，将所有商品分为物质商品与知识商品两大类；物质商品进而又分为生活资料商品和生产资料商品两类。如图 2.2 所示。这种分类体系对建立商品大类分类体系和国家进行宏观调控具有重要意义。

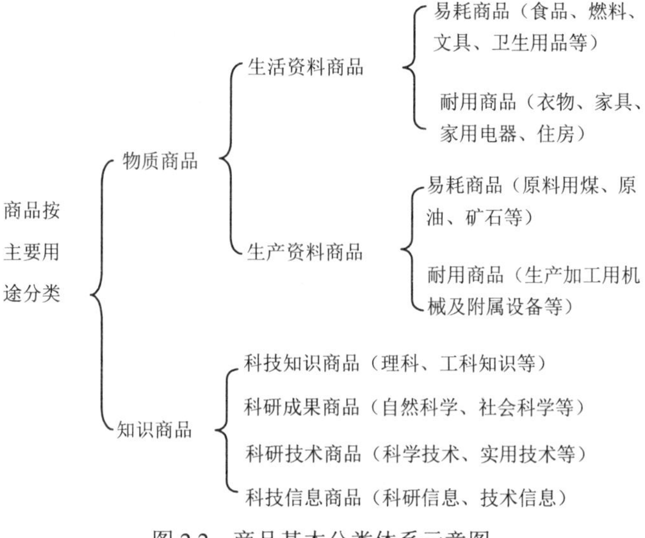

图 2.2　商品基本分类体系示意图

2. 习惯分类体系

习惯分类体系又称应用分类体系，指在商品分类工作中，从处理商品的便利角度出发，长期形成，并能使用的一种分类体系。这种分类体系以实用为原则，以商品的某些共同特征为标志。其体系归纳如下。

1）按原料来源，可分为植物性商品、动物性商品和矿物性商品等。

2）按产业特点，可分为农产品、畜产品、牧产品、水产品、矿产品和工业品等。

3）按商品用途，可分为食品、衣物、住宅用品、家庭用品、产业用品等。

4）按市场性质，可分为地方商品、全国商品，内贸商品、外贸商品、民族贸易商品等。

5）按需求性质，可分为必需品、奢侈品等。

6）按产品形象，可分为一般产品、传统产品、优质产品、名牌产品等。

7）按商品档次，可分为高档商品、中档商品、低档商品等。

8）按商品销品状况，可分为试销商品、畅销商品、滞销商品等。

9）按商品的生命周期，可分为导入期商品、成长期商品、成熟期商品和衰退期商品等。

3. 贸易分类体系

商品的贸易分类体系是指为保证商品流通的正常进行，满足商品在流通过程中所提出的某些要求而进行的分类，一般以贸易类别、品目、品种、细目逐次展开。在进行商品贸易分类时，应当做到商品品种、名称的划分主次分明、眉目清楚、便于应用。

1）商品贸易分类类别，通常根据商品流通的行业来划分。例如，五金类、交电类、家电类、百货类、文化类、纺织品类、化工类、副食品类等。

2）商品贸易分类品目，是指在上述分类前提下，将具有相同性质的商品进行归类。例如，百货类商品可以分为胶鞋、皮鞋、皮革制品、塑料制品、日用搪瓷制品、日用玻璃制品、铝制品、日用化工商品、化妆品、鞋帽及其他百货。

3）商品贸易分类品种，指在品目之下具体反映商品名称的分类。例如，百货类中的日用化工商品包括肥皂、香皂、合成洗衣粉、牙膏、鞋油等品种。

4）商品贸易分类细目，是以同一品种商品不同花色规格来详细区分商品之间差别的分类。例如，香皂的细目可以按香型不同分为檀香型、玫瑰型、茉莉型、水果香型、国际香型等，也可以按颜色不同分为白色、黄色、红色、檀木色等，还可以按外观造型和重量的不同等进行细分。

商品的贸易分类，应是在国家商品分类目录的基础上进行的。其分类的原则不得违背国家分类目录的类组划分，但贸易部门可根据自己的业务特点，对商品的类组作较详尽的划分，有时也可对本部门经营较少的商品进行并类或并组。

基层商业企业常根据自己的业务范围对所经营的商品分组划类，往往不需要严格遵守商品分类的原则和国家商品分类目录的要求。例如，商品陈列和柜台设置，应在便利顾客和有利经营的原则下分类。

4. 标准商品分类体系

这种分类方法在日本又称为制度的分类。分类有大、中、小的详细划分，合计共被细分为七个等级，全部是符号化，故可用电脑处理。按标准商品分类，是将类似的商品集中在一起，目的是便于集中统计。

日本的标准商品分类体系中，将所有商品分为七大类。

1）副食品和饮料，包含所有的食品、饮料及卷烟。

2）粗原料，包括动物、植物、矿物等原材料。

3）基础加工材料，包括粗原料经若干道加工工序后制成的半成品，以及应用于建筑上的相关材料。

4）最终制成品，包括已完全被制作完毕后，可以直接被使用的成品。

5）废弃物，限于可被作为再生资源利用的一类废旧物品，还会有市场且能再次买卖。

6）美术品、收集品、古董，包括书画一类物品。

7）无法进行分类的其他物品，包括那些无法判断其归属于哪一类的物品。

为适应世界各国之间贸易政策、征收关税、贸易活动、贸易管理与贸易统计等，需要统一执行的商品分类方法，称为国际贸易商品分类。国际贸易商品分类标志主要采用商品用途、原材料、化学成分、产地和生产季节等。目前国际上公认并被广泛采用的国际贸易商品分类的体系主要有四种，即《海关合作理事会商品分类目录》（CCCN）、《国际贸易标准分类目录》（SITC）、《商品名称及编码协调制度》（HS）。

我国对全国商品做出了统一的分类。1987 年经国务院批准，颁布了《全国工农业产品（商品、物资）分类与代码》（GB/T7635—1987），确定为国家标准。体系如下。

A．农、林、牧、渔业产品

01 农林产品

02 营林产品

03 人工饲养动物和捕猎的野生动物及其产品

04 渔业产品

05 观赏植物

06 其他农、林、牧、渔业产品

B．矿产品及竹木采伐产品

07 煤、石油和天然气

08 黑色金属矿采选产品

09 有色金属矿采选产品

10 非金属矿采选产品

11 木、竹采伐产品

C．电力、蒸汽供热量、煤气（天然气除外）和水

12 电力、蒸汽供热量、煤气（天然气除外）和水

……

但是这个标准毕竟产生于计划经济时代，产品的部门管理色彩浓重，与我国现行的社会主义市场经济体制不相适应，与国际商品（产品）分类编码标准不能很好兼容，覆盖面也不够宽，难以满足我国市场经济和社会发展的需要。经过 10 年的总结性和探索性研究，1997 年我国开始了 GB/T 7635—1987 标准的修订工作，经过反复协调修改，广泛征求意见，新标准于 2002 年 8 月 9 日正式发布，2003 年 4 月 1 日实施。鉴于原国家标准 GB/T 7635—1987 是我国 2 万多现行国家标准中唯一由国务院直接批准发布的国家标准，所以新标准决定作为修订标准项目颁布，并保留原标准编号不变。该修订标准《全国主要产品分类与代码》由相对独立的两个部分组成，第一部分为可运输产品，第二部分为不可运输产品。第一部分由五大部类组成，与联合国统计委员会制定的《主要产品分类》（简称 CPC）1998 年 10 版的第 1 部分相对应，一致性程度为非等效。“可运输产品代码”标准

是对《全国工农业产品（商品、物资）分类与代码》(GB/T7635—1987）的修订。主要变化如下。

1）对 GB/T7635—1987 标准名称进行了修改。

2）对代码结构和编码方法进行了修改。GB/T7635—1987 代码结构是四层 8 位数字码，每层 2 位码，采用了平均分配代码的方法。“可运输产品代码”标准代码结构是六层 8 位数字码，前五层是一层 1 位码，第六层是 3 位码，采用了非平均分配代码方法。

3）产品分类和类目的设置进行了较大幅度的调整。

4）采用了《分类编码通用术语》(GB/T10113—1988）中确立的术语，产品类目采用了规范的产品名称。

5. 按教学、科研需要进行商品分类

这种分类方法的主要目的是为了合理组织教学，深入研究分析各类商品，以便解决各类商品在质量、检验、储运、保管养护、使用等方面所遇到的问题。使用这种分类方法，既要适合专业要求，也应兼顾业务部门行业分工的特点，还要选择具有代表性的商品，以便能够概括有关研究商品使用价值的重要理论问题。这种分类方法一般不受国家统一商品分类的限制，有其自身的独特性。

其他商品分类体系也很多，如进口商品分类体系、商品检验分类体系。

五、建立商品分类体系的基本方法

1. 线分类法及线分类体系

以线分类法所建立起的体系即为线分类体系，其结构图如图 2.3 所示。表 2.4 是一个典型的线分类体系。线分类法又称层级分类法，是将拟分类的商品集合总体，按选定的属性或特征作为划分基准或分类标志，逐次地分成相应的若干个层次类目，并编制成一个有层次的、逐级展开的分类体系。线分类体系的一般表现形式是以大类、中类、小类等级别不同的类目逐级展开，如表 2.4 所示，各层级所选用的标志可以不同，同层是并列关系，上下层是归属关系。线分类法是商品分类中常采用的方法，由于构架原因、补充新目录困难，结构柔性差。所以，采用线分类法编制商品分类目录时，必须预先留有足够的后备容量。表 2.5 反映的是《全国工农业产品（商品、物质）分类与代码》的分类方法，即采用线分类法。该标准将产品（商品、物质）分为大类、中类、小类和细目四个层级。

线分类体系的主要优点是：层次性好，能较好地反映类目之间的逻辑关系，符合传统应用习惯，既适合于手工处理又便于计算机处理。但线分类体系也存在着分类结构弹性差的缺点。

选用线分类法应遵循的基本原则：

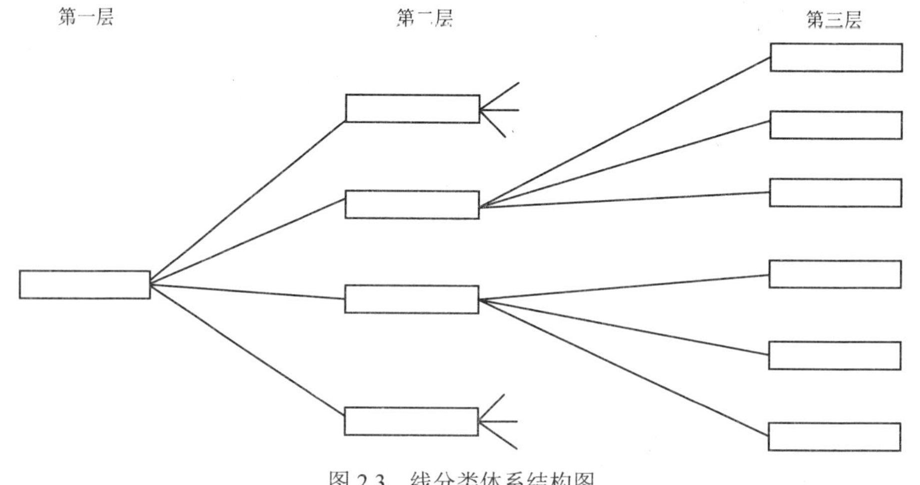

图 2.3　线分类体系结构图

表 2.4　线分类示意

大　类	中　类	小　类
家具制造业产品	木制家具制造业产品 金属家具制造业产品 塑料家具制造业产品 竹藤家具制造业产品	床 椅 凳 桌 箱 架 橱柜 笼 其他

表 2.5　《全国工农业产品（商品、物质）分类与代码》分类方法

大类	中类	小类	细目
（21）服装	机织面料服装	（10）棉布服装	（01）普通棉布男服装 （03）普通棉布女服装 （05）普通棉布童服装 （07）棉布婴儿服装 （09）棉布学生服装 （11）棉布职业服装 （13）棉布民族服装 （99）其他棉布服装

1）在线分类中，由某一上位类类目划分出的下位类类目的总范围应与上位类类目范围相同。

2）当一个上位类类目划分成若干个下位类类目时，应选择一个划分标志。

3）同位类类目之间不交叉、不重复，并只对应一个上位类。

4）分类要依次进行，不应有空层或加层。

2. 面分类法及面分类体系

以面分类法所建立起来的分类体系即为面分类体系。图 2.4 就是一个面分类体系结构示例。

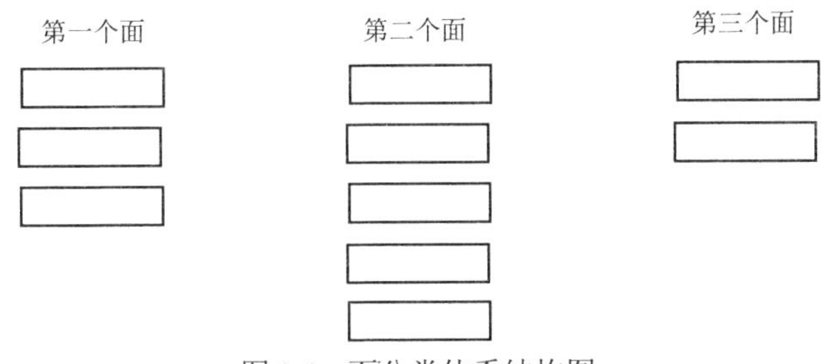

图 2.4　面分类体系结构图

面分类法又称平行分类法，面分类法是把拟分类的商品集合体，根据其本身固有的属性或特征，分成相互之间没有隶属关系的面，每个面都包含一组类目。将每个面中的一种类目与另一个面中的一种类目组合在一起，即组成一个复合类目。

服装的分类就是按面分类法组配的。把服装用的面料、式样和款式分为三个互相之间没有隶属关系的“面”，每个“面”又分成若干个类目，如表 2.6 所示，标出不同范畴的独立类目。使用时，将有关类目组配起来，便成为一个复合类目。例如，纯毛男式中山装、中长纤维女式西装等。目前，在实际运用中，一般把面分类法作为线分类法的补充。

表 2.6　面分类体系应用实例

面　料	式　样	款　式
纯棉	男式 女式	中山装
纯毛		西　装
涤棉		猎　装
毛涤		茄　克
中长纤维		连衣裙

又如对螺钉的分类，也可采用面分类体系，表 2.7 为螺钉选用面及类目编码。

表 2.7 螺钉选用面及类目编码

材料	螺钉直径/cm	螺钉头形状	表面处理
1—不锈钢 2—黄铜 3—铜	1—直径 0.5 2—直径 1.0 3—直径 1.5	1—圆头 2—平头 3—六角形头 4—方形头	1—未处理 2—镀铬 3—镀锌 4—上漆

选用面分类法应遵循的原则如下。

1）根据需要，选择分类对象的本质属性作为分类对象的标志。

2）不同类面的类目之间不能相互交叉，也不能重复出现。

3）每个面有严格的固定位置。

4）面的选择以及位置的确定应根据实际需要而定。

面分类法所建立起的分类体系结构弹性好，可以大量地扩充新类目，不必预先确定好最后的分组，适用于计算机管理；它的缺点是组配结构太复杂，不便于手工处理，其容量也不能充分利用。由表 2.7 提供的类目进行组配，就可发现其中会出现没有意义的商品复合类目。

我国在编制《全国工农业产品（商品、物资）分类与代码》国家标准时，采用的是线分类法和面分类法相结合，以线分类法为主的综合分类法。

六、商品分类应用例解

【实例 1】 果品的分类

（1）按商品的形态分类

按商品的形态分类，可分为以下三类。

1）鲜果。例如，苹果、梨、香蕉、葡萄、桃、杏、杨桃、椰子等。

2）干果。例如，干枣、栗子、干桂圆、干荔枝、柿饼、葡萄干、杏干、山楂干、松子等。

3）瓜类。例如，西瓜、甜瓜。

（2）按果实构造分类

按果实构造分类，可分为以下五类。

1）仁果类。例如，苹果、梨、沙果、海棠、山楂等。

2）核果类。例如，杏、李、樱桃、枣等。

3）浆果类。例如，葡萄、草莓、猕猴桃、香蕉、杨桃、龙眼等。

4）坚果类。例如，核桃、板栗、榛子、松子、银杏等。

5）柑橘类。例如，柑、橘、甜橙、柚、柠檬等。

【实例 2】 玻璃器皿的分类

按化学成分分类，可分为以下六类。

1）钠玻璃，为普通玻璃。主要成分为二氧化硅、氧化钠、氧化钙、氧化镁、氧化铝等。

2）钾玻璃，质地较硬光泽好。以氧化钾代替钠玻璃的氧化钠，并提高二氧化硅的含量等。

3）铅玻璃，其硬度小，二氧化硅含量低，以氧化铝、氧化钾为主。

4）硼硅玻璃，以二氧化硅、氧化硼为主。

5）铝硅玻璃，以二氧化硅、氧化铝为主。

6）石英玻璃，用纯石英制成。

【实例 3】　针织品的分类

（1）按编织方法分类

按编织方法分类，可分为以下两类。

1）纬编织物类，主要用于内外衣和成型产品。主要包括汗布、棉毛布、罗纹布、绒布，单面提花布、双面提花布、毛巾布、人造皮毛、羊毛衫、袜子、手套、围巾等。

2）经编织物类。主要用于外衣、装饰、工业及卫生等。主要包括双梳和多梳针织布、提花针织布、长毛绒、皮毛、装饰布、仿灯芯绒、彩条、花边等。

（2）按商品用途分类

按商品用途分类，可分为以下两类。

1）成型及服装类。各种纤维的内外衣、羊毛衫、袜子、手套、毛巾等。

2）坯布类。主要有各种纤维的经编针织如染布、提花布、装饰布、人造皮毛、仿灯芯线、丝绒、天鹅绒、鹿皮绒等。

【实例 4】　丝织品的分类

我国丝绸产品品种繁多，因此分类方法也较多。按其组织结构、结合织造工艺和织品风格的原则分类，是当前工业、贸易中经常采用的一种分类方法。不同的分类如下。

（1）按炼染工艺流程分类

按炼锻工艺分类，可分为以下两类。

1）生绸缎，是在织造之后再经炼染整理。

2）熟绸缎，是在织造前，先炼染丝线，再进行织造。

（2）按用途分类

按用途分类，可分为以下四类。

1）服装用料，有绸、缎、绫、罗、纺、葛、绨等。

2）装饰用品，有天鹅绒、绸、乔其纱、窗帘纱、丝绒等。

3）工业用品，有绝缘绸、滤绸、防水绸和筛绢等。

4）国防用品，有降落伞绸、机翼绸等。

（3）按贸易分类

按贸易分类，可分为桑蚕绸缎类、合纤绸缎类、柞丝绸缎类、绸缎类、纯人造丝绸缎类、交织绸缎类、被面绸缎类七类。

（4）按传统习惯及丝织品风格特征分类

按传统习惯及丝织品风格特征分类，可分为纺类、绉类、绸类、缎类、绢类、绫类、罗类、纱类、绡类、葛类、呢类、绒类、绨类和哔叽类十四类。

第三节　商品目录与商品编码

一、商品目录

1. 商品目录的概念

商品目录是指国家或部门所经营管理的商品总明细目录，即总明细表。

在编制商品目录的过程中，必须先将商品按一定标志进行定级分类，因此商品目录又称商品分类目录或粗的商品分类体系。

2. 商品目录与商品分类的关系

商品分类是编制商品目录的基础和前提，商品目录是商品分类成果的具体体现和推广运用的工具。可以这么说，在商品科学分类的基础上编制商品目录才能做到层次分明，标准化程度高才有利于经营管理科学化。

3. 商品目录的分类

（1）按编制商品目录的目的和作用不同分类

按编制商品目录的目的和作用不同，商品目录可分为计划商品目录、统计归类商品目录、经营商品目录、必备商品目录、价格管理商品目录和物资分配目录等。

例如，统计商品目录是指为完成统计工作任务，提高统计数字质量，由上级统计主管部门把必须统计上报的商品品种，分门别类地用表格和文字顺序排列，编印为书本式工具，通常以统计制度“附件”的形式颁发，作为本系统内从中央到基层各级统计报告单位二进制报表的依据。统计目录不同于经营目录，主要解决必报产品的统计归类问题，不宜分得过细。

（2）按商品的产销地区不同分类

按商品的产销地区不同，商品目录可分为生产资料商品目录、消费商品目录、食品目录、化工原料商品目录和交电商品目录等。

（3）按商品目录的适用范围不同分类

按商品目录的适用范围不同，商品目录可分为国际商品目录、国家商品目录、部门商品目录、企业商品目录和地区商品目录等。

1）国际商品目录，指国际组织地区性国家集团制定的商品目录，例如，《海关合作理事会商品分类目录》（CCCN）、《国际贸易标准分类目录》（SITC）、《商品名称及编码协调制度》（HS）等。

2）国家商品目录，是指由国家和指定专门机构编制的，是国民经济各部门进行计划、统计、财务、税收、物价等工作时必须一致遵守的全国性统一分类目录，如国家统计局所编制并发布公报的商品目录，《海关进出口税则》、《对外贸易业务统计商品目录》都归属此类。

3）部门商品目录，是指由本行业主管部门编制，是该部门从中央到基层企业共同遵守的准则，如商业部、供销合作总社、粮食部、纺织工业部所编制的商品目录。今后，随着机构改革，由新设立和保留的各部编制，并在系统内使用新编制的商品目录。

4）企业单位的商品目录，是由本企业或本单位自己编制的，一般只适用于本企业或本单位使用。它应当既符合国家或部门商品目录提出的分类原则，又能满足本企业或单位工作需要。比前述两类商品目录的类别相对要少，且品种划分更细。例如，百货公司主要编制百货商品目录，且进行百货商品目录细分，以适应业务工作需要。企业的商品目录，也可以根据企业的不同情况，采取略有差异的形式。

二、商品编码

（一）商品编码的概念

商品编码，即编制商品代码，具体是指在商品分类的基础上，对各类、各种商品都赋予一定规律性的商品代码的过程。

商品代码，又称商品货号，或商品代号，是一个或一组有序的代表某类、某种商品的，便于计算机和人识别与处理的符号，通常用字母与阿拉伯数字组成。

依照代码所表示的信息内容的不同，商品代码可以进一步划分为商品分类代码和商品标识代码。例如，国际上通行的《商品名称和编码协调制度》（HS），《主要产品分类》（CPC）和我国的《全国主要产品分类与代码》等主要商品（产品）分类目录，采用的都是商品（产品）分类代码；国际上通用而我国广泛采用的EAN/UCC-13代码、EAN/UCC-8代码等，都是商品标识代码。

商品代码主要有数字型代码、字母型代码、混合型代码三种。

1. 数字型代码

数字型代码，是用阿拉伯数字对商品进行编码形成的代码符号。数字型代码是世界各国普遍采用的方法之一，这种类型的代码更便于国际之间的经济往来，其特点是结构简单，使用方便，易于推广，便于利用电脑处理。数字型代码是将每个商品的类别、品目、品种等排列成一个数字或一组数字。GB/T7635—1987

标准和 GB/T/0135—1992 标准，采用的就是数字型代码。按前者编码，棉布婴装的代码是“21011007”；香脂的代码是“38221003”。

2. 字母型代码

字母型代码，是用一个或若干个字母表示分类对象的代码。按字母顺序对商品进行分类编码时，一般用大写字母表示商品大类，用小写字母表示其他类目。字母型代码便于记忆，可提供便于人们识别的信息，但当分类对象数目较多时，往往会出现重复现象，因此，在商品分类编码中很少使用。

3. 混合型代码

混合型代码又称数字、字母混合型代码，是由数字和字母混合组成的代码。字母常用于表示商品的产地、性质等特征，可放在数字前边或后边，用于辅助数字代码。例如，“226”代表浙江产的杭罗；“8112”表示涤粘中长纤维色布。

商品分类是建立在商品分类体系和编制商品目录的基础上，是合理进行编码的前提。而商品编码是商品分类体系和商品目录的一个重要组成部分，是进行科学商品分类的一种手段。商品分类与代码共同构成了商品目录的完整内容，因此，商品目录又称“商品分类与代码集”。

补充阅读 2.1

超市商品的分类陈列小知识

一、排面

1. 基本层面的认识

1）低于 0.5 米。

2）1.2 米。

3）1.6 米。

4）1.7 米。

依照商品的特性可以增加层数或减少层数，超过 1.7 米作为库存区。

2. 排面的制作规则

1）分类以纵向陈列，单品以横向陈列。

2）分类陈列中，由便宜到贵的陈列，原则上按照由下到上的顺序陈列。

3）分类陈列中，由大体积到小体积的陈列，原则上是按照由下到上的顺序陈列。

3. 陈列方式

1）选择清楚、容易，让顾客很清楚地找到商品，不浪费时间。

2）从视觉方面，大量的陈列可以增加销售量，提升顾客的购买欲望，并增加营业额。

4. 行动重点

1）价格卡置于商品的左下角。

2）依商品销量来调整排面的大小。

3）如有缺货必须将排面空出，禁止用其他的商品补满。

结论：对于顾客而言，可以节省时间，容易找到商品。对于公司而言，易于管理商品，可以增加商品的回转，可以提升销售量，创造营业额，创造店铺良好的形象。

二、陈列

1. 陈列方式

陈列方式有柜台陈列、常规货架陈列、展示台或展示架陈列、促销台陈列、天花悬吊陈列、墙面与柱子陈列、保鲜柜陈列、栈板陈列。

2. 陈列工具

陈列工具有柜台、展示台或展示架、货架、促销车、保鲜柜、铁丝网、价格卡、隔物板、指示牌、栈板、促销牌、其他相关工具、装饰品。

3. 陈列的种类

1）定位陈列，在卖场里的一般性陈列，经配置后，商品所陈列的位置就很少变动，除了配置表的修正。

2）变化性陈列，除了定位陈列外，因动线、促销或季节因素而特别设计的陈列。

3）其他的陈列，如图案陈列、组合陈列。

4. 陈列的方法

依据商品不同形态、特征、色彩采取不同的陈列方法，如直接陈列法、悬挂陈列法、梯形陈列法、构图陈列法。

5. 陈列的原则

1）依据商品的大、中、小分类的原则来陈列。

2）依先进先出的原则来陈列。

3）以方便顾客购买的三易原则来陈列。三易原则为易看、易选、易拿。

①易看：有商品品名和标签、正面朝向顾客。每种商品不能被其他商品挡住视线。进口商品应有中文标识。价格卡应与商品相对应，位置正确、价格正确、清楚醒目。标示必须写清楚产地、名称、不得简称。分类牌、指示牌要醒目。

②易选：依商品分类陈列；依材料陈列；价格分类；性别（针织）；颜色；规格；品牌；年龄。

③易拿：陈列的位置让人触手可及。商品顶部与层板之间空间调整。商品陈列不得过分拥挤，方便顾客的购买。

6. 排面的设计

（1）排面的陈列

分类以纵向陈列，单品以横向陈列。

依据价格来陈列，从昂贵到便宜由上而下。

依据回转率来决定排面的大小。

依据商品的特性来陈列。

依据同类商品不同颜色来搭配陈列。

依据客人动线来设计商品陈列的位置。

（2）陈列位置

上　段：货架的最上层，陈列一些推荐品，或有心培育的商品

黄金段：从顾客的眼睛以下到胸部的高度，一般人眼睛最易看到，通常陈列高利润商品，自有品牌，独家进品商品或是重点销售商品，最忌讳用来陈列零毛利或低毛利商品。

（3）陈列的要求

1）商品的陈列不可一成不变，要有创新感、艺术感，经常变换陈列方式，使顾客耳目一新，但更改排面必须遵照主管的核准权限执行。（必须遵照先进先出的原则，遵照三易原则。）

2）陈列商品要给顾客一种商品丰富，品种齐全的感觉。

3）不同商品陈列不得过分拥挤。

4）依不同商品的外形，调整层板之间的空隙。

5）缺货商品排面一定要空出，不得遮盖排面。

6）商品标志一律正面朝外。

7）价格卡置于商品的左下角。

8）摆放商品时，要注意稳固，避免掉落下来砸下来砸到客人。

9）陈列商品要保持整洁丰满，货价对比。

10）假陈列。

11）指示牌要醒目，价格牌要清晰，整洁，不得涂改或手写。

12）破损，残损，过期或失效商品，不得陈列在排面上。

13）排面陈列实行定位定置管理，不得随意增减排面。

（资料来源：济南市易格商务资询有限公司超市培训文件．2008 年 7 月编制．超市商品陈列标准手册．）

（二）商品编码的原则

1. 唯一性原则

唯一性原则指代码结构必须保证每一个编码对象仅有一个唯一的代码，也就是说，代码应与指定的类目一一对应。

2. 合理性原则

合理性原则指商品代码结构要与商品科学分类体系相适应，要与产品经营业务的需要相适应。

3. 可扩充性原则

可扩充性原则指编码时必须留有适当的后备容量（足够的备用代码），以便适应因新产品的出现而对代码不断扩充的需要。

4. 简明性原则

简明性原则指代码尽可能简单，即尽可能使代码的长度最短，便于手工处理，减少差错，减少计算机的处理时间和存贮时间。

5. 适用性原则

适用性原则指代码尽可能反映各类型商品的特点，有助于记忆，便于填写。

6. 规范性原则

规范性原则指在同一套商品分类编码集中里，代码的类型、代码的结构及代码的编写格式，必须统一规范。

（三）商品编码的方法

商品代码符号由字母、数字或者标志组成。按商品编码所用的符号类型可分为顺序编码法、层次编码法、平行编码法和混合编码法四种编码方法。

1. 顺序编码法

顺序编码是按商品分类目录中商品排列的先后顺序给予数字的顺序代码。顺序编码是把编码对象集合体，按一定属性或特征划分为系列进行编码。顺序编码的基本原则是每个代码标志的数列长度（含数字位数）要完全一致。顺序编码方法简单，适用于容量不大的编码商品集合体。

2. 层次编码法

层次编码是按商品类目在分类体系中的层级顺序，依次赋予对应的数字代码。

在此先以《全国工农业产品（商品、物资）分类与代码》（GB7635—1987）为例，分析、认识层次编码。1987年经国务院批准，国家标准局发布了《全国工农业产品（商品、物资）分类与代码》国家标准，作为全国各经济信息系统进行信息交换的共同语言，是一个统一全国商品编码的技术法规。这个分类与代码标准提出的编码方法如下。

1）代码为层次结构，共分四层（不包括门类），每层均以两位阿拉伯数字表示，共用八位数字表示。每层代码一般从“01”开始，按升序排列，最多编至“99”。为便于检索，特设置门类，用英文字母表示其顺序。

2）各层中数字为“99”的代码均表示收容类目。同一层内分成若干区间时，每个区间的收容类目一般用末位数字为“9”的代码表示。

3）第一、二、三层的类目不再细分时，在其代码后面补“0”，直至第八位。

4）各层均留有适当空码，以备增加或调整类目用。

整个编码结构分为4个层级，由8位数字代码组成。其中第1、2位数字为第一个层级，表示大类；第3、4位数字为第二个层级，表示中类；第5、6位数字为第三个层级，表示小类；第7、8位数字为第四个层级，表示品种（或组类）。层次编码方法，最大优点是商品隶属关系清晰，层次鲜明，逻辑性强，如图2.5所示。

［例1］A．农、林、牧、渔业产品

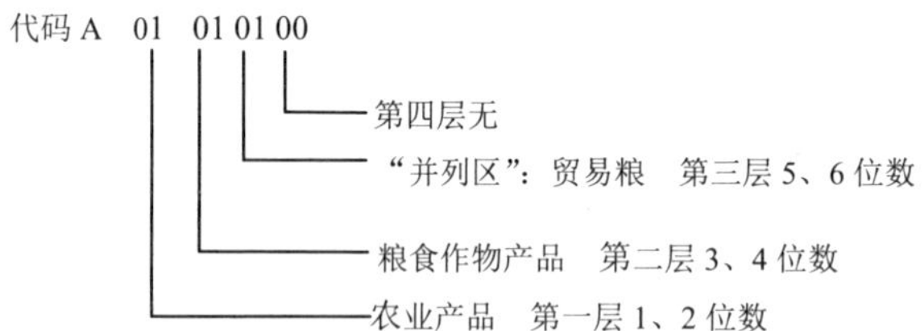

［例2］A．农、林、牧、渔业产品

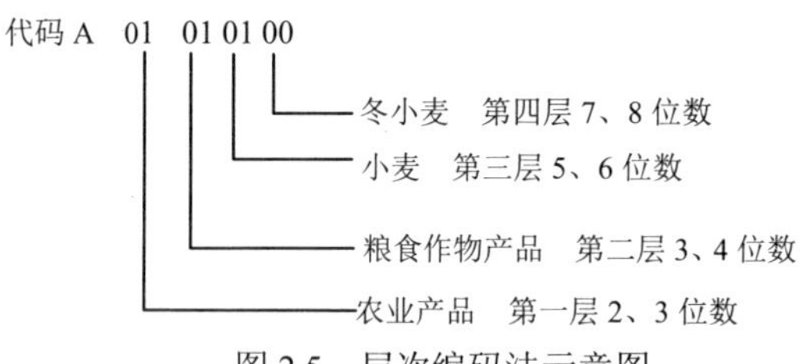

图2.5　层次编码法示意图

我国商品标准分类中表示门类的代码用英文字母表示方法如表2.8所示。

3. 平行编码法

平行编码多用于面分类体系中，具体方法是给每一个分类面确定一定数量的码位，代码标志各组数字之间是并列平行关系。平行编码，也用于线分类体系中。线分类体系中同一层次的不同类目，相互之间是并列平行的关系。对于这种同一分类体系中同层级的类目可以以平行编码的方法按顺序给出数字代码。平行编码法的优点是编码结构领域宽，容易增加分类面的数目，可以用全部代码，也可以用部分代码。缺点是代码过长，不便于计算机管理。

表 2.8　《全国工农业产品（商品、物资）分类与代码》

门　类	大　类	门　类	大　类
A. 农、林、牧、渔产品	01. 农业产品 02. 林业产品 03. 人工饲养动物和捕猎的野生动物及其产品 04. 渔业产品 05. 观赏植物 06. 其他农、林、牧、渔产品	F. 木材、竹、藤、棕、草制品及家具	23. 木材、竹、藤、棕、草制品 24. 家具
B.矿产及竹木采伐产品	07. 煤、石油和天然气 08. 黑色金属矿采选产品 09. 有色金属矿采选产品 10. 非金属矿采选产品 11. 木、竹采伐产品	G. 纸浆、纸和纸制品、印刷品、文教体育用品	25. 纸浆、纸和纸制品 26. 印刷品 27. 文教体育用品
C. 电力、蒸汽供热量、煤气（天然气除外）和水	12. 电力、蒸汽供热量、煤气（天然气除外）和水 13. 加工食品	H. 石油制品、焦炭及煤制品	28. 石油制品 29. 焦炭及煤制品
D. 加工食品、饮料、烟草加工品和饲料	14. 饮料 15. 烟草加工品 16. 饲料	J. 化工产品	30. 无机化学品 31. 化学化肥 32. 化学农药 33. 有机化学品及涂、颜、染料、催化剂、助剂、添加剂和黏合剂 34. 高分子聚合物 35. 信息用化学品 36. 化学试剂 37. 日用化工产品 38. 其他化工产品
E. 纺织品、针织品、服装及缝纫品、鞋帽、皮革、毛皮及其制品	17. 纺织用纤维加工品 18. 纺织品 19. 针织品 20. 服装及其他缝纫品 21. 鞋帽 22. 皮革、毛皮及其制品	K. 医药	39. 化学原料药 40. 化学药制剂 41. 中药材 42. 中成药 43. 生物制品

续表

门　类	大　类	门　类	大　类
L. 橡胶制品和塑料制品	44. 橡胶制品 45. 塑料制品	T. 电器机械及器材	70. 电机 71. 输变电设备 72. 电工器材 73. 家用电器 74. 其他电器装置和设备
M. 建筑材料及其化学金属矿物制品	46. 建筑材料及其他非金属矿物制品	U. 电子产品及通信设备	75. 雷达和无线电导航设备 76. 通信设备 77. 广播电视设备 78. 电子计算机及外部设备 79. 电子元件 80. 电子器件
N. 黑色金属冶炼及其压延产品	47. 钢铁冶炼产品 48. 钢材 49. 其他黑色金属冶炼及其压延产品	V. 仪器仪表、计量标准器具及量具、衡器	81. 仪器仪表 82. 计量标准器具及量具、衡器
P. 有色金属冶炼及其压延产品	50. 有色金属冶炼产品 51. 有色金属压延产品	W. 工艺美术品、古玩及珍藏品	83. 工艺美术品 84. 古玩及珍藏品
Q. 金属制品	52. 金属结构及构件 53. 工具 54. 金属丝及其制品 55. 建筑用金属制品 56. 搪瓷制品及日用金属制品 57. 其他金属制品	X. 废旧物资	85. 废旧物资
R. 普通机械	58. 锅炉及原动同 59. 金属加工机械 60. 通用设备 61. 铸锻件及通用零部件 62. 工业专用设备 63. 农、林、牧、渔业机械 64. 铸锻件及通用零部件 65. 建筑工程机械和钻探机械 66. 医疗器械	Z. 其他产品（商品、物资）	86. 其他产品（商品、物资
S. 交通运输设备	67. 铁路运输设备 68. 公路运输设备 69. 船舶及其辅助设备、飞行器		

4. 混合编码法

混合编码法是层次编码法和平行编码法的合成，但代码的层次与类目的等级不完全相同。此法是将分类对象的各种属性或特征分别列出后，其某些属性或特征用层次编码法表示，而其余的属性或特征则用平行编码法来表示。

例如，《全国工农业产品（商品、物资）分类与代码》的编码方法，便是采用以英文 26 个字母和阿拉伯数字混合编码的方式，用英文字母代表门类，用八位阿拉伯数字分别代表大类、中类、小类和品种 4 个层次。例如，B42011013，B 是 B 类，代表医药商品，第 1 个层次（前两位数字 42）代表商品大类（中药材）；第 2 个层次（三、四位数字 01）代表商品中类（植物类中草药）；第 3 个层次（五、六位数字 10）代表商品小类（根茎类小药材）；第 4 个层次（七、六位数字 13）代表商品品种（川贝）。此种编码方法，由于代码组成形式复杂，给使用带来不便，计算机输入效率低，错码率高，因此，在商品分类编码中很少使用此法。

还有，绸缎的临时编号，编号前以“S”代表上海，“H”代表浙江，“K”代表江苏，然后再用几位数字编号。例如，国产绸缎实行由中国丝绸总公司制定的统一品号。品号由 5 位阿拉伯数字组成。这 5 位数字从左向右第一位数，全真丝织物（包括桑蚕丝、绢丝）为“1”，化纤织物为“2”，混纺织物为“3”，柞蚕丝织物为“4”，人造丝织物为“5”，交织物（包括醋酸丝织物）为“6”，被面织物为“7”。如 S1511 是上海真丝绸，H1226 是浙江产杭罗，各地商品编号方法，其优点是简化了业务手续，特别是对一些字看相同或相似，容易混淆的商品名称，便于区别、记忆、防止差错。随着改革开放、市场经济的高速发展，我国这种商品编码制度将逐渐与国际商品编码接轨。

第四节　商品条形码

一、商品条形码及其应用

1. 条形码的产生与发展

条形码技术是现代高科技的研究成果，它的研究始于 20 世纪中叶。20 世纪 50 年代美国就有关于铁路车辆采用条形码标识的报道，20 世纪 60 年代美国开始将条形码的研究应用在食品零售业，20 世纪 70 年代以后，条形码在北美、西欧相继而用。1973 年，美国统一代码委员会（UCC）从若干种条形码方案中选走了 IBM 公司提出的条形码系统方案，作为北美地区的通用产品代码（简称 UPC 条形码），并将其用于食品杂货类商品和超级市场中绝大多数商品的编码。

条形码技术是一种数据输入技术。数据输入是由与电脑相连的光电扫描器完成的。光电扫描器由光学系统和电路系统组成。光学系统发出的光经透镜聚焦形成扫描光点照射到条形码上，得到由反射光产生的模拟电信号传输给译码器，译码器把电信号解释成电脑可接收的数据，图 2.6 所示为商场 POS 系统的构成示意图。商品条形码中包含着一般难以想象的一整套商品信息。条形码由解码阅读器读入后，商品的有关信息诸如名称、产地、价格、数量、厂家、国别等，就被全部输入计算机系统，以计算机加以处理记录。

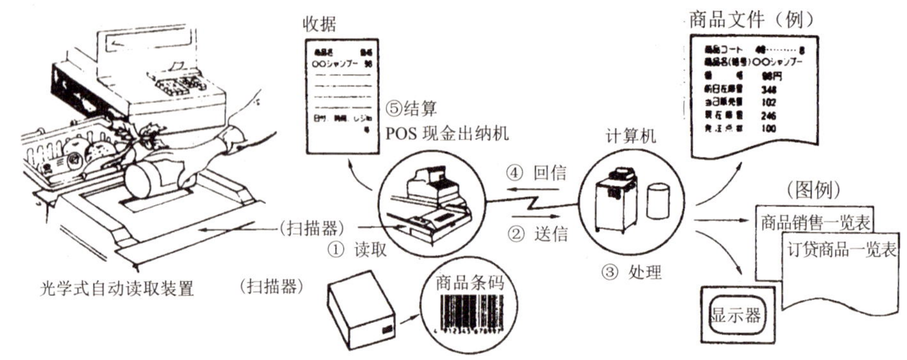

图 2.6　POS 系统的构成示意图

1974 年，欧洲的 12 个国家——英国、原联邦德国、法国、丹麦、挪威、比利时、芬兰、意大利、奥地利、瑞士、荷兰、瑞典的制造商和销售商代表决定成立欧洲条形码系统筹备委员会（AD—HDC），专门研究在欧洲建立统一商品编码体系。在吸取 UPC 条形码技术基础上开发出了欧洲物品编码系统，简称 EAN 条形码。1977 年 2 月，正式成立了欧洲物品编码协会（简称 EAN），并于 1981 年更名为国际物品编码协会（International Article Numbering Association），仍称 EAN。

EAN 条形码是国际通用的商品代码，EAN 会员已遍及世界 50 多个国家和地区。目前，全世界约有 15 万家公司加入到 EAN 系统中，有 20 多万余家商店安装了条形码扫描销售管理系统（POS 系统），实现了商店的自动化管理。

我国条形码技术的研究始于 20 世纪 70 年代。20 世纪 80 年代末，条形码技术在我国的邮电、仓储、图书管理及生产过程的自动控制等领域开始得到运用，并把条形码工作的重点放在商业领域，特别是对外贸商品推广应用条形码技术。为普及、推广、研究条形码技术，国家技术监督局于 1988 年 12 月正式成立了中国物品编码中心，并在各地设立了物品编码分中心。该中心的任务是：联系 EAN 和国际上其他编码机构；推广应用和发展 EAN 条形码系统，统一组织、协调和管理我国的条形码工作。1991 年 4 月，中国物品编码中心正式被国际物品编码协会接纳为会员，可以采用 EAN 条形码系统，为我国大规模推广应用条形码技术创造了有利的条件。

2. 条形码的相关术语

条形码（bar code）是由一组规则排列的条、空及其对应字符组成的标记，用以表示一定的信息，见《条形码术语》（GB/T12905—2000）。条形码可以标示生产国、制造商、商品名称、生产日期、图书分类号、邮件起止地点、类别、日期等各种信息。

（1）条形码的条、空的含义

条形码的条和空是由条形码符号印刷载体反光率的不同而形成的。其中的“条”是光被吸收形成的，“空”是光被反射形成的。条是条形码中对光的反射率低的部分，一般为黑色。空是条形码中对光的反射率高的部分，一般为白色。由于条和空的反射率很大，对比度很强，易于被光电件自动识别，在技术上可以采用窄条和窄空分别代表二进制数 1 和 0，用宽条和宽空分别代表 11 和 00，用三倍宽的条和空代表数 111 和 000。另一种编码法只用条表示，即将宽条当作 1，窄条当作 0，或者交叉地将宽空当作 1，窄空当作 0 等。因此，用条形码编码组成的数据信息完全符合计算机处理二进制数据的要求。

（2）条形码符号的含义

条形码系统是由条形码符号设计、制作及扫描识读组成的自动识别系统。条形码识读装置是条形码系统的基本设备，其功能为译读条形码符号，即把条形码条符宽度、间隔等信号转换成不同时间长短的输出信号，并将该信号转化为计算机可识别的二进制编码，然后输入计算机。识读装置由扫描器和译码器组成。扫描器又称光电读入器，装有照亮被读条形码的光束检测器件，接收条形码的反射光，产生模拟信号，经放大、量化后送译码器处理。扫描器可以是一支光笔或激光枪，由人手持作业；也可以是一种安装在某部位的自动扫描器，典型的有固定光束扫描器、直线扫描器、逐行扫描器和全方位扫描器。译码器存储有需译读的条形码编码方案的数据库库译码算法。

完整的条形码符号由以下几部分组成：条形码字符，表示一个字符的若干条和空；空白区，指符号两端外侧分布的足够长的“空”区，用来提示阅读器接收，即是为保证条形码正常识读而在条形码两端保留的与空同色的区域；起始符和终止符，指符号左右两端各有若干条和空作为条形码的分隔符，即供阅读器识别条形码的种类、开始与终止等输入完整数据使用。由于起始符是由不对称的条和空构成，因此双向读取都可达到正确识别的目的；数据符，指在起始符后代表特定信息的条形码字符。每个条形码字符由若干个条和空等条形码单元组成（相对应的窄条/空称作窄单元，宽条/空称作宽中元）。条形码单元的基本单元，称作模块。条形码符中一个颜色相同的宽度范围。一个单元由一个或多个模块组成。模块是组成条形码的最基本的单位条形码。数据符的字符个数有固定的（定长条形码）、不固定的（非定长条形码）；字符间有间隔分离的（非连续型条形码），字符间无间隔分离的（连续型条形码）；数据符用中隔符分成左右两部分等不同结构形式；校验符，为提高条形码阅读正确率，在数据符后可附加表示校验值的条形码字符。用于检验条形码准确性的一个条形码字符，根据条形码所表示的字符信息按一定的校验规则生成，一般位于终止符前。校验值是通过对数据符进行的计算结果来确定的。阅读时若数据按同一方法计算结果与校验值相吻合时才能输出有效的条形码数据。有的条形码其自身就有校验功能，则不需另加校验码位。

3. 条形码的种类

商品条形码为超级市场自动扫描结算业务提供了必备条件，也可以把商品条形码视为商品进入国内外超级市场的“入场券”，它是商业现代化管理的技术手段。条形码根据其编码主体的不同，可分为厂家条形码和商店条形码（店内码）两种。一般所说的商品条形码主要是指厂家条形码。厂家条形码是指生产厂家在生产过程中直接印在商品包装上的条形码，它们不包括价格信息。常用的厂家条形码主要有国际物品条形码（international article number bar code），简称 EAN 条形码；通用产品条形码（uniform produt code），简称 UPC 条形码；二五条形码（code 25）；三九条形码（code 39）和库德巴条形码（codabar bar code）。这五种条形码各有其特点，分别在不同领域范围内得到应用。在商品流通领域内用作商品标志的条形码主要是 EAN 条形码和 UPC 条形码。

二、EAN 条形码

国际物品条形码——EAN 条形码。EAN 码有两种版本——标准版和缩短版。标准版表示 13 位数字，又称为 EAN13 码；缩短版表示 8 位数字，又称 EAN8 码，分别见图 2.7 和图 2.8。两种条形码的最后一位为校验位，由前面的 12 位或 7 位数字计算得出。两种版本的编码方式可参考国标 GB12094—1998。

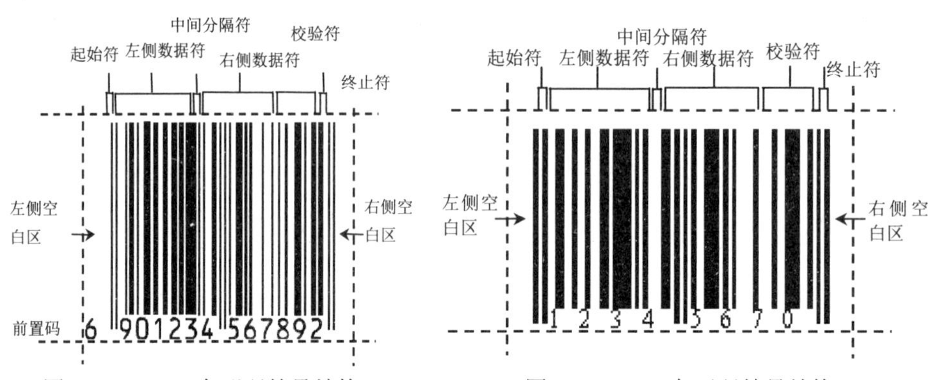

图 2.7　EAN13 条形码符号结构　　图 2.8　EAN8 条形码符号结构

EAN 码由前缀码、厂商识别码、商品项目代码和校验码组成。前缀码是国际 EAN 组织分配给各会员组织的代码，如表 2.9 所示；厂商代码是 EAN 编码组织在 EAN 分配的前缀码的基础上分配给厂商的代码；商品项目代码由厂商自行编码；校验码主要是为了校验代码的正确性。在编制商品项目代码时，厂商必须遵守商品编码的基本原则：对同一商品项目的商品必须编制相同的商品项目代码；对不同的商品项目必须编制不同的商品项目代码。保证商品项目与其标识代码一一对应，即一个商品项目只有一个代码，一个代码只标识一个商品项目。

EAN-13 条形码所表示的代码由 13 位数字组成，其结构如下：

表 2.9　EAN 对世界各国或地区前缀码分配

前缀码	各编码组织所在国家（地区）	前缀码	各编码组织所在国家（地区）
00～13	美国和加拿大	609	毛里求斯
20～29	店内码（对无条形码商品自行编码）	611	摩洛哥
30～37	法国	613	阿尔及利亚
380	保加利亚	619	突尼斯
383	斯洛文尼亚	622	埃及
385	克罗地亚	625	约旦
387	波黑	626	伊朗
400～440	德国	64	芬兰
45、49	日本	690～695	中国
460～469	俄罗斯	70	挪威
471	中国台湾	729	以色列
474	爱沙尼亚	73	瑞典
475	拉脱维亚	740	危地马拉
477	立陶宛	741	萨尔瓦多
479	斯里兰卡	742、744	洪都拉斯、哥斯达黎加
480	菲律宾	743	尼加拉瓜
481	白俄罗斯	745	巴拿马
482	乌克兰	746	多米尼加
484	摩尔多瓦	750	墨西哥
485	亚美尼亚	759	委内瑞拉
486	格鲁吉亚	76	瑞士
487	哈萨克斯坦	770	哥伦比亚
489	中国香港	773	乌拉圭
50	英国	775	秘鲁
520	希腊	777	玻利维亚
528	黎巴嫩	779	阿根廷
529	塞浦路斯	780	智利
531	马其顿	784	巴拉圭
535	马耳他	786	厄瓜多尔
539	爱尔兰	789	巴西
54	比利时和卢森堡	80～83	意大利
560	葡萄牙	84	西班牙
569	冰岛	850	古巴
57	丹麦	858	斯洛伐克
590	波兰	859	捷克
594	罗马尼亚	860	南斯拉夫联盟共和国
599	匈牙利	869	土耳其
600～601	南非	893	越南
87	荷兰	899	印度尼西亚

续表

前缀码	各编码组织所在国家（地区）	前缀码	各编码组织所在国家（地区）
880	韩国	90、91	奥地利
885	泰国	93	澳大利亚
888	新加坡	94	新西兰
890	印度	955	马来西亚

注：本表统计截止于 2010 年 12 月。

结构一：X13X12X11　X10X9X8X7　X6X5X4X3X2　X1

其中，X13…X11 为表示国家或地区代码的前缀码；X10…X7 为制造厂商代码；X6…X2 为商品的代码；X1 为校验码。

结构二：X13X12X11　X10X9X8X7X6　X5X4X3X2　X1

其中，X13…X11 为表示国家或地区代码的前缀码；X10…X6 为制造厂商代码；X5…X2 为商品的代码；X1 为校验码。

结构三：X13X12X11　X10X9X8X7X6X5　X4X3X2　X1

其中，X13…X11 为表示国家或地区代码的前缀码；X10…X5 为制造厂商代码；X4…X2 为商品的代码；X1 为校验码。

在我国，当 X13X12X11 为 690、691 时其代码结构同结构一，当 X13X12X11 为 692，693 时其代码结构同结构二。当 X13X12X11 为 694，695 时其代码结构同结构三。

EAN 前缀码由 2～3 位数字组成，是 EAN 分配给国家（或地区）编码组织的代码。前缀码并不代表产品的原产地，而只能说明分配和管理有关厂商识别代码的国家（或地区）编码组织。

例如，听装健力宝饮料的条形码为 6901010101098，其中 690 代表我国 EAN 组织，1010 代表广东健力宝公司，10109 是听装饮料的商品代码。这样的编码方式就保证了无论在何时何地，6901010101098 唯一对应该种商品。

另外，图书和期刊作为特殊的商品也采用了 EAN13 表示 ISBN 和 ISSN。前缀 977 被用于期刊号 ISSN，图书号 ISBN 用 978 为前缀，我国被分配使用 7 开头的 ISBN 号，因此我国出版社出版的图书上的条形码全部为 9787 开头。

EAN-8 条形码即缩短码，其结构较为简单，由 8 位数字组成，其结构：X8X7X6 X5X4X3X2 X1。其中，X8X7X6 含义同 EAN-13 的厂商识别代码；X5...X2 为商品的代码；X1 为校验码。

补充阅读 2.2

EAN 商品条形码的前缀码是否代表商品的原产地

不少消费者与商场管理人员对商品条形码的前缀码代表什么，概念模糊。

他们错误地认为商品条形码的前缀码是代表商品的原产地，如前缀码为690、691、692条形码的商品，误认为产地为中国；前缀码为480条形码的商品，误认为产地一定是菲律宾。所以对商品标识上标注原产地为菲律宾的商品，却使用国际物品编码协会(简称EAN)分配给中国物品编码中心的前缀码692而感到大惑不解，甚至怀疑是假冒伪劣商品。那么前缀码和原产地之间有什么关系吗?

根据1997年11月7日国家质量技术监督局监发（1997）172号发《产品标识标注规定》第九条规定:“进口产品可以不标原生产者的名称、地址，但应当标明该产品的原产地(国家/地区)以及代理商或者进口商或者销售商在中国依法登记注册的名称和地址。在中国设立办事机构的外国企业，其生产的产品可以标注该办事机构在中国依法登记注册的名称和地址。”第二十一条规定:“产品标识标注的产品条形码，应当是有效的产品条形码。”又根据1998年7月29日国家质量技术监督局第1号局长令发布的《商品条形码管理办法》第十一条规定:“依法取得营业执照的生产者、销售者，可以申请注册厂商识别代码。”

根据上述几项法规规定，某外国生产商在中国设立的办事机构可向中国物品编码中心申请注册厂商代码，并在其出口到中国的商品上，使用在中国物品编码中心申请的前缀码为690～695的商品条形码。

所以说,EAN商品条形码的前缀码是用于标志国际物品编码协会(EAN)所属编码组织的代码，由国际物品编码协会统一管理和分配。国际物品编码协会分配给早期的EAN编码组织的前缀为两位数字,如分配给日本的前缀为49，法国的前缀码为30～37。由于前缀码是由国际物品编码协会统一分配注册的，因此确保了前缀码在全球范围内的唯一性。如前缀码690只唯一代表中国物品编码中心，而不可能代表其他的EAN编码组织。因此，商品条形码的前缀码不表示商品的原产地，而只表明一个合法使用商品条形码的企业，是在持有该商品条形码所表示的商品项目识别代码中的前缀码的EAN编码组织登记注册的，并接受该编码组织的管理。

（资料来源：范旭．2000．EAN商品条形码的前缀码不代表商品的原产地．标准化报道，6.）

三、UPC条形码

通用产品条形码——UPC条形码。通用产品条形码简称UPC条形码，是美国统一代码委员会（UCC）于1973年推出的一种商品条形码，广泛应用于美国和加拿大商品流通领域。各国出口到美国、加拿大等北美国家的商品，其包装上必须印有UPC条形码。

UPC条形码有标准版（UPC-A）和缩短版（UPC-E）两种形式，如图2.9所示。

图 2.9　UPC 条形码标准版和缩短版

商品条形码结构如图 2.10 所示。

图 2.10　商品条形码

第 1 位数字为编码系统字符，称为前缀号，分别以“0”标志规则包装的商品；“2”标志不规则重量的商品；“3”标志医药卫生商品；“4”为零售商专用；“5”标志用信用卡销售的商品；“7”标识为中国申报的 UCC 会员用；1，6，8，9 为备用码。编码系统字符由美国统一代码委员会（UCC）分配给它的每个会员（UCC 会员）。中间 10 位数字为编码数字，前 5 位数字是制造厂商代码，用于标志商品生产厂家，由 UCC 分配给每个会员；后 5 位数字是商品标识代码或商品项目代码，用于标志商品的特征或属性，由制造厂商根据 UCC 的规则自行编制和管理。最后 1 位数字为校验码，用于校验代码符号的正确性，按照一定规则计算确定。

UPC-E 条形码是 UPC-A 条形码的一种特殊形式，可以视为是删除 UPC-A 的 4 个或 5 个“0”得到的。只有当商品很小，无法印刷表示 12 位数字的 UPC-A 条形码时，才允许使用 UPC-E 条形码，例如，香烟、胶卷、化妆品等商品。UPC-E 条形码由表示 8 位数字的条形码符号构成，其结构如图 2.9 缩短版所示。在 UPC-E 条形码中，前缀号只能取“0”，就是说，只有当 UCC 给企业分配的编码系统字符是“0”时，才可使用 UPC-E 条形码。商品信息代码由 6 位数字构成，是根据一定规则由厂商代码和商品项目代码经删除“0”后得出。UPC-E 的校验码计算方法与 UPC-A 相同，但是要首先将 UPC-E 还原成 UPC-A 形式。

在使用自动扫描结算的商店中，为便于 POS 系统对商品的自动扫描结算，商店对没有商品条形码或商品条形码不能识读的商品，自行编码和印制条形码，并只限在自己店内部使用。通常将这类条形码称为商店条形码，又叫店内码。店内码可分为两类，一类是用于变量消费单元的店内码，如鲜肉、水果、蔬菜、熟食品等商品是按基本计量单位计价，以随机数量销售的，其编码的任务不宜由厂家承担，只能由零售商完成。零售进货后，要根据顾客需要包装商品，用专用设备对商品称重并自动编码和制成店内码，然后将其粘贴或悬挂到商品外包装上；另一类是用于定量消费单元的店内码。这类商品是按商品件数计价销售的，应由生产厂家编印条形码，但因厂家生产的商品未申请使用条形码或其印刷的条形码不能被识读，为便于扫描结算，商店必须制作使用店内码。

POS（point of sales）系统据字意为自动销售系统，在国外统称销售终端或称扫描系统。它是条形码技术在通用商品流通销售领域的应用。自从 1945 年世界上第一台电子计算机问世之后，计算机的发展非常迅速，同时涌现出了多种多样的计算机输入技术。这些技术的出现对提高计算机应用的方便性、灵活性和准确性，起到了巨大的作用。

四、EAN 系统的图书和期刊代码

图书和期刊作为商品的一种，不仅具有商品的一般属性，而且具有流动量大，流速快，流通范围广和流通环节多的特点。条形码的出现，使计算机管理图书和期刊的功能得到了极大的发挥，把人们从以往繁杂的手工操作中解脱出来。

（一）EAN 图书代码

图书作为一种商品，具有商品的一般属性，又具有特殊性。图书不同于其他消费品，其除了经过流通环节进行消费外，更多地作为一种信息载体长期地在社会流传并发挥作用。因此，图书的条形码标志具有双重作用：一是为商业 POS 系统服务；二是为图书馆图书管理系统服务。为此，EAN 与国际标准书号（ISBN）中心达成协议，把图书作为特殊按照国际物品编码协会的规定，EAN 图书代码可以用两种不同的代码结构来表示，一种是把图书视为一般商品，按 EAN 商品编码的方法进行编码；另一种是把图书作为特殊的商品，按照国际物品编码协会与国际标准书号（international standard book number，ISBN）的协议规定，采用图书本身的 ISBN 书号，再配以 978 和 979 作为专用前缀码商品，称为图书 EAN 码，如图 2.11 所示。目前，

图 2.11　EAN 系统的图书条形码

仅启用了 978（979 为 EAN 留给 ISBN 系统的备用前缀码）。各国采用何种编码方法，EAN 不做规定，各国可根据各国的实际情况进行选择。由于我国已加入 ISBN 组织，因此，在书籍条形码的作用上，我国选择的是利用书籍本身的 ISBN 号，使用专用前缀码 978 来进行编码。

一个完整的图书条形码由条形码符号和供人识别字符两部分组成，其中条形码符号通常都由两侧的空白区、起始符、数据字符、校验符、终止符组成。我国出版的书籍，条形码识别字符共有 13 位数字组成，前三位数字为 978，是前缀；接着九位数字是 ISBN 书号的第一、二、三部分；最后一位数字是校验码。

（二）国际标准书号

国际标准书号（ISBN），是国际标准化组织（ISO）1970 年颁布的图书数码代号，是目前国际上通用的一种科学合理的编码系统。一般印在图书等出版物的某一明显部位，书名页的背面、版权页或封底的下部或出版物外部。采用 ISBN 编号的出版物有印刷型图书、小册子、地图、盲文出版物、多载体复合出版物、缩微出版物、机读磁带、教学影片、幻灯片等，但不包括临时性印刷品。国际标准书号产生的背景是世界图书出版量剧增，要求有一种在国际间通用的图书代码，以加速出版发行信息的传递，并减轻编制书单等事务性工作。信息科技的普及，使图书实行代码化成为可能。

国际标准书号有助于简化图书发行及管理手续，便于出版物统计及国际交流。世界各地的出版者、书商、图书馆及读者等都可以利用国际标准书号通过计算机系统迅速而准确的识别某一种图书的出版状况。

国际标准书号具有如下特点：

1）专指性，每一编号仅代表某一特定版本的图书，当同一种书的版本、开本或装帧不同时，书号也就不同。

2）可识别性，从 ISBN 的四组号码中可以得到出版国家、地区或语言、出版者、书号的实际信息。

3）可校检性，用加权因子 10～2 分别与 ISBN 的 1～9 位数对应相乘，将乘积与校验数值相加而得到。

ISBN 由 10 位阿拉伯数字组成，分为四个部分，依次为组号、出版者号、书名号和校验号，数字间用连字符号或空格隔开，书号前均有 ISBN 字样。例如，ISBN7-5080-2710-8 或 ISBN7508027108（基于方便识别的原因，前一种描述更为常用）。组号代表国家、地区或语种，由标准书号管理中心（设在德国柏林国家图书馆）负责分配，取 1～5 位数字。例如，0 代表英语区，3 代表德国，4 代表日本，5 代表前苏联，7 代表中国。出版者号由国家或地区的 ISBN 中心分配，取 1～7 位数字。书名号是由出版者给每种出版物编的号码。校验号是为了避免转抄或印刷出现差错，用计算机自动校验而设置的，固定为 1 位。当校验号为 10 时，用罗马数字 X 表示。

（三）EAN 期刊代码

期刊，作为一种商品，为了实现销售自动扫描结算，实现现代化管理，有必要给每一期刊分配一个统一的代码，为期刊的流通和管理提供通用的语言。因此国际物品编码协会（International Article Numbering Association，简称 IAN，由于习惯和历史原因，该组织至今仍被称为 EAN）与国际标准期刊号中心签署了协议，把期刊作为一种特殊的商品，赋予专用的前缀码，并将国际标准期刊号（ISSN）条形码化，如图 2.12 所示。

图 2.12　EAN 系统的期刊条形码

国际物品编码协会与国际标准刊号中心签署的协议规定，将 EAN 前缀码 977 分配给国际标准期刊系统，供期刊标志专用。由于我国已加入国际 ISSN 组织，因此我国的期刊采用 ISSN 号来标志。我国期刊出版物，其代码结构如表 2.10 所示。附加码字符值如表 2.11 所示。

表 2.10　ISSN 期刊代码结构

主代码				附加码
前缀码	数据码（ISSN 号）	年份码	校验码	
977	$X_1X_2X_3X_4X_5X_6X_7$	Q_1Q_2	C	S_1S_2

注：977 为国际物品编码协会 EAN 指定给国际标准刊号 ISSN 专用的前缀码；X1～X7：是不含校验码的中国标准刊号的 ISSN 部分；Q_1Q_2 为以公历年份的最后两位数字表示；C 为计算方法与 EAN 代码相同；S_1S_2 为表示连续出版物的系列号即周或月份的序数。

表 2.11　附加码 S_1S_2 的值

出版周期	S_1S_2
周刊	用出版周的序数表示（01～53）
旬刊	用出版旬的序数表示（01～36）
双周刊	用出版周的序数表示（02、04、06～52 或 01、03、05～53）
半月刊	用半版半月的序数表示（01～24）
月刊	用出版月份的序数表示（01～12）
双月刊	用出版月份的序数表示（01～12）
季刊	用出版月份的序数表示（01～12）
半年刊	用出版月份的序数表示（01～12）
年刊	用出版月份的序数表示（01～12）
特刊	01～99

第五节　商品分类编码标准

一、国际贸易商品分类目录

各国的海关税则及贸易统计商品分类的商品名称、商品编码、项目编排、分类原则等方面存在差异，给贸易活动和经济对比带来许多困难。

为了适应国际贸易的发展，需要制定一个统一的国际贸易商品分类体系，各国政府、有关国际组织和商品分类专家对国际贸易商品分类开展多年的研究，取得了重大成果。目前，在国际上公认并广泛采用的国际贸易商品分类体系有五个，这五个国际贸易商品分类体系均由有关国际组织主持编制、发布和实施，具有较高的科学性、完整性。

1.《国际贸易标准分类目录》

二战后，联合国秘书处统计局接管了前国际联盟（又称国际联合会，是第一次世界大战（以下简称“一战”）后各列强力图建立资本主义世界秩序的工具。1920年1月根据巴黎和会通过的《国际联盟盟约》成立，总部设在日内瓦。二战爆发后瓦解，1946年4月18日宣告解散）的统计工作，同时以国际联盟的“国际贸易统计商品最低清单”为基础，整理出一套统一分类的标准，并提请联合国统计委员会审核，最后于1950年获得通过，定名为“国际贸易分类标准”，推荐世界各国采用这个标准。从1976年起，联合国的一切有关国际贸易的商品统计均采用这一分类标准，在国际上除原来就采用这一分类的国家和地区之外，其他一些国家和地区也逐步采纳了这一分类标准。

《国际贸易分类标准目录》（SITC）将所有商品分为10大类如表2.12所示，大类下又分63类。在63类之下又分233小类，小类再分为766项。该商品分类体系也采用4位数字编码，即每个分组编一个4位数字代码，每位数字表示分类的一个层次。在国际贸易统计中，一般把0～4类商品，称为初级商品；把5～8类商品，称为制成品。

表2.12　《国际贸易标准分类目录》各类名目

类　码	名　目
0	食品和主要供食用的活动物
1	饮料及烟草
2	非食用原料（燃料除外）
3	矿物燃料、润滑油及有关原料
4	动植物油脂及蜡
5	化学品及有关产品

续表

类　码	名　目
6	按原料分类的制成品
7	机械和运输设备
8	杂项制品
9	其他商品

由于各个国家的贸易情况不同，对商品概括的范围也不完全相同，商品分类的方法也不尽相同。因此，商品分类所采取的标准、依据也是不同的。当前在国际贸易商品交往中，除世界上大部分国家和地区广泛采用国际贸易分类标准外，还有些国家的商品贸易分类采取不同方式。例如，西欧、非洲和南美洲的一些国家采用布鲁塞尔税则分类方法分类；原经济互助委员会国家采用集团分类型的统一分类标准；美国、乌拉圭，既采用国际分类标准，也采用本国制定的混合分类型分类标准；加拿大采用自己国家制定的本国分类型标准分类。

2.《海关合作理事会商品分类目录》

海关合作理事会（Customs Cooperation Council，CCC），是世界各国为统一关税制度、简化海关手续而建立的政府间贸易协调组织，负责关税和海关手续的国际组织。总部设在比利时的布鲁塞尔。其前身是 1947 年设立的“欧洲关税同盟研究团”，1952 年 12 月正式成立，最高权力机构是理事会，下设技术、商品分类税则目录、估价和财政等专门委员会和事务总局。目前为止有成员 150 多个国家和地区，我国于 1983 年 7 月 18 日加入理事会。

1950 年 12 月在布鲁塞尔开会制定《关于税率表中商品分类税则目录公约》等文件，1952 年生效。关税合作理事会分类目录自 1950 年产生以来，先后于 1965 年、1972 年和 1978 年 3 次修订。现已被世界 150 多个国家和地区所采用，我国海关税则于 1985 年 3 月采用《海关合作理事会商品分类目录》（CCCN）。根据归类原则，所有国际贸易商品被划分为 21 类 99 章，1011 税目，每一项税目下又分若干条子目。该商品分类体系采用 4 位数字编码，前两位数字是该税目的所属的章号，后两位数字表示税目在这一章内排列的顺序。

3.《商品名称及编码协调制度》

《商品名称及编码协调制度》（HS），（以下简称《协调制度》）是在《海关合作理事会分类目录》和《国际贸易标准分类》实施经验的基础上，参照国际间其他主要的税则、统计、交通等分类协调制度，由海关合作理事会主持，60 多个国家和 20 多个国际组织经多年调查研究后编制，1983 年 5 月定稿，于 1988 年 1 月 1 日在国际上实施，它是最新系统的和多用途的国际贸易商品统一分类体系。

《协调制度》是国际上多个商品分类目录协调的产物，是各国专家长期努力的结晶。它的最大特点就是通过协调，适合于与国际贸易有关的各个方面需要，成为国际贸易商品分类的一种“标准语言”。它是一部完整、系统、通用、准确的国际贸易商品分类体系。所谓“完整”是由于它将目前世界上国际贸易主要品种都分类列出，同时，为了适应各国征税、统计等商品目录全向型的要求和将来技术发展的需要，它还在各类、章列有起“兜底”作用的“其他”项目，使任何进出口商品，即使是目前无法预计的新产品，都能在这个体系中找到自己适当的位置。“系统”则是因为它的分类原则既遵循了一定的科学原理和规则，将商品按人们所了解的生产部类、自然属性和用途来分类排列，又照顾了商业习惯和实际操作的可行性，把一些进出口量较大而又难以分类的商品，如灯具、活动房屋等专门项目，因而容易理解、易于归类和方便查找，即使是门外汉也不难将其掌握。讲到“通用”，一方面指它在国际上有相当大的影响，已为上百个国家使用，这些国家的海关税则及外贸统计商品目录的项目可以相互对应转换，具有可比性；另一方面，它既适于作海关税则目录，又适于作对外贸易统计目录，还可供国际运输、生产部门作为商品目录使用，其通用性超过以往任何一个商品分类目录。至于“准确”，则是指它的各个项目范围清楚明了，绝不交叉重复。由于它的项目除了靠目录条文本身说明外，还有归类总规则、章注、类注和一系列的辅助刊物加以说明限定，使得其项目范围准确无误。

除了《协调制度》本身的优点外，它作为一个国际上政府间公约的附件，国际上有专门的机构、人员进行维护和管理，技术上的问题还可利用世界上各国专家的力量帮助解决，各国也可通过制定或修订《协调制度》，争取本国的经济利益，施加本国的影响，这些都不是一个国家的力量所能办到的，也是国际上采用的其他商品分类目录所难以比拟的。

当然，由于《协调制度》制定时发达国家参与程度较发展中国家深入，反映的商品以欧美等国家为多。又由于其是国际上互相协调的产物，有些商品的分类显得不那么科学、合理。但我们可以因势利导，通过增加本国子目等办法来使《协调制度》中国化，为我国经济利益服务。

《协调制度》把国际贸易商品分为 21 类、99 章、1241 节、5019 个目，其中，将第 77 章、第 98 章和第 99 章作为空位，第 77 章供增补新商品用，第 98 章、第 99 章供各缔约国专用。HS 商品分类体系的编码方式以现行的《海关合作理事会商品分类目录》的 4 位数字编码为基础，采用 6 位数字编码，各国结合不同情况可将 6 位数字编码的商品再细分为所需要采用的位数，使商品分类编码更具体化。

协调制度总体结构包括三大部分：编码表、注释、归类总规则。

（1）商品编码表

商品编码表是协调制度商品分类目录的主体，共有 21 类，97 章，由商品编码和商品名称两部分组成。不同的商品名称对应着不同的商品编码。

《协调制度》的分类原则是按不同的生产行业来分类的。类次或同类内章次安排的先后顺序为：植物产品—矿物产品；同一章内一般原材料商品在前，半成品居中，制成品居后；整机与零件相比，整机在前，零件在后。协调制度采用的是结构式商品编码，在世界海关组织制定的协调制度中商品编码的数字有 6 位，而我国商品名称与编码表中的商品编码数字是 8 位，其中后两位是根据我国国情而增设的。举例说明如图 2.13 所示。

```
鲜乳猪肉 编码：  0 2  0 3   1    1    1    0
         位数：  1 2  3 4   5    6    7    8
         含义：  章号 顺序号 5位  6位  7位  8位
                            数级 数级 数级 数级
                            子目 子目 子目 子目
```

图 2.13　我国商品编码的含义举例

《协调制度》将商品类具体划分如表 2.13 所示。

表 2.13　《商品名称及编码协调制度》速查表

所属大类	所在章号	商品类别
动植物类	1	活动物
	2	食用肉及杂碎
	3	鱼类
	4	乳、蛋蜜及其他可食用动物产品
	5	其他非食用动物产品
	6	活植物
	7	食用蔬菜
	8	食用水果
	9	咖啡、茶、调料
	10	谷物
	11	面粉、淀粉、麦芽
	12	含油子仁、工业、药用植物、初级饲料（草料）
	13	植物液汁
	14	编结材料
	15	动植物油脂
	16	肉制品
	17	糖及糖食
	18	可可及其制品
	19	谷物及面食品
	20	蔬菜、水果食品
	21	杂项食品
	22	饮料、酒、醋
	23	食品工业残渣、配制饲料

所属大类	所在章号	商品类别
矿产品	25	非金属矿产品
	26	金属矿产品
	27	煤、石油及其蒸馏产品
化工品	28	无机化工品
	29	有机化工品
	30	药品
	31	有机肥、化肥
	32	鞣料、染料、颜料、油漆
	33	化妆品
	34	肥皂、表面活性剂、润滑剂
	35	蛋白质、酶
	36	烟火制品、易燃制品
	37	感光材料
	38	杂项化工品
塑料橡胶	39	塑料及其制品
	40	橡胶及其制品
皮革及制品	41	生皮及皮革
	42	皮革制品
	43	毛皮、人造毛皮及制品
木材及编结品	44、45	木、软木及其制品
	46	编结材料制品
纸浆及纸制品	47	纸浆、废纸、废纸板
	48	纸、纸板及其制品
	49	印刷制品

续表

所属大类	所在章号	商品类别	所属大类	所在章号	商品类别
纺织品	50	蚕丝及其机织物		70	玻璃及其制品
	51	动物毛及其机织物	贵金属	71	珍珠、宝石、贵金属、硬币
	52	棉花及其机织物	金属品	72	钢铁
	53	其他植物纤维，纸纱线及其机织物		73	钢铁制品
	54、55	化纤长丝、短纤及其机织物		74	铜及其制品
	56	絮胎、毡呢、无纺布，特种纱线，线、绳及制品		76	铝及其制品
				82	贱金属工具、餐匙、叉
	57	地毯		83	贱金属杂项制品
	58	特种机织物，刺绣品	机电产品	84	机械器具
	59	浸渍涂布的纺织品、工业用纺织品		85	电器设备、音像、通信设备
	60	针织或钩编织物	运输工具	86	铁道运输设备
	61	针织或钩编服装及衣着附件		87	车辆
	62	非针织或钩编服装及衣着附件		88、89	航空器、船舶
	63	其他纺织制品、成套物品旧衣物	仪器仪表	90	仪器、仪表
鞋、帽、伞、人造花	64、65	鞋、帽及其零件		91、92	钟表、乐器及其零件
	66	雨伞、杖、鞭	杂项制品	94	家具、寝具、灯具、活动房屋
	67	羽毛、羽绒制品，人造花		95	玩具、游戏品、运动用品
矿物制品陶瓷玻璃	68	石料、水泥石棉等矿物制品		96	杂项制品
	69	陶瓷制品	艺术收藏品	97	艺术品、收藏品、古物

2002版的商品编码表中共有8位数编码7316个，与2001年的商品名称及编码表相比增加了205个8位数编码。

商品名称主要采用商品的名称、规格、成分、外观形态、加工条件或方式、功能及用途等形式限定商品对象。商品名称是协调制度具有法律效力的归类依据，在各种归类依据中，限于最优先使用的地位，项目条文可解决的商品归类问题，不能使用其他归类原则。

（2）注释

协调制度的注释有3种：类注释、章注释和子目注释。位于类标题下的文字说明称为类注释，简称类注；位于章标题下的文字说明称为章注释，简称章注；位于类注、章注或章标题下的文字说明称为子目注释。注释是为限定协调制度中各类、章、项目和子目所属商品的准确范围，杜绝商品分类的交叉，保证商品的准确归类而设定的。

注释是具有法律效力的商品归类依据。运用注释解决商品归类问题时，其使用顺序是：子目注释在先，其次章注，再次类注。

（3）归类总规则

归类总规则又称解释性总规则，因考虑到国际贸易中商品种类繁多，变化无穷，为完善归类制度，确保每一种商品可准确无误地归入某一固定编码，排除其他模棱两可的情况，协调制度设置了 6 条归类总规则，简要说明如下。

规则一：类、章及分章的标题，仅为查找方便而设。具有法律效力的归类，应按品目条文和有关类注或章注确定，如品目、类注或章注无其他规定，按以下规则确定。

规则二：①品目所列货品，应视为包括该项货品的不完整品或未制成品，只要在进口或出口时该项不完整品或未制成品具有完整品或制成品的基本特征；还应视为包括该项货品的完整品或制成品（或按本款可作为完整品或制成品归类的货品）在进口或出口时的未组装件或拆散件。②品目中所列材料或物质，应视为包括该种材料或物质与其他材料或物质混合或组合的物品，品目所列某种材料或物质构成的货品，应视为包括全部或部分由该种材料或物质构成的货品，由一种以上材料或物质构成的货品，应按规则三归类。

规则三：当货品按规则二第二条或由于其他任何原因看起来可归入两个或两个以上品目时，应按以下规则归类。

1）列名比较具体的品目，优先于列名一般的品目。但是，如果两个或两个以上品目都仅述及混合或组合货品所含的某部分材料或物质，或零售的成套货品中的某些货品，即使其中某个品目对该货品描述得更为全面、详细，这些货品在有关品目的列名应视为同样具体。

2）混合物、不同材料构成或不同部件组成的组合物以及零售的成套货品，如果不能按照规则三第一条归类时，在本款可适用的条件下，应按构成货品基本特征的材料或部件归类。

3）货品不能按照规则三第一条或第二条归类时，应按号列顺序归入其可归入的最末一个品目。

规则四：根据上述规则无法归类的货品，应归入与其最相类似的品目。

规则五：除上述规则外，本规则适用于下列货品的归类。

1）制造特殊形状仅适用于盛装某个或某套物品并适合长期使用的，如照相机套、乐器盒、枪套、绘图仪器盒、项链盒及类似容器，如果与所装物品同时进口或出口，并通常与所装物品一同出售的，应与所装物品一并归类。但本款不适用于本身构成整个货品基本特征的容器。

2）除规则五第一条规定的以外，与所装货品同时进口或出口的包装材料或包装容器，如果通常是用来包装这类货品的，应与所装货品一并归类。但明确可重复使用的包装材料和包装容器不受本款限制。

规则六：货品在某一品目项下各子目的法定归类，应按子目条文或有关的子目注释以及以上各条规则来确定，但子目的比较只能在同一数级上进行。除《协调制度》条文另有规定的以外，有关的类注、章注也适用于本规则。

4. 国际危险货物分类

为对海上运输危险货物实行国际管理，国际海事组织（IMO）海上安全委员会于 1965 年制定了《国际海上危险货物运输规则》，并于 1977 年、1982 年分别进行了两次修订。我国于 1973 年加入国际海事组织，1982 年 10 月 1 日起，在国际航线和海港装卸上开始执行《国际海上危险货物运输规则》，并参照《国际海上危险货物运输规则》制定了《海运出口危险货物包装检验管理办法》，于 1985 年发布和实施。同时，还编制了相应的“国内危规”，即国内执行的“危险货物运输规则”，包括《水路危险货物运输规则》、《铁路危险货物运输规则》、《陆路危险货物运输规则》、《民航危险货物运输规则》等。

《国际海上危险货物运输规则》中，根据危险性质不同，把危险货物分为 9 类，包括 2 500 多个货物品种。对每种货物都列出了品名、联合国编号、化学分子式、类别、爆炸极限、闪点、特性、标志、注意事项、包装类别、包装方法、每个容器内装净重、每个包装件总重、积载等事项，如表 2.14 所示。

表 2.14 危险货物类目

大 类	小 类		
第 1 类 爆炸品	1.1 爆炸物质	1.2 烟火物质	1.3 爆炸物品
第 2 类 压缩、液化和加压溶解的气体	2.1 压缩气体	2.2 液化气体	2.3 加压溶解的气体
第 3 类 易燃液体	3.1 低闪点易燃液体	3.2 中闪点易燃液体	3.3 高闪点易燃液体
第 4 类 易燃固体或潮解时产生易燃气体的物质	4.1 易燃固体	4.2 易自燃物质	4.3 潮湿时产生易燃气体的物质
第 5 类 氧化剂和有机过氧化物	5.1 氧化物质	5.2 有机过氧化物	
第 6 类 有毒（毒性的）物质和有感染性的物质	6.1 有毒（毒性）的物质	6.2 有感染性的物质	
第 7 类 放射性物质	—		
第 8 类 腐蚀性物质	8.1 酸性腐蚀品	8.2 碱性腐蚀品	8.3 其他腐蚀品
第 9 类 杂类危险物质	—		

5. 《商标注册用商品和服务国际分类》体系

为了便于世界知识产权组织对商品及服务进行分类以及商标注册和管理，需要一个国际统一的商品分类表。1957 年 6 月 15 日在法国南部城市尼斯外交会议上正式签订《商标注册用商品和服务国际分类尼斯协定》国际公约，并于 1961

年 4 月 8 日生效。尼斯协定的宗旨是建立一个共同的商标注册用商品和服务国际分类体系，并保证其实施。

尼斯协定的成员国目前已发展到 43 个。尼斯分类表包括两部分，一部分是按照类别排列的商品和服务分类表，一部分是按照字母/顺序排列的商品和服务分类表。目前，该分类共包括 45 类，其中商品 34 类，服务项目 11 类，共包含1万多个商品和服务项目。不仅所有尼斯联盟成员国都使用此分类表，而且，非尼斯联盟成员国也可以使用该分类表。所不同的是，尼斯联盟成员可以参与分类表的修订，而非成员国则无权参与。目前世界上已有 130 多个国家和地区采用此分类表。

《商标注册用商品和服务国际分类》（又称尼斯分类）一般每五年修订一次，一是增加新的商品，二是将已列入分类表的商品按照新的观点进行调整，以求商品更具有内在的统一性。国际商品分类表自 1987 年印制成册，经九次修订，第八版于 2002 年 1 月 1 日正式使用。

我国自 1988 年 11 月 1 日起实行世界知识产权组织提供的《商标注册用商品和服务国际分类》，并针对中国的国情实际对商品和服务的类似群组及商品和服务的名称进行了翻译、调整、增补和删减，从而制定了《类似商品和服务区分类表》。至今来看，采用国际分类是成功的，大大方便了商标申请人，更加规范了商标主管机关的管理，密切了国际间商标事务的联系。尤其是自 1994 年 8 月 9 日我国加入尼斯协定以来，我国积极参与了对尼斯分类的修改与完善，已将多项有中国特色的商品加入尼斯分类中。

6. 《主要产品分类》（CPC）体系

联合国统计署为了协调已用于各种目的的产品分类目录，并考虑到 HS，SITC 使用的局限性，于是产生了对全部产品进行统一分类的设想。建立主要产品分类的目的就是要对经济活动的全部产出，包括可运输商品及不可运输商品和服务进行分类，为商品和服务的统计数据的收集以及数据间的国际比较提供一个框架。尽管主要产品分类的问世比国际标准产业分类的最初方案的提出足足晚了 40 年，但它却和国际标准产业分类一样成为联合国统计司的核心统计分类。国际统计署需要澄清 SITC 和 CPC 的基本规则和概念以便使 SITC 和 CPC 适应已经发生了巨大变动的经济结构。而欧盟和北美三国除了根据 SITC 建立和更新了“欧洲共同体内部按经济活动划分的产业分类”（NACE）和“北美产业分类体系”（NAICE）之外还根据 CPC 建立和更新了和更新了“欧洲共同体内部按经济活动划分的产品分类”（CPA）和“北美产品分类体系”。

CPC 分类为五级结构：一级为 10 个部类（sections），以 1 位数编码；二级为 71 个类（divisions），以 2 位数编码；三级为 294 个组（groups），以 3 位数编码；四级为 1162 个小类（classes），以 4 位数编码；五级为 2093 个子小类（subclasses），以 5 位数编码。

概括起来 CPC 具有以下特性：

1）CPC 为商品服务及资产统计数据的国际比较提供一个框架和指南。保证了不同经济领域之间对于有产品分类的修订以及新的产品分类的开发都能够与国际标准协调一致。

2）作为标准产品总分类 CPC，又是一个能对所有要求产品细类的统计资料进行汇编和列表的工具。这些统计资料包括生产中间及最终消费资本形成对外贸易或价格它们涉及到商品物流、库存及国际收支。并被汇编在《投入产出表》、《国际收支平衡表》以及其他分析性表格中。

3）CPC 为所有商品和服务建立了一个完整分类。在开发 CPC 之前还没有一个能够覆盖所有不同服务产业全部产出频谱的，并能满足不同分析需要的国际分类。同时，正因为 CPC 是为满足普遍需要而设计的分类，所以它所提供的分类不如其他专业性的分类体系那样详细，如国际日用品贸易统计所用的 HS。

4）CPC 所包括了所有可用于国内国际交易或库存的商品类别。它所描述的这些商品均为经济活动产出，包括可运输商品不可运输商品及服务，也包括了部分非生产资产（nonproduced assets），如土地还包括了用以证实诸如专利许可证、商标版权等无形资产所有权的法律手段。

5）在 CPC 的所有设计原则中，类别内的同质性是最大的原则。为了体现同质性，CPC 将产品划入各个类别时，是以产品本身的物质特征和内在性质以及产品的产业来源为依据的。尽管 CPC 的设计原则充分考虑到了产品性质和产业来源两项标准。

二、我国贸易商品分类目录

为适应现代化经济管理的需要，以国家标准形式对商品、产品、物资进行科学的、系统的分类编码，称为国家标准商品分类。国家标准商品分类的主要目的是：便于进行国民经济计划、统计及各项业务活动；有利于实行商品分类编码标准化；有助于建立现代化的、统一的商品信息系统，以实现经济管理现代化，提高经济管理水平。美国、英国、法国、德国、俄罗斯、日本等许多工业发达的国家都制定和实施了商品分类编码国家标准。我国在 1987 年发布和实施了商品分类国家标准 GB 7635—1987《全国工农业产品（商品、物资）分类与代码》。该商品分类编码体系是国民经济统一核算和国家经济信息系统的重要基础，各部门、各地区在进行计划、统计、会计等工作时，必须按本标准及有关使用要求整理上报材料，以保证信息交流和资源共享。其中危险货物类名目如表 2.15 所示。

表 2.15　危险货物类名目

类　号	名　目
第 1 类	爆炸品
第 2 类	压缩、液化或加压溶解的气体
第 3 类	易燃液体

续表

类　号	名　目
第 4 类	易燃固体或物质
第 5 类	氧化剂和有机过氧化物
第 6 类	有毒（毒性的）物质或有感染性的物质
第 7 类	放射性物质
第 8 类	腐蚀性物质
第 9 类	杂类危险物质

《全国工农业产品（商品、物资）分类与代码》按照工农业产品（商品、物资）的基本属性分类，并适当兼顾部门管理的需要，把我国生产的所有工农业产品、商品、物资划分为 99 个大类（其中有 12 大类留空，供增补用）、1000 多个中类、7 000 多个小类，总计 360 000 多个品种，并考虑了各部门延拓和细分的需要。该商品分类体系采用 8 位数字编码，为 4 层次代码结构，每层次均以 2 位阿拉伯数字表示，各层次代码一般从“01”开始，按顺序排列，最多编至“99”，并留有适当空码，以备增加或调整类目用（见本章第四节《商品名称及编码协调制度》）。

（一）国内贸易商品分类

为便于商业部门组织和进行商品购、销、调、存以及商业计划、统计、会计等业务活动，需要对国内贸易商品进行科学分类，并根据不同要求和业务特点的需要编制商品目录。例如，为满足商品销售需要的商品经营目录；满足储运部门需要的储运商品目录；为各级领导、商业部门了解情况和制定政策，编制和检查计划，促进生产安排市场和指导业务提供资料的商品统计目录等。其中，各级商业部门填报的商品统计目录，主要依据商品用途，将商业部门经营的商品分为 23 大类，100 多个主要品种，如表 2.16 所示。

表 2.16　商业部门统计商品目录分类

顺序号	名　称	顺序号	名　称
1	肉食禽蛋类	10	茶叶类
2	耕畜类	11	水产类
3	其他类	12	干鲜果类
4	糖业、糕点类	13	纺织品类
5	卷烟类	14	棉花类
6	酒类	15	蚕丝类
7	鲜菜类	16	针棉织品类
8	干菜类及调味品类	17	百货类
9	盐类	18	文化用品类

续表

顺序号	名　称	顺序号	名　称
19	其他类	22	家用电器类
20	五金类	23	化工类
21	交电类	24	

国内贸易商品分类，应在国家标准商品分类的基础上进行编制，其分类原则不得违背国家标准商品分类的类组划分，其类组代码和行业代码也必须与国家标准相一致。但商业部门可根据自己的业务特点，适应本单位工作的要求，对国家标准商品分类中的商品类组进行延拓和细分。

（二）对外贸易商品分类

随着我国对外经济贸易的发展，在进出口业务、海关管理、外贸统计、国际商情分析、市场及关税的研究、利用普惠制度扩大出口等方面的活动，均涉及到国际贸易商品分类问题，因此需要根据国际商品分类制度编制我国的对外贸易商品分类目录和分类体系。我国已制定和颁布实施了《对外贸易出口业务统一商品目录》、《中华人民共和国海关进出口税则》、《中华人民共和国海关统计商品目录》和《商检机构实施检验的进出口商品种类表》。

（1）对外贸易出口业务统一商品目录

1954 年由中华人民共和国国家统计局颁布了《中华人民共和国对外贸易统一商品目录》，经过 30 多年的实践和几次修订，形成了适于外贸计划、统计、财会通用的《对外贸易出口业务统一商品目录》（1986 年），如表 2.12 所示。该目录主要根据商品的属性及用途，参照《联合国国际贸易标准分类目录》，并适当照顾外贸专业公司的经营分工，将外贸经营商品分为农副产品、纺织品、轻工业品、五金矿产品、化工医药品、机械设备和其他七大部分，共 38 类，采用 4 位数字编码。《对外贸易出口业务统一商品目录》适用于全国对外贸易行政主管机关、各级进出口公司和外贸公司，包括有经营进出口权的厂矿企业。

（2）中华人民共和国海关进出口税则和统计商品目录

中华人民共和国海关总署以目前国际上广泛采用的《协调制度》为基础，结合我国实际进出口货物情况编制而成的《中华人民共和国海关进出口税则》和《中华人民共和国海关统计商品目录》，自 1992 年 1 月 1 日起实施。该税则和目录按照协调制度的归类原则和方法，把我国进出口商品划分为 21 类、97 章、6000 多项税目或品目，采用 8 位数字商品编码，前 6 位数码及其商品名称与协调制度完全一致，第 7，8 位数码是根据我国关税、统计和贸易管理的需要增设的。进出口货物的收、发货人或其代理人报关时，必须在报关单上填报 8 位数字的商品编号或税则号以及目录规定的计量单位。

（3）商检机构实施检验的进出口商品种类表

为适应对外贸易发展的需要，加强对实施法定检验的进出口商品的管理，中华人民共和国国家进出口商品检验局于1991年实施了重新修订的《商检机构实施检验的进出口商品种类表》。该表包括两部分内容：第一部分由商检序号（Serial No.）、《商品名称及编码协调制度》的编码（HS Code）、《海关合作理事会商品分类目录》的编码（CCCN Heding No.）、联合国《国际贸易标准分类目录》的编码（SITC item No.）、《对外贸易进出口业务统一商品目录》的编码（MFERT Code）、中英文对照商品名称和计量单位等七个栏目组成；第二部分是按照商品目录制定的商检内部管理要求，由监管方式、检验签证周期、检验有效期、证书限制、检验标准代号等五个栏目组成。全部内容都编成了应用软件，为现代化管理奠定了基础。

《进出口商品种类表》按照协调制度的分类原则和方法，将进口商品分为17大类、303个品种，出口商品分为17大类、589个品种，共计892种商品。

（三）国家标准《全国主要产品分类与代码》

国家标准《全国主要产品分类与代码》（GB/T7635—1987）是20世纪80年代初开始制定的，该标准实施以来，为国民经济统一核算、工业普查、物资管理等的工农业产品信息统计、信息交换以及资源共享等方面提供了依据和保证，起到了十分重要的作用，已成为我国经济管理方面的一项基础标准，是我国信息标准化的重大基础标准之一，也是当时我国唯一的一项由国务院批准的国家标准。GB/T7635—1987所面临的问题是没有进行动态维护管理，使原标准已难以适应和满足市场经济发展的现状和社会的需求，不能有效地为现阶段市场经济顺利运行服务。具体表现在与国际标准目录不能较好地兼容，与我国现行的经济体制不相适应，标准的覆盖面还不够宽。

20年来，科学技术的迅猛发展，伴随着社会、经济各领域的信息化、网络化、经济全球化的到来，犹如春潮涌来，势不可挡。互联网已遍及全球，正如网上通信、网上贸易（购物）、网上银行、网上教育、网上医疗等各种网络服务正以不可阻挡之势，进入社会的方方面面。各种产品的数量剧增，产品的结构、类型和品种发生了很大变化，产品的各种信息引起了国际社会的广泛兴趣、重视和使用。国民经济信息化对我国产品管理的标准化工作提出了新的、更高的要求。如何建立起一个可供各部门统一使用，与国际通行目录协调一致，并具有国际可比性的国家产品分类编码标准体系，以实现产品管理的信息化，满足我国宏观和微观经济管理及国内外贸易及物流管理的需要，已成为当前标准化工作的一项十分紧迫的任务。原中国标准化与信息分类编码研究所从1994年开始着手对产品分类的国际标准目录进行研究，与此同时总结了GB/T7635—1987实施过程中存在的问题，并于1997年提出对该标准进行修订。如果说GB/T7635—1987国家标准是因20

世纪 80 年代初我国经济开始腾飞、管理工作的科学化、现代化的实际需要而出台，那么修订后的 GB/T7635—2002 国家标准是因国民经济信息化和世界经济一体化的需要而问世。

本标准的主要目的是提供一种具有国际可比性的通用的产品目录体系，是为现代市场经济进行宏观和微观管理，特别是对我国生产领域产品的产量、产值等各种不同类型的数据处理和准确统计提供一个分类依据；为我国与国际进行 GNP 的对比分析提供了有利条件；为国家、各部门、各行业及企业对产品的信息化管理和信息系统提供科学的基础，以便实现各类产品的各种信息数据的采集、处理、分析和共享；为电子商务的实现及物资仓储和流通领域的信息化，提供了一个具有国际可比性的工具；为行业科学技术发展和企业技术进步起着促进和推动作用。

在选择了使用 CPC 为修订依据的前提下，本标准的分类原则和主要的编制原则及说明如下。

1）本标准是按产品的产业源及产品的性质、加工工艺、用途等基本属性进行分类；产品的分类，原则上取其一个主要特征属性，对有些产品可用两个或两个以上特征属性进行分类。

2）本标准中出现的产品分类层次和产品数量分布不均衡的现象是产业和贸易发展不平衡的客观实际等各方面诸多因素决定的。

3）本标准的所有代码仅表示该产品在本分类体系中的位置和代号，不表示其他含义，不宜作为部门管理范围的依据；产品的排列次序和层次与其重要性无关。

4）本标准的分类对象是产品，有时产品的名称与其他信息分类中的名称相同，其含义是不同的；本分类体系中，在不同的部类有时出现相同的产品名称时，其含义也不同，如有的产品是同一结构，但物质含量、质量标准或性质等不同，视为不同的产品，赋予不同的代码，并在名称后加括号（如不同用途等）加以区别。

5）本标准包含的产品分类和代码是开放体系，其代码表可在各层增加内容和增加层次（指不足六层）给新产品类别或新产品留有充分的位置，弥补了层次代码结构的不足，使体系结构的弹性得到了改善。

《全国主要产品分类与代码》国家标准由相对独立的两部分组成，第 1 部分：可运输产品；第 2 部分：不可运输产品。

本标准第 1 部分的内容有：第 1 章范围、第 2 章规范性引用文件、第 3 章分类原则与方法、第 4 章代码结构和编码方法、第 5 章编制原则和说明、第 6 章分类代码表。

分类代码表由五大部类组成：

——0 大部类为农林（牧）渔业产品、中药；

——1 大部类为矿和矿物，电力、可燃气和水；

——2 大部类为加工食品、饮料和烟草，纺织品、服装和皮革制品；

——3 大部类为除金属制品、机械和设备外的其他可运输物品；

——4 大部类为金属制品、机械和设备。

本标准第 1 部分与 CPC 的可运输产品部分相对应，一致性程度为非等效。本部分采用层次码，依次为大部类、部类、大类、中类、小类和细类。代码结构的前五层与 CPC 相同，每层 1 位码，其内容采用了 CPC 可运输产品的全部类目和代码。第六层是新增加的产品类目。本标准第 1 部分的产品内容信息量大、专业性强、涉及了国民经济第一和第二产业的所有部门和领域。分类代码表中共列入产品类目约 50 000 多条，其中列入产品品种或产品类（不含其他类目）约 40 000 多个。

GB/T7635—2002 与 CPC 相应部分的主要差异如下。

1）标题的表述改为适用于我国标准的表述。

2）代码表中增加了第六层，增加细类 50 000 余条，并采用了系列顺序码（即分段码）。

3）代码表中增加了说明栏。

4）代码表中对有的产品两处列类，一处赋码。

5）代码表中一至五层的内容作了适当的调整和增减；二至五层增加类目 20 000 多条。

补充阅读 2.3

二维条形码技术的发展及应用

二维条形码技术是在一维条形码无法满足实际应用需求的前提下产生的。传统的一维条形码主要缺陷在于信息容量受到限制和对数据库的依赖比较大。随着商品经济的快速发展，迫切需要条形码在有限的几何空间内表示更多信息，以满足千变万化的信息表示需要。

国外二维条形码的研究始于 20 世纪 80 年代末。在二维条形码符号表示技术研究方面，已研制出多种码制，常见的有 PDF417，QR Code，Code 49，Code One 等。这些二维条形码的密度都比传统的一维条形码有了较大提高，如 PDF417 条形码是一种多层、可变长度、具有高容量和纠错能力的二维条形码。每一个 PDF417 条形码可以表示 1100 个字节，或 1800 个 ASC II 字符或 2700 个数字信息。其信息密度是一维条形码 Code 39 的 20 多倍。在二维条形码的标准化方面，国际自动识别制造商协会（AIM）、国际标准化组织已完成了上述码制的符号标准。

我国对二维条形码的研究始于 1993 年。中国物品编码中心对国际码制标准的翻译和跟踪研究，制定了两个二维条形码的国家标准：GB/T17172—1997《四一七条形码》，GB/T18284—2000《快速响应矩阵码》。目前，二维条形码技术已在我国的证照管理、自动生产线、银行汇票及手机功能服务等领域得到了应用。随着人们对二维条形码的研究深入，性能更强的二维条形码技术必将在实际中得到更广的应用。

一维条形码是利用条形码的粗细及黑白线条来代表信息，条高并没有意义；而二维条形码左右（条宽）和上下（条高）都有意义，可存放的信息量就比较大（见图 2.14）。从应用上看，一维条形码是对“物品”的标志，二维条形码是对“物品”的描述。信息密度高容量大、安全性高、读取率高、纠错能力强的特性是二维条形码的主要特点。它还支持多种文字，包括中文，可将照片、声音等内容进行数字化编码。

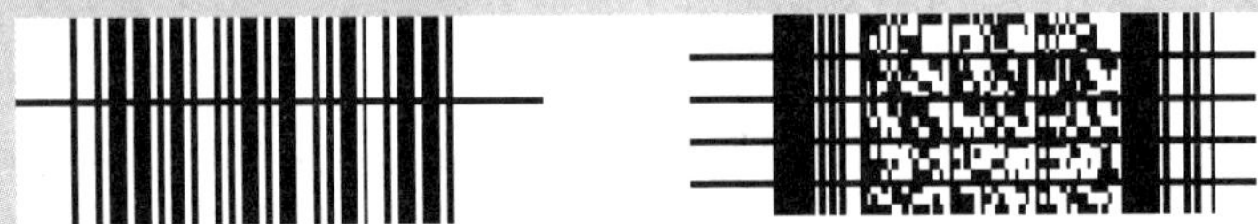

图 2.14　一维条形码和二维条形码

二维条形码的应用，以 QR Code 二维条形码为例，介绍二维条形码在实际中的应用。二维条形码作为一种全新的信息存储、传递和识别技术，已应用于许多国家的公安、外交、军事证件管理，海关、税务的报表和票据管理，商品及货运管理，邮政包裹管理，及工业生产线自动管理等多个领域。

二维条形码在物流管理中的应用。基础数据采集或传递中的失实是许多企业 ERP 系统失败的原因之一。二维条形码在数据采集、传递上的优势能很好地解决物流系统中的这一问题。它多达上千字节的容量可有效地存储货品的信息资料；先进的纠错算法在条形码部分损毁情况下仍能还原完整的原始信息。应用二维条形码技术存储传递采集货品信息具有安全、可靠、快速、便捷的特点。在供应链中采用二维条形码作为信息的载体，不但可以有效避免人工输入可能出现的失误，大大提高入库、出库、制单、验货、盘点的效率，而且兼有配送识别、服务识别等功能，还可在不便联网的地方脱机管理，提高了物流效率，为物流管理的科学化和现代化做出了贡献。

二维条形码在烟草准运证中的应用，通过利用 QR 码的数据加密的信息防伪功能，以及防伪油墨的材料防伪功能，采用防伪油墨印制烟草准运证的防伪图案及防伪标识，并将烟草准运证上的特征信息制成 QR 码并打印在烟草准运证上，利用数字加密 QR 码技术，对烟草准运证和烟草专卖证进行防伪识别和管理，达到防伪造、防涂改和强化烟草专卖业务的目的。该系统包括加密 QR 码生成系统和 QR 码数据识别管理系统，可以提高并加强烟草专卖证和烟草准运证的综合防伪能力，提高烟草专卖局的办公效率和管理质量，强化烟草市场秩序，促进我国烟草专卖行业的现代化管理。

二维条形码在证卡管理中的应用。二维条形码具有可读性，但不可改写，能够实现一对一验证的可防伪性，被广泛应用于证卡管理。将持证人的姓名、单位、证件号、血型、照片、指纹等重要信息进行编码，并通过加密技术对数据加密，有效解决了证件自动录入及防伪问题。此外，证件生产成本和使用寿命也是衡量证卡技术的一个指标。二维条形码可采用一般打印机打制在纸上、卡片上或金属上，成本很低，使用寿命长，被广泛应用于护照、签证、驾驶证、军人证、保险卡等各类证件上。

二维条形码在工业自动化中的运用，在电子产品组装过程中采用二维条形码标签，对不同工序进行标识。在汽车总装线和电子产品总装线，都可采用二维条形码并通过二维条形码实现数据的自动转换。如在电子设备厂，用QR码标识在PCB板上，QR码中包含了生产日期、产品编号、系列号和其他相关数据。自动识别系统识读到条形码标签信息就可以进入下一装配流程了。这样大大提高了生产记录控制的自动化，又保证了正确性，提高了效率。

条形码技术的应用极大地提高了数据采集和信息处理的速度，提高了工作效率，并为管理科学化和现代化做出了贡献。条形码技术在自动化数据采集中占重要地位。

（资料来源：肖琳，汪星．2008．二维条形码技术的发展及应用．内江科技，11．）

补充阅读 2.4

某商场商品经营分类实例

某中型商场三楼有四个柜组，分别是：通信器材柜组、文教用品柜组、现代办公用品组和小家电柜组。四个柜组经营的商品品种如表2.17所示。

表2.17　四个柜组

柜组名称	经营商品品种
通信器材	彩电、VCD、DVD、家庭影院、功放、话筒、背投、音箱、组合音响
文教用品	学生用品、计算器、掌上电脑、办公用品、保险柜、文件柜
现代办公用品	体育用品、乐器、钢琴、电话、手机、健身器材、按摩器
小家电	收录机、收音机、随身听、照相机、照相器材、相册、胶卷、复读机、助听器、电线、电池

从表2.17可知，该商场4个柜组，各自经营的商品都有与柜组名称不符的地方，实际是与柜组分工情况不相符，这给店内管理和顾客选购商品都带来不便。

小　　结

对商品进行科学、系统的分类，最终编制出各种简便、实用的商品目录，以满足各方面需要，是商品学重要研究的内容之一。

根据一定的目的，选择恰当的标志，将任何一个商品集合总体逐级进行划分的过程叫商品分类。

商品分类基本方法有线分类法和面分类法；与之相应的分类体系分别是线分类体系和面分类体系。两种分类方法各有长短，实际中常结合使用。

分类标志是编制商品分类体系和商品目录的重要依据和基准。商品的自然属性或社会经济属性都可用作分类标志。常用的商品分类标志有商品用途、商品加工方法、原材料、化学成分等。

商品编码是赋予分类体系中不同类目的商品以统一的代表符号的过程。编码中所用的标识性的商品的代表符号称商品代码。最常用的代码为数字形代码，常用编码方法有层次编码、平行编码和混合编码。

商品分类标志的选择必须遵循相应的原则。

商品条形码，也是一种商品代表符号，但不能将其简单地归类于商品代码，它是由一组规则排列的“条”、“空”符号及其对应的数字代码组成的商品标识，是用光电扫描阅读设备识读并实现数据计算机处理的特殊代码。条形码技术现已普遍推广，大大加快了商品流通的速度。目前世界范围内广泛使用的条形码分EAN和UPC两大系统，我国是国际物品编码协会成员国，使用EAN条形码。

商品目录，是以特定方式系统记载相关商品集合总体类目、品种等方面信息的文件资料。从其内容结构分析，商品目录一般是商品名称、商品代码、商品分类体系三方面信息的有机结合，从其表现形式来看，商品目录是以表格、文字、数码等全面记录和反映相关商品集合总体综合信息的文件；从适用范围角度而言，商品目录有国际商品目录、国家商品目录、行业（部门）商品目录、企业商品目录；从业务性质角度而言，商品常见目录有外贸商品目录、海关统计商品目录、内贸商品目录和企业商品目录等。

实现商品统一分类的编码，是一种趋势。我国商品统一分类的编码标准为GB7635《全国主要产品分类与代码》。

思考与练习

简答题

1. 分类必须遵循哪些基本要求？
2. 商品分类的作用有哪些？
3. 常见的商品分类标志有哪些？举例说明。
4. 纺织品是否只能以原材料作为分类标志？

判断题

1. 塑料制品宜采用按生产方法标志进行分类。　（　　）

2. 电视机、洗衣机适用于以商品的原材料作为分类标志。（　）

3. 牛奶、酸奶、乳酸菌是以商品的生产方法为标志分类的。（　）

4. 农副产品和土特产品适用以商品的产地为标志进行分类。（　）

5. 钾玻璃、钠玻璃、铅玻璃是以商品的主要成分为标志分类的。（　）

6. 在一个分类体系中常采用几种分类标志，往往每一个层级用一个适宜的分类标志。（　）

实训题

1. 通过互联网，了解商品注册用商品和服务国际分类的基本情况，熟悉其分类。

2. 通过调查小组，到当地超市和零售市场，了解商品分类的具体运用情况。

3. 通过调查小组，运用所学知识，分析网上购物所展示的商品目录，寻找改进的方法和思路。

【案例】

便利店商品分类与编码

商品是零售企业经营的物质基础和保证，是获利的主要来源。便利商店作为零售企业的一种形态，想在竞争日趋激烈的市场中脱颖而出，经营什么商品，商品如何定位和组合，如何制定和实施商品的开发策略等，构成了便利商店商品经营战略的主要内容。

商 品 分 类

商品是概括一定范围内的集合总体，任何集合总体都可按照一定的标志和特征归纳成若干范围较小的单元，直至划分为最小的单元。商品的分类，是指按照一定目的，为满足某种需要选择适当的分类标志和特征，将商品集合总体科学地、系统地逐次划分为不同的大类、中类、小类、品类或品目、品种，以至规格、品级等细目的过程。

零售商店的商品种类繁多，少则数百种，多则数万种，并且各种商品都有不同的特点和作用。便利商店相对来说营业面积较小，商品种类较少，但也有2000～3000种商品。如何在有限的营业空间里通过商品向顾客传递最具有销售力量的信息，是便利商店经营者必须考虑的问题。商品分类也可以说是将所有商品来源、生产方式、运输方式、销售方式、处理方式、陈列方式、用途、功能、成分等不同的商品加以分门别类，并赋予一定代号，使其能系统、有秩序地被管理的过程。一方面，从经营者的立场出发，商品分类要达到易于陈列、展示、推广、销售、易于管理、易于统计、分析、决策的效果，另一方面，站在顾客立场，要为顾客提供选择购买方便、消费或使用方便的效果。

一套有系统的商品分类是商业信息化成功的前提条件。科学的商品分类有助于商店的采购管理、陈列管理、销售管理以及较好地掌握商店的经营业绩。

商品分类方法

商品分类的方法各种各样，根据不同方法，可以划分出不同的商品类别。从商品营销学的角度看，有意义的分类主要包括以下几种：

1）按商品之间的销售关系分类。根据商品之间的销售关系分类，商品可分为独立品、互补品、条件品和替代品。独立品是指一种商品的销售状况不受其他商品销售变化的影响。互补品是指一种商品销售的增加必然会引起另一种商品销售的增加，反之亦然。条件品是指一种商品的购买要以另一种商品的前期购买为条件。替代品是指一种商品销售的增加会养活另一种商品的潜在销售量，反之亦然。

2）按商品耐用性和损耗性分类。根据商品是否耐用和是否有形，商品可分为耐用品、非耐用品和服务。耐用品是指在正常情况下能多次使用的有形物品。非耐用品是指在正常情况下一次或几次使用就被消费掉的有形物品。服务是指提供出售的活动、满意等。服务的特点是无形性和变动性。

3）按消费者的购物习惯分类。根据消费者的购物习惯，商品（这里主要指消费品）可分为日用品、选购品、特殊品和非需品四类。日用品是指消费者通常购买频繁，希望一次有需要即可购买的，并且只花最少精力和最少时间去比较品牌、价格的消费品。肥皂、糖果和报纸就属于日用品。一般来说，日用品都是非耐用品，而且多为消费者日常生活必需品。消费者在购买前对日用品的品牌、价格、质量和出售地点等都很熟悉，所以购买大多数日用品时用较少的时间与精力。选购品是指消费者会仔细比较其适用性、质量、价格和式样，购买频率较低的消费品。消费者在购买选购品时，一般会花大量的时间和精力收集信息并进行比较。特殊品是指消费者愿意花特殊的精力去购买的有特殊性质或品牌识别的消费品。例如，特殊品牌和型号的汽车、定制西服等。一般来说，消费者只愿意购买特定品牌的某种商品，而不愿意购买其他品牌的某种特殊品，这与日用品不同。非需品是指消费者要么不知道，或者知道但是通常并不想购买的消费品。绝大多数新产品都是非需品，直到消费者通过广告认识了它们为止。非需品的性质，决定了企业须加强广告、直销和其他营销努力，使消费者对这些物品有所了解，产生兴趣，千方百计吸引潜在顾客，扩大销售。

当然，商品分类方法不止上述几种，还有其他一些分类方法。例如，按商品档次划分，商品可分为高档品和低档品；根据商品在商店销售中的作用，商品可分为主力商品、辅助商品、辅助性商品和关联性商品。

商品分类原则

商品分类中最重要、最关键的问题是确定分类原则。一般来说，无论便利商店的组织或规模如何，商品的分类通常可以分为大、中、小三个层次。将商店的商品，先确定大类属性，　再依次细分。

1）大分类的分类原则。大分类通常按商品的特性来划分，例如，水产品是一个大分类，属于这个分类的商品都与水、海、河有关系，保存的方式、加工方式也基本相同，因此可以归为一类。在一个便利商店中，大分类的数量最好不要超过10个，这样比较容易管理（在店内编码时，大分类的划分一般只给一位数）。

2）中分类的分类原则。中分类的原则可以按照功能、用途来划分，也可按商品的制造方法或商品的产地等特性来定。按商品的功能、用途划分，例如，在杂货类这个大分类中，可区分出家庭用品的中分类，使消费者在选购时，只要从家庭用品这个功能、用途来寻找，即可轻易找到。按商品的制造方法划分，有些商品的用途并不完全一样，统一按功能、用途划分有难度，就可按商品的制造方法划分，例如，“熟肉制品”作为中分类，火腿、香肠、腊肉、卤味等就可以归类在这里。按商品的产地来划分，例如，可根据商业圈内顾客的喜好，设置了“进口水果”这个中分类，那么所有国外进口的水果就可都收集在这个中分类了。在便利商店中，商品分类可以依次遵循以上原则，即先按商品的功能、用途划分，再按商品的制造方法划分，最后按商品的产地划分来进行分类管理。

3）小分类的分类原则。小分类的分类原则，按照中分类的分类办法，再进行细分。分类依据可以是：功能用途、规格包装形状、商品成分或商品口味。

上述商品分类原则可作为便利商店商品分类时的参考。作好商店的商品分类，最重要的是根据市场购买需要和商店的实际情况，编制出适合于自身的分类系统。便利商店在编制分类系统时应注意以下几点：以实际情况为前提，从顾客的角度出发，让顾客感到商品齐备和丰富，增加顾客购买的方便性。分类方法要简单明了，容易进行商品管理。分类充分体现商店的个性特点，分类具备相当的弹性和发展空间等。

问题：

1. 通过上述材料，谈谈超市商品分类的作用和具体方法。
2. 通过调研住所或学校附近的超市，谈谈超市中商品分类的基本概况。

第三章　商品质量与质量管理

【主要概念】

商品质量　全面质量管理　质量保证　 质量控制

产品的内在质量与外在质量　PDCA 循环　质量环　ISO9000 族标准

商品学研究的中心内容就是商品质量，商品的质量实际上就是产品的质量。商品质量不仅是消费者关注的一个社会问题，也反映社会经济发展状况。因而提高和保证商品质量，是满足人们消费需求，促进社会发展的需要。

第一节　商品质量的概念和意义

一、商品质量的概念和质量特征

（一）质量的概念演变

在 ISO9000 标准中对质量一词所作的阐述为：质量（quality）是指一组固有特性满足要求的程度。这也是 2000 版本的 ISO9000 标准对质量所做的定义。

其中，1）术语“质量”可使用形容词差、好或优秀来修饰。

2）“固有的”（其反义是“赋予的”）就是指在某事或某物本来就有的，尤其是那种永久的特性。

3）“要求”是指“明示的、通常隐含的或必须履行的需要或期望”。“通常隐含”是指组织、顾客和其他相关方的惯例或一般做法，所考虑的需要或期望是不言而喻的。

1987 年版本的 ISO9000 标准对质量做的定义为：“质量是产品或服务满足规定或潜在需要的特征和特性的总和。”1994 年的版本认为，质量是“实体满足明确和隐含需要能力的特性总和。”

与原定义相比，有两点明显的改进，一是质量反映为“满足要求的程度”，而不是反映为“特性总和”，特性是固有的，与要求相比较，满足要求的程度才反映为质量的好坏。因此，新定义更科学；二是明确提出“固有特性”的概念，说明固有特性是产品、过程或体系的一部分（如螺栓的直径、机器的功率、转速、生产率、打电话的接通时间等技术特性），而人为赋予的特性（如产品的价格）不是固有特性，不反映在产品的质量范畴中，使质量的概念更为明确。

另外，须注意的是，旧定义中的一些注释虽已取消，但对于理解“质量”的内涵是有用的，例如，应注意质量的“动态性”，质量要求不是固定不变的，随着技术的发展、生活水平的提高，人们对产品、过程或体系会提出新的质量要求。因此，应定期评定质量要求、修改规范，不断开发新产品、改进老产品，以满足已变化的质量要求。

质量不仅是指产品质量，也可以是某项活动或过程的工作质量，还可以是质量管理体系运行的质量，即包括狭义的质量和广义的质量。而原定义中“明确和隐含的需要”在新定义中更明确地反映为“顾客和其他相关方的明示的、习惯上是隐含的或必须履行的需求或期望”，直接指出对质量的要求除考虑满足顾客的需要外，还应考虑组织自身利益、提供原材料和零部件等的供方利益和社会的利益等多种需求，例如，需考虑安全性、环境保护、节约能源等外部的强制要求。

同时，还应注意质量的“相对性”，不同国家不同地区因自然环境条件不同，技术发达的程度不同、消费水平不同和风俗习惯等的不同，会对产品提出不同的要求，产品应具有这种环境的适应性，对不同地区应提供具有不同性能的产品，以满足该地区用户的“明示或隐含的需求”。例如，销往欧洲地区的彩电要符合欧洲的电视制式、电压及电压的波动范围等质量要求，而与内销的彩电不同。

在相对比较两个产品或体系质量的优劣时，应注意在同一“等级”的基础上进行比较。等级高并不意味着质量一定好，等级低也并不意味着质量一定差。例如，有的豪华宾馆可能服务质量很差，而有的低级小饭店服务质量却很好。应注意“等级”的含义。

商品质量是一个动态的概念，发展的，是随时间的改变而改变的，不同时间、不同地区、不同消费对象，对同一商品有不同的质量要求。

例如，消费者对电冰箱体积大小的要求，使厂家注重冰箱生产的标准。而质量的需要，常从两方面来看，一方面指用户或消费者对商品质量中用描述方法来表示的质量特征的要求，例如，对商品美观的需要及对商品价格的承受能力；另一方面是指社会对商品质量的要求，例如，商品使用完毕后的废弃与处理不应对自然环境造成危害与污染。

补充阅读 3.1

质　　量

质量（quality），在某些场合也称品质，是对产品或商品的一个普遍性要求，其概念根据出处大致有两种。

第一种是出自于某些权威机构组织和机构在有关质量文件当中或有关法律法规中作出的统一规定。

国际标准化组织在国际标准 ISO8402—1994 中对质量的定义是：质量（quality）是指一组固有特性满足要求的程度。

欧洲质量管理组织关于质量的定义是：一种产品的质量是满足和实现使用者需求的程度。

日本工业标准（JIS）中对质量的定义是：为确定某种物品或某种服务是否满足了某种目的而作为评价对象的所有特性和性能的总和。

我国国家标准 GB6583—1986 中对质量的定义是：产品、过程或服务满足规定或潜在要求或需要的特性和特征的总和。

我国国务院在其 1986 年发布的《工业产品质量责任条例》中对产品质量的定义是：产品质量是指国家的有关法规、质量标准以及合同规定的对产品适用、安全和其他特征的要求。

第二种是出自于某些专家学者的研究成果。

美国著名质量管理专家朱兰（Joseph Juran）博士对质量的描述是“满足用户要求的这一基本任务，给我们提供了质量的基本定义：质量就是适用性（fitness for use）”。“产品的一个重要特点，是其能够满足那些使用它们的社会成员的需要。”

日本质量管理专家石川馨对质量的看法是，“质量是一种能令消费者或使用者满足，并且乐意购买的特质。”

（资料来源：赵苏. 2006. 商品学. 北京：清华大学出版社.）

（二）商品质量的基本特征

1. 适用性

适用性指商品满足用户或消费者对商品功能和性能需要的基本特征。例如，服装的生产就必须具备遮体、御寒等功能；钟表必须具备计时准确的功能。这也是商品生产企业在进行产品的开发设计时，就已规定好的内容，并在制造过程中得以保证的，它规定着商品的用途，是区别其他不同商品的标志。

用户或消费者对商品适用性的要求有以下两个方面：

1）物质方面的，要求商品能为消费者提供劳务。例如，消费者购买电冰箱，希望它能提供食品需要的湿度环境。

2）心理及精神方面的。例如，一台电视机不仅要图像清晰、稳定、声音和谐、画面颜色不仅逼真，还要外型美观大方。

另外，商品的多功能化，扩大了商品适用性的范围，使用起来更加方便，比单一性功能的商品更受欢迎，已成为现代商品的发展趋势。

2. 符合性

商品的符合性指商品对规范的符合和对消费者需要的符合，此规范可以是商品标准亦可是贸易合同。一般符合性好的商品就是用户或消费者满意的商品。所以质量好的商品就要考虑消费者对其符合性的要求。例如，食品的色、香、味考虑不同的人的饮食习惯、口味，服装的色彩、款式也要与人的年龄、体形、职业、肤色协调。

3. 可靠性

可靠性指在规定的条件下，规定时间内完成规定功能的能力。例如，一台电视机或电冰箱在规定使用的寿命期内各项性能均能达到标准要求。可靠性是消费者选购商品对质量要求考虑的最重要的因素，对企业来说也是关系到企业成败的大事，特别是评价机电类商品质量的主要指标之一。

可靠性通常包括耐久性、易维修性和设计可靠性。耐久性是评价高档耐用商品的一个非常重要的质量特征，它是指在规定的使用期限内保持规定的功能而不出故障或寿命长等特征；易维修性指商品在发生故障后能被迅速修好恢复其功能的能力，易维修性与商品设计有密切关系，设计得可靠、合理，就越易维修。例如，零部件设计和安装要标准化、通用化和系列化，便于拆卸、更换和互换，同时应容易通过仪表或专用检具迅速诊断出故障发生的部位。设计得可靠就会减少人为过失的可能性。

4. 安全性

商品的安全性有两个方面的含义，一是人的安全，二是环境的安全。人的安全指商品在使用或流通过程中对人的身体健康不会造成损害或尽量缩小在最小的范围内。例如，家用电器必须有良好的绝缘性和防护装置，否则就会发生危险；食品不符合卫生就会引起各种疾病；儿童玩具更要避免产生刺伤和吞咽事故；第二方面含义是指商品对人的生活环境不会造成或尽量减少污染，如洗衣机、电冰箱在使用过程中的噪音应符合规定要求，商品使用完后应注意回收处理，以免对周围环境、土壤、水等造成严重污染。现在环境对质量的要求越来越受到各国政府的重视，各国在制定各项关于商品安全、卫生的法律、制度不遗余力。

5. 适应性

商品适应性指商品适应周围环境的能力，一般产品在生产时已在人造环境下试验过，但人造环境与自然环境并不是一成不变的，因此商品应具有对各种环境因素（如温度、湿度等）变化的适应性，质量好的商品应具有较强的适应性。

6. 经济性

商品的经济性是保证商品在竞争中得以取胜的关键，商品经济性包括两个方面内容，其一是统一在“物美价廉”基础上的最适质量，其二是商品价格和使用费用的最佳匹配。

最适质量，即优质与低成本的统一，指商品的质量性能与获得该种质量性能所需费用（价格）的统一，因此，既要从满足消费者需要的立场出发，反对粗制滥造，使消费者利益蒙受损害，又要维护企业的经济利益，反对不考虑经济得失的过剩质量。

另外，对消费者而言，商品价格取决于商品的生产和流通成本，是一次性投资。而商品在整个使用过程中为发挥其规定的功能所需费用，即使用成本，则是长期投资。

如果价格合适，但使用成本过高，出现“买得起，用不起”的情况，这种商品很难被消费者认可。因此，企业在商品生产经营中既要降低生产和流通成本，保证规定的质量，又要降低使用成本，维修费用也要尽可能降低。

7. 时间性

商品使用寿命，一是指工业品商品在规定的使用条件下，保持正常使用性能的工作总时间，商品应具有合理的使用寿命，商品寿命未终结而失去其使用价值，便是极大的浪费。二是商品到达消费者或用户手中的及时程度，商品的更新换代是很快的，及时程度的快慢取决于商品在市场上的占有率和竞争力。

8. 美观性

现代社会人们对商品质量的追求已转向物质方面的实用价值与精神方面的审美价值的高度统一，人们对商品质量的需要不单纯局限于其使用功能方面，而且对审美功能的要求越来越强烈，商品的审美性已成为提高商品的市场竞争能力的重要手段之一。

（三）商品质量指标

商品质量特性通常需要各种数量指标来表示，这些数量指标被称为商品质量指标。商品质量指标是商品各项质量特征指标的综合。由于商品的复杂性和多样性，商品的质量指标很多，在实践中主要有以下几个方面：适用性指标（即使用性能指标）、工艺性指标、结构合理性指标（包括商品的可修理性、零部件互换性及人体工程学方面的指标）、卫生安全性指标、可靠性指标、经济性指标、使用寿命指标、生态学指标、美观指标等。这几方面的质量指标构成了对现代商品质量的基本要求，它们互相补充、相辅相成、不可或缺。

测量或测定质量指标所得到的数据，称为质量特性值。把可以连续测量得到的质量特性值称为计量值，如商品的尺寸、质量（重量）、容积、抗拉伸强度等特性值。质量特性值最好为计量值，但有时没有必要或实际上难以用计量值表示。例如，商品的品级、合格品数、外观疵点数等特性值是离散的，不连续的，只能取整数值或定性地划分为两个或两个以上的类，这样的质量特性值称为计数值。

二、商品质量的构成

1. 表现形式

在表现形式上，商品质量由外观质量、内在质量和附加质量构成。

商品的外观质量，主要是指商品的外部形态以及通过感觉器官而能直接感受到的特性，如商品的式样、造型、结构、色泽、气味、食味、声响、规格（尺寸、大小、轻重）等。商品的内在质量，是指通过测试、实验等手段而能反映出来的商品特性或性质，如商品的物理性质、化学性质、机械性质以及生物学性质等。商品的附加质量，主要是指商品信誉、经济性、销售服务等。商品的外观质量、内在质量和附加质量，对不同种类的商品各有侧重，商品的内在质量往往可以通过外观质量表现出来，并通过附加质量得到更充分的实现。

2. 形成环节

在形成环节上，商品质量由设计质量，制造质量和市场质量构成。

设计质量，是指在生产过程以前，设计部门对商品品种、规格、造型、花色、质地、装潢、包装等方面设计过程中形成的质量因素。制造质量，是指在生产过程中，所形成的符合设计要求的质量因素。市场质量是指在整个流通过程中，对已在生产环节形成的质量的维护保证与附加的质量因素。设计质量是商品质量形成的前提条件，是商品质量形成的起点；制造质量是商品质量形成的主要方面，它对商品质量的各种性质起着决定性作用；市场质量是商品质量实现的保证。

3. 有机组成

在有机组成上，商品质量由自然质量、社会质量和经济质量构成。

商品自然质量是商品自然属性给商品带来的质量因素；商品社会质量是商品社会属性所要求的质量因素；商品经济质量是商品消费时投入方面而要考虑的因素。商品自然质量是构成商品质量的基础，商品社会质量是商品质量满足社会需要的具体体现，商品经济质量则反映了人们对商品质量经济方面的要求。

4. 顾客认知

从顾客的认知角度看，分为认知质量和消费质量。

如果说产品内在质量与外在质量可以通过生产者对产品设计和生产过程的改进加以提高，即控制质量的主动权在企业，那么产品的认知质量与消费质量，基本上脱离了生产者的控制，质量的评判与控制主动权在顾客与消费者手中，生产者只能通过必要的手段引导顾客对产品质量的认同。

产品的认知质量是顾客所能感知和认可的质量，认知质量的高低不仅受产品本身内在与外在质量的影响，而且还与顾客经验、期望值、产品生产分销过程中信息传递、竞争产品质量等因素紧密联系。产品的消费质量是使用产品中产品本身“适用性”和“符合性”的总体表现，也可通过顾客消费过程中对产品质量的最终评价表示。产品的消费质量具有综合性、目的性。产品的消费质量不仅要满足“符合性”标准，即符合产品各项性能指标的要求，而且还要满足“适用性”的标准，即产品质量对顾客需要合适，要使顾客满意，消费是产品生产销售的终点与目的，在消费过程中对产品质量的评价包含了产品整个生命周期中各个因素。因而消费质量具有综合性与目的性等特点，同时，产品的消费质量也决定了产品在下一个生产、销售与消费周期中的竞争优势。

产品的认知质量与消费质量已经超出了企业所能完全控制的范围，因此提高认知质量与消费质量的难度要远远大于提高产品内在与外在质量的难度。要解决这个难题，企业就必须更深刻地理解顾客的认知过程。理解顾客认知的落差并通过制定相应的战略和策略来弥补落差，从而最终提高认知质量与消费质量。

根据心理学家的研究结果，认知是导致行为发生的根本原因。构成认知的范围内容相当广泛，例如，想象、注意、思考、期望、学习、记忆等，甚至个人的生长经历和学习经历都可影响他对产品质量的认知。把认知原理推广到企业管理上，就是企业要了解顾客的认知，企业不能陶醉于自己产品，而必须更深入地了解顾客。顾客的认知是企业的产品质量的认知过程和评判标准。只有顾客心中的认知才是决定购买及消费的最根本动力。在与顾客的交易过程中，最让企业感到伤心的就是顾客与公司之间的认知落差过大。影响认知质量的因素如图 3.1 所示。

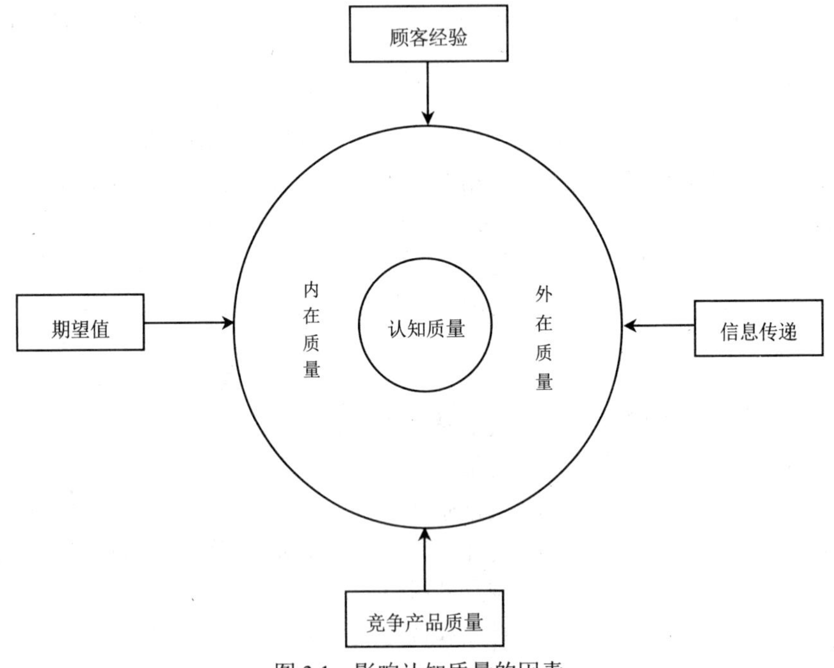

图 3.1　影响认知质量的因素

简单地说，从顾客开始知道某家企业到购买企业产品，存在六个认知缺口，如图 3.2 所示。

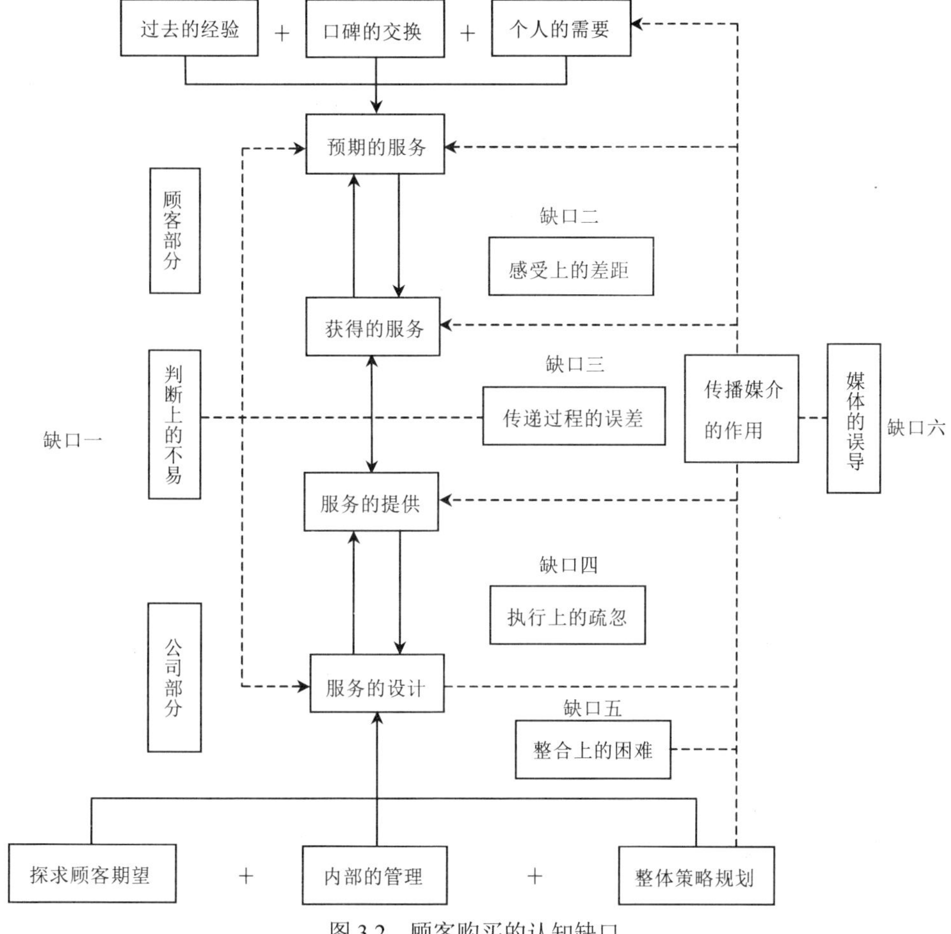

图 3.2 顾客购买的认知缺口

缺口一：“判断上的不易”，这是顾客认知落差的第一个缺口，无论是顾客对企业产品的预测，还是企业对顾客期望的研究，都会因双方立场的不同，焦点无法重合，各有侧重，从而出现认知落差。

缺口二：“感受上的差距”，这是顾客认知落差的第二个缺口，这个缺口存在于顾客的主观意识中，也就是顾客对于自己所获得的服务，会根据自己的经验，别人的口碑，以及自己期望的服务水平对服务加以评价。标准化的产品可以让大多数顾客得到较为平均的心理感受，但对于个性化较强的顾客来说，标准化是令人生厌的。

缺口三：“传送过程的误差”，这是顾客认知落差的第三个缺口。服务从员工到顾客需要一个过程，这个过程环节越多，时间越长，传送的误差就越大。

缺口四：“执行上的疏忽”，这是顾客认知落差的第四个缺口。通常出现在上下级关系上，但部门横向作业有时也会出现这样问题。

缺口五：“整合上的困难”，这是顾客认知的第五个缺口，不论是人与人之间，部门与部门之间，这一缺口都难以避免。在实践中，即使市场调研部门完全发现了顾客的真实需求，也往往会因为产品开发、生产等部门不能有效沟通，从而致使产品与顾客需求有一定差距。

缺口六：“媒体的误导”，这是顾客认知误差的第六个缺口。现代媒体无处不在，它可能在宣传过程中放大了产品的优点，从而提高了顾客的期望值，最终导致产品实际质量与期望质量较大的差距。

上述六大缺口是影响产品认知质量的重要原因，企业必须认真对待。

那么，应该如何提高认知质量呢？我们一般认为，企业要提高产品认知质量可从以下几方面着手：

1）努力提高产品的内在与外在质量，这是认知质量的基础。

2）注意品牌形象的树立，良好的品牌即是内在与外在质量的集中体现。

3）用“换位思考”方式设计与生产产品，即企业产品生产、设计者力求站在顾客角度来设计产品。

4）在产品宣传上尽量不作夸张性宣传，避免顾客期望值的过度提高。

产品消费质量的提高可以说是上述三方面质量提高的最终结果。值得注意的一点是产品生产者与销售者应注重对顾客进行产品消费的指导，尤其在产品日益复杂化、多样化的情况下，良好的消费指导是提高顾客满意度和消费质量的有力武器。

补充阅读 3.2

质量观念的创新

国际上质量观念的创新大体上经历了三个阶段：一是符合型质量阶段，即符合标准；二是适应型质量阶段；三是满意型质量阶段。满意型与适应型的区别在于适应型阶段企业是被动的，即市场和用户提出要求，然后企业去满足他的要求，用户不提出来，市场不把这种信息反馈出来，企业就不知道做什么，不知道怎样去满足。满意型阶段就是要求企业主动地满足用户的要求，变被动为主动，甚至用户还没有想到，企业就应该想到和做到。质量观念创新的三个阶段也反映在国际标准对质量的定义上，如ISO8401—1986对质量的定义是：产品或者服务满足规定或潜在需要的特征和特性的总和；1994年版1SO9000的定义是：反映实体满足明确和隐含需要能力的特性总和；2000年版ISO9000的定义是：达到持续的顾客满意。

补 充 阅 读

世界主要国家质量奖

澳大利亚

澳大利亚卓越企业奖：澳大利亚质量委员会（www. aqc. org. au）。

该奖分奖励等级和企业改进等级两个等级表彰。

新西兰

新西兰质量奖项：新西兰卓越企业基金会（www. nzquality. org. nz）。

该奖包括进步、表扬、成就和全国质量奖。

巴西

巴西全国质量奖：全国质量奖基金会（www. fpnq. org. br）。

该奖表彰巴西境内成绩卓越的最佳管理工作。

加拿大

加拿大卓越奖：加拿大国家质量协会（NQI）（www. nqi. com）。

该奖通过质量奖和职业安全卫生奖两个奖项表彰加拿大的企业。质量奖候选者必须在包括领导和过程最佳化在内的七个方面表现出优异成绩。职业安全卫生奖表彰经营战略中雇员表现优秀的企业。该奖标准由加拿大职业安全部门的专家制订。

欧洲

欧洲质量奖：欧洲质量管理基金会（www. efqm. org）。

该奖授予把质量管理作为持续改进的基本过程而表现卓越的欧洲企业。奖项有公司、经营单位、公共部门企业和中小型企业。对运用欧洲质量管理基金会的卓越模式、表现杰出的企业授予特别奖。

印度

甘地国家质量奖：印度标准局（http://delhi. vsnl. net. in/ bis. org）。

该奖奖励在印度的质量运动中作为领先者的制造和服务企业及个人，根据波多里奇奖、戴明奖和欧洲质量奖的标准设计。除了传统的行业外，还颁发奖励证书给化学、食品和药品及纺织行业。

（资料来源：石油工业技术监督编辑部．2002．石油工业技术监督，01.）

补充阅读 3.3

当前世界三大质量奖

近年来，通过设立各种测评体系提升企业的管理水平已成为许多国家强化和提高产业竞争力的重要途径。当前在全世界各类对于质量、竞争力测评的奖项中，最为著名、影响最大的当推日本爱德华·戴明质量奖（Edward Deming prize）、美国马尔科姆·波多里奇国家质量奖（Malcolm Baldrige award）和欧洲质量奖（european quality award），这三大世界质量奖被称为卓越绩效模式的创造者和经济奇迹的助推器。

1. 日本戴明奖

美国的爱德华·戴明博士作为美国最著名的质量控制专家之一，最早将质量管理介绍到日本。戴明奖引导企业实施统计质量控制，进而引进了新的质量管理模式（TQC），建立企业的自我完善机制。为了与国际实践相衔接，日本戴明质量奖评审委员会于1998年6月将TQC改为TQM，并对TQM的定义进行修订：TQM是由整个组织从事的、在效率和效益两方面达到组织目标的系统活动，它使组织可以在适当的时间和价格上提供给顾客满意的产品和服务的质量水平。戴明质量奖分为戴明奖、戴明应用奖和戴明控制奖。

2. 美国波多里奇奖

1987年由美国国会立法设立了波多里奇国家质量奖，由美国商务部国家标准技术局（NIST）负责管理。波多里奇奖引导企业通过连续的质量改进和设定业绩的卓越标准而获得顾客满意，从而提升美国的竞争力。由于波多里奇奖是针对“管理质量”和“经营质量”而被称为“卓越绩效模式”。波多里奇奖评价的核心价值观包括：有远见的、着眼于未来的领导人，顾客驱动的卓越绩效模式、全面的视野与管理创新、企业和员工的学习、注重雇员和合作伙伴、注重成果和创造价值、对市场的敏捷反应和社会责任。波多里奇奖评价要素和所占比例为：领导作用12.5%、战略计划8.5%、以顾客和市场为中心8.5%、信息、分析与知识8.5%、人力资源开发8.5%、过程管理8.5%和经营结果45%。波多里奇奖卓越绩效模式标准有助于企业管理实现重点突出与全面兼容的结合，有利于企业正确评价、引导和规范所属各部门和员工的行为，使得企业管理层的努力能够保持在企业成功和实现企业远景的正确方向上来，从而帮助企业获得世界级质量。摩托罗拉公司、布兰奇·斯密思印刷公司和SSM卫生保健部都曾获得该奖。

3. 欧洲质量奖

欧洲委员会副主席马丁·本格曼先生倡议，欧洲委员会（EC）、欧洲质量组织（EOQ）和欧洲质量基金组织（EFQM）共同发起设立的欧洲质量奖。

欧洲质量奖肩负着两项使命：一是激励和帮助欧洲的企业，改进其经营活动，最终达到顾客、雇员的满意，达到社会效益和企业效益的卓越化；二是支持欧洲企业的管理人员加速实施全面质量管理这一在全球市场竞争中获得优势的决定性因素的进程。欧洲质量奖着重评价企业的卓越性，奖项分为质量奖、单项奖、入围奖和提名奖。在欧洲质量奖卓越化模式的9个要素中，每个要素在评奖过程中所占的百分比为：领导作用10%，战略与策划8%，员工投入 9%，战略与合作关系 9%，过程管理 14%，顾客对产品评价 20%，人力资源效果评价 9%，社会效益评价 6%，经营结果 15%。德国西门子 PTD 公司、英国 TNT 邮政集团信息系统等公司凭借单项指标突出，而获得欧洲质量奖。

（资料来源：纺织信息周刊编辑部. 2005. 纺织信息周刊，46.）

三、研究商品质量的意义

商品质量是全社会关注的重要问题，目前我国的商品质量还不能适应大力发展的商品经济尤其是外向型经济的需要，与国民经济的发展要求和国际先进水平相比仍有差距。

1. 质量是治国之本

产品质量是一个民族的人民素质、管理水平、经济体制市场发育水平、生产力水平的综合体现，因此产品质量问题已不仅仅是某个企业的小事，而是关系到整个民族兴衰的大事，因此“质量治国”这个口号的提出，是对质量重要意义认识的高度概括。

2. 质量关系到我国经济建设的腾飞

由于产品质量差导致的“豆腐渣工程”给国家、人民造成的危害是很难用确切的数字加以衡量的，经济的腾飞离不开基础设施的建设，明确的质量意识才是保障国民建设的根本。

3. 质量关系到党和政府在人民群众心目中的威望

改革开放这么多年来，随着人民群众的生活条件的逐步改善，带之而来是对质量的要求越来越高，但是从目前情况看，我国质量水平远不能满足人民群众需要，加上假冒伪劣商品的肆意泛滥，使质量的信誉危机在人民群众中蔓延，在一定程度上危及到党和政府在人民群众心目中威望。

四、加强和改善质量工作的措施和方法

1. 提高认识、牢固树立质量第一的思想

各级党政干部应转变思想、提高认识，在战略方针的制定和具体工作上，真正做到重视质量问题，这也是解决质量供求矛盾，发展外向型经济的迫切需要。

2. 更新质量观念，增强质量意识

我国的经济体制已从过去的计划经济转到市场经济，在社会主义市场经济的新形势下，谁的质量好谁就赢得市场，赢得生存和发展的主动权，于是，更新“质

量观念成为提高质量的关键”，为此，我们应把计划经济下的“符合型”的质量观念转变为市场经济体制下的“适应型”与“满意型”质量观念。

3. 健全质量法规

近年来，国务院以及各部门颁发了许多法规、条例或办法，例如，《工业产品质量责任条例》、《军工产品质量管理条例》、《中华人民共和国食品卫生法》、《中华人民共和国标准化管理条例》、《中华人民共和国进出口商品检验条例》等。其中，在《工业产品质量责任条例》中就指出：“产品的生产、储运、经销企业必须按照本条例的规定，承担产品质量责任。”还强调指出：“各部门、各地区，特别是企业主管机关必须对产品质量进行严格管理，监督有关企业坚持‘质量第一’的方针，保证产品质量且承担质量责任；管理和监督不力的也应承担连带责任。”

4. 增加质量投入

国家急需集中力量选择重点行业和重点产品，对他们采取优惠政策，鼓励他们采用高新技术、增加质量投入，加快产品向高附加值方向发展。

5. 强化政府质量的宏观管理

在充分发挥市场机制作用的同时，政府应加强对质量工作的宏观管理，如组织研究、制定和实施国家质量发展战略及其配套政策，协调失去全国质量工作。建立和完善法规体系，加强监督检查，规范企业的质量行为等，以达到建立和完善质量管理体系。

借鉴国际上发达国家在质量管理上行之有效的做法，尽快理顺质量管理体制，建立起适应市场经济发展的有中国特色的质量保证、监督和标准的体系。

6. 调动群众积极性，主动参与质量工作

广播、电视、报刊等一切宣传媒介应利用各种机会，开展有关质量意识的活动，打击假冒伪劣等违法行为，如 1991 年全国开展的“质量万里行”活动。

要把质量提高到一个新水平，必须做大量艰苦的工作。

第二节 商品质量的基本要求

商品的种类成千上万，不同的消费者对各种商品的要求各不相同，对商品质量的要求多种多样，对有形商品而言，对无形商品、服务性商品而言，都是如此。

一、对有形商品质量特征的要求

商品质量的基本要求是根据其用途，使用方法以及消费者的期望和社会需求来确定的。商品的种类很多，各有不同的用途，其质量的基本点也各不相同。有形商品的质量要求，我们分析的是食品、纺织品服装、日用工业品、生产性用品等方面的基本要求。

（一）食品商品的要求

食品商品是人们生活中的必需品，对其质量要求有以下三个方面。

1. 食品的卫生性

食品的卫生性是衡量食品质量的首要条件。衡量食品卫生质量从两个方面进行：

1）食品本身是否含有有毒成分，有些天然食品本身就存在各种有毒成分。如发了芽的马铃薯其芽眼周围存在着龙葵碱毒素、鲜黄花菜中含有秋水仙碱毒素、四季豆中的洋扁豆含有植物“血球凝集素”、河豚鱼的脏器中含有毒性极大的河豚毒素。

2）食品受外界有害因素影响而被污染的严重程度，食品从种植、养育到收获、屠宰，从加工、生产、贮存、运输直到食用的各个环节，都有可能受某些有害因素影响而使食品受到污染，降低食品的卫生质量。例如，由微生物寄生虫卵造成的生物性污染；由农药、化肥等造成的化学性污染及由放射性物质造成的放射性污染。

2. 食品的营养价值

食品的营养价值是指食品中所含的机体所需要的一切营养素如蛋白质、无机盐（矿物质）、脂肪、碳水化合物（或糖）、维生素、水、粗纤维等的种类和数量的多少，这些物质在人体中具有维持人体生命活动、劳动能量和保证身体健康的作用。例如，蛋白质是一切生命的基础，碳水化合物是人体热量的主要来源，而维生素则可调节和维持人体正常生理功能等。现代营养学家认为，衡量食品的营养价值高低不仅仅只看食品中营养素含量的多少，还应看其在人体的消化率与发热量。消化率指食品在人体中被消化吸收的程度。发热量是指食品中的营养经人体吸收后，在人体内所产生的热量。

3. 食品的色、香、味和外观形状

食品的色、香、味、形可以反映食品的新鲜度、成熟度、加工精度、品种风味及变质状况等，同时，还会影响人们对食品的食用兴趣，促进其对营养成分的消化和吸收。根据巴甫洛夫条件反射原理，只要食品具有悦目的颜色、诱人的香气和可口的滋味，那么见到或闻到这种食品，就会产生强烈的食用欲望，这时人体消化器官就能分泌出较多的消化液，从而提高人体对食品的消化和吸收能力。

食品的卫生无害性，就是要求食品中不会有对人体有毒有害的物质。

不是。食品的卫生无害性是指食品中不应有或不能含有超过允许限量的有毒有害物质和微生物。

（二）纺织品和服装质量的基本要求

纺织品和服装是人们生活中不可缺少的商品，对它们的质量要求有美观艺术性、卫生性、穿着服用性等。

1. 美观艺术性

针纺织品的美观性表现一般有两个方面：一是质地造型美，针纺织品的质地造型的特征常与织物的材料、织法设计以及工艺技术加工整理手段有密切关系，因而对其美感的评价多从针纺织品的纹路、色泽、表面光洁度、质感（挺括度、柔软度、弹性）等四度进行；二是图案花纹美，针纺织品的图案设计要注意形式美的表现手法，对称均衡，调和对比多样统一等。

对服装的审美的分析：服装的款式变化多端，服装潮流更新也特别快，但不管怎么变，服装在造型、协调、色彩、装饰四方面的风格和特点。

1）造型。造型指服装的总体形状，即外部总形象或总轮廓线，服装的造型主要是表现人的体型美，男子要求刚挺，女子要求苗条、柔美，对于不同体型的人，其服装造型也不一样，选择时，根据自己的特点、兴趣、风格进行选择。

2）协调。服装上下及内外长度，宽度的比例关系，这种比例关系直接影响到服装的个性和风格，通常称之为协调。

3）色彩。服装上各种色调的配合及流行色的趋时变化，服装色彩往往要受到复杂的社会因素和经济因素的影响。但对色彩的选择最好是根据人的年龄、肤色、环境等因素来确定。

4）装饰。服装上出现的带、绊、扣、绣、补、镶等工艺性较强的附加物，往往好的装饰能起到画龙点睛的作用，使服装增色。

2. 卫生性

对卫生性的要求常常以穿着过程中对人体皮肤不产生刺激作用、透气性和吸水性强作为标志。织品的卫生安全性是指织品保证人体健康和人身安全而应具备的性质。主要包括织品的卫生无害性、抗静电性等。卫生无害性，不仅是要求纺织纤维对人体无害，还要求织品在加工和染色过程中使用的染料、防缩剂、防皱剂、柔软剂、增白剂等化学物质对人体无害，这些化学物质如残留在织品表面，就可能造成对皮肤的刺激。吸湿性差的涤纶、腈纶、氯纶、丙纶等合成纤维容易形成静电，降低静电的方法，一是在纺织品中混入导电纤维，二是将静电剂加入合成纤维内部或固着在纤维表面。

3. 穿着服用性

服用性是指纺织品适合穿着的各种性能，如纺织品的起毛性、起球性、缩水性、刚挺度、悬垂性和舒适性等。要求织品不易起毛、起球，缩水率小，不然会造成织品变形和影响外观。要求织品具有较好的刚挺度、悬垂性和舒适性。刚挺度是指织品抵抗形变的能力，能影响织品的手感风格和服装的挺括性；悬垂性是指从中心提起织品后，织品本身自然悬垂产生均称美观折裥的特性，悬垂性好的织品制成的服装很贴体，并能产生美观悦目的线条；舒适性是指人体着装后，织品具有满足人体要求并排除任何不舒适因素的性能。

纺织品的舒适性表现在触觉舒适性、热湿舒适性和运动舒适性三方面。触觉舒适性主要反映在织品和皮肤接触时的粗糙感、瘙痒感、温暖感或阴凉感等触觉感受上。试验研究表明，化纤纺丝过程中纤维黏结的硬头丝或珠子丝等疵点在内衣上将会产生显著的瘙痒。热湿舒适性是指由于人体自身调节热平衡的能力有限，故需要通过穿着适当的服装来进行调节，使衣服内层空间形成舒适的小气候。服装的热舒适性是由服装面料的保温性、透气性、透湿性以及服装的式样与组合等因素决定的。而热湿舒适性由服装面料的吸湿性、透气性等因素决定的。运动舒适性是指由于人体运动的多方面、多角度和大弯曲性，要求织品有一定的延伸性，能自由地依顺人体活动。不同种类的织品要求延伸性不同，如西装的延伸性要求为15%～25%，内衣、运动装等的延伸性要求较高。

纺织品的穿着服用性的要求很多，除了服用性和舒适性外，其质量要求还包括：

1）是否有外观疵点，外观疵点是指服装上存在的各种缺陷，一般用其内外质量的技术指标与有关商品标准的吻合度衡量。

2）物理指标，包括织品的密度、重量、厚度、断裂强力、回潮率、缩水率、幅度、起球、褶皱弹性等，这些指标用于检查织物的结实程度、缩水程度及服用性能等。

3）染色牢度，纺织品与染料结合的牢固程度、染色牢度的衡量常用摩擦牢度、熨烫牢度、日晒牢度、皂洗牢度、刷洗牢度表示。

4）耐用性，是指织品在穿用和洗涤过程中的抗外界各种破坏因素作用的能力，直接影响到织品的使用寿命。耐用性包括断裂强度和断裂伸长率、撕裂强度、耐磨强度、耐疲劳强度、耐日光性、耐热性、染色牢度、耐霉蛀性等。

（三）日用工业品质量的基本要求

日用工业品对质量的要求集中体现在适用性、多用性、卫生性、坚固耐久性及结构和外观等方面。

1. 适用性

日用工业品的适用性指商品能满足用户或消费者对商品主要用途的需要。这也是一切商品必须具备的共性，也是最起码的质量要求。例如，冰箱首先具有制冷能力，否则外表再美观、大方，也不会有人去购买。

2. 卫生安全性

卫生安全性指商品在使用过程中不造成对人体健康和人身安全有危害的性质。在评定许多日用工业品质量时，都需要考虑其卫生性，尤其是化妆品、塑料器皿和玩具。如盛放食物的器皿、化妆品、玩具等商品应具有无毒性和无刺激性；电器商品应具有防人身触电、防引起火灾、防损害人身的安全措施。从现代观念来考虑，卫生安全性还包括不污染环境的低公害性。低公害性又称环境价值，是指商品在流通、消费、废弃和回收等环节，应不造成允许限度以上的环境恶化和污染。不符合低公害要求的商品，无论使用价值多大，也要限制使用，有的将逐步退出市场。在社会环境保护方面，各种有害人们身心健康的商品，限制使用，如管制刀具等。例如，近些年的无氟冰箱、无磷洗衣粉、可降解塑料、低噪声家用电器等商品备受欢迎，就是商品环境效应的一个缩影。

3. 坚固耐久性

坚固耐久性指商品在使用过程中能抵抗各种因素的影响而不被破坏的性质。这也是日用工业品应具备的重要特性，特别对耐用消费品尤为如此。例如电冰箱、电视机，如果他们寿命太短，消费者就买不起了。坚固耐久性是指商品在使用时抵抗各种外界因素对其破坏的能力和对其适用性的影响，它反映了日用商品耐用程度。皮革、橡胶常用强度和耐磨性来评定其坚固耐用性，电器商品往往用使用寿命、可靠性、可修复性未反映其耐用性。要求商品坚固耐用，是消费者的普遍愿望，但对某些商品和不同的消费水平有一定的弹性，只要达到物尽其用即可。

4. 结构合理性

日用工业品的结构主要指其形状大小和部件的装配。对所有的日用工业品都要求具有正确的结构，否则不仅会影响商品的外观，而且还会直接破坏它的适用性和坚固耐用性。例如，组合家具其形状大小若配合不当，会造成使用不便；鞋帽的结构不符合人体要求。造型结构主要指商品的形状、大小、部件装配等。如结构造型不科学合理，直接影响着日用品的适用性和坚固耐久性。商品的外观疵点，不仅严重破坏了商品外观，直接影响着商品的适用性和坚固耐久用性，有些商品的外观疵点还反映了商品的变质情况。

5. 较高的审美价值

日用工业的审美价值，主要表现为：商品的外观式样、表面色彩花纹及其修饰等，给人视觉带来美感享受。

日用工业品的美，属于实用艺术美的性质。构成这种美往往有两种审美成分，一是功能性审美成分，主要反映在商品造型的艺术美上；二是非功能性审美成分，体现在商品的艺术装饰美上。这两种审美成分在商品上必须和谐统一，才能产生美的效果。

（四）生产性用品质量的基本要求

生产性商品有建筑材料、化工原材料及农业生产资料等，下面我们对农业用生产资料中的农药化肥做初步介绍。

农药化肥的质量要求一般有适用性、有效成分含量达标和对人、畜、农作物的安全性等。

1. 适用性

视各种农药化肥的作用，具体选择。

2. 有效成分含量达标

农药化肥的有效成分含量指它们发挥其主要作用的组成物质的含量的多少，不同种类与品种的农药与化肥其有效成分含量必须符合标准规定，但同时对它们当中的杂志成分和有关物理指标也有限定，因为杂志成分的存在，会相对降低其有效成分的含量。

农药化肥的有关物理指标是指它的细度、溶解性与乳化能力。如对化肥一般要求其水溶性强，而农药粉剂要求细度均匀，乳化剂农药要求其乳化能力强等。

3. 对人、畜、农作物的安全性

农药、化肥的使用不当，会给农林产品带来污染，进而危害人类的生存，所以高效、低毒、低残留应成为进行农产品开发的指导思想。

补充阅读 3.4

5 号保温瓶胆的质量检验

根据 5 号保温瓶胆质量要求，可对 5 号保温瓶胆的质量进行检验。

1）容水量，一、二等品均为 2000ml。

2）质量，一、二等品均不小于 500g。

3）耐温急变性，温差 95～100℃，一、二等品均反复 5 次不破裂。

4）保温性，在室温10℃以上，灌入沸水24h，一、二等品均不低于68℃。

5）瓶口高低偏斜之差，一等品不大于2mm，二等品不大于3mm。

6）瓶口缺角，一等品不允许有，二等品不大于2mm。

7）抽气尾管超出瓶底顶，一等品不允许有缺角，二等品缺角不大于2mm。

8）银层，一等品不露光，二等品轻微露光。

9）抽气尾管破裂、裂纹、冷爆、搭伤、石棉脱落、内外瓶相搭，一二等品均不允许有。

商品质量除上述基本要求外，还包括商品经济质量的基本要求，主要有商品的成本、使用寿命和使用费用等，对消费者来说，商品成本包括商品价格、运输、安装、配套等费用；使用费用包括水、电、气、煤、油的能耗，维修养护费用，学习操作费用，商品使用后放置与安装占用的地面和空间位置等；商品寿命包括商品的自然寿命和社会寿命，一般来说，商品寿命短；则意味着商品经济质量低。

商品质量的各项基本要求，并不是独立、静止的，绝对的，特别是对某种商品提出具体质量要求时，不仅要根据不同的用途进行具体分析，而且还必须与社会生产力的发展、国民经济水平以及人们消费习惯相适应。

补充阅读3.5

贺兰山东麓葡萄酒质量技术要求

1. 品种

1）红色品种。赤霞珠、梅鹿辄、蛇龙珠。

2）白色品种。霞多丽、雷司令、贵人香。

2. 立地条件

选择石灰质砂性土壤、砾石土壤，沙壤土、壤土亦可。土壤盐碱总含量≤0.4%，pH≤8.5。土层厚≥50cm，地下水位低于1.5m，坡降≤5‰。

3. 栽培管理

1）苗木。要求无性繁殖苗木，无检疫性病虫害。

2）栽培。株距50cm，行距300cm，6600～7000株/公顷。1年生苗在4月下旬至5月上旬定植，营养袋苗在5月下旬至6月上旬定植，定植后及时浇水，并覆盖农用薄膜以保证成活率。

3）整形修剪。采取扇形、龙干形整形方式。

4）施肥。在建园时每公顷施用有机肥90t，作物秸秆15t。以后每年秋天施用有机肥60t/hm^2。

5）灌水。按需灌水，每年灌5至7次水。沙质土每次灌水40m^3/667m^2

（亩），壤质土每次灌水 50m^3/667m^2（亩），越冬水灌水 60～80m^3/667m^2（亩）。在采收前 20 天内禁止灌水。

6）环境、安全要求。农药、化肥等的使用必须符合国家的相关规定，不得污染环境。

4. 葡萄产量及成熟度控制

每公顷葡萄产量≤15000kg。当白葡萄果实糖分含量达到 180g/L，红葡萄果实糖分含量达到 190g/L，并已表现出该品种特有品质、风味特征时即可采收。

5. 采收

在晴天早晨露水干后进行采收；采收后 24 小时内必须运达葡萄酒厂进行加工处理。

6. 加工

（1）生产工艺基本流程

1）干白葡萄酒生产工艺基本流程为：原料→分选→除梗破碎→压榨→澄清→低温酒精发酵→陈酿→稳定→灌装。

2）干红葡萄酒生产工艺基本流程为：原料→分选→除梗破碎→酒精发酵→苹果酸→乳酸发酵→澄清→陈酿→稳定→灌装。

（2）工艺要求

1）酒精发酵方式。

① 红葡萄酒酒精发酵方式只允许使用传统浸提发酵法，即在葡萄破碎或除梗破碎后，为了更快地达到浸提的目的，可以使用各种机械手段：上下循环，冲洗皮渣的帽盖；使用自动浸提罐，在皮渣上进行再循环的装置。

② 白葡萄酒发酵使用低温发酵，即葡萄汁经过澄清处理后，在 14～18℃温度下进行发酵。

2）苹果酸-乳酸发酵。红葡萄酒必须完成苹果酸乳酸发酵。

3）陈酿条件及时间。可经过罐陈酿、橡木桶陈酿和瓶内陈酿，要求陈酿环境温度低于 18℃；白葡萄酒陈酿期不低于 6 个月，红葡萄酒陈酿期不低于 18 个月。

7. 质量特色

（1）感官特色

1）色泽。白葡萄酒呈近似无色、微黄带绿、浅禾秆黄、禾秆黄、金黄色泽。红葡萄酒呈深紫色、深红、深宝石红。

2）香气。香气浓郁、纯正，具有品种典型特点。

3）滋味。白葡萄酒口感圆润、协调；红葡萄酒醇厚、有较强的结构感、平衡协调。

（2）理化指标

项　目		要　求
挥发酸（以乙酸计）/（g/L）		≤1.0
干浸出物/（g/L）	白葡萄酒	≥18.0
	红葡萄酒	≥20.0
酒精度（20℃）/%（V/V）	白葡萄酒	≥11.0
	红葡萄酒	≥12.0

（3）安全要求

产品安全指标必须达到国家对同类产品的相关规定。

二、对服务性商品的要求

服务性商品主要指服务性行业提供的服务，如交通运输、邮电通信、商业、金融保险。饮食、宾馆、医疗卫生、文化娱乐、旅游、信息咨询等组织提供的服务。由于服务含义的延伸，有时也包括工业产品等的售前、售中、售后服务，以及企业内部上道工序对下道工序的服务。

对服务性商品的质量要求主要有功能性、时间性、文明性、安全性、舒适性和经济性。

1. 功能性

功能性是服务实现的效能和作用。例如，交通运输的功能是将旅客或货物送达目的地。邮政通信的功能是传递有关信息，使顾客获得这些服务效能是对服务的最基本的要求。

2. 时间性

时间性是指服务能否及时、准时、省时地满足服务需求的能力。对服务来说，时间性非常重要。有资料显示，超级市场出口处的等待时间超过 5 分钟，顾客就显得不耐烦，服务质量大打折扣。

3. 文明性

文明性不仅仅是指对顾客要笑脸相迎，还包括对顾客的谦逊、尊重、信任、理解、体谅和与顾客有效的沟通，是满足顾客精神需求的程度。这时服务质量中最难把握但却非常重要的质量特征。

4. 安全性

安全性是指服务提供方在对顾客进行服务的过程中，保证顾客人身不受伤害、财务不受损害的能力，即没有任何风险、危险和疑惑，如航空服务的安全性要求就比较高。安全性的提高或改善与服务设施、环境有关，也与服务过程中组织、服务人员的技能、态度有关。

5. 舒适性

舒适性是指服务对象在接受服务的过程中感受到的舒适程度。舒适性与服务设施是否适用、方便、舒服，服务环境是否清洁、美观、有秩序等有关。

6. 经济性

经济性是指为得到相应服务，顾客所需费用的合理程度。这与有形商品质量的经济性是类似的。

第三节 影响商品质量的因素

从全面质量管理的角度出发，产品质量不是检验出来的，而是设计、生产制造出来的。于是讨论与研究商品质量必须从产品质量的产品入手，对商品质量在形成和实现的整个过程中涉及到的诸多因素进行剖析，下面我们先从产品设计着手，讨论影响商品质量的几个因素。

一、产品设计与商品质量

我们主要研究的是工业品商品，对于来自农林牧副渔的天然商品，其质量主要取决于品种选择、栽培饲养方法、生长环境等。

产品设计是生产技术部门将消费者和用户对商品的作用要求和社会需要转化为一套技术资料（设计图纸和技术标准等）的过程（这一过程涉及大量的专业技术和管理技术，是技术、经济、生产多方面的综合与创新），因此说，设计和规范质量是产品质量的关键环节。可以这么说，产品设计质量不好，将会给商品质量留下许多后遗症，若设计上出了差错，制造工艺再好，生产操作再精细也毫无意义。因此，对于生产部门来说，提高设计质量应控制以下几个环节。

（1）加强设计工作的质量管理

在开展设计工作之前，在企业内部，就要加强对市场的调查与研究（开展市场调研工作）充分考虑消费者的质量要求，企业的工程能力和制造成本的协调，考虑标准化要求和有关法规要求，组织有关人员对设计方案的可行性、合理性和科学性等问题进行分析。在设计工作进行的整个阶段，注意对设计的方案进行鉴定和确认，做好设计定型和指导生产、试销等工作。

（2）采用先进的科学技术

提高设计质量，还应注意提高设计过程的标准化水平，注意采用国际标准和国外先进标准，在设计中以先进的科学技术为指导，借鉴国内外先进产品的长处，设计出适合我国资源条件、自然环境和消费习惯与水平的新产品。

二、质量形成与商品质量

1. 原材料与商品质量

原材料是构成商品的物质基础，商品质量的好坏，很大程度上取决于所用原材料质量的优劣程度。原材料质量的好坏与其成分、结构和性质有直接关系。

（1）原材料的化学成分

任何物质的化学成分都是指组成物质的基本单元，组成物质的化学成分可分为有机成分和无机成分两种。

（2）原材料的结构

原材料结构指原材料的成分结构，这种结构需用显微镜观察到，故称微观结构。原材料的微观结构的不同，使得原材料的性质存在差异。

例如，日常生活中食用的葡萄糖与果糖，都由 C、H、O 组成，分子式都为 $C_6H_{12}O_6$，但由于结构不一样，它们甜度与吸湿性也有较大差异：果糖的甜度比葡萄糖大 1.75 倍，也容易吸湿。

原材料的质量直接关系到商品质量，因此，为保证商品质量符合要求，对原材料选择应遵循一个基本原则：按照商品使用性能及使用寿命的基本要求确定所用的原材料。对原材料的管理首先在企业内部应建立原材料的检查与验收制度，二是加强原材料的仓库管理，建立建仓原材料的领料制度。

2. 生产制造与原材料

产品设计能不能变为商品，很大程度上取决于生产制造过程。制造过程要由生产工艺、生产过程、技术装备、工作环境及操作人员组成，某一环节出现差错，质量得不到保证，下面对前三项作简单介绍。

（1）生产工艺

生产工艺是产品质量形成过程的重要环节，同样的原材料在不同的工艺路线下可形成不同的商品品种和质量，例如，茶树鲜叶以不同工艺可以制成不同的红茶、绿茶、青茶、黄茶、黑茶、白茶等。

生产工艺的职能是根据产品设计要求，对制造过程进行质量控制，如确定工艺路线、编制工艺文件、设计制造工艺装备、编制材料消耗定额和工时定额等。

（2）生产过程

生产过程指原材料进厂到加工为成品的整个制造过程。

生产过程的质量是产品质量环中的重要组成部分。

生产过程应着重控制以下几个环节：物质控制及其可追溯性，设备的控制和维修保养、特殊工序、文件、工艺更改的控制，验证状况的控制，不合格品的控制等。

（3）技术装备

为确保产品质量符合规范要求，应对生产部门的实际加工能力，即技术装备情况进行验证，其验证内容有：材料、设备、计算机系统和软件程序、人员配备。

3. 产品验证

产品检验是企业进行生产过程控制的一种手段，是保证产品质量符合要求的有力措施。另外，检验工作本身的质量问题对商品质量的确定起着决定性的作用。

产品验证的质量职能是：根据图纸、规范、工艺和其他技术文件的规定，对原材料、外购件和加工工序的半成品、成品的质量进行严格检验，保证不合格的物质不入库、不合格的再制品不转序等（流通过程中也要进行产品检验）。

三、流通过程对商品质量的影响

1. 商品包装

商品的包装与装潢不仅可以保护商品，同时还能美化商品，是构成商品质量的重要因素，直接影响商品使用价值的实现，为提高商品包装质量，应注意以下几个方面。

1）满足图纸和工艺规程的要求。

2）应根据商品特点选择适当的包装材料。

3）包装容器的结构、造型就与商品外形、性质、用作、销售对象相吻合。

4）包装装潢应适合于商品陈列、展销和携带。

5）对有特殊要求的商品包装，注意标上特殊标识。

2. 商品运输

商品运输指商品通过各种方式在空间位置上发生转移的过程。运输对商品质量的影响，通常受运输的远近、运时的长短、运输方式、运输工具、装卸方法等因素的制约。为保证商品安全、准确、迅速达目的地，运输商品尽量减少运输环节，选择最近的路线用最短的时间，挑选适当的运输工具，注意防止震动、撞击、磨损等。

3. 商品在贮存期间的质量变化

商品在贮存期间的质量变化与贮存场所、方位、贮存时间长短，贮存保管措施的完善与否，养护技术的优劣及商品存放种类与数量有关。

四、消费过程对商品质量的影响

1. 商品销售

商品的销售工作存在着质量问题，如商品的陈列方式、销售方式、销售条件、经销人员的态度、礼仪及售后服务措施等，直接影响着商品使用价值的实现。

2. 售后服务

售后服务指生产企业（或中间商）为及时满足用户从商品中获得最大的质量效益，在商品销售之后，向用户或消费者提供的技术服务。

售后服务主要包括：提供必要的专用工具、使用说明书、备品本件、技术咨询和维修服务等。售后服务质量如何，直接影响企业的形象，在很大程度上也将决定商品质量的实现和商品的销售量。

五、社会因素对商品质量的影响

1. 商品美与商品质量的关系

（1）商品的审美价值

人们在使用商品的同时，希望能从商品的造型及装饰等因素中获得情感上的愉悦和精神上的享受，就是商品的审美价值。

一般商品内在质量达到一定标准的前提下，审美价值越高，其价值也可以越高，而且销售也越快，资金周围速度快，获得更多利润，提高经济效益。

（2）影响商品美的因素

影响商品美的因素，有主观因素和客观因素。

主观因素指对商品审美价值的评价要受到人们审美观念的影响和制约。审美观念指消费者对商品进行审美过程中的趣味、要求、理解、评价等主观情感和认识的总和。人们审美观念的形成不仅受社会生产发展水平、社会经济状况、意识形态大的氛围环境的影响，同时还与消费者本人的习惯、爱好、性别有密切联系。

客观因素指商品本身的内在质量，如材质美、色彩美、图案美、造型美等，从消费者的角度来看，要求企业生产实用性价值和审美价值和谐统一的商品。如果商品内在质量很低，不仅其使用价值无法满足需要，且审美价值也无法得到实现，相反，有内在质量而无审美价值的商品，也会影响人们的购买。

因此，对企业来说，如何提高自身产品的审美价值，根本问题是设计过程中正确掌握形式美的原则，如色泽、造型、质材等，同时，还要把握住人们的审美观念。

2. 经济因素对商品质量的影响

消费者购买商品总是希望物美价廉，只有市场商品的供求保持适当的平衡，商品的价格才会趋于稳定，经济因素对商品质量的影响包括两个方面，一是供求关系，二是物价政策。

供求平衡指社会产品总量与社会总需求相对应的问题，只有社会产品总量与总需求总量保持适当的平衡，才能使商品使用价值满足社会需求成为可能。

价格是商品价值的货币表现，通常情况下，二者不成比例，这种情况往往受社会购买水平和商品供求关系的影响和制约。

3. 环境因素对商品质量的影响

（1）环境条件对产品质量的影响

环境条件主要指在生产中对产品质量特征起重要作用的辅助材料和公用设施（水、电、压缩空气）、化学用品、生产环境，例如湿度、温度、清洁度等。为保证环境各种因素对生产过程影响的均一性，对上述环境条件作出规定，进行控制和检查。

（2）商品对环境的污染

商品在使用和使用后处置过程中一旦对环境造成污染，则商品使用价值的实现会受到制约。

第四节　商品质量管理

一、质量管理的发展

质量管理是现代管理工程的一个重要组成部分。作为一种科学管理方法在世界范围的发展过程中大致经历了三个阶段，即质量检验、统计质量管理和全面质量管理等，下面分别讲述。

1. 质量检验阶段

二战以前，人们普遍对质量管理的认识还只限于对产品的检验，通过严格检验来保证出厂或转入下道工序的质量是质量管理的主要方法。质量检验人员使用各种检测工具、设备和仪表，严格检查每一件产品，但是在由谁来执行质量检验的权力方面，还有一个逐步变化的过程。在20世纪以前，主要表现为检验和生产都集中在操作工人身上，工人制造产品，并自己负责检验产品质量。工人既是直接操作者，又是检验者。因此，可以称之为“操作者的质量管理”。

在1918年以前，美国出现了以泰勒的“科学管理”为代表的“管理运动”，强调工长在保证质量方面的作用，在工厂中设立了专职检验的职能工长。这样，执行质量检验的责任就由操作者转移给工长。因此，可以称之为“工长的质量管理”。

在1938年以前，由于企业规模的扩大，带来生产规模和生产批量的不断扩大，这种质量检验的职能又由工长转移给了专职的质量检验人员。这一时期大多数企业都设置了专职的检验部门，并由直属厂长领导来负责全厂各个生产单位的产品检验工作。因此，可以称之为“检验员的质量管理”。

这种靠检验把关的质量职能，实质上是从产品中挑出废品。这可以保证出厂产品的质量，但却有其固有的弱点，总的看来是管理的效能差，这可从以下三方面看出：

第一，当出现质量问题时，容易造成扯皮、推诿和责任不明；

第二，这种检验属于“事后检验”，无法在生产过程中起到预防和控制作用，一旦发现废品，一般很难补救；

第三，这种检验要求对成品进行全数检查，但这并不等于百分之百的准确。全数检查有时在经济上也并不合理，因为这样做会增加检验费用，还会延误交货期限。全数检查从技术上看有时也是不可能的，如进行破坏性检查时，在生产规模扩大和大批量生产的情况下，这种弱点就显得更为突出。

2. 统计质量管理阶段

大批量生产的进一步发展，要求用更经济的方法来解决质量检验问题，并要求事先防止成批废品的产生。还在质量检验阶段，一些著名的统计学家和质量管理专家就开始注意质量检验的弱点，并设法运用数理统计学的原理去解决这些问题。1924 年，美国电报电话公司贝尔实验室的休哈特提出了控制和预防缺陷的概念。后来休哈特应西方电气公司的邀请，参加了该公司所属的堆桑工厂加强与改进质量检验工作的调查研究工作。在这里休哈特提出了用数理统计中正态分布“6θ”的原理来预防废品，设计出控制图，把预防缺陷的这种方法应用到工厂生产现场。根据测定的产品质量特性值，按照“6θ”原理绘制出质量管理图，这不仅能了解产品或零部件的质量状况，而且能及时发现问题，有效地降低了不合格品率，使生产过程处于受控状态。1931 年休哈特将自己的研究成果（几篇论文）以及所设计的质量管理方案和控制图汇集起来，出版了《工业产品质量的经济控制》一书。与此同时，贝尔实验室成立了一个检验工程小组，小组的研究成果之一就是提出了关于抽样检验的概念和方法，有效地突破了全数检查带来的局限。休哈特等人是系统地将数理统计方法引入质量管理的先驱，他们的研究成果为产品质量管理奠定了科学的基础，并于 20 世纪 40 年代真正进入统计质量管理阶段。

二战爆发，由于战争对大批量生产的需要，质量检验工作的弱点就立刻显现，检验部门成了生产中的最薄弱环节。由于事先无法控制生产过程中的质量状况和检验的巨大工作量，致使军需品的生产经常不能按期交货，严重影响前线的军需供应。因此，当时美国政府和国防部率先组织数理统计专家去解决这样一些实际紧迫的问题，制定了战时国防标准，并组织推广。当时美国制定的战时国防标准有三个：《质量控制指南》、《数据分析用的控制图法》和《生产中质量管理用的控制图法》。这三个标准是质量管理进程中最早的标准，它们都是以休哈特的质量控制图为基础的，使预防缺陷和抽样检验得以标准化，以利于推广。由于这三个标准的贯彻和推广，扭转了以前军需品的生产局面，工厂中的检验人员也减少了，生产者能保证产品质量，并能保证按期交货。这种质量管理是利用数理统计原理来进行的，所以称之为“统计质量管理”。

由于采用质量管理统计方法给企业带来了巨额利润，二战后，很多企业继续采用这一方法，20 世纪 50 年代初期达到了高峰。这一质量管理阶段的手段是利用数理统计原理，制定预防不合格品产生和进行抽样检查的具体方法；同时，在质量职能的方式上也发生了由专职检验人员承担，向专职检验人员同专业质量控制工程师共同承担的变化。这标志着对事后检验和全数检查的重大突破，大大地加强了对预防质量事故发生和事先加以预防的可能性和现实性。应当看到，当时在统计质量管理阶段由于过分强调质量管理的统计方法，忽视了质量管理的各种组织管理工作，使人们误认为“质量管理就是统计方法”。人们对数理统计方法的原理又感到深奥莫测，误认为“质量管理是统计学家的事情”，因而对质量管理产生了一种“高不可攀”、“望而生畏”的感觉。这在一定程度上也影响了质量管理统计方法的进一步推广，限制了其作用的进一步发挥。这个阶段从 20 世纪 40 年代到 50 年代末，其主要特点是按既定质量标准要求，进行事后把关式的检验。存在的问题是：只能做到事后把关，无法在生产过程中起到预防、控制作用，出现的质量问题不能全面分析其原因，进行全数检查在时间和经济上难于办到，只是少数人参加管理活动，忽视了人的积极作用。

3. 全面质量管理阶段

这一阶段是从 20 世纪 60 年代开始，可以说一直延续至今。从统计质量管理阶段发展到全面质量管理阶段，这是质量管理的又一重大进步。统计质量管理着重于应用统计方法来控制生产过程质量，发挥预防作用，保证产品质量。全面质量管理更适应现代市场竞争和现代大生产对质量管理多方位、整体性、综合性的客观要求。从以往局部性的管理向全面性、系统性管理的发展，是生产、科技以及市场发展的必然结果。20 世纪 50 年代以来，随着社会生产力的迅速发展、科学技术的日新月异、产品更新换代的加速、市场竞争的加剧以及社会经济、文化等方面的发展变化，人们对产品质量和质量管理方面的要求和期望出现了许多新的情况。

人们对产品质量的要求更高更广泛了。过去，人们对产品的要求通常注重于产品的一般性能。现在，又增加了可靠性、安全性、经济性以及可销性的要求。在企业管理中广泛地应用了系统分析的概念。它要求用系统的观点来分析研究产品质量和质量管理。在管理理论方面也有了一些新的发展。其中突出的一点就是“重视人的因素”、“参与管理”，强调要依靠工人搞好管理，质量管理也不例外。1960 年美国、英国、奥地利、比利时等国的消费者组织在荷兰海牙正式成立了国际消费者组织联盟。该联盟成立后，对就促进消费品和服务的比较性检验以及为消费者提供商品情报、教育和保护等方面进行世界性合作发挥了积极的作用。1983

年，国际消费者组织联盟确定每年的 3 月 15 日为“国际消费者权益日”。我国于 1984 年 12 月 26 日经国务院批准正式成立了中国消费者协会，从此保护消费者权益的活动在我国得到了迅速发展。随着国际市场竞争的加剧，各国企业为了参与竞争都纷纷提出“产品责任”和“质量保证”等许诺。

上述种种新情况的出现，都要求在原有的统计质量管理的基础上有一个新的突破和发展。正是基于这样的历史背景和经济发展的客观要求，美国通用电器公司质量总经理费根堡姆和质量管理专家朱兰等人先后提出了新的质量管理观点，即全面质量管理的观点。费根堡姆积累了质量管理的丰富知识和经验，在 1961 年出版了《全面质量管理》一书。该书强调执行质量职能是公司全体人员的责任，应当使全体人员具有质量意识和承担质量的责任。该书强调解决质量问题不能仅限于产品的制造过程，应当在整个产品质量产生、形成、实现的全过程中都需要进行质量管理。该书强调解决质量问题的方法、手段应是多种多样的，不应仅限于检验和数理统计方法。20 世纪 60 年代以来，阿曼德 • V. 费根堡姆（Armand V. Feigenbaum）的全面质量管理观逐步被世界各国所接受，在实践中得到了丰富和发展，形成了一整套的理论、技术和方法。

回顾质量管理方法发展的三大阶段，可以看到：人们在解决质量问题中的观念、运用的技术和方法，是在不断发展和完善的。后一阶段并不是对前一阶段质量职能的否定和取消，而是在前一阶段基础上的带有突破性的发展。质量管理的发展是同社会生产力水平的不断提高、科学技术的不断进步、市场需求的发展和市场竞争的加剧等密切相关的，这些内部和外部环境的变化将会进一步促使人们在解决质量问题的观念、方法和手段在已有的基础上产生新的突破。20 世纪 70 年代的日本的全面质量管理得到广泛的承认，他们认为质量是一个组织内部各不同部分相互作用的结果，它从顾客或消费者的需要开始进行评定，认为已经满意地达到这些需要而结束。后来，各部门进行质量管理的概念扩大化了，其所包含的不同阶层被称为质量环，变为向顾客提供质量保证，即为了提供足够的信任，表明公司能够满足质量要求，而在质量体系中实施并根据需要进行证实的全部有计划、有系统的活动。到了 20 世纪 80 年代，这一质量概念更进一步扩大化了，现在我们说的全面质量管理，可以应用到任何机构，可以理解为实施质量方针、目标和职责的全部管理职能的所有活动，通过质量体系中的诸如质量策划、质量控制、质量保证和质量改进等手段来实现的。它包括了一个机构内部的全部管理职能的各个方面。而我们现在正热门的 ISO9000 就是从最好的管理实践中提炼出来的精华。

全面质量管理阶段是以质量为中心的现代化企业管理方式，具体讲是为了保证产品质量，综合动用一整套管理体系，思想手段和方法所进行的系统管理活动。

（1）特点

1）管理内容的全面性，不仅管理产品质量，还要管好工作质量，并以工作质量保证产品质量。

2）管理范围的全过程性，包括需求调查、产品开发、设计、研制、生产制造过程、检验试验、供应服务、销售及今后使用的全过程管理。

3）管理参加者的全员性，指企业所有部门的全体人员都参加的，全员质量管理。

4）实施管理的科学性，利用现代科学技术成果和现代管理技术成果解决质量问题，定性和定量相结合的方法揭示质量形成和波动的规律性，获得数据的客观性和准确性。

（2）全面质量管理的要求

1）防检结合，以防为主，重在提高。变消极的“事后检验”为积极的“事先预防”，变单纯地管理质量事故的结果为消除产生质量事故的原因。

2）用户需要第一，下道工序是用户。企业商品的购买者和使用者是企业的用户，要为用户服务。在企业内部，上道工序为下道工序服务，使工序间形成相互协调的有机整体。

3）用数据说话。

4）重点是工作质量，企业的一切经营活动都以质量为中心。

5）质量管理标准化、程序化，遵循“PDCA”循环行事。

（3）PDCA 循环

PDCA 为全面质量管理的管理循环法。因为 PDCA 循环是美国数理统计学家戴明发明的，所以 PDCA 循环又叫“戴明环”。质量管理需要经过四个阶段：

第一阶段是 P（plan）阶段，即计划阶段，确定质量方针、质量目标、质量政策、质量要求，管理计划管理项目，管理措施的任何一种或几种。

第二阶段是 D（do）阶段，即实施阶段，按照计划和措施，贯彻实施。

第三阶段是 C（check）阶段，即检查阶段，对照计划，检查贯彻实施后的实际效果，找出经验和教训。

第四阶段是 A（action）阶段，即处理（总结）阶段，总结工作，对成功的经验予以肯定，订成标准以便今后执行，对尚未解决的遗留问题，转入下次 PDCA 管理循环。

PDCA 循环的特点是：

1）大环按照 PDCA 的顺序，不停地转动。如图 3.3 所示。

2）大环套小环。每一阶段里又有更小的 PDCA 环。可以理解为全局与局部的 PDCA 循环的关系。如图 3.4 所示。

3）转动一次，提高一步。不停地转动，不停地前进，不断地提高。不是原地的转动。如图 3.5 所示。

4）PDCA 循环是综合性的，不能截然分开，又没有交叉。转动的关键在处理阶段。转动的目的是为了解决质量问题。如图 3.6 所示。

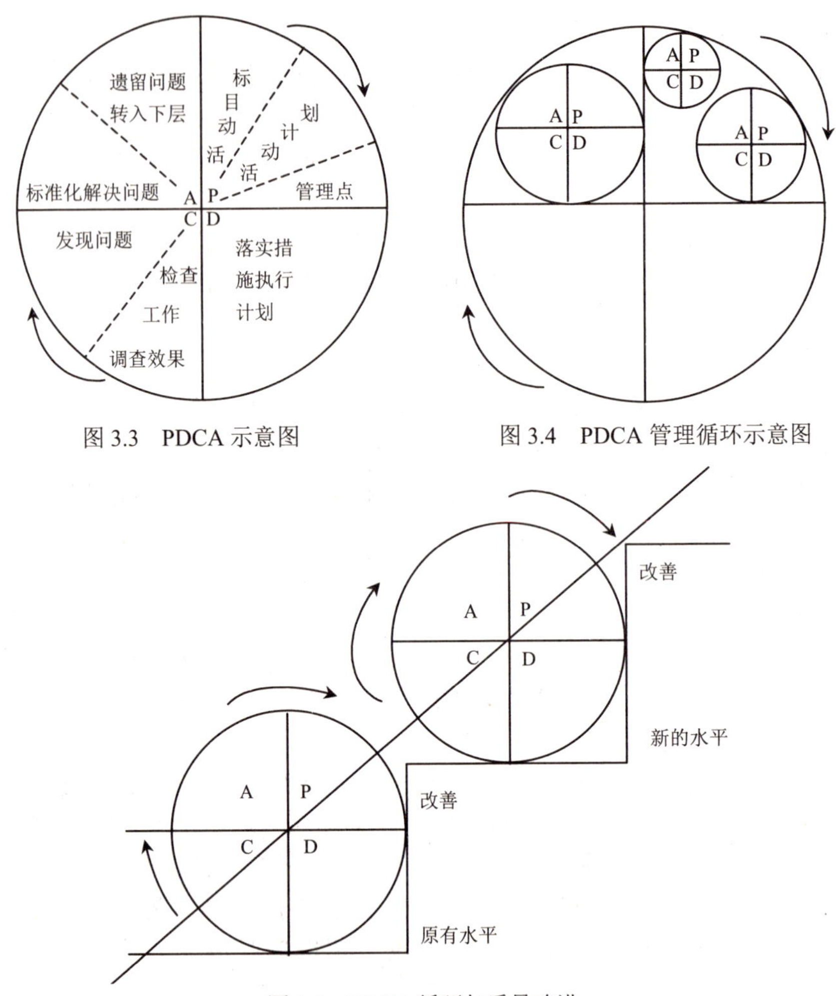

图 3.3　PDCA 示意图

图 3.4　PDCA 管理循环示意图

图 3.5　PDCA 循环与质量改进

PDCA 循环是周而复始进行的，每循环一次，就有新的目标和内容，犹如登高一样，每经过一次循环，就登高一阶，再转一次，就再登高一阶，这样，使产品质量和工作质量逐步提高，PDCA 管理循环是个螺旋型上升运动。

（4）质量环

质量环包括从最初的认识到最后的满足要求和顾客期望的全部阶段。

美国 J. M. 朱兰（J. M. Juran）博士将实体物品质量的产生和形成过程作了具体描绘，认为质量的形成是螺旋形上升的过程，如图 3.6 所示。

图 3.6 中没有体现某些客观存在的活动，如质量信息数据的收集、分类、处理及标准化等。这个循环从情报开始，随后进行市场研究、产品开发、制造工艺、采购、生产、检验、销售和服务等。图 3.6 的右边主要体现的是供应商，它与制造工艺、采购及生产有密切联系，图 3.6 的左边体现的是用户，它与销售、服务

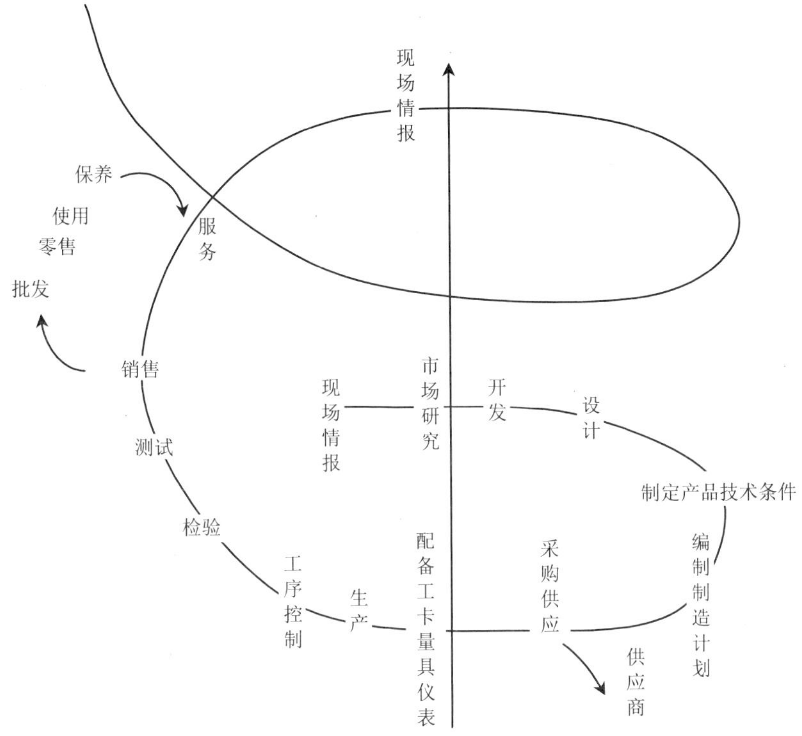

图 3.6　质量的螺旋形上升过程图

及市场调研关系紧密。圈内外组成一个整体，互相配合，协同动作。

质量环把与产品质量相关的所有有关的质量活动，即从市场调研识别开始，直到产品使用寿命期结束后的处理和再循环为止的活动过程分成 12 个阶段：①营销和市场调研。②产品设计与开发。③过程策划和开发。④采购。⑤生产或服务准备。⑥验证。⑦包装和贮存。⑧销售和分发。⑨安装和运行。⑩技术服务和维护。⑪售后活动。⑫使用寿命结束时的处置或再循环（即回收利用）。如图 3.7 所示。质量环中各个阶段相互作用，相互联系，相互制约、相互依存，相互衔接形

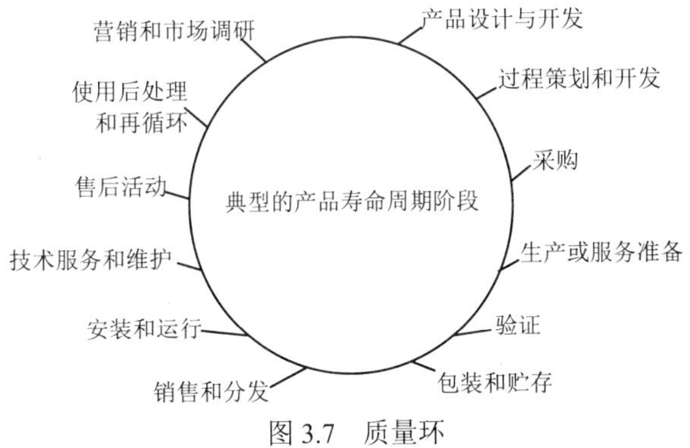

图 3.7　质量环

成一个有机整体，每个阶段的质量，影响最终产品（服务）的质量。

质量环描述了产品质量形成及相应的体系要素，质量环是质量体系所依据的基本原理和理论模式。

二、质量管理中的基本术语

1. 质量方针、质量目标和质量计划

质量方针、质量目标这二者既有区别，又有联系，都是企业领导在开展质量管理时所必须抓的工作。

（1）质量方针

质量方针，是由某组织的最高管理者正式颁布的该组织总质量宗旨和方向。企业的质量方针（有时又称质量政策）是企业各部门和全体人员执行质量职能以及从事质量管理活动所必须遵守和依从的行动纲领。不同的企业可以有不同的质量方针，但都必须具有明确的号召力。企业质量方针的具体内容，一般包括以下几个方面：一是关于产品设计的质量；二是关于同供应厂商的关系；三是关于质量活动的要求；四是关于售后服务；五是关于制造质量、经济效益和质量检验的要求；六是其他，如关于质量管理教育培训等。

（2）质量目标

质量目标，是根据质量方针的要求，企业在质量方面所追求的目的。按照达到目标的期限长短，质量目标可分为短期目标（如一年、一季、一月）和中、长期目标。按照达到预期成果的特点，质量目标可以划分为“突破性”目标和“控制性”目标。总的说来，质量目标是质量方针的进一步具体化，它本身也是一个立体网络目标体系。质量目标也是企业目标体系中的组成部分。因此，在制定质量目标时应该力求数量化，保持质量目标同其他目标（例如产品开发目标、利润目标、劳动生产率目标等）之间的协调一致。

（3）质量计划

针对某项产品、过程、服务、合同或任务，制定专门的质量措施、资源和活动的规划，称为质量计划。质量计划是落实质量目标的具体部署和行动安排。其中包括企业各部门在实现质量目标时应承担的工作任务、责任以及实现的时间进度。在企业中，质量目标和计划的层层落实，就是我们通常所说的“目标展开”或“指标分解”。我国企业的质量计划通常指的是：质量指标计划、质量攻关计划、质量改进措施计划、产品升级换代计划和产品质量赶超计划等。

2. 质量管理、质量控制和质量保证

这是三个互有联系，又有区别，但又很易混淆的基本概念。

（1）质量管理

1994 年，ISO8402 对质量管理（QM）下了一个完整、科学的定义：确定质量方针、目标和职责，并在质量体系中通过诸如质量策划、质量控制、质量保证和质量改进，使其实施的全部管理职能活动。2000 版本对质量管理所作定义为，在质量方面指挥和控制组织的协调活动。

（2）质量控制

质量控制（QC）是质量管理的一部分，致力于满足质量要求。

（3）质量保证

质量保证（QA）是质量管理的一部分，致力于提供质量要求会得到满足的信任。

当然，质量保证是以质量控制为基础的，没有质量控制，就谈不上质量保证。有时，质量控制活动和质量保证活动又是相关的。上述三个概念中，质量管理与质量保证又是容易混淆的，质量管理与质量保证特性比较如表 3.1 所示。

表 3.1　质量管理与质量保证特性比较

比较项目	质量管理	质量保证
环境	非合同环境	合同与法规环境
质量体系要素	企业自行确定 QS 要素	供需双方在合同中规定或有关法规规定
强调的质量环节	一般是设计与制造质量	一般是制造与检验质量
销售价格	较低并由供方确定	较高，由供需双方在合同中确定
质量缺陷的影响与改进	影响到有质量缺陷的用户，由企业根据市场信息实施质量改进	影响到购货方及广大用户丧失信誉，实施质量改进难度大

3. 质量策划和质量改进

（1）质量策划

质量策划是质量管理的一部分，致力于制定质量目标并规定必要的运行过程和相关资源以实现质量目标。质量策划是质量管理的首要一步，也是策划学的重要内容，一般包括①产品质量策划，如对产品（包括软件和服务）的质量特性进行识别、分类和比较，并建立质量目标，确定具体的质量要求和约束条件。②质量管理和作业策划。③质量计划和质量改进策划。

（2）质量改进

质量改进也是质量管理的一部分，致力于增强满足质量要求的能力。质量改进的主要措施是纠正措施和预防措施。

为了防止已出现的不合格、缺陷或其他不希望的情况再次发生，消除其原因而采取的措施是纠正措施。上述质量改进措施可以在质量环的任一阶段进行、具体来说，可以是设备的更新、改进，技术工艺的改进，材料的更换，标准、程序等质量文件的修订，甚至质量体系的调整、更改等。

（3）质量管理体系

质量管理体系是在质量方面指挥和控制组织的管理体系。

（4）评审与审核

评审是为确定主题事项而达到目标的适宜性、充分性和有效性所进行的活动审核是为获得审核证据并对其进行客观的评价，已确定满足审核准则的程度所进行的系统的、独立的并形成文件的过程。

（5）质量手册

质量手册是规定组织质量管理体系的文件。这就是说，质量手册是文件化的质量体系，它在深度和形式上可以不同，以适应组织的不同需要。也是为了适应组织的规模和复杂程度，质量手册在其详略程度和编排格式方面可以不同。

（6）顾客满意

顾客满意指顾客对某一事项已满足其需求和期望程度的意见。

三、产品生产各阶段的质量管理

1. 产品质量的成本与管理效益

提高产品质量无疑是十分重要的，但企业必须为之付出一定的成本，即质量并不是免费的。20 世纪 50 年代，美国质量管理专家朱兰和菲根堡姆（Feigenbaum）等人首先提出了质量成本的概念，进而把产品质量同企业的经济效益联系起来，这对深化质量管理的理论、方法和改变企业经营观念都有重要的意义。人们开始认识到，产品质量对企业经济效益的影响至关重要，从长远看更是如此。因此必须从经营的角度衡量质量体系的有效性，而质量成本管理的重要目的，正是为评定质量体系的有效性提供手段，并为企业制定内部质量改进计划、降低成本提供重要依据。此后，质量成本管理在世界上许多国家，特别是欧美国家的公司中迅速地开展起来。例如，美国的商用机器公司、通用电气公司、国际电报电话公司等都已建立厂质量成本管理系统，欧洲许多公司也是如此。我国 20 世纪 80 年代初期，就引进并在企业中推行质量成本管理。先后在哈尔滨、株洲、桂林、上海等地试点，然后逐步总结，加以推广。现在全国推行质量成本管理的企业，数以万计，大都取得了良好的效益。

企业花费产品质量成本可以较容易地提高产品的内在与外在质量，但是这是否就意味着质量成本是有意义的呢？支付质量成本的意义应该最终表现在企业整体效益的提高上，因此企业在花费大量成本提高产品质量的同时，还必须关注顾客认知质量、消费质量的改变。认知质量和消费质量的高低才是决定顾客购买行为的力量，只有在支付质量成本、改善产品内在、外在质量的基础上，提高产品的认知和消费质量，才能使顾客愿意以较高的价格购买高质量的产品，增加购买数量，从而最终提高企业的效益。

质量成本是指将产品保持在规定质量水平上所需的费用。它由两部分组成，即运行质量成本和外部质量成本，其中运行质量成本包括预防成本、鉴定成本、内部损失成本和外部损失成本等四大部分。预防成本是用于预防不合格产品产生或故障发生所需的各项费用，一般包括质量培训、质量改进、质量评审费等。鉴定成本是指评定产品是否满足规定质量要求所需的费用，一般包括进货、工序、成品、测量设备校准费用等。内部损失成本是指产品出厂前，因不能满足规定质量要求而发生的有关费用，一般包括废品损失、返工损失、停工损失、降级使用等费用。外部损失成本是指产品出厂后，因不能满足规定质量要求而支付的费用，一般包括退货费、保修费等。

质量管理既是一种经营思想的体现，又是诸多管理技术、措施、方法的集合，既是一套互相联系，密不可分的统一过程，又可以从产品的设计、生产、销售和消费等环节分别提高，从而实现产品整体质量的提高。下面我们分别从产品的设计、生产、销售和消费等四方面进行分析，讨论产品质量管理的主要任务和方法。

2. 产品设计阶段中的质量管理

据国外一些统计资料显示，在许多公司产品的用户索赔意见中，属于设计问题部分约占 70%，剩下的 30%的问题是属于制造、装运等其他责任。这是因为随着机械化、电子化等技术的发展，生产过程自动化程度日益提高，从而使产品在生产过程中“变量变异”的可能性大幅降低，同时现代物流产业的迅猛发展使产品在运输分销过程中的损耗也逐步减少，而在产品设计阶段中所赋予的产品功能“适用性”则显得越来越重要。

事实上，近年来世界发达国家的制造商已经将质量管理的重点，由制造过程转移到设计过程。许多质量管理专家经过多年来的实践和统计分析发现，在产品索赔和意见的报告中，设计问题所占的比例呈现明显上升趋势。这种倾向引起了国外制造商的密切关注，并取得了一致性观点，即产品的设计开发是产品质量的源头。在 20 世纪 80 年代以后，各国制造商成倍地增加设计部门的人员，以保证产品设计开发阶段的质量。我国企业在这种情况下也相继在内部成立“开发部”，并且集中优秀技术人员加强产品开发能力。

（1）产品设计开发的任务

产品的设计开发是一个复杂的过程，要同时满足来自用户和制造两个方面的要求。对于产品设计者来说，为了保证产品对于客户的“适用性”，必须清楚了解并仔细分析顾客的需求。因此产品设计开发的质量目标的基本出发点就是满足用户要求。为此产品设计者必须大量收集有关社会动态、市场、竞争对手、用户等方面的资料，并仔细分析研究。经过识别和确认顾客所要的产品质量目标后，产品设计者还要考虑制造方面的约束。

事实上，要完全满足客户的要求往往是不可能的，或者由于成本太高而得不偿失，因此在产品设计开发过程中只能努力逼近这一目标，在最佳的逼近点才能实现企业的效益最大化。在产品设计过程中，除了要考虑客户方面的“适用性”要求，还要充分考虑生产制造方面的可行性，如产品结构的工艺，标准化水平，生产效率等因素。

（2）产品设计开发的过程

产品设计开发的全部过程就是产品的研制向生产转移的过程，这个过程要经历八个主要步骤：①新产品策划。②可行性研究。③初步设计研制。④试验。⑤最终产品设计。⑥试制（工艺设计）。⑦生产转移。⑧使用。

以上过程反映了产品设计开发的基本模式和内在规律性。当然，不同类型产品特点、其产品开发程序有差异，但本质是相同的。

（3）产品设计开发的风险意识和早期警报

新产品的设计开发是一个十分复杂的系统工程。要达到质量目标，使新产品的设计能满足顾客“适用性”要求和制造中的可行性，就必须预先考虑在新产品设计开发阶段可能偏离预定设计质量目标而发生的风险，因此新产品设计阶段的质量管理活动要以减少风险为目标，这就是产品设计中的风险意识。

新产品设计开发过程中的风险以及产生的产品缺陷是很难避免的，虽然产品的缺陷只可能最终在顾客消费过程中完全暴露，但在产品设计开发过程所预见和发现的缺陷对挖掘潜在缺陷具有重大意义，所以产品设计者必须注重发现设计阶段中产品缺陷的早期报警。早期报警一般包括投资风险分析、设计评审、故障分析、实验室试验、现场试验、小批试生产等六个方面。

3. 产品制造过程中的质量管理

将一个理想的产品设计由图纸变成真实的产品，是在生产制造过程中实现的。尽管当前许多企业将产品质量管理的重点放在设计和服务两个阶段，但产品的制造过程仍是产品质量管理的重要环节。在我国，许多劳动密集型产业还难以用自动化生产线大量替代，制造过程的质量管理就显得更为重要。

具体来说，制造过程质量管理的任务是建立一个控制状态下的生产系统。所谓控制状态，就是生产的正常状态即生产过程能够稳定地、持续地生产符合设计质量的产品。生产系统处于控制状态能够减少产品生产过程中的“质量变异”，从而保证合格产品的连续性和再现性。

制造过程的质量管理包括了生产技术准备、生产制造和工序质量控制三个主要内容。

（1）生产技术准备

生产技术准备历来是产品制造阶段的一项重要的工作内容，没有必要和充分的生产技术准备就不能从根本上保证制造过程的质量，也就无法保证最终的产品质量，生产技术准备的主要职能活动包括①人员准备。②物资和能源准备。③装备准备。④工艺准备。⑤计量仪器准备。⑥设计组织生产方案。⑦验证工艺及装备。

（2）生产制造

生产制造中的质量管理包括外在保证、内在控制和事后处理等三个方面内容。

现场文明生产管理是生产阶段质量管理的外在保证，良好的生产秩序和整洁的工作场所是保证产品质量的必要条件，是消除质量隐患的重要途径。国外的一些企业家在质量管理实践中十分重视以下五个方面工作，这些对产品质量的保证有着重要意义，即5S运动。

1）整理（seiri），处理多余的事物，包括精简人员，中止不利的合约和订货等。

2）整顿（seiton），科学摆放用品，使用方便，节约时间。

3）清扫（seiso），经常打扫，保持卫生，尤其是地面干净，以利保证产品质量。

4）清理（seiketsu），巩固整理、整顿和清扫的成果，保持工作现场任何时候都整齐干净。

5）行为美（seiketsu），提高每一个人的文明道德水平，养成有礼貌、遵守各项纪律和规章制度的良好习惯。

质量的内在控制内容主要包括员工的技能培训、生产的标准化作业、生产过程的检查与自检、建立产品质量的各种标准等。任何生产过程都不可避免地会产生一些不符合技术规格的不合格产品，这就涉及到事后处理的问题。为了管理好不合格产品，企业应该制定不合格产品的管理制度，对识别、隔离和处理不合格产品等要作出明确规定。ISO9000中明确要求“供方应制定并执行不合格控制程序”，控制程序中应明确规定不合格产品的标记、记录、评价、隔离、处理和部门质量职能、接口关系，以保证实现鉴别不合格产品，确定不合格产品存在的问题，将不合格情况写出书面记录，评价不合格产品性质及严重程度，按规定对不合格产品进行处置，将不合格产品通知有关部门等工作。这样的事后处理不仅有利于防止产品再发生不合格现象，而且可以降低成本增加效益。

（3）工序质量控制

人们很早就发现，在生产制造过程中，生产出绝对相同的两件产品是不可能的。无论把环境和条件控制得多么严格，无论付出多大努力去追求绝对相同的目标，都是徒劳的。

产品总是存在或多或少的差异，就是质量变异的固有本性——波动性，也称变异性。对于这种变异性可以用工序质量控制的方法来减小影响。

质量的变异性是由十分复杂的原因造成的，因此运用概率论与数理统计的原理和方法去研究质量变化的客观规律逐步成为工序质量控制的重要内容。通过对大量数据的分析与研究，质量专家发现引起质量变异的原因按性质可以分为偶然性原因和系统性原因两类。

偶然性原因是一种不可避免的原因，经常对质量变异起着细微的作用，出现带有随机性，预测十分困难，不易消除；系统性原因是一种可以避免的原因，在生产制造过程如果出现这种因素，实际上生产过程就已经处于失控状态。因此，在生产工序质量管理中，尤其要注重以预防为主，尽量消除系统性原因，从而保证工序能始终处于受控状态，稳定持续地生产合格品。

4. 产品销售和消费阶段中的质量管理

（1）产品销售阶段的质量管理

世界范围的“质量战”，使各国的产品质量不断提高，市场竞争的结果促使各国的产品质量差距越来越小，因此产品服务成为企业竞争新的焦点，销售服务质量的优劣已成为决定企业胜负的关键。从企业微观经营策略角度来看，自20世纪80年代以来，全面质量管理的重点，明显地由制造向设计和服务两侧延伸，从宏观角度看，在当今国际贸易中，服务贸易正异军突起，以远远高于货物贸易的增长速度持续增长。美国、日本等发达国家甚至认为，当今在质量价格竞争日益激烈的全球市场上，在制造方面所能产生的优势空间越来越小，企业只有在“服务”上占有优势，才能在竞争中脱颖而出。为此，关贸总协定（GATF）在1986年“乌拉圭回合”的多边贸易谈判中讨论了《服务贸易总协定》的问题，并且ISO/TCl76制定了世界上第一套关于服务业质量管理和质量体系的国际标准ISO9004—2。

在服务竞争中企业首先要转变经营思想，牢固树立服务意识，并用服务意识去改革，整合既有的设计、生产和销售过程，使产品的销售更直接地面对客户。企业销售服务人员要充分做好市场需求和顾客满意度的调查工作，市场是消费者的集合，对市场需求的调查主要对象是消费者。调查内容包括对产品质量的评价，对产品价格的意见，对产品交货期的意见，流通过程各环节的问题和要求，新产品在投放市场半年内更应该定期收集用户意见，与竞争产品进行比较，明确改进方向。其次，产品最终要推向市场，因此企业的销售对于企业发展与客户需求满足都是十分重要的。实践中，一些优良的产品也可能因为销售不利而在投放市场后达不到预期的效果。从用户需要一种产品到用户认识所需要的产品往往有一个过程。尤其是新产品或复杂产品，真正被市场接受是要花大力气向顾客宣传推广的。良好的产品推广计划十分重要，其中包括产品销售对象的确定、产品销售量的预测、投放市场的时间、销售渠道及销售政策、宣传及广告策略、推销资料设计及推销人员培训等。

（2）产品消费阶段的质量管理

产品的售前、售后服务与产品的消费质量有着密切关系。许多企业曾经认为顾客产品消费与自己的关系很小，但实际上企业的销售过程向消费过程的适度延伸有利于产品消费质量的提高，也有利于企业产品市场竞争力的提高，企业可以从以下几方面介入产品消费过程：①产品使用说明书，使用说明书应该力求通俗易懂，对安全使用方面要特别醒目地加以说明；②指导消费；③索赔处理。

四、产品质量管理工具

产品质量的提高最终要依靠产品质量管理方法加以保证和落实。在实施质量管理时，可借助一些工具进行数据分析，找出质量问题及影响因素，以进行有效的质量控制。

1. 鱼缸会议

鱼缸会议是一种组织会议的方式，不同的群体本着合作的精神，一起分享各自的观点和信息。因此，让销售部与客户服务部或高层管理人员与管理顾问碰头，这种做法解决了以下几个问题。

1）何时用。鱼缸会议使某些群体与顾客、供应商和经理等其他与之利益相关的群体加强沟通。

2）何时不用。如果用这种方法不能明确地分清各群体的职责，就不宜使用。

3）培训。会议召集人需要接受培训。

4）能达到何目的。迅速增进了解、扫除误解。

注意事项：这类会议影响巨大。可能会暴露实情，使知情人和旁观者感受到威胁，因此需要精心组织。使用程序是把与会者安排成内外两圈，内圈人员会上比较活跃，外圈人员则从旁观察、倾听，必要时提供信息。会议结束时推荐改进方案，取得外圈人员的赞同。

2. 帕雷托分析法

帕雷托分析法（Pareto analysis）又被称为主次因素排列图，由意大利经济学家帕累托（Pareto）创立，故又称帕累托图。这是找出主要问题的一种有效图表工具。

主次因素排列图左边纵坐标为频数，常表示绝对数值，如件数、金额等。右边纵坐标为频率，以百分数表示。横坐标则表示影响质量的各项因素，按发生数字大小、影响高低，以长方形分别从左至右顺次排列。长方形的高低由左边纵坐标的数字表示，同时各因素的数字折算出占总数的百分比，并计算出累计频率，从左至右连出累计频率曲线。通常把累计百分比分为三类：累计占 0～80%的因素为 A 类因素，即主要或关键因素；累计在 80%～90%的因素为 B 类因素，属于次要因素；累计在 90%～100%的为 C 类因素，属于一般因素。图 3.8 中明确了关键问题，就可以集中力量加以解决。

例如，某收录机厂收到反映该厂录音机质量问题的投诉信 120 封，其投诉内容如表 3.2 所示，根据表中数据计算频率和累计频率，即可画出主次因素排列图，并找出影响录音机质量的关键因素，及时加以解决，如图 3.8 所示。

表 3.2　录音机质量问题

投诉原因	信件数	频率/%	累计频率/%
卡　带	56	46.6	46.6
开关失灵	32	26.7	73.3
声音变形	13	10.9	84.2
收音无声	7	5.8	90.0
无立体声	4	3.3	93.3
其　他	8	6.7	100
合　计	120	100	

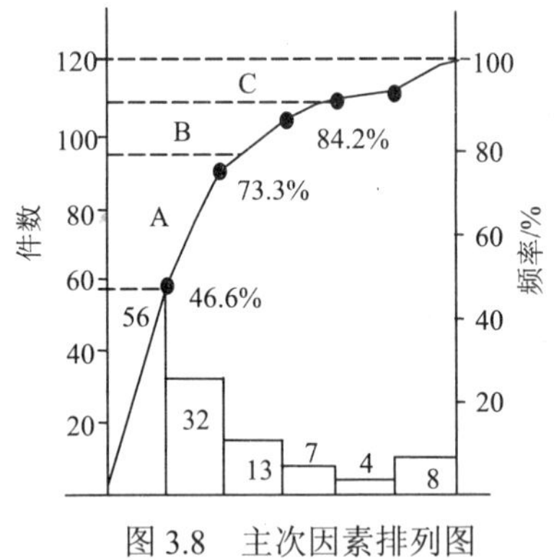

图 3.8　主次因素排列图

由表 3.2 可以看出，该厂首先需要解决录音机卡带和开关失灵问题。

该方法强调为 80%的问题找出关键的几个原因（通常为 20%）。

注意事项：仔细分析结果总是很重要，不仅靠数据还要利用常识来找出问题的原因和优先顺序。使用程序是找出问题和可能的原因，收集有关原因的信息，绘制帕雷托分析图，横坐标表示原因，纵坐标表示问题，以出现次数、频率或造成的成本来表示。找出最关键的几个原因。依据重要性排序，利用改进技术消除产生问题的原因。

3. 鱼刺图

鱼刺图又称特性因素图、因果关系图。这是一种分析各种质量问题原因的有效方法。在生产和流通过程中，影响质量的因素很多，如人、机器、设计、工艺、原材料和经营环境等。通过因素分析图可以集思广益，寻找和分析造成质量事故的主要原因。这种图示工具对关联项进行层次分类。这是一种不错的思维工具，因为其提供了一种快捷的方法把各种想法总括出来，并在相关的枝杈出现时即可增加细节。

因果分析图以粗线条箭头表示质量问题，图上呈现各种原因的分支线条，犹如树枝或鱼刺，故又称树枝图或鱼刺图。现以某工具厂钻头车间在加工锥柄扭制钻头出现的质量问题为例，画因果分析图，如图 3.9 所示。

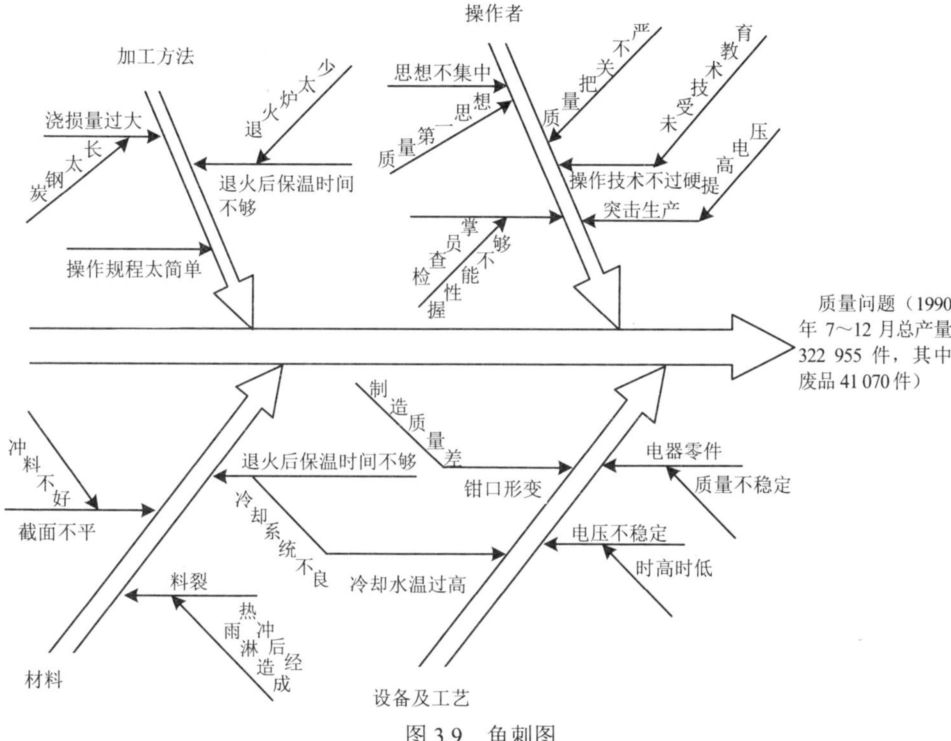

图 3.9　鱼刺图

在分析原因时，必须充分发扬民主，把不同意见都谈出来，由有关人员参加。原因分析应追溯到采取措施，落实到人为止，以保证解决。找出原因后，还应放到生产流通实际中去充分验证。

鱼刺图的注意事项：如果你选用的方法经不起分析，要随时准备回到关联树图上来。

4. 控制图法

控制图法又称管理图法。这是画有控制（或管理）界限的一种图表，用来区分质量波动究竟是由于偶然原因引起的还是由于系统原因引起的，分析和判断工序是否处于稳定状态，从而判断商品质量是否处于控制（或管理）状态，预报影响质量的异常原因。它利用图表形式来反映生产过程中的运动状况，并据此对生产过程进行分析、监督和控制。

5. 散布图法

散布图法又称分散图法或相关图法，用于研究质量问题变量间的相互关系。在对原因的分析中，常常遇到一些变量共处于一个统一体中，它们相互联系，相互制约，在一定条件下又相互转化。有些变量之间存在着确定性的关系，有些变量间却存在着相互关系，即这些变量之间既有关系，但又不能由一个变量的数值精确地求出另一个变量的值。将两种有关的数据列出，并用“点”填在坐标上，观察两种因素之间的关系，这种图称为散布图（或分散图、相关图）。对它们进行分析，称为相关分析。在质量管理中，就是利用散布图来观察质量特征的关系，从而改进质量。

补充阅读 3.6

国际标准化组织

国际标准化组织（International Organization for Standardization，ISO）成立于 1947 年，由供应商各国政府国际组织代表组成，中国是 ISO 的正式成员国。国际标准化组织 ISO 在 1987 年推出 ISO9000 系列标准以来，已被百余个国家和地区采用，这个系列标准在全球如此广泛深刻的影响，有人称之为 ISO9000 现象。ISO9000 现象的出现的根本原因，是各国的采购商和供应商对标准的普遍认同，并将符合 ISO9000 标准的要求作为贸易活动中建立相互信任关系的基石。我国早在 1988 年等效采用，1992 年转为等同采用 ISO9000 标准。

1998 年 1 月，中国、美国、英国、日本等 17 个国家签署国际认可论坛多边互认协议（IAF/MLA），中国质量体系认证机构国家认可制度正式加入国际互认。1998 年 8 月，中国认证人员国家注册委员会（CRBA）与英国、美国、澳大利亚、新西兰等首批签署了国际审核员培训和注册协会互认协议（IATCA/MLA），加入了国际互认制。至此，决定我国质量体系认证水平的两大体系均已经与国际接轨，并获得国际互认。

ISO 通过它的 2856 个技术机构开展技术活动。其中技术委员会（TC）共 185 个，分技术委员会（SC）共 611 个，工作组（WG）2022 个，特别工作组 38 个。

ISO 的 2856 个技术机构技术活动的成果（产品）是“国际标准”。ISO 现已制定出国际标准共 10 300 多个，主要涉及各行各业各种产品（包括服务产品、知识产品等）的技术规范。

ISO 制定出来的国际标准除了有规范的名称之外，还有编号，编号的格式是：ISO+标准号+[杠+分标准号]+冒号+发布年号（方括号中的内容可有可无）。例如，ISO8402：1987、ISO9000—1：1994 等，分别是某一个标准的编号。

"ISO9000"不是指一个标准，而是一族标准的统称。根据ISO9000—1：1994的定义："'ISO9000族'是由ISO/TC176制定的所有国际标准。"

什么叫作TC176呢？TC176即ISO中第176个技术委员会，成立于1980年，全称是"品质保证技术委员会"，1987年更名为"品质管理和品质保证技术委员会"。TC176专门负责制定品质管理和品质保证技术的标准。

ISO9000族经过了如下发展：

第一版（即1987版）的ISO9000族标准只有6个，当时称为"ISO9000系列标准"。从1990年开始，TC176又陆续发布了一些质量管理和质量保证标准，且于1994年对上述ISO9000系列标准进行了第一次修订，至此，ISO9000族标准共有16个（略）。

1994年之后，ISO9000族标准的队伍不断扩大，至2000年改版之前，共有22个标准和2个技术报告（TR），通常称为ISO9000族1994版标准，即第二版标准：ISO8402：1994年，《质量管理和质量保证术语》。

ISO9000—1：1994年，《质量管理和质量保证标准》第一部分《选择和使用指南》。

ISO9000—2:1993年,《质量管理和质量保证标准》第二部分《ISO9001/2/3实施通用指南》。

ISO9000—3：1993年，《质量管理和质量保证标准》第三部分《ISO9001在软件开发、供应和维护中的使用指南》。

ISO9000—4：1993年，《质量管理和质量保证标准》第四部分《可信性大纲管理指南》。

ISO9001：1994年，《质量体系》《设计、开发、生产、安装和服务的质量保证模式》。

ISO9002：1994年，《质量体系》《生产、安装和服务的质量保证模式》。

ISO9003：1994年，《质量体系》《最终检验和试验的质量保证模式》。

ISO9004—1：1994年，《质量管理和质量体系要素》第一部分《指南》。

ISO9004—2：1991年，《质量管理和质量体系要素》第二部分《服务指南》。

ISO9004—3：1993年，《质量管理和质量体系要素》第三部分《流程性材料指南》。

ISO9004—4：1993年，《质量管理和质量体系要素》第四部分《质量改进指南》。

ISO10005：1995年，《质量管理》《质量计划指南》。

ISO10006：1997年，《质量管理》《项目管理质量指南》。

ISO10007：1995年，《质量管理》《技术状态管理指南》。

ISO10011—1：1990年，《质量体系审核指南》《审核》。

ISO10011—2：1991 年，《质量体系审核指南》《质量体系审核员的评定准则》。

ISO10011—3：1991 年，《质量体系审核指南》《审核工作管理》。

ISO10012—1：1992 年，《测量设备的质量保证要求》第一部分《测量设备的计量确认体系》。

ISO10012—2：1997 年，《测量设备的质量保证要求》第二部分《测量过程控制指南》。

ISO10013：1995 年，《质量手册编制指南》。

ISO/TR10014：1998 年，《质量经济性管理指南》。

ISO10015：1999 年，《质量管理》《培训指南》。

ISO/TR10017：1999 年，《统计技术指南》。

2000 年对 ISO9000 族标准的修订结果如下，这就形成了第三版内容。

核心标准	其他标准	技术报告	小册子
* ISO9000	ISO10012	ISO10005	《质量管理原则及其应用指南》
* ISO9001		ISO10006	《选择和使用指南》
* ISO9004		ISO10007	《小型企业实施指南》
ISO19011		ISO10013	
		ISO10014	
		ISO10015	
		ISO10017	

ISO 要求光焕发每 5 年进行系统评审，以使标准符合当前的情况。2004 年，ISO9001:2000 标准在各成员国中进行了系统评审，以确定是否撤销、保持原状、修正或修订。评审结果表明：需要修正 ISO9001:2000 标准。所谓“修正”，是指“对规范性文件内容的特定部分的修改、增加或删除”。2008 版 ISO9001《质量管理体系——要求》国际标准于 2008 年 11 月 15 日正式发布。这是第四版。中国国家标准 GB/T19001—2008《质量管理体系——要求》也于 2008 年 12 月 30 日发布，并于 2009 年 3 月 1 日实施。自 2009 年 11 月 15 日起，认证机构不得再颁发 2000 版标准认证证书，2010 年 11 月 15 日，任何 2000 版标准认证机构证书均属无效。

认证机构在颁发 2008 版标准认证证书时，应确保审核员参加了经国家认监委批准的质量管理体系审核员培训机构提供的 GB/T19001—2008 版标准转换培训，取得培训合格证书后方可从事 2008 版 GB/T19001 标准的审核工作。认证人员转换 2008 版注册证书时，应参加统一转换考试，对不能按要求转换的人员应依据相关注册要求做出暂停、降级或撤销资格的决定。

另外，为防止将 ISO9000 族标准发展为“质量管理的百科全书”，

ISO/TC176 将与其他委员会或相关行业合作，以扩大 ISO9000 族标准的使用范围。例如，ISO/TC176 与国际汽车行业合作，制定了汽车行业的国际标准：ISO/DTR16949《质量体系——汽车业供应方》(草案)，以取代美国、德国、法国和意大利的汽车行业标准 QS9000、VDA-6.1、EAQF 和 AVSQ。ISO/TC176 和医学行业合作制定的 ISO/FDIS13485《质量体系—ISO9001 在医疗器械中的应用》等国际标准也即将发布。

迄今为止，已有约 90 个国际标准化组织(ISO)的成员国采用了 ISO9000 族国际标准。其成员国和其他国家则可采取自愿的方式采用这些标准。欧共体或欧洲自由贸易联盟已作出规定，要求现有的 18 个成员国必须采用这些标准，而 ISO 的成员国和其他国家则可采取自愿的方式采用这些标准。尽管有些国家没有采用 ISO9000 族的编号系统，但现在的大多数采用国正努力保持与 ISO9000 族的编号系统一致。

补充阅读 3.7

"5S"活动

"5S"是整理（seiri)、整顿（seiton)、清扫（seiso)、清洁（seikeetsu）和素养（shitsuke）5 个词的缩写。因为这 5 个词日语中罗马拼音的第一个字母都是"S"，所以简称为"5S"，开展以整理、整顿、清扫、清洁和素养为内容的活动，称为"5S"活动。

"5S"活动起源于日本，并在日本企业中广泛推行，它相当于我国企业开展的文明生产活动。"5S"活动的对象是现场的"环境"，它对生产现场环境全局进行综合考虑，并制定切实可行的计划与措施，从而达到规范化管理。"5S"活动的核心和精髓是素养，如果没有职工队伍素养的相应提高，"5S"活动就难以开展和坚持下去。

补充阅读 3.8

6σ 管理法

6σ 管理法是一种统计评估法，核心是追求零缺陷生产，防范产品责任风险，降低成本，提高生产率和市场占有率，提高顾客满意度和忠诚度。6σ 管理既着眼于产品、服务质量，又关注过程的改进。"σ"是希腊文的一个字母，在统计学上用来表示标准偏差值，用以描述总体中的个体离均值的偏离程度，测量出的σ表征着诸如单位缺陷、百万缺陷或错误的概率性，σ值越大，缺陷或错误就越少。6σ是一个目标，这个质量水平意味的是所有的过程和结果中，99.99966%是无缺陷的，也就是说，做100万件事情，其中只有3.4件是有缺陷的，这几乎趋近到人类能够达到的最为完美的境界。6σ管理关注过程，特别是企业为市场和顾客提供价值的核心过程。因为过程能力用σ来度量后，σ越大，过程的波动越小，过程以最低的成本损失、最短的时间周期、满足顾客要求的能力就越强。6σ理论认为，大多数企业在3σ～4σ间运转，也就是说每百万次操作失误在6210～66 800，这些缺陷要求经营者以销售额在15%～30%的资金进行事后的弥补或修正，而如果做到6σ，事后弥补的资金将降低到约为销售额的5%。

补充阅读 3.9

ISO9000与全面质量管理（TQM）的关系

TQM是一种质量管理思想。“它是指企业为保证产品质量，而综合运用一整套质量管理思想的体系、手段和方法，进行的系统的管理活动。”ISO9000系列标准阐述的是“企业为了实施其质量方针必须建立有效运行的质量体系，并为企业建立质量体系提供了具体指导和为实行对内、对外质量保证做出明确规定。”从内容上看“两者都体现了现代质量管理理论中全员参加、全过程控制、重视预防、不断改进的思想。”存在着相容相通的联系。TQM是ISO9000的理论基础，ISO9000在许多方面反映了TQM的思想，是TQM发展到一定阶段的产物。从工作模式上看TQM没有一套统一的工作模式，因各国各企业情况不同，贯彻TQM的方式方法和效果各不相同。而ISO9000为企业实现质量管理的系统化、文件化、制度化和规范化奠定了基础，为各国各企业评价其质量工作提供了统一的标准和模式。

小　　结

商品质量是指商品满足规定或潜在要求（或需求）的特征和特性的总和，是商品具备适用功能，满足规定和消费者需求程度的一个动态的、综合性概念。商品质量在表现形式上，由外观、内在和附加质量构成，在形成环节上，由设计、制造和市场质量构成；在形成基础上，由设计、制造和市场质量构成；在有机组成上，由自然、社会和经济质量构成。

商品质量的基本要求是根据其用途、使用方法及消费者期望和社会需求来确定的。食品质量的基本要求是，具有一定的营养价值，卫生无害，良好的色、香、味、形；纺织品质量的基本要求是适用性能好，耐用，卫生安全，满足消费者审美需要；日用工业品质量的基本要求是，适用性能好，坚固耐用，卫生安全，结构合理与外观完好，舒适美观；商品经济质量的基本要求包括商品成本、使用费用和使用寿命三个方面。影响商品质量的因素有生产过程的市场调研、商品开发设计、原材料、生产工艺、成品检验及包装等；流通过程的商品运输、储存与养护、销售服务等；消费过程的消费心理、消费习惯、商品使用等。

商品质量管理是随着现代化的发展而逐步形成和完善的。经历了检查质量管理、统计质量管理和全面质量管理三个阶段。商品质量管理的基本方法有 PDCA 循环、排列图表、因果分析图法、直方图法、控制图法、散布图法和调查表法等。流通领域的商品质量管理包括市场调研、采购、运输、储存、销售和售后服务方面的质量管理。

思考与练习

简答题

1. 影响商品质量的因素有哪些？这些因素是怎样影响商品质量的？
2. 什么是商品质量管理？如何进行商品质量管理？
3. 对纺织品质量的基本要求有哪些？
4. 谈谈商品的适应性？
5. 什么是全面质量管理？其具有什么特点？

实训题

1. 调查了解我国参与商品质量管理的部门有哪些？
2. 通过互联网查阅商品质量的有关法律法规，就其中某一法律法规的执行现状进行分析，找出实际工作中存在的问题。

【案例】

小天鹅从零起飞

凡是到小天鹅公司参观过的人都会发现这样一个事实：走遍全厂找不到一间储存商品仓库，乍一听，这似乎不可思议，稍作了解，使可得知其中缘由。

从有庞大库房到没有库房，小天鹅公司经历了一场痛苦的自我蜕变。1989 年春节刚过，以朱德坤为首的新上任的工厂经营班子便聚到一起，冷静地对“小天鹅”的“病躯”进行“解剖”，他们找到了问题的症结所在：产品不能满足消费者需求，没有真正赢得市场。

无效益的生产效率对企业来说毫无意义。于是，一场把市场作为生产经营管理的出发点和归宿、争取在激烈的市场竞争中奋进的“革命”在“小天鹅”体内“爆发”了：实施市场驱动战略，立即停止已无出路的老产品的生产销售，与日本松下公司进行技术合作，集中精力开发生产新的机型。

由于技术领先，新产品——小天鹅“爱妻型”全自动洗衣机很快获得消费者的青睐。

“小天鹅”认为，要赢得市场，就要赢得用户，赢得用户的关键在于赢得用户的“心”，库房其实就在用户心中。为方便用户，公司在全国建立20多个销售、服务网点，并推出“金卡”信誉服务，做出服务承诺。他们先后在20多个省会城市举行“质量与服务万里行”活动，同一天在全国26家晚报刊登广告，开展“花钱买意见”活动。在全国各地消费者协会支持下，又展开“好坏你说了算”活动，号召广大用户“向我开炮”——投诉小天鹅。由于这一系列举措利企业、利用户，大大提高了“小天鹅”的信誉，为产品始终保持40%以上的市场占有率立下汗马功劳。

这几年，厂里一直是根据客户的订单安排生产，由于订单不断，产品供不应求，甚至出现客户排队等货等一个星期的“紧急状况”，厂里的仓库一直“闲”着，后来，“小天鹅”干脆取消库房，并宣布：如果产品3天卖不掉，宁可停产。如今，“零库存”从某种意义上说已成为企业经营形势好坏的一个判断标准。

走进小天鹅公司，雪白的墙上写着这么几个大红字：“企业生产的不仅仅是产品，更重要的是质量和信誉。”这是他们办厂的信条。职工每天上班、下班都要牢记。

企业怎样生产出信誉和质量的呢？董事长兼总经理朱德坤说，企业必须要有同行一流水平的产品，产品必须要有同行一流水平的质量，缺了这个支撑点，信誉就等于建在沙滩上。

1992年11月，“小天鹅”实现了5000次无故障运行的目标。此时，公司内部并没有沉浸在欢庆的气氛之中，而是开展对照成绩找差距活动，提出：与国际标准相比，“小天鹅”已没有缺陷，但与消费者的要求相比，“小天鹅”的质量还需要上一层楼。

于是，围绕着用户这个中心，不断提高生产标准：根据有的运输装卸单位的不文明状况，把冲击标准（将重锤放在一定高度，落地样板，样板无裂纹、无皱纹及剥落）由30kg提高到50kg；根据国内电压不稳定的实际情况，在电脑控制板上增加了稳压线路，从根本上排除了故障；根据消费者需要，把洗衣机箱体设计成人们喜欢的圆弧形等。与此同时，一个新的实践正在公司进行。“小天鹅”看到许多企业出现质量问题时往往从加强质量检验开始解决，没有涉及问题的根源，从而认识到，好产品不是靠检验出来的，应该是设计出来、管理出来的。公司便对包括配套厂在内的整个生产工艺进行可靠性试验，从原材料进厂到成品出厂用电脑管理，以数据说话，从流程上防止质量问题的发生。

“小天鹅人”认为，市场竞争是十分激烈的，而竞争的对手不是同行，而是自己，只有不断创新，不断自我否定，才能保持住自己在市场上所占的地位。太阳每天早晨都要升起，过去的成就和辉煌只属于过去，企业最好的时候往往就是企业最不好的开始。企业发展过程中潜伏着危机。因此，"小天鹅"树立起每天从零开始的观念，积极地为实现其一个又一个"计划"辛勤耕耘。

看到产品种类上"零"——单一，小天鹅公司便实施起技术改造计划：开发模糊理论洗衣机；合资生产滚筒洗衣机；输出管理，定牌生产双缸洗衣机；开发新型水流的洗衣机；改造总装车间，建造新的先进生产线……

看到规模上的"零"——瘦小，小天鹅公司便实施起组建现代化、集约化企业集团的计划：参与建材、房地产、餐饮等行业；与日本松下、德国西门子分别合资，组建冰箱、压缩机、滚筒洗衣机、厨房家电等生产企业；筹资开发氨基酸等生产项目……

看到人才的"零"——匮乏，小天鹅公司便实施起人才引进和培养计划：3年内引进博士6～9名，硕士50名，本科生150名，选送10人到美国攻读工商管理硕士，选送5人到复旦大学进修，选送5批员工到国际著名公司跟班学习。1989年，厂里大学生寥寥无几，目前，员工中具有大学以上学历的已占两成，来自美国、法国的两位博士也加入了"小天鹅"的行列。

看到发展资金上的"零"——短缺，小天鹅公司便实施起资本经营计划：1993年，通过转制，组建股份制公司，以定向募集方式通过发行法人股筹资1亿多元；1995年通过配股权转让、吸引国际财团资金1.6亿元；1996年，通过发行B股又募得资金3亿多元；1997年，通过发行A股，又融得资金7亿多元。

实施"零工程"，是"小天鹅"走向昌盛的奥秘。尽管"小天鹅"的言词和观念给人一个十分"谦虚"的印象，但它的举手投足、运筹帷幄，足以让人感觉到它体内蕴藏着一股强大的力量，在一次又一次实现"零"的突破。

（资料来源：林功实．2001．产品管理．大连：东北财经大学出版社．）

问题：

1. 1989年以前"小天鹅"产品积压的原因是达不到质量要求，请问是达不到"符合性"质量要求还是达不到"适用性"质量要求？
2. 什么是零缺陷目标？在企业的管理运作中如何体现？
3. 分析"小天鹅"从设计、生产到销售等过程的质量管理措施。
4. 用系统论思想综合分析"小天鹅"提高产品质量各项措施的关系。

第四章　商品标准与标准化

【主要概念】

商品标准　商品标准化　文件标准　国家标准　企业标准　标准分级　贸易技术壁垒

标准是人类由自然人进入社会共同生活实践的必然产物，任何标准都是为了适应科学、技术、社会、经济等客观因素发展变化的需要而产生的。客观因素总是处于不断变动之中，因此，某一项标准所涉及范围及其深度和广度，总是处于发展之中的。

第一节　商品标准的概念与构成

一、商品标准的定义

标准是用来衡量事物的典范和准则。或者说，标准是对需要统一协调的事物来做的统一规定。在国家标准《标准化工作指南》第 1 部分《标准化和相关活动的通用词汇》（GB/T20000.1—2002）中对“标准”的定义是：“为了在一定范围内获得最佳秩序，经协商一致制定并由公认机构批准，共同使用的和重复使用的一种规范性文件。”同时还进一步注明：“标准宜以科学、技术和经验的综合成果为基础，以促进最佳的共同效益为目的。”

对标准定义的理解应注意把握以下几点：

1）标准的对象是需要协调统一的重复性事物和概念。

2）制定标准的依据是科学技术和实践经验的综合成果。

3）标准制定的程序要经有关方面充分协商。

4）标准文件有着自己的一套格式和制定发布的程序，具有一定的严肃性和法规性。

5）标准的本质特征是统一。

6）制定标准的出发点是建立最佳秩序和取得最佳效益。

商品标准是标准的一部分。商品标准是对商品质量和与质量有关的各个方面所规定的准则，是商品生产、经营和消费者评定商品质量的共同依据。对具体的商品来说，商品标准是对商品的质量、品种、规格、技术性能、检验规则、试验方法、包装、运输、贮存等方面所做的技术规定，是设计、生产、检验商品质量的技术依据，是生产和流通领域中鉴定商品质量、评定商品等级的技术准则和客观依据。

商品标准对商品质量及与质量有关的各个方面都做了具体的规定。按照《中华人民共和国标准化管理条例》规定，凡是企业正式生产的产品，都必须制定相应的产品标准。商品标准一经正式颁布执行，就具有法律效力。因此，各商品生产经营企业都应遵照执行。

二、商品标准的分类

商品标准按其存在形式，分为文件标准和实物标准两类。文件标准是用特定格式的文件，通过文字、表格、图样等形式，表达全部或部分商品质量有关方面技术内容的统一规定。目前，绝大多数商品标准是文件标准。实物标准是用实物作为标准样品，对某些难以用文字准确表达的色、香、味、形、手感、质地等质量要求，由标准化机构或指定部门用实物做成与文件标准规定的质量标准完全或部分相同的标准样品，按一定的程序发布，作为文件标准的补充。

按照标准化性质，通常把标准分为技术标准、管理标准和工作标准三大类。技术标准是指对标准化领域中需要协调统一的技术事项所制定的标准。技术标准包括基础技术标准、产品标准、工艺标准、检测试验方法标准及安全、卫生、环保标准等。管理标准是指对标准化领域中需要协调统一的管理事项所制定的标准。管理标准包括管理基础标准、技术管理标准、经济管理标准、行政管理标准、生产经营管理标准等。工作标准是指对工作的责任、权利、范围、质量要求、程序、效果、检查方法、考核办法所制定的标准。工作标准一般包括部门工作标准和岗位（个人）工作标准。

根据标准化的对象和作用分类，标准可分为基础标准、产品标准、方法标准、安全标准、卫生标准、环境保护标准等。

1）基础标准。基础标准是指在一定范围内作为其他标准的基础并普遍通用，具有广泛指导意义的标准。例如，名词、术语、符号、代号、标志、方法等标准；计量单位制、公差与配合、形状与位置公差、表面粗糙度、螺纹及齿轮模数标准；优先数系、基本参数系列、系列型谱等标准；图形符号和工程制图；产品环境条件及可靠性要求等。

2）产品标准。产品标准是指为保证产品的适用性，对产品必须达到的某些或全部特性要求所制定的标准，包括品种、规格、技术要求、试验方法、检验规则、包装、标志、运输和贮存要求等。

3）方法标准。方法标准是指以试验、检查、分析、抽样、统计、计算、测定、作业等各种方法为对象而制定的标准。

4）安全标准。安全标准是指以保护人和物的安全为目的而制定的标准。

5）卫生标准。卫生标准是指为保护人的健康，对食品、医药及其他方面的卫生要求而制定的标准。

6）环境保护标准。环境保护标准是指为保护环境和有利于生态平衡对大气、水体、土壤、噪声、振动、电磁波等环境质量、污染管理、监测方法及其他事项而制定的标准。

商品标准按其约束性，有强制性标准和推荐性标准两类。强制性标准是指标准制定之后，在需要使用此类标准的部分必须贯彻执行。《中华人民共和国标准化法》以下简称《标准化法》规定，保障人身健康，人身、财产安全的标准以及法律和行政法规强制执行的标准，均属于强制性标准。推荐性标准是除强制性标准以外的其他标准，企业自愿采用，国家采取优惠措施，鼓励企业采用推荐性标准。

标准按照其适用领域和有效范围不同，可分为不同的层次、级别，如国际标准、区域标准、国家标准、行业标准、地方标准、企业标准。

三、商品标准的构成

构成商品标准的全部要素可分为概述要素、标准要素和补充要素三类。概述要素，包括识别标准、介绍标准内容、说明标准背景、标准的制定以及与其他标准的关系等内容。标准要素，规定了标准的要求和必须遵守的条文；补充要素，提供有助于理解标准或使用标准的补充信息。商品标准常见的编排如图 4.1 所示，一个标准不需要包括表中所有的要素，但可以包括表中所示之外的其他要素。

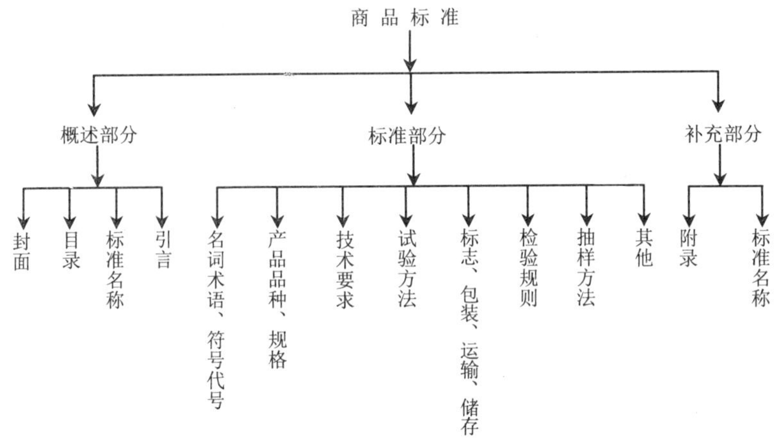

图 4.1　商品标准内容

具体来说，各要素包括如下内容。

1）封面。封面的主要内容有：标准名称、标准的级别与代号、批准机构、发布与实施时间等。

2）引言。引言由专用部分和附加说明两部分组成。专用部分内容主要有：指明采用国际标准的程度，该标准废除或代替其他文件的全部或其中一部分的说明，实施标准过渡期的要求，哪些附录是标准的附录，哪些是提示附录等。附加说明，包括本标准的提出部门、归属单位、主要起草人、首次发布、历次修订和复审确定的年、月，委托负责解释的单位等。

3）标准名称。标准名称明确规定标准的主题及其所包括的方面，指明该标准或其他部分的使用限制。其包括本标准适用何种原料，何种工艺生产，作何用途的何种商品等内容。

4）名词术语与符号代号。有关该商品的名词术语和符号代号，凡在国家基础标准中未作统一规定的，都应在标准中作出规定。

5）技术要求。这是为了保证商品使用要求而必须具备的产品技术性能方面的规定，是指导生产、使用以及对商品质量检验的主要依据。其主要内容有：理化性能、质量等级、使用特性、稳定性、耗能指标、感官指标、材料要求、工艺要求及有关卫生、安全和环境保护等方面的要求，引入标准的技术要求应是决定商品质量和使用特性的关键性指标，并应该是可以测定和鉴定的。在规定技术要求时，必须同时规定产品的工作条件，在某些标准中，还需要规定该商品附有注意事项、用户须知或安装指南等。

6）试验方法。试验方法的内容包括试验项目、适用范围、试验原理与方法、仪器用具、试剂样品制备、操作程序、结果计算、平行试验允许误差、分析评价和试验报告等。

7）标志、标签和包装。为了使商品在出厂到交付使用的整个过程中，质量不致受损，标准中必须对商品的标志、标签、包装制定合理的统一规定。其内容包括制造商或销售商的商标、牌号或型号；搬运说明，危险警告，制造日期等；规定包装材料、包装技术与方式，每件包装中商品的数量、质量和体积。

四、实施标准的目的和作用

实施标准的目的和作用如下。

1）产品系列化。这可以使产品品种得到合理的发展。通过产品标准，统一产品的型式、尺寸、化学成分、物理性能、功能等要求、保证产品质量的可靠性和互换性，使有关产品间得到充分的协调、配合、衔接，尽量减少不必要的重复劳动和物质损耗，为社会化专业大生产和大中型产品的组装配合创造了条件。

2）通过生产技术、试验方法、检验规则、操作程序、工作方法、工艺规程等各类标准统一了生产和工作的程序和要求。保证了每项工作的质量，使有关生产、经营、管理工作走上正常轨道。

3）通过安全、卫生、环境保护等标准，减少疾病的发生和传播，防止或减少各种事故的发生，有效地保障人体健康，人身安全和财产安全。

4）通过术语、符号、代号、制图、文件格式等标准消除技术语言障碍，加速科学技术的合作与交流。

5）通过标准传播技术信息，介绍新科研成果，加速新技术、新成果的应用和推广。

6）促使企业实施标准。依据标准建立全面的质量管理制度，推行产品质量认证制度，健全企业管理制度，提高和发展企业的科学管理水平。

课堂讨论

有了商品标准，商品质量就完全有了依据。

分　析

不对。商品标准是商品质量指标的技术依据，不能说完全有了依据。

补充阅读 4.1

世界标准日

世界标准日（World Standards Day），是国际标准化组织（ISO）成立纪念日。世界标准日的目的是提高对国际标准化在世界经济活动中重要性的认识，以促进国际标准化工作适应世界范围内的商业、工业、政府和消费者的需要。1946 年 10 月 14 日，世界 25 个世界的代表在英国伦敦召开会议，筹备建立世界性的标准化组织，简称 ISO。ISO 的宗旨，是在世界上促进标准化工作的发展，以便于促进国际间的物资交流和互助，并发展在知识/科学/技术和经济活动领域里的合作，世界标准日的庆祝始于 1970 年 10 月 14 日，由当时的 ISO 主席 Mr. Faruk Sunter（土耳其）所创立。1969 年 9 月国际标准化组织理事会发布的第 1969/59 号决议，决定把每年的 10 月 14 日定为世界标准日。为了庆祝世界标准日，ISO 理事会于 1978 年 9 月召开会议通过决议，“理事会希望看到世界上有最大规模的标准化宣传活动，决定在每年 10 月 14 日庆祝世界标准日，并鼓励 ISO 成员在他们的国家里庆祝这个日子，规模越大越好”。此后，每年的 10 月 14 日，就成为了世界各国标准化工作者开展宣传标准化，举行纪念活动的盛大节日。中国自从 1978 年重新进入 ISO 以后，每年的 10 月 14 日世界标准日，全国各大、中城市都要举办各种形式的报告会、座谈会、纪念会，紧密结合当年 ISO 的世界标准日的宣传主题，广泛宣传标准化活动在人类社会发展中的重要作用，提高人们的标准化意识。

第二节　商品标准的分级

标准按照其适用领域和有效范围不同，可分为不同的层次，其目的是为了适应不同技术水平，不同管理水平以及满足不同的经济要求。从世界范围来说，标准通常被分为国际标准、区域标准、国家标准、行业或专业团体标准以及公司（企业）标准五级。根据《标准化法》，我国标准划分为国家标准、行业标准和企业标准四级。对需要在全国范畴内统一技术要求，应当制定国家标准。对没有国家标准而又需要在全国某个行业范围内统一技术要求，可以制定行业标准。对没有国家标准和行业标准而又需要在省、自治区、直辖市范围内统一的工业产品的安全、卫生要求，可以制定地方标准。企业生产的产品没有国家标准、行业标准和地方标准的，应当制定相应的企业标准。对已有国家标准、行业标准或地方标准的，鼓励企业制定严于国家标准、行业标准或地方标准要求的企业标准。另外，对于技术尚在发展中，需要有相应的标准文件引导其发展或具有标准化价值，尚不能制定为标准的项目，以及采用国际标准化组织、国际电工委员会及其他国际组织的技术报告的项目，可以制定国家标准化指导性技术文件。

一、国内标准的分级

1. 国家标准

对需要在全国范围内统一的技术要求，应当制定国家标准。国家标准对全国经济、技术发展具有重大意义，凡是与人民生活关系密切、量大面广、跨部门生产的重要工农业产品，全国通用零部件及产品，与国防建设有关的重要产品和对合理利用国家资源关系重大的产品都应制定国家标准。

国家标准分为强制性国家标准和推荐性国家标准，强制性国家标准代号由“国标”二字的汉语拼音第一个字母组成，为“GB”；推荐性国家标准代号为“GB/T”。国家标准号由国家标准代号、发布顺序号和年号后的两位数字构成，如表 4.1 所示。

强制性国家标准表示形式为：GB×××××—××××。

推荐性国家标准的形式为：GB/T×××××—××××。

表 4.1　国家标准代号

序号	代号	含义	管理部门
1	GB	中华人民共和国强制性国家标准	国家标准化管理委员会
2	GB/T	中华人民共和国推荐性国家标准	国家标准化管理委员会

2. 行业标准

行业标准是对没有国家标准而又需在全国某个行业范围内统一的技术要求所制定的标准。行业标准不得与有关国家标准相抵触，在相应的国家标准实施后，即行废止。有关行业标准之间应保持协调、统一，不得重复。

行业标准的编号由行业标准的代号、标准顺序号和标准发布的年号构成如表 4.2 所示。

强制性行业标准编号的形式为：××××—××××。

推荐性行业标准编号的形式为：/T××××—××××。

表 4.2　行业标准代号

序　号	代　号	含　义	主管部门
1	BB	包装	中国包装工业总公司包改办
2	CB	船舶	国防科工委中国船舶工业集团公司、中国船舶重工集团公司（船舶）

续表

序 号	代 号	含 义	主管部门
3	CH	测绘	国家测绘局国土测绘司
4	CJ	城镇建设	建设部标准定额司（城镇建设）
5	CY	新闻出版	国家新闻出版总署印刷业管理司
6	DA	档案	国家档案局政法司
7	DB	地震	国家地震局震害防预司
8	DL	电力	中国电力企业联合会标准化中心
9	DZ	地质矿产	国土资源部国际合作与科技司（地质）
10	EJ	核工业	国防科工委中国核工业总公司（核工业）
11	FZ	纺织	中国纺织工业协会科技发展中心
12	GA	公共安全	公安部科技司
13	GY	广播电影电视	国家广播电影电视总局科技司
14	HB	航空	国防科工委中国航空工业总公司（航空）
15	HG	化工	中国石油和化学工业协会质量部（化工、石油化工、石油天然气）
16	HJ	环境保护	国家环境保护总局科技标准司
17	HS	海关	海关总署政法司
18	HY	海洋	国家海洋局海洋环境保护司
19	JB	机械	中国机械工业联合会
20	JC	建材	中国建筑材料工业协会质量部
21	JG	建筑工业	建设部（建筑工业）
22	JR	金融	中国人民银行科技与支付司
23	JT	交通	交通部科教司
24	JY	教育	教育部基础教育司（教育）
25	LB	旅游	国家旅游局质量规范与管理司
26	LD	劳动和劳动安全	劳动和社会保障部劳动工资司（工资定额）
27	LY	林业	国家林业局科技司
28	MH	民用航空	中国民航管理局规划科技司
29	MT	煤炭	中国煤炭工业协会
30	MZ	民政	民政部人事教育司
31	NY	农业	农业部市场与经济信息司（农业）
32	QB	轻工	中国轻工业联合会
33	QC	汽车	中国汽车工业协会
34	QJ	航天	国防科工委中国航天工业总公司（航天）
35	QX	气象	中国气象局检测网络司
36	SB	商业	中国商业联合会行业发展部
37	SC	水产	农业部（水产）

续表

序　号	代　号	含　义	主管部门
38	SH	石油化工	中国石油和化学工业协会质量部（化工、石油化工、石油天然气）
39	SJ	电子	信息产业部科技司（电子）
40	SL	水利	水利部科教司
41	SN	商检	国家质量监督检验检疫总局
42	SY	石油天然气	中国石油和化学工业协会质量部（化工、石油化工、石油天然气）
43	SY(>10000)	海洋石油天然气	中国海洋石油总公司
44	TB	铁路运输	铁道部科教司
45	TD	土地管理	国土资源部（土地）
46	TY	体育	国家体育总局体育经济司
47	WB	物资管理	中国物资流通协会行业部
48	WH	文化	文化部科教司
49	WJ	兵工民品	国防科工委中国兵器工业总公司（兵器）
50	WM	外经贸	对外经济贸易合作部科技司
51	WS	卫生	卫生部卫生法制与监督司
52	XB	稀土	国家计委稀土办公室
53	YB	黑色冶金	中国钢铁工业协会科技环保部
54	YC	烟草	国家烟草专卖局科教司
55	YD	通信	信息产业部科技司（邮电）
56	YS	有色冶金	中国有色金属工业协会规划发展司
57	YY	医药	国家药品监督管理局医药司
58	YZ	邮政	国家邮政局计划财务部

注：行业标准分为强制性标准和推荐性标准。表中给出的是强制性行业标准代号，推荐性行业标准的代号是在强制性行业标准代号后面加“/T”，例如，农业行业的推荐性行业标准代号是NY/T。

3. 地方标准

对没有国家标准而又需要在省、自治区、直辖市范围内统一的工业产品的安全、卫生要求，可以制定地方标准，地方标准在相应的国家或行业标准实施后，自行废止，如图4.2所示。

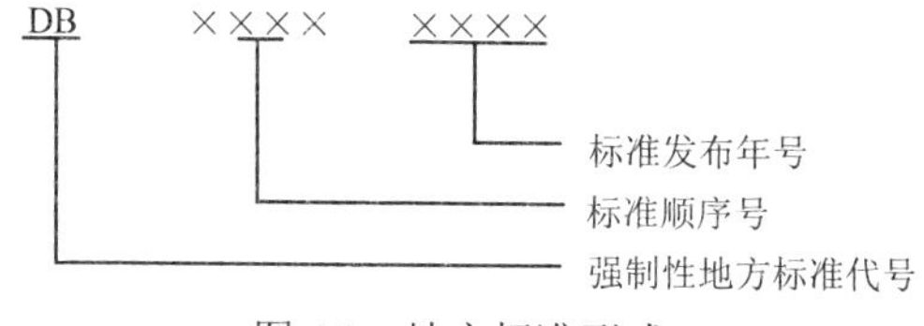

图4.2　地方标准形式

强制性地方标准代号由汉语拼音字母“DB”加上省、自治区、直辖市行政区代码前两位数加斜线组成，如表 4.3 所示。我国部分省、自治区、直辖市代码如表 4.4 所示。

表 4.3 地方标准代号

序 号	代 号	含 义	管理部门
1	DB + *	中华人民共和国强制性地方标准代号	省级质量技术监督局
2	DB + */T	中华人民共和国推荐性地方标准代号	省级质量技术监督局

注：*表示省级行政区划代码前两位。

表 4.4 中国部分省、自治区、直辖市代码

名 称	代 码	名 称	代 码
北京市	110000	河南省	410000
天津市	120000	湖北省	420000
河北省	130000	湖南省	430000
山西省	140000	广东省	440000
内蒙古自治区	150000	广西壮族自治区	450000
辽宁省	210000	海南省	460000
吉林省	220000	四川省	510000
黑龙江省	230000	贵州省	520000
上海市	310000	云南省	530000
江苏省	320000	西藏自治区	540000
浙江省	330000	陕西省	610000
安徽省	340000	甘肃省	620000
福建省	350000	青海省	630000
江西省	360000	宁夏回族自治区	640000
山东省	370000	新疆维吾尔自治区	650000
重庆市	500000	台湾省	710000

4. 企业标准

企业生产的产品如果没有国家标准、行业标准和地方标准，应当制定相应的企业标准，作为组织生产的依据。已有国家标准、行业标准或地方标准的，国家鼓励企业制定严于国家标准、行业标准或者地方标准的企业标准，在企业内部适用。随着经济的全球化，企业标准将越来越受重视，如表 4.5 所示。

表 4.5 企业标准代号

代 号	含 义	管理部门
Q + *	中华人民共和国企业产品标准	企业

注：*表示企业代号。

例如：Q/WfJ02．04—1995，安徽芜湖缝纫机厂的企业标准。

二、国际标准与区域标准

1．国际标准

国际标准是指由国际标准化组织（ISO）和国际电工委员会（IEC）制定的标准，以及经国际标准化组织认可并收集到《国际标准题录索引》中加以公布的其他国际组织所制定的标准。这些标准已为大多数国家承认和不同程度的采用。ISO、IEC、ITU 国际标准代号及国际标准化组织认可作为国际标准的国际行业组织制定的标准代号如表 4.6 所示。

表 4.6　国际标准及代号

序　号	代　号	含　义	负责机构
1	BISFA	国际人造纤维标准化局标准	国际人造纤维标准化局（BISFA）
2	CAC	食品法典委员会标准	食品法典委员会（CAC）
3	CCC	关税合作理事会标准	关税合作理事会（CCC）
4	CIE	国际照明委员会标准	国际照明委员会（CIE）
6	IAEA	国际原子能机构标准	国际原子能机构（IAEA）
7	IATA	国际航空运输协会标准	国际航空运输协会（IATA）
8	ICAO	国际民航组织标准	国际民航组织（ICAO）
9	ICRP	国际辐射防护委员会标准	国际辐射防护委员会（ICRP）
10	ICRU	国际辐射单位和测量委员会标准	国际辐射单位和测量委员会（ICRU）
11	IDF	国际乳制品联合会标准	国际乳制品联合会（IDF）
12	IEC	国际电工委员会标准	国际电工委员会（IEC）
13	IFLA	国际签书馆协会和学会联合会标准	国际签书馆协会和学会联合会（IFLA）
14	IIR	国际制冷学会标准	国际制冷学会（IIR ）
15	ILO	国际劳工组织标准	国际劳工组织（ILO）
16	IMO	国际海事组织标准	国际海事组织（IMO）
18	ISO	国际标准化组织标准	国际标准化组织（ISO）
19	ITU	国际电信联盟标准	国际电信联盟（ITU）
20	OIE	国际兽疾局标准	国际兽疾局（OIE）
21	OIML	国际法制计量组织标准	国际法制计量组织（OIML）
22	OIV	国际葡萄与葡萄酒局标准	国际葡萄与葡萄酒局（OIV）
23	UIC	国际铁路联盟标准	国际铁路联盟（UIC）
24	UNESCO	联合国科教文组织标准	联合国科教文组织（UNESCO）
25	WHO	世界卫生组织标准	世界卫生组织（WHO）
26	WIPO	世界知识产权组织标准	世界知识产权组织（WIPO）

国际标准采用标准代号、标准序号及发布年号来表示，即

ISO ×××××—××

IEC ×××××—××

在 ISO/IEC 中定义的标准可以是强制性的，也可以是自愿的，在 WTO/TBT（technical barrier to trade）中标准定义为自愿性文件，技术法规为强制性文件。

2. 区域标准

随着世界区域经济体的形成，区域标准化日趋发展。区域标准化是指世界某一地理区域内有关国家、团体共同参与开展的标准化活动。目前，有些区域已成立标准化组织，例如，欧洲标准化委员会（CEN）、欧洲电工标准化委员会（CENELEC）、欧洲电信标准学会（ETSI）、太平洋地区标准大会（PASC）、泛美技术标准委员会（COPANT）、非洲地区标准化组织（ARSO）、阿拉伯标准化与计量组织（ASMO）等，如表 4.7 所示。

表 4.7　区域标准化组织

序　号	代　号	含　义	负责机构
1	ARSO	非洲地区标准	非洲地区标准化组织（ARSO）
2	ASMO	阿拉伯标准	阿拉伯标准化与计量组织（ASMO）
3	ETSI	欧洲电信标准	欧洲电信标准学会（ETSI）
4	COPANY	泛美标准	泛美技术标准委员会（COPANT）
5	ASAC	亚洲地区标准	亚洲地区标准化组织（ASAC）

此外，国外先进标准是指未经 ISO 确认并公布的其他国际组织的标准、发达国家的国家标准、区域性组织的标准、国际上有权威的团体标准和企业（公司）标准中的先进标准。世界经济技术发达国家的国家标准代号，如表 4.8 所示。

表 4.8　世界经济技术发达国家的国家标准代号

序　号	发达国家标准	代　号	序　号	发达国家标准	代　号
1	美国国家标准	ANSI	6	法国国家标准	NF
2	德国国家标准	DIN	7	瑞士国家标准	SNV
3	英国国家标准	BS	8	意大利国家标准	UNI
4	日本国工业标准	JIS	9	俄罗斯国家标准	TOCTP
5	瑞典国家标准	SIS			

还有一些国外专业化组织所制定的标准也非常先进。例如，国际公认的先进企业标准，如美国 IBM 公司、美国 HP 公司、芬兰诺基亚公司、瑞士钟表公司等企业标准，如表 4.9 所示。

表 4.9　国外专业化组织制定的标准

序　号	公认行业性团体组织名称	代　号	序　号	公认行业性团体组织名称	代　号
1	美国材料与实验协会标准	ASTM	6	美国电影电视工程师协会标准	SMPTE
2	美国石油学会标准	API	7	美国机械工程师协会标准	ASME
3	美国军用标准	MIL	8	英国劳氏船级社船舶入级规范	LR
4	美国保险商验所安全标准	UL	9	英国石油学会	IP
5	美国电气制造商协会标准	NEMA			

3. 我国采用国际标准的情况

国际标准和国外先进标准是世界各国均可采用的共同技术。通过采用国际标准，不仅可以获得世界生产技术、商品质量水平的重要情报，而且可以为消除贸易技术壁垒，促进外贸事业的发展提供必要的条件，对于促进本国的技术进步，提高商品质量，开发新商品和发展出口贸易都有十分重要的作用。因此，我国把积极采用国际标准作为重要的技术经济政策和技术引进的重要组成部分。

在采用国际标准的我国标准中，因为标准制定的气候、地理条件或基本技术原因的差异，采用程度分为等同、修改和无采标三种。等同采用国际标准是指技术内容完全相同，不作或稍作编辑性修改；修改采用是指技术内容有小的差异，编写上不完全相同；无采标指技术内容根据我国实际，做了某些变动，但性能和质量水平与被采用的国际标准相当，在通用互换、安全、卫生等方面与国际标准协调一致。采用国际标准的程度仅表示我国标准与国际标准之间的异同情况，而不表示技术水平的高低。

补充阅读 4.2

××牌片仔癀珍珠膏

一些中小型民营企业创新的积极性很高，能够及时捕捉市场信息和需求，采取购买技术或与大厂挂钩等方式开发新产品，应用新技术，并取得了丰硕的成果。但是，由于企业对标准化的投入相对不足，而正是这个“不足”制约了企业的发展和市场的开拓。

片仔癀珍珠膏采用的产品标准是 QB/T1857—1993《雪花膏》。产品的理化指标、卫生指标及包装等，都执行这一标准的要求。

存在的问题如下。

（1）祛除青春痘功效问题

《消费者使用说明化妆品通用标签》（GB5296—1995）对“化妆品”术语的定义和解释是：对人体使用部位有清洁作用的产品属于化妆品的范畴。按照化妆品术语的定义，对人体表皮、毛发、指甲、口唇使用部位有缓和作用的产品也属于化妆品，但不能有医疗作用。因此，化妆品标签、小包装或者说明书上不得注有适应症，不得宣传其疗效，不得使用医疗术语，简称“三不得”。

应该指出，不少化妆品厂家并没有执行这一标准的要求，在包装、广告中大力宣传各种疗效。特别是还没有一家企业对片仔癀珍珠膏进行过临床试验，拿出令人信服的数据，所能提供的仅仅是“用户来信”。至于“祛痘”、“战痘”、“克痘”实属宣传而已。

（2）片仔癀含量标准

作为特色化妆品，它添加了片仔癀，成为市场一个亮点。而恰恰要命的是：片仔癀的含量至今无法检测，标准无法制定，真假产品无从界定；在实际生产中，要不要添加或添加多少片仔癀，其随意性很大。如一家企业，竟在说明书上写了片仔癀含量高达2%，反正执法部门无法检测，消费者也迷迷糊糊。按照《产品质量法》，虚报产品成分属于欺骗消费者行为，是否应对其采取措施？

（3）标签标志方面

片仔癀是中药，片仔癀珍珠膏是化妆品。它们是两种不同属性的产品，而后者的标签标志却相当混乱。例如，有的厂家把本应属于片仔癀的“国宝神药”写在后者包装上，俨然如同一家；也有的厂家采用瞒天过海的做法，少一个标点符号，把“清朝宫廷秘方”这一提法加在片仔癀珍珠膏的前面，使消费者产生一种错觉，好像几百年前，它已经是清官御用品了。

第三节　商品标准的制定与内容

制定和修订商品标准，必须依据标准化原理和方法。在国家有关方针政策的指导下，提出明确的原则，以保证制定和修订的商品标准符合国家经济建设的需要。制定商品标准的基本出发点是建立最佳秩序和取得最佳经济效益，这也是制定商品标准的目的，为实现这一目的，提出以下制定商品标准的原则。

一、商品标准制定的原则

商品标准制定有如下原则。

1）有利于保障人民身体健康和安全，保护消费者的利益、保护环境，这个主要是制定药品标准、食品卫生标准、压力瓷器标准、电器商品、危险品包装运输标准时，必须把人身健康、卫生安全放首位，制定生产工艺标准时考虑生产技术方法对环境的污染问题。

2）充分考虑使用要求。满足用户消费者对商品的质量要求。商品标准要为保证商品的适用性而对商品的质量特性应达到的要求做出规定。它是商品设计、生产和检验的技术依据。因此，在制定和修订商品标准时，首先要从社会需要出发，广泛听取生产、用户/消费者等方面的意见，考虑用户/消费者的使用要求及实时要求的可能性，便于生产制造。

3）技术先进，经济合理。确定质量指标和检验方法力求科学合理；各项指标的规定既不能过高，也不能过低；必须抓重点，分清主次；有利于产品通用互换；制定标准要推广先进技术成果，提高经济效益。

4）密切结合自然条件，充分考虑节约原材料，合理利用国家资源，尽可能采用代用品和开发原材料。

5）协调统一，完整配套。一项商品标准的制定要和我国现行的国家法令、法规协调一致与颁布的原材料、配套件、配套包装等标准协调一致。标准化是一项系统工程，商品质量标准要与它密切相关的一系列标准相互配套，建立起完整的标准体系。

6）积极采用国际标准和国外先进标准，并充分考虑我国对外和经济合作的需要。

7）掌握好制（修）定标准的时机。对于商品，一般宜在定型、准备正式投产前进行制定。当商品标准的水平落后于当前科学技术水平，而企业的技术水平的标准所代表的技术水平高时，修订标准的时机也就成熟了。商品标准应当适时进行复审，以确认现行标准继续有效或者予以修订、废止。

二、商品标准制定的程序

商品标准由科学技术的成果转化而来的，也是生产、流通的重要技术法规，我国是在国家技术监督局领导下，由全国专业标准化技术委员会或全国专业标准化对口单位负责标准的制定和修订工作。

一般来说，中国国家标准制定程序划分为九个阶段：预阶段、立项阶段、起草阶段、征求意见阶段、审查阶段、批准阶段、出版阶段、复审阶段、废止阶段。主要按以下要求进行：

1）确定项目。根据国民经济发展需要，确定制定项目，然后下达主承担单位。承担单位一般由具有一定技术水平和具有实际经验并了解全面情况的标准化人员及生产、使用、科研等各有关方面代表组成。

2）调查研究，搜集资料。标准起草人员通过调查或其他途径，了解国外同类商品的生产水平、质量水平、研究成果、用户要求、发展方向，搜集有关的技术数据和统计资料以及相应的国际标准和国外先进标准。

3）搞好科学研究和试验验证，并在此基础上，对各种数据和资料进行统计分析和结合研究，对有关技术规定进行验证，得到可靠数据和正确结构，在此基础上编写草案。

4）草拟标准，对草案征求意见，审查。

5）审批和发布。标准草案审查通过后，整理成报批稿，送主管部门审批后发布生效。

对下列情况，制定国家标准可以采用快速程序：

1）对等同采用、等效采用国际标准或国外先进标准的标准制、修订项目，可直接由立项阶段进入征求意见阶段，省略起草阶段。

2）对现有国家标准的修订项目或中国其他各级标准的转化项目，可直接由立项阶段进入审查阶段，省略起草阶段和征求意见阶段。

三、商品标准的内容

商品标准一般由概述、正文和补充三个主要部分构成，我国商品标准包括以下几个方面的基本内容。

1. 说明标准适用的对象

在商品标准中，应说明该项标准适用于哪种产品，加工制造该产品的原料、方法、该产品的用途，适用范围，如何分类和分级。

例如，《精梳涤棉混纺印染布》（GB5326—1989）对适用范围作了明确规定，“本标准适用于鉴定衣着精梳涤纶短纤维与棉混纺的各类漂白、染色和印花布的品质。”《鲜苹果》（G810651—1989）在适用范围中规定，“本标准适用于收购元帅系（包括红星、红冠、新红星等）、国光、金冠、富士、青香蕉、红玉、倭锦、旭、印度、祝光、伏花皮、秦冠、鸡冠等新鲜苹果，其他未列入的品种也可参照使用。”

2. 规定商品质量指标和对各类、各级商品的具体要求

这是商品标准的中心内容，具体包括商品的技术要求、感官指标、理化指标。各级各类商品应达到的质量水平及按某些指标规定的等级范围。一般质量指标都是与商品的使用价值密切相关的，这些指标直接关系到工业品商品的适用性、使用寿命、安全卫生性及外观，关系到食品商品的色香味、外形、营养价值及卫生性。这些质量指标既是生产部门、商业部门全面准确评价商品质量的技术依据，也是商业部门做好采购，满足用户或消费者需要的根本保障。

例如，我国国家标准《蚕豆》（GB10459—1989）规定，根据蚕豆豆粒平均长度分为以下三类：

大粒蚕豆，豆粒平均长度在 18.1mm 以上；

中粒蚕豆，豆粒平均长度在 15.6mm～18.0mm；

小粒蚕豆，豆粒平均长度在 15.5mm 以下；

《芝麻油》（GB8233—1987）规定，根据芝麻油的香味特点分为两类：

香油，具有浓郁或显著的芝麻油香味。按其加工工艺分为下列两种：小磨香油，用水代法加工制取；机制香油，用机械方法加工制取。

普通芝麻油，香味清淡。用一般的压榨法或其他方法加工制取。

3. 规定检验规则

检验规则包括检验项目，抽样方法和用具、数量、样品检验前的处理和封存方法、检验方法、检验结果的评定，检验不合格时处理方法，复验方法。

4. 规定试验方法

试验方法包括试验项目、试验原理和方法、试验用仪器、设备及其种类、规格、试验用试剂种类、规格及其配制方法，试验的环境条件，准备工作和试验程序，试验结果的计算、分析，试验记录和试验报告等。

例如，植物油脂国家标准在验检方法中，对某些品质指标均首先明确其定义。酸价的测定，首先明确定义："酸价是指中和 1g 油脂中的游离脂肪酸所需氢氧化钾的毫克数"；折光指数的测定、定义："折光指数是指光线由空气中进入油脂中入射角正弦与折射角正弦之比"；比重测定、定义："比重是指油脂在 20℃时的重量与同体积水在 4℃时的重量之比"；杂质测定、定义："杂质是指油脂中不溶于石油醚的残留物"；加热试验（280℃）定义："加热试验主要是鉴定油脂中磷脂含量的一种简易方法。"

5. 规定商品的包装标志、储存和运输条件

商品标准要规定包装材料、包装方式，每件包装中商品的数量，重量或体积、包装的技术要求，商品或包装上的标志，根据商品特点规定运输工具和运输储存条件等。

例如，我国小麦国家标准中对包装、运输和储存规定："小麦的包装、运输和储存，必须符合保质、保量、运输安全和分等储存的要求，严防污染"。

一般商品标准的内容主要有以上几方面，根据具体商品的性质和制定标准的目的，可以包括以上的全部内容，也可以包括其中某几部分内容。

第四节　商品标准化

一、标准化的概念

1. 标准化定义

GB3935.1—1983 规定"标准化是指在经济技术、科学及管理等社会实践中对

重复性事物和概念，通过制定、发布和实施标准达到统一，以获得最佳秩序和社会效果”。需要注意以下几方面：

1）标准化不是一个孤立的概念，而是一个活动过程。这个过程包括制定、贯彻、修订标准，循环往复，不断提高。

2）标准化是一个相对的概念，“化”是在程度上没有止境，是在一定的条件下有一最佳程度。无论是对一项标准或是整个标准系统而言，都在向更深的层次发展，不断提高，不断完善。

3）标准化概念的相对性还包括标准与非标准的相互转化。

4）实施标准是标准化活动的核心环节，即标准化的效果只有当标准在社会实践中实施以后才能表现出来。

5）标准是标准化活动的产物，即制定、修定、贯彻标准是标准活动的主要任务。

6）标准化领域可以在一切有人类智慧活动的地方都能开展。

2. 标准化的形式

标准化内容的存在方式，即标准化过程的表现形态。标准化有多种形式，每种形式都表现不同的标准内容，针对不同的标准化任务，达到不同的目的。

标准化的主要形式有：简化、统一化、系列化、通用化和组合化。

（1）简化

简化是标准化的初级形式，也是实际中应用较广泛的一种形式。简化即在一定范围内缩减对象（事物）的类型数目，使之在即定时间内满足一般需要的标准形式。简化是控制复杂性，防止多样性自由泛滥。

（2）统一化

统一化是把同一事物两种以上的表现形式归并为一种或限定在一定范围内的标准形式。统一化标准化活动中内容最广泛，开展最普遍的一种形式。

统一化与简化都是标准化的基本形式。两者有密切联系，也有区别。

联系：二者都是合理控制事物发展的种数，消除不必要的多样化造成的混乱，为人类的正常活动建立共同遵循的秩序。

区别：简化着眼于精练，统一化立足于一致性。

（3）系列化

系列化是将同一类产品中的一组产品同时进行标准化的一种形式。产品的系列化一般包括制定基本参数系列、编制系列型谱，进行系列设计三个方面。通过对国内外同类产品产需发展趋势的预测和规律的分析研究，结合生产技术条件，经过全面技术研究比较，对产品的主要参数、型式、尺寸，基本结构作出合理安排与规划，以协调同类产品之间的关系。

（4）通用化

通用化是指在互换性的基础上尽可能地扩大同一标准化对象的使用范围。所以互换性是通用化的前提。互换性是指在同一规格零部件中不需做任何挑选或再加工及调整就可装上机器，且达到使用性能的要求。具有上述特征的零、部件称为通用件。使用上具有重复性，结构上具有先进性。通用化的目的是最大限度地减少零部件在设计和制造过程中的重复劳动，有利于组织专业化生产和扩大零部件的使用范围，提高产品通用化水平，增强企业竞争劳能力，提高企业经济效益。

（5）组合化

组合化是指重复标准单元或通用单元并合成可以满足各种不同需要的具有新功能产品的标准化形式。组合化的理论基础是建立在产品系统的分解与组合。组合化的目的可以节约费用和缩短生产准备周期。目前组合化的原理和方法正广泛应用于机床、仪器仪表、家具制造、工艺装备的制造与使用，并显示出明显的优越性。

二、标准化的产生与发展

1. 标准化的产生

标准化的最先表现是人类语言的标准化和生产工具的标准化。随着人类进步，生产发展，产生了产品交换。为适应产品交换的需要，计量器具便成为产品交换和产品分配的标尺、这在实际上是应用了标准化。

我国标准化工作的历史，可追溯到公元前 221 年秦始皇统一六国，建立了我国第一个专制主义的中央集权的封建国家时期。当时施行统一法律、货币、车轨、度量衡和文字。这是最早的标准化工作，到汉朝、北宋时期标准化已被广泛使用。

2. 标准化的发展

从世界范围看，标准化是伴随着社会化大生产的发展逐步发展起来的。社会化大生产的突出特点是规模大、分工细、协作广泛，为适应生产中相互联系、合作与协作的需要，必须采用一种技术手段使各独立的、分散的生产部门和企业之间保持必要的技术统一，建立稳定的生产协作与合作关系，使相互联系的生产过程形成一个有机联系的整体。标准化正是为建立这种关系实施的技术手段。1845 年，英国的瑟•韦特瓦尔提出了统一螺钉、螺帽尺寸及互换性的建议，从此标准化开始问世。

3. 现代标准化的发展阶段

第一阶段，19 世纪末到 20 世纪初为现代标准化的初创阶段。1898 年，美国成立了“材料实验协会”，开始材料、建筑材料等方面的标准化工作。1901 年，英国成立了世界上第一个国家标准团体，即“英国标准协会”。1906 年，成立世界上最早的国际性标准团体，即国际电工委员会（IEC）。这个时期的典型事例是

“工序标准化”，即泰罗制，由美国工程师弗雷德里文·泰罗发明。做法是选择企业中最强壮、灵巧的人，用最快速度进行技术劳动操作，然后拍成电影。并进行科学分工，去掉不必要的工作，研究出效率最高的最合理的操作方法，作为标准操作法，依此确定工人的劳动定额。

第二阶段，一战前为标准化在企业内部推广时期。这个阶段的代表事件是福特公司将“T”型车定义为标准产品，实行大量协作生产，实行零部件标准化。

第三阶段，二战以后，到20世纪50年代为国家标准化阶段。1947年国际标准化组织（ISO）成立，目前世界上已有 100 多个国家和地区成立了国家和地区性标准机构。

第四阶段，为国际标准化阶段。随着全球经济、贸易一体化的发展和跨国公司的发展，国际标准化工作越来越被重视；在现代工业发展中，由于生产过程系列化，迫切要求形成标准化系统。现代标准化的特点是以系统优化为目标，应用数学方法和电子计算机进行最佳处理，建立起与经济、技术发展水平相适应的标准化体系。

三、标准化的经济效果

标准化的主要效果可概括为以下几方面。

1）合理简化商品品种规格的效果。

2）具有促进互相理解、相互交流、提高信息传递效率的效果。

3）在商品生产、流通、消费等方面，具有全面地节约人力、物力和时间的经济效果。

4）在商品交换与提高服务质量方面，具有保护消费者利益和社会公共利益的效果。

5）在安全、卫生、环境保护等方面，具有保障人类的生命安全与健康的效果。

6）在国际贸易中，具有消除国际贸易“技术壁垒”的效果。

从实质上看，按标准化所产生的效果可概括为技术效果、经济效果和社会效果三大方面。技术效果与经济效果、社会效果密切相关，技术效果是产生经济效果、社会效果的前提和基础。从这个意义上来说，标准化的效果也可视为实施某项标准化所产生的技术、社会、经济效果的总和。而一切技术效果、社会效果最终将转化为经济效果。

四、标准化与国际贸易

标准化是沟通国际贸易和国际技术合作的技术纽带，通过标准化能够很好地解决商品交换中的质量、安全、可靠性和互换性配套等问题。标准化的程度直接影响到贸易中技术壁垒的形成和消除。因此，世界贸易组织贸易技术壁垒协议（WTO/TBT）中指出：“国际标准和符合性评定体系能为提高生产效率和便利国际贸易做出重大贡献。”国际贸易涉及到世界各国或地区之间商品交换，在国际贸易中常用以下几种方式来表示商品质量。

1. 国际贸易中表示商品质量的方式

（1）凭样品买卖

凭样品买卖是指买卖双方凭标准样品作为验收和交货的唯一依据而达成的交易。标准样品是指从一批商品中任意抽取或由生产部门设计、加工的，能反映出商品质量的少数实物，这少数实物即实物标准。

（2）凭规格、等级买卖

规格是指商品质量的一些主要指标，如尺寸、比重、水分、密度、强度、纯度等。用规格来确定商品质量的买卖，称为凭规格买卖；在国际贸易中，常对商品质量定出等级（品级），作为交易的标准物，依此完成的交易，称为凭等级买卖。

（3）凭牌名、商标买卖

凭牌名、商标买卖是指某些商品质量稳定，且在国际上享有盛名、销路较好的商品，在交易时凭牌名或商标而达成交易的买卖。在国际贸易中，较多采用此方式进行交易。

（4）凭说明书买卖

凭说明书买卖是指那些结构，性能复杂的机电，仪器产品及大型成套设备，必须凭说明书、图样、照片等资料来说明商品的质量指标的交易。

2. 贸易壁垒

（1）贸易壁垒的界定

贸易壁垒泛指一国采取、实施的或者支持的对国际贸易造成不合理障碍的立法、政策、行政决定、做法等措施。在贸易壁垒的界定上，WTO 框架下关于贸易壁垒的协议——技术性贸易壁垒协议（Technical Barriers to Trade）没有对贸易壁垒进行界定。

我国 2002 年《对外贸易壁垒调查暂行规则》第三条对贸易壁垒界定如下。

外国（地区）政府实施或支持实施的措施，具有贸易扭曲效果，符合下列情形之一的，视为贸易壁垒：

1）该措施违反该国（地区）与我国共同参加的多边贸易条约或与我国签订的双边贸易协定。

2）该措施对我国产品或服务进入该国（地区）市场或第三国（地区）市场造成或可能造成不合理的阻碍或限制。

3）该措施对我国产品或服务在该国（地区）市场或第三国（地区）市场的竞争力造成或可能造成不合理的损害。

外国（地区）政府未能履行与我国共同参加的多边贸易条约或与我国签订的

双边贸易协定规定的义务的，该做法亦视为贸易壁垒。

（2）贸易壁垒的种类

贸易壁垒的表现形式繁多，各国适用的贸易壁垒也层出不穷，以贸易壁垒影响的贸易种类为标准，可以把贸易壁垒分为以下五种。

1）货物贸易，关税壁垒（tariff barriers）。

2）货物贸易，非关税壁垒（non-tariff barriers）。例如，进口许可（import licensing）；出口许可（export licensing）；进口配额（import quotas）；进口禁令（import prohibition）；技术性贸易壁垒（technical barriers to trade）；出口限制（export restrictions）；政府采购（government procurement）；补贴（subsidies）。

3）妨碍与贸易有关的投资的措施。

4）妨碍服务贸易的措施。

5）妨碍与贸易有关的知识产权的措施。

（3）贸易技术壁垒

贸易技术壁垒指那些强制性和非强制性的确定工业产品或消费品的某些特性的规定，标准和法规，以及旨在检验产品，确定产品质量和适用性能所采用的认证、审批和试验程序。贸易技术壁垒包括的内容是多方面的，例如，严格的技术标准，苛刻的安全、卫生规定，检验程序和手段以及计量单位等，用以限制商品进口和销售。

3. 贸易技术壁垒的主要表现形式和内容

贸易技术壁垒的表现形式主要有以下几点。

（1）技术法规

所谓技术法规，指强制执行的规定产品特性或相应加工和生产方法包括可适用的行政管理规定在内的文件。技术法规也可包括或专门规定用于产品、加工或生产方法的术语、符号、包装、标志或标签要求。技术法规涉及的内容主要包括劳动安全、环境保护、卫生保证等。各国之间，技术法规有较大的差别，个别国家的技术法规较多，如美国、日本。这些技术法规一经颁布即强制执行，达不到这些规定的要求，一切商品均禁止进口，因而在国际贸易中构成了一道难以逾越的壁垒。

（2）技术标准

所谓技术标准，指经公认机构批准的，非强制性的，为了通用或反复使用的目的，为产品或相关加工生产方法提供规则、指南或特性的文件。标准也可以包括或专门规定用于产品、加工或生产方法的术语、符号、包装标准标志或标签要求。各个国家制定的技术标准可以说是既繁琐又严格，包含了各种各样的标准，如方法标准、产品标准、安全标准等。为了增强本国的竞争，获取较多经济利益，发达国家往往有意识将技术标准作为竞争的手段，把技术标准的差别作为贸易保护的措施。

（3）商品包装和标签的规定

各种商品的进出口，都有一定的包装和标签，但各国对包装和标签的规定各有不同。主要是对包装的材料、规格、外形尺寸作出了各种具体的规定，同样标签的内容、材料等也被作出了相应的规定。通过包装和标签的规定，使得国外商品更不容易进入本国市场，因为，如果某些商品非要进入，就必须改变其包装的技术和工艺。假设一个国家生产的某产品出口十个国家，但这十个国家对包装和标签上的规定各不相同，为了出口，这个出口国就必须不断改变自己的包装和标签，这无疑对出口国是一个极大的障碍。

（4）认证制度

现在国际贸易市场中普遍采用认证制度，只要产品通过权威机构的认证，就可以通行无阻，未通过认证，即便质量再好，也是寸步难行。但是，认证机构却有很多，有中央政府机构、地区性机构、地方政府机构，还有非政府机构。认证机构的繁多使产品的认证更为困难，一种产品，不知要经过哪些机构的认证才能通行。而且，由于各个国家认证制度也存在较大的差异，使得经过本国认证的产品不能通过进口国的认证，或在 A 国通过了认证，却在 B 国不能通过。再加上，认证程序被加以严格的规定，为了保护自己，进口国在程序上大做文章，使认证时间延长，检验费用剧增，甚至导致重复检验，从而在时间、金钱和精力上形成一个阻碍。

在技术壁垒下，受到经济损害的往往是那些比较落后的国家，我国是一个发展中国家，经济实力还不够强大，标准化历程还较短，技术壁垒向我们提出了严峻的挑战，使我国贸易之路充满坎坷，我们必须采取积极的措施，最大限度地维护国家利益，具体来说，应做好以下工作。

（1）熟悉 WTO 及贸易技术壁垒

我国加入 WTO 以来，迎来了许多的机遇，同时挑战也伴随而来。正如玩游戏一样，我们必须首先熟悉游戏规则，才能在游戏中占领先机，才能创造更多的获胜机会。为了能够在 WTO 中游刃有余，我们必须熟悉 WTO 的各种规则，连各个细节也不能放过，凡是有关 WTO 的信息，我们都要进行收集、了解。针对当前技术壁垒较为严重，我们还必须熟悉技术壁垒，了解技术壁垒的表现形式，收集与其相关的技术法规、标准和有关的规定，充分掌握并客观地分析这些情况，才能知己知彼，百战不殆，才能在国际贸易中处于有利地位。

（2）充分发挥我国标准化机构作用

标准化机构在标准化过程中起着举足轻重的作用，其功能的发挥程度决定着我国标准化事业的发展程度，影响着我国在国际贸易中的竞争能力。由于我国标准化工作开展的时间还较短，其机构还有不够完善的地方，其作用也未能完全地发挥出来，所以其发展道路还很漫长。我国的标准化机构要充分发挥自己这个职能部门的作用，积极为各企业创造便利条件。例如，加强国际交流与协作；建立相应的组织进行国际贸易信息的收集和咨询；积极开展双边标准的协调工作等。

（3）积极采用国际标准和国外先进标准

标准是技术壁垒的一个重要表现形式，也是解决技术壁垒的一个重要工具，为此，必须制定出数量多、质量高的标准。在制定标准的过程中，为了能更好地与国际接轨，减小差距，积极采用国际标准是十分明智的选择。标准水平的高低关系到企业在国际贸易中的利益大小，若标准本身水平较低，即便达标了，依然是低水平，采用国际标准则可以更好地与国际先进水平保持一致。当然，国际标准并不是最高标准，它只是反映了当前国际的平均水平，如有更高的国外标准，我们也要积极采用。在国际贸易中，高标准、严要求总是正确的，国际标准可以使企业在贸易中占据主动，减少贸易争端。

（4）积极参加 WTO 的各种事务

WTO 的各种规则终究是由其组织制定的，而组织总是由各国的工作人员组成的，因此，规则本身不可避免地反映了工作人员的意志。谁能在这些工作人员中占据相当的比例，便可更多的在制定规则中体现本国利益。为此，我国必须积极参与 WTO 的各种事务，包括各种讨论会及各种国际标准、条款的制定，这是获取国家利益的一个有效途径。很多强国都是通过这种控制组织本身的方式来获得本国利益。

补充阅读 4.3

标准化不足致使中国外贸损失巨大

“由于中国出口企业对国际贸易标准缺乏了解，因单证、标签等不符合国际标准产生的滞关、压仓、退货等事件，给中国出口贸易造成每年高达上千亿美元的损失。”近日，中国标准化研究院王忠敏院长在国际贸易标准化推广应用项目新闻发布会上表示，中国国际贸易标准化推广已迫在眉睫。

单证标准化程序复杂

国际贸易涉及许多复杂的问题，包括语言、货币、时差、空间的差异、贸易惯例的冲突等。此外，还涉及众多贸易机构，如进出口商、公路运输部门、铁路运输部门、海运或航空运输公司、货运代理人、保险公司、海关及其报关代理机构、集装箱公司、银行、码头、商品检验机构、政府和其他官方机构等。“一单国际贸易生意通常涉及生产、订购、银行、保险、运输等 45 个机构出具的近 360 份单证。”王忠敏表示，据联合国贸发委和世界贸易组织测算，单证费用平均占到国际贸易成交额的 8%。单证的获得有其应当达到的标准。世界已进入国际标准制约国际市场的新时代。王忠敏表示，目前，单证标准化壁垒成为阻碍国际贸易的最大障碍。

中国出口损失巨大

目前，在国际贸易中，各个国家常有不同的标准。最早提出国际贸易领域单证标准的是联合国贸易简化与电子业务委员会（UN/CEFACT）。据了解，该机构从20世纪60年代初就从事国际贸易程序简化和标准化工作。经过多年努力，UN出台了首个国际贸易程序简化标准——《联合国贸易单证样式》，并于1981年以建议书的形式在联合国框架内推荐使用。随后，联合国贸易简化与电子业务委员会又陆续发布了多个建议书和多套标准，并在世界上许多国家推广使用。据长期从事国际贸易标准化研究推广工作的专家孟朱明介绍，中国标准化机构从20世纪80年代末开始追踪国际贸易标准化动态，并研制了中国第一个国际贸易单证标准。此后，中国标准化机构还陆续完成了包括数据标准、单证格式标准、EDI标准、电子商务标准等在内的多个国家标准。1999年，中国还设立了电子业务标准化技术委员会。这些标准构成了中国国际贸易单证标准体系，为简化和消除通关环节中的阻碍奠定了基础。“然而，中国在国际贸易标准化推广应用方面还比较滞后。”孟朱明说，这是因为中国对国际贸易简化和标准化的重视还远远不够。据他介绍，中国国际贸易单证标准化工作在近10年来可以说是中断的。同时，全国1000多所设立国际贸易专业的大专院校中，没有一所设立相关科目，也没有相关培训。鉴于此，中国相关机构和出口企业普遍对单证国际标准缺乏了解，由此导致的出口损失在国际上首屈一指。孟朱明说：“中国如果实现贸易单证标准化，将会节省50%的单证费用，同时还能挽回国际贸易中因不符合国际标准（惯例）造成的各种损失。”

国际贸易标准化推广项目启动

“为了减少出口损失和提高贸易效率，国家发改委培训中心与联合国工业发展组织等机构合作，联合与国际贸易相关的部门、企业和高校，启动了中国国际贸易单证标准化推广应用项目。”国家发展和改革委员会（简称国家发改委）培训中心主任杜平介绍说，“此次国际贸易程序简化与标准化培训项目的启动，将改变目前中国国际贸易标准化培训领域的空白。”杜平表示，中国国际贸易标准化推广应用项目将组织专业化教育培训系列活动，包括组织对国际贸易有关管理人员、高等学校师生及专业技术人员等进行培训，为相关管理部门和企业培训实施国际贸易标准化急需的人才；同时，改变中国目前设有国际贸易专业的1000多所高校仍然没有国际贸易标准化课程和高级人才的局面，培养出能够开设国际贸易标准化课程的教授；强化涉及推广应用国际贸易标准化领域的软硬件建设，使国际贸易标准化的推广应用真正落到实处。“今后，国家有关部门将通过培训，使政府、企业等充分认识到中国国际贸易单证标准化工作的重要性和急迫性，同时进一步促进相关部门对国际贸易标准化的应用，并在实践中真正获益。”杜平说。

（资料来源：范丽敏．2010-12-29．标准化不足致使中国外贸损失巨大．中华工商时报．）

补充阅读 4.4

如何根据《服装号型》（GB1335—1991）标准，选购称心如意的服装

服装号型国家标准日前已由国家质量监督检验检疫总局、国家标准化管理委员会批准发布。GB/T1335.1—2008《服装号型男子》和GB/T1335.2—2008《服装号型女子》于2009年8月1日起实施。GB/T1335.3—2009《服装号型儿童》于2010年1月1日起实施。服装号型国家标准自实施以来对规范和指导我国服装生产和销售都起到了良好的作用。其中男子和女子两个系列标准属于强制性标准，儿童系列标准作为推荐性标准。标准是以人体身高、胸围、腰围以及胸围与腰围的差数（胸腰落差）作为服装号型命名的依据；当顾各（特殊形体人除外）走进服装店，只要说出自己的身高、胸围和腰围（假如不知道自己的身高、胸围和腰围，只要当场量一下也可）就可以选购到称心如意的服装。

服装号型标志用号、型和体型分类代号来表示。号与型之间用斜线分开，后接体型分类代号。标准中“号”表示人体的身高（cm），“型”表示人体胸围或腰围（cm）；“体型分类代号”，表示根据人的体型分为Y（宽肩细腰型）、A（普通型）、B（微胖型）、C（肥胖型）等四种。儿童服装只分号型，不分体型。

假如有一位男子，身高175cm，胸围88cm，腰围80cm。那么，这位男子的合体上衣“号”，为175号，“型”为88型，再用胸围88cm减去腰围80cm，其差数是8，则体型分类代号就是B。这位男子要购买的服装型号标志是：上衣，175/88B；裤子175/80B。

《服装号型》（GBl335—91）标准所编制的各类服装规格多，适用范围广。

男子：身高155cm～185cm，胸围72cm～108cm，胸腰落差2cm～22cm。

女子：身高145cm～175cm，胸围68cm～108cm，胸腰落差4cm～22cm。

儿童：男童身高80cm～160cm，胸围48cm～80cm；女童身高80cm～155cm，胸围48cm～76cm。

我国标准体型划分如表4.10所示。

表 4.10　我国标准体型划分表　　单位：cm

体型分类代码 \ 胸腰落差 \ 性别	男子	女子
Y	17～22	19～24
A	12～16	14～18
B	7～11	7～13
C	2～6	4～8

第五节　我国标准化的历史沿革和发展

新中国成立半个多世纪以来，从新民主主义建设到致力于建立有中国特色的社会主义市场经济体制，经历了漫长而曲折的道路。中国的标准化事业，也相应地经历了几起几落、不断探索实践、在改革中不断前进的曲折历程。在新中国成立后的不同历史时期，标准化发挥着不同的历史作用，成为促进我国经济和科技发展的重要技术支撑。客观地研究分析我国标准化的沿革轨迹及发展方向，对于探索建立适合我国经济和社会发展需要的标准化体系具有重要的现实意义。

一、中国标准化的发展历程

我们首先简要地回顾一下中国标准化发展的历程：

——1931 年 12 月，中华民国正式成立工业标准委员会；

——1946 年 9 月，中华民国政府颁布《标准法》；

——1947 年 2 月，参加国际标准化组织（ISO）；3 月，全国度量衡局与工业标准委员会合并成立“中央标准局”；

——1949 年 10 月中华人民共和国成立，在中央财政经济委员会下设立了中央技术管理局，负责工业生产和工程建设的标准化工作；

——1949～1955 年，纺织、卫生、农业、铁道、建委等部门相继发布部门标准；

——1956 年成立国家技术委员会，翌年初设立国家技术委员会标准局，（重新）加入国际电工委员会（TEC）；

——1963 年 9 月国家科学技术委员会在全国范围内确定了 32 个研究院、所和设计单位为国家标准化核心机构，批准成立标准化综合研究所（现为中国标准研究中心）；

——1966 年“文革”开始，标准化机构瘫痪，人员流散，工作停滞；

——1972 年成立国家标准计量局；

——1978 年 9 月中国标准化协会成立，（重新）加入国际标准化组织（1SO）；

——1978 年 10 月成立中华人民共和国国家标准总局，翌年在总局下成立厂质量监督局；

——1979 年 7 月国务院批准颁布《中华人民共和国标准化管理条例》；

——1979 年 8 月开始组建专业标准化技术委员会；

——1984 年 1 月全国采用国际标准工作会议召开，3 月国家标准局发布《采用国际标准管理办法》；

——1988 年 7 月在原国家标准局、国家计量局和国家经委质量局基础上组建了国家技术监督局；

——1988 年 12 月七届全国人大常委会五次会议通过《中华人民共和国标准化法》，从 1989 年 4 月 1 日开始实施；

——2001 年组建国家质量监督检验检疫总局、国家标准化管理委员会和国家认证认可监督管理委员会；

——2001 年科技部将“重要技术标准研究”作为“十五”期间组织实施的十二项重大科技专项之一。

二、建国后我国标准化工作的基本情况及特点

1. 建国初期我国标准化情况

当时我国的工业经济基础主要由两大部分组成：一是由旧中国延续下来的民营经济，二是国家通过没收官僚资本而形成的国有经济。为了加快国民经济的恢复，保证工业产品和工程建设的质量，巩固国防，国家、各经济管理部门以及一些骨干企业初步开展了标准化工作，1949 年 10 月政务院财政经济委员会成立中央技术管理局，下设标准规格处，开始组织标准制定工作。纺织、冶金、建材、化工、交通运输和工程建设等行业，以及商业、外贸、卫生等部门，从 1950 年起就相继制定了一些基础性的和重要原材料产品的标准以及各种规范和规程。这一时期我国标准化工作处于起步阶段，主要是在学习、引进前苏联标准和总结我国实践经验的基础上，着手建立企业标准和部门标准，尚未形成完整健全的技术标准体系。

2. 开始全面建设社会主义的 10 年（1956～1965）标准化工作的基本情况

1956 年是国家对农业、手工业和资本主义工商业的社会主义改造胜利完成的一年。随着社会主义公有制占绝对优势的生产资料所有制结构的确定、第一个五年计划期间新建和改建的大批重点企业的相继投产，建设在生产资料全民所有制基础上的社会化大生产的总体格局基本形成；与此相应，参照前苏联和东欧国家模式的我国标准化管理体制也逐步形成。与整个国民经济有计划、按比例发展模式相适应的这种标准化管理体制的主要特征是：一元化领导和集中式管理；以行

政指令为基本管理手段；企业的产品纳入国家统购包销的渠道，各级、各类标准均属于强制性标准。此期间，除了诸如进出口商品专检系统，国家级的、各行业和地方的质检和商检系统以及（军品）驻厂军代表等对标准严格把关之外，企业的质检部门和标准化部门等都对贯彻各级各类标准发挥着作用。例如，在产品设计文件的标准化（规格化）检查和产品定型前的“标准化审查报告”中，都对企业的产品贯彻基础标准、原材料和元器件标准以及产品的标准化系数等进行审查把关和评价。

从1956～1965年的10年，在国家科委标准局以及国务院各部委和各省市标准化主管部门的积极领导和组织下，全国统一的标准化管理制度初步形成，国家标准、部标准和企业标准的制（修）订和贯彻，以及专业性和地区性的标准化经验交流活动已形成一定规模。同时，我国标准化工作对前苏联标准的照搬照抄状况亦有所转变，开始注意结合本国资源和自然条件等具体国情开展标准化工作。这一阶段，中国技术标准体系初步形成，有力地支持了计划经济模式下的我国社会主义建设事业，其体系的形成为后期标准体系的不断改革完善奠定了良好的工作基础。

3. “文革”10年（1966～1976）的标准化活动

“文革”10年，使我国标准化工作经过前五年调整后获得的新发展遭到了严重的冲击和破坏，组织机构瘫痪、工作停滞。但这种冲击和破坏所带来的严重后果，又从反面证明了标准化在国民经济建设中的重要作用。就是在这样艰难的困境下，一些标准化战线上的骨干和群众仍坚持工作，在科普宣传，基础标准宣贯，制定诸如农业种子和服装、鞋号等标准方面做了一些有益的工作。我国现行“四鞋”统一鞋号，是经过120个省、市、自治区的25万名不同职业、民族、性别和年龄的消费者的脚形特点进行实际调查测量，积累数据并分析其变化规律制定出来的；统一鞋号以脚长为依据，脚长的厘米数就是应该穿鞋的号数，过渡鞋号是5mm。在每个鞋号中又分成五个鞋型，一型最瘦，五型最胖。这样，无论鞋的外形、颜色，款式、用料等怎样变化，生产中内控的鞋长、鞋宽尺寸实现了标准化。这从根本上改变了过去采用各种国外标准、各地自搞一套的混乱局面，既有利于制鞋工业机械化、提高劳动效率、降低成本、提高质量，又极大地方便了消费者的购买和使用。

皮鞋的分类方法一是按照对象来区分。分小童（13～16号）、中童（16.5～19.5号）、大童（20～23号）、女鞋（21～25号）、男鞋（23.5～30号）。

1975年，电子工、业部标准化研究所借鉴日本电子元器件的做法，在编制标准化规划时，采用了按具体专业分别标准层次列表的方法编制了标准体系表。这一国内首创的方法得到了国家标准局领导的高度重视，后来推广到全国，对我国标准化体系建设产生了积极的影响。这也是创造性地学习和借鉴国外经验改进我国标准化工作一个典型的案例。

4. 在改革开放后我国标准化事业蓬勃发展

“文革”结束后，国务院领导同志多次提出要努力做好标准化、系列化、通用化工作，采取了一系列行政措施使标准化工作得到加强，如1979年7月31日国务院批准颁布了《中华人民共和国标准化管理条例》等。党的十一届三中全会以后，党的工作重心转移到经济建设上来，改革开放全面展开，我国标准化管理体制出走上了改革之路。

从1982年开始，党和国家把我国经济体制改革正式提上了议事日程：1982年中共十二大提出“计划经济为主，市场经济为辅”；1984年十二届三中全会提出“有计划的商品经济”；1987年十三大政治报告中提出“计划与市场内在统一的体制”；1989年十三届五中全会指出，经济体制改革的目标是实行“计划经济与市场调节的统一”；一直到1992年，中共十四大政治报告正式提出了“社会主义市场经济”，这就确定了新的改革任务和目标，我国标准化工作围绕着建立中国特色的社会主义市场经济体制的大前提、大目标进行了一系列的组织结构调整、制度和观念更新，以及工作方法等方面的重大转变。国家标准化的行政主管机构得到加强，原已建立的行业标准化研究机构逐步恢复，经过各方共同努力，《标准化法》正式发布，我国标准化管理运行体系、研究体系和贯彻实施体系基本形成。

事实上，自改革开放以后，连续大量的技术引进、“采标”、在国企改革中逐步实现政企分离、企业转制以及“三资企业”的蓬勃兴起，已决定了中国的标准化工作体制和管理模式将随同整个经济体制一样，更多地借鉴西方经验，按照市场经济的规律行事。诸如从行政管理过渡到法制管理，从生产型标准转向贸易型标准，从强制性标准过渡到推荐性标准，进一步再向“技术法规”和“自愿性标准”的体制转变，大力开展认证活动，积极参与国际标准化活动并使国家标准更大程度地“同国际接轨”等。

中国有着特定的历史背景和相对复杂国情的特点，中国特色的社会主义市场经济体制一方面应当也可以融入国际市场竞争的大环境，另一方面又必须适应本国的历史、地理、民族和人文等多方面的因素和现实条件。中国的标准化管理也必然同西方单纯的市场经济体制下的成套标准化工作体制和管理模式会有所差别——这就是国际化与本地化的区别，这也是我们开展中国标准化体系建设研究时必须认真考虑的一个问题。

三、我国标准化管理体制

20世纪50年代我国在学习苏联模式的基础上，逐步建立了计划经济体制和国家管理上的中央集权制，与此相应，我国标准化工作也采用了中央政府集中制管理体制。政府对企业的生产进行管理和控制，组织制定所有国家标准、行业标准和地方标准并强制实施。

1988 年 12 月，《中华人民共和国标准化法》（简称《标准化法》）颁布。《标准化法》为当时我国的经济建设提供标准化的保障。标准化管理体制是标准化管理系统的核心。由于各国社会制度、经济体制、工业与科技发展水平不同，标准化管理体制也不同。有的分散管理，有的集中管理，有的集中与分散相结合；有的由官方行政机构管理，有的由民间标准化协会管理，也有的由官方机构和民间协会结合管理。尽管管理体制各种各样，但基本上可以分为两类，一类是由官方行政机构管理为主，其特点是集中统一，法制性强；另一类是以民间标准化协会管理为主，政府给予一定的支持，授权或干预，其特点是分散为主，或分散和集中结合，集中统一性差。

中国标准化工作实行统一管理与分工负责相结合的管理体制。按照国务院授权，2001 年，我国成立了隶属于国家质量监督检验检疫总局的国家标准化管理委员会（副部级事业单位），统管全国的标准化工作。国务院有关行政主管部门和国务院授权的有关行业协会分工管理本部门、本行业的标准化工作。省、自治区、直辖市标准化行政主管部门统一管理本行政区域的标准化工作。省、自治区、直辖市政府有关行政主管部门分工管理本行政区域内本部门、本行业的标准化工作。市、县标准化行政主管部门和有关行政部门主管，按照省、自治区、直辖市政府规定的各自的职责，管理本行政区域内的标准化工作。

小　　结

商品标准是对商品质量和与质量有关的各个方面所作的技术规定。商品标准按其适用领域和有效范围不同，分为国际标准、区域标准、国家标准，行业标准、地方标准和企业标准六级。商品标准的内容有封面、前言、范围、名词术语与符号代号、技术要求、试验方法、标志、标签和包装规定等。

我国实现强制性和推荐性相结合的标准化管理体制。制定标准、组织实施和对标准的实施进行监督，是标准化工作的主要任务。

思考与练习

简答题

1. 简述商品标准化的作用。
2. 如何正确合理地采用国际标准和国外先进标准？
3. 需要制定强制性国家标准的产品范围主要包括哪些？
4. 制定商品标准时必须遵循哪些原则？
5. 为什么标准化有利于消除贸易技术壁垒？

6. 什么是标准化的经济效果？

实训题

1. 通过网络、图书馆，查阅机械、纺织品、食品各一个商品标准，并写出该标准主要内容的报告。

2. 通过调查，以某企业的实际案例说明商品标准化在国家贸易中的重要作用。

3. 参观当地的资料技术监督局或指定的质量监督和认证机构，了解企业和产品的质量认证情况。

【案例 4.1】

这个中餐连锁餐馆标准化建设为何不成功？

食天为民是一家新式的餐饮连锁公司，以中餐为主打，消费档次在中档偏上，其地方风味特色很受欢迎，生意也不错，开了多家连锁店。这类公司时常要注意的事情是，如果是哪道菜加工的过火了，或是哪批包子的馅咸了，或者是顾客多了上菜慢了，弄不好顾客不满之下就另投别家，成为其他餐饮企业的食客。于是公司力求塑造一套标准化的操作程序，既要保持本公司餐品的风味特色稳定，又要通过服务赢取顾客的好感和满意度。

食天为民也向一些国外餐饮连锁巨头们取过经，也将店面装修得挺有氛围，也有详细的员工手册，力求将操作和服务标准化。不过这还不够，因为这一套其他企业也容易做到，A 企业决定在餐品的“鲜”字上下功夫，并且提高对顾客的反应速度。比如说，顾客如果可以稍等一下，那么包子、饺子等可以现做；根据提前估算消费量做好的包子必须在三十分钟内卖出，否则不能再上餐桌；菜必须在顾客下单后的半小时内做好，等等。

改造从后厨开始，引进了一些设备，使烹饪变得“数字化”起来。比如面粉发酵，多少面粉加多少发酵粉加多少水，多少温度发酵多长时间，都有一个比较准确的数字和配比。甚至包子和饺子的馅都能用机器调好料，人工要做的，就是按每斤馅包多少数量的包子和饺子，以及每斤配好的面粉包多少个包子和饺子这个标准，用一块面皮包上馅变成成品放在蒸屉里。而以前负责蒸包子的伙计，现在负责看管电蒸柜——比如把一屉屉的生包子端进蒸柜里，然后就是打开开关，静等若干分钟后就端上柜台，也不用再去看火候，看时间，电蒸柜把时间和温度都设定好了。顾客点餐之后，也不用跑堂的服务员像往日一样叫号，向后厨下指令，点餐台直接将菜单下达后厨，各道菜肴自动流向所负责烹饪的厨师。

现在，一切都变得比以前可控，员工们所做的事也变得比以前简单，以前要凭丰富的经验和感觉才能做出出色的食品，现在仅靠这套机器就把做出来，而且次品率极低。现在，经验丰富的厨师们也不再像以前那样有一两个伙计打下手，那种感觉让自己太像个大师傅了，但现在这种感觉没有了，大家守着一个机器去操作就行。像这样，一批年纪大些的员工们怎么都有些不适应；而年轻的小伙计们对引进这些半自动化设备感到新奇，特别是他们可以不再给大师傅打下手跑来跑去了，这让他们感到轻松。

不过，时间长了，连这些十几二十来岁的90后和80后也有些不适应了。过去是团队协作，前台一声令下，后厨马上就会热闹起来，或盛上套餐为顾客端去，或厨师们马上就开锅，彼呼此应之间，气氛融融。现在，连大家围着桌子做包子和饺子的场面，也没以前那么火热了。那些设备更像是流水线，大家分布在这条流水线上，成为其中某个环节的一个螺丝钉，每天守着机器设备。后厨的一些大师傅们之前的成就感现在一落千丈，因为他感觉餐馆不再依靠他的经验和技术了。年轻人也觉得每天很无聊，操作越简单，工作越机械，每天重复这样简单机械的工作，兴趣大大丧失。一位80后员工在博客上感叹："以前是自己牵着一条流水线运作，现在自己是一条流水线上的一个零部件；以前每天觉得在这里工作很有气氛，现在每天完成工作，总是想让自己能尽快逃离这里……"

在餐饮业，服务和食物质量同等重要，当企业将对顾客需求的快速反应作为竞争力来打造时，服务就显得更重要了，而员工的积极性和归属感则会直接影响服务质量。在员工个人的作用和属性被削弱的时候，A企业需要怎样来调和员工们的心态，激发他们的热情，凝聚他们的归属感？

（资料来源：2009-02-02．网易商业频道，http://biz.163.com/.）

问题：

1. 分析这个中餐连锁餐馆标准化建设不成功的原因有哪些？
2. 服务行业如何加强标准化建设？

【案例4.2】

RFID——沃尔玛强化核心竞争力的新武器

2003年6月19日，在美国芝加哥召开的"零售业系统展览会"上，沃尔玛宣布将采用一项名为RFID的技术，以最终取代目前广泛使用的条形码，成为第一个公布正式采用该技术时间表的企业。按计划，该公司最大的100个供应商应从2005年1月1日开始在供应的货物包装箱、托盘上粘贴RFID标签，并逐渐扩大到单件商品。如果供应商们在2008年还达不到这一要求，就可能失去为沃尔玛供货的资格。一石激起千层浪，RFID技术突然走到了聚光灯下。那么，什么是RFID技术，沃尔玛又怎样用它来谋求更大的竞争优势呢？

RFID：淘汰条形码

在采用新技术的历史关头，大多数人总是不太热心，经常表现出令人疑惑的惰性。条形码的发展就是最好的例证之一。这项技术30多年前即告成熟，但真正愿意采用的企业却为数不多。事情的转机出现在1984年——沃尔玛等大型零售商强制要求其供应商采用该技术，在商品上印刷条形码的企业就从1984年不足15 000家迅速增加到1987年的75 000余家。条形码的普及，极大地提高了销售渠道的效率，也为零售企业创造了新的利润增长点。

条形码虽然在提高商品流通效率方面立下了汗马功劳，但自身有着一些不可克服的缺陷。例如，扫描仪必须“看到”条形码才能读取，因此工作人员必须亲手扫描每件商品——不仅效率较低，而且容易出现差错。另外，如果条形码撕裂、污损或丢失，扫描仪将无法扫描进而识别商品。又如，条形码的信息容量有限，通常只能记录生产厂商和商品类别。

被认为将取代条形码的RFID是一种名叫“无线射频识别”的非接触式自动识别技术；得名于其英文“Radio Frequency Identification”的缩写。简单的RFID系统由标签tag，解读器reader和天线antenna三部分组成——在实际应用中还需要其他硬件和软件的支持。每个RFID标签包含有一个类似于UPC的“产品电子编码”，其数据容量较大，可以将商品标志成A公司于B时间、C地点生产的D类商品的第E件，突破了UPC和EAN条形码通常只能将产品标志为A公司的B类商品。此外，由于RFID的封闭包装方式，使之可以用于潮湿、多尘等污染比较严重的环境中。

RFID的工作原理并不复杂：标签进入磁场后，接收解读器发出的射频信号，凭借感应电流发送出存储在芯片中的产品信息，解读器读取信息并解码后，送至中央信息系统进行有关数据处理。

由于采用无线数据通讯和“防冲突”算法，RFID系统可以在一定距离之外对商品进行扫描，在不打开商品包装的情况下即准确识别箱内商品的规格与数量。因此，粘贴有RFID标签的商品只需在解读器电磁波覆盖范围内停留一定的时间，就可以完成识别过程，而无需将整箱的商品拆开，再逐件扫描条形码，从而大大提高了货物的处理效率和准确率。

然而，RFID却不是什么新鲜玩意儿。其历史可以追溯到二战期间，美军首度将其用于识别盟军的飞机。到了上个世纪70年代，原联邦德国政府即用其标志核废料，以更加准确地跟踪它们的处理过程。而在新加坡和香港，基于该技术的电子公路收费系统也早已投入使用，该系统可对不同时段行驶在不同路段的车辆实行差别计费。此外，它还在宠物身份识别、野生动物与环境监测等领域得到了较多的应用。

RFID：成长的烦恼与希望

一项技术的推广与普及，与当时的社会需求与应用环境有关，但最终取决于它能够带给采纳者的利益，即成本与收益的对比。对于企业而言，采用某项技术最主要的目的不外乎两个：获得丰厚的短期利润、巩固或者谋求长期竞争优势。

RFID 之所以长期以来没有得到很好的发展，是因为一直受到某些条件的制约，而它在近年来重整旗鼓，则得益于应用环境的成熟与若干新技术的诞生。

长期以来，价格是制约 RFID 发展的首要因素。历经了数十年的发展后，RFID 标签的价格仍然居高不下——无源标签和有源标签的价格分别在 30 美分和 1 美元以上。这对于那些单价比较昂贵，如汽车和高档服装等商品来说，倒也不足为患；但如果将其用于那些单价相对较低的快速消费品，消费者恐怕就只能“买椟还珠”了。另外，RFID 解读器的价格也不菲。 例如，艾伦公司 Alien Technology Corp，2003 年 9 月中旬新上市的产品一次性购买 25 台以上的批发价为 700 美元，为市面上同类产品的最低价格。而一个企业动辄就需要安装数十台、甚至上千台类似的机器，如果再加上计算机、局域网、应用软件、系统集成等费用，其费用之高令人咋舌。所幸的是，新的制造技术有望在不远的将来极大地降低 RFID 标签的价格。以色列的 SMARTCODE 公司则宣称，他们的生产能力已经达到 120 万枚/小时，如果订货量达到 10 亿枚以上，则价格可以控制在 5～10 美分。技术专家认为无源标签的单价下降到 10 美分后，可以大规模地应用于整箱整件的商品；下降到 3 美分以下，就有可能普及到单件包装消费品。

其次，不成熟的应用技术环境是制约 RFID 普及的又一重要原因。RFID 技术的成功应用，不仅需要 RFID 硬件制造、无线数据通讯与网络、数据加密、自动数据收集与数据挖掘等技术，还必须与企业的企业资源计划 ERP、仓库管理系统 WMS、商品管理系统 MMS 和客户关系管理 CRM 等结合起来，否则就很难充分实现这项技术带来的利益——这对系统集成是个极大的挑战。到今天，无线数据通讯、数据处理和网络技术的发展都已日益成熟，而且在 SAP 和 IBM 等 IT 技术巨擘的直接推动下，其支持技术已经达到了实际应用的水平，并已在麦德龙于德国莱茵贝格开设的“未来商店”里经受了实践的检验。另外，敏锐而善于捕捉市场机会的微软最近亦宣布，将全面开发与 RFID 技术兼容的应用软件。

再次，缺乏统一的技术标准制约了 RFID 突破企业界线的拘囿。长期以来，各个企业采用的大多都是专有技术，所使用的频率、编码、存储规则，以及数据内容等都不尽相同。解读器和标签不能通用，企业与企业之间就无法顺利进行数据交换与协同工作，从而把 RFID 技术的应用范围局限在了某个企业的内部。

另外，针对顾客隐私保护、标签数据加密等曾经阻碍 RFID 应用的问题，亦陆续有企业提出了相应的解决方案，例如“灭活”、自毁、指令等。因此，RFID 的应用环境已经日臻成熟，无论是技术上还是社会心理上，都具备了大规模实际应用的现实基础。

RFID：打造“透明”的供应链

要考察沃尔玛采用 RFID 技术的意图，首先还得从它的竞争优势或者核心能力谈起。沃尔玛自 1962 年创立开始，即以令人瞠目结舌的速度飞速发展着。到目前为止，该公司已经在全球开设了4300多家门店，并在2001年以2198亿美元的销售额荣登《财富》500强之首后，2002年再次以2465亿美元雄居榜首。在过去的五年中，其销售额年平均飙升15.7%。据《财富》预测：沃尔玛还将在接下来的几年保持领先的地位，并于2007年达到4340亿美元的销售额。

沃尔玛的成功在于它将尖端科技和优质服务巧妙地结合在了一起。更具体地说，高效的供应链和物流管理体系就是它的核心竞争能力。沃尔玛前任CEO大卫·格拉斯David Glass曾一语道破天机："配送设施是沃尔玛成功的关键之一，如果说我们有什么比别人干得更出色的话，那就是配送中心。"充分利用现代信息技术打造的供应链与物流管理体系，不仅为沃尔玛获得了成本上的优势，而且加深了它对顾客需求信息的了解、提高了它的市场反应速度，从而为其赢得了宝贵的竞争优势。

沃尔玛一直扮演着技术先锋的角色，总是通过采用各种新技术来谋求竞争优势。早在1969年，公司就开始使用计算机管理库存；1980年开始使用条形码；1983年又花费2400万美元购买了商业卫星，构建全球通讯网络；1985年开始建立了规模庞大的电子数据交换（EDI），并进而演化成具有多种功能的Retail Link系统；1988年使用无线激光扫描枪；到了90年代，则为车队装备了卫星定位系统，以提高物流管理效率。同样是经营商店，沃尔玛的技术水平往往领先同行5至10年。我们可以看出，沃尔玛的所有技术无一例外地都是围绕着改善供应链与物流管理这个核心竞争能力展开的。

到现在，沃尔玛配送中心的工作85%由机械自动完成，其在本土门店中销售的8万多种商品中85%实现了集中配送。利用激光扫描仪和计算机网络，沃尔玛可以对商品从库存、配货、送货、上架和出售的全过程进行跟踪，从而做到了门店销售与配送保持同步，配送中心与供应商运转一致。据称，该公司甚至可以在1小时内完成全球4300余家门店内所有商品的盘点。这一切，都建立在商品信息条形码化的基础之上。

然而，条形码必须"看到"才能读取的特性以及信息存储量有限的不足，大大限制了商品处理的效率和准确性。例如，在配送过程中，必须有人工的介入才能保证所有商品的条形码朝向激光扫描仪；在商品运送过程中或者送抵门店后，必须经由人工一一扫描后，才能得知商品的准确数量，或判定是否发生了遗失。另外，条形码通常只能够反映商品的生产厂商与种类或型号，关于保质期等信息就不得不依靠手工输入。依靠手工扫描并录入数据，就无法避免统计差错的发生，从而导致商品短缺或者积压。虽然近年出现的二维条形码解决了信息存储量不足的问题，但仍然改变不了必须借助光源才可以读取信息以及必须逐件扫描的难题。

沃尔玛的供应商按照配送中心发来的订单分拣好产品，随即交付运送；在沃尔玛配送中心的接货口，商品通过门口时即由RFID解读器自动完成盘点并输入沃尔玛的数据库；商品被直接送上传送带后，配送中心按照各个门店所需要的商品种类与数量进行配货——无需人工调整商品摆放朝向；商品装车发往各门店的途中，借助 GPS 定位系统或者沿途设置的 RFID 监测点，就可以准确地了解商品的位置与完备性，从而准确预知运抵时间；运抵门店后，卡车直接开过接货口安装的 RFID 解读器，商品即清点完毕，直接上架出售或暂时保存在门店仓库中，门店数据库中的库存信息也随之更新；随着商品减少，装有 RFID 解读器的货架即自动提醒店员进行补货；由于顾客改变了购买决策而随意放置的商品，亦可以通过覆盖了整个门店的 RFID 解读器非常容易的找到并由店员归位。顾客选购结束后，只需要推车从安装有 RFID 解读器的过道中通过，商品的统计即自动完成；一般顾客可以选择现金、信用卡等传统结算方式，使用带有 RFID 标签结算卡的顾客则可以选择 RFID 结账，即由系统自动扣除款项，排队付款的烦恼就会大幅减少甚至全部消除。而商品一旦进入到 RFID 解读器覆盖的各个场所，RFID 系统就自动承担起 EAS 电子商品监控的功能，从而有效地防止商品失窃现象。

这样，从商品的生产完成到零售商再到最终用户，即商品在整个供应链上的分布情况以及商品本身的信息，都完全可以实时、准确地反映在零售商的信息系统中，从此整个供应链和物流管理过程都将变成一个完全透明的体系。

RFID：巩固和提升沃尔玛核心竞争力

至此，我们已经详细了解了 RFID 技术在供应链与物流管理领域的潜在用途，并且分析了沃尔玛的核心竞争能力。我们可以清楚地认识沃尔玛从中能够得到的具体收益：

1）减少统计差错、即时获得准确的信息流，进一步降低在供应链各个环节上的安全存货量和运营资本，巩固和扩大在该领域的竞争优势。

2）提高物流　配送的自动化程度与处理效率，减少雇佣员工，降低劳动力成本，巩固和扩大在物流成本上的优势。

3）加大财产与商品监控与管理力度，有效防止盗窃现象和因遗忘等原因造成的商品损耗；强化设备管理，优化配置设备与提高设备的使用率。

4）更加透明和快速地了解各种商品在门店的销售情况，并进一步减少因为货架上缺货而造成的营业额损失，从而对顾客的需求变化做出更加敏捷的反应。

5）加速购物的统计与结算过程，减少排队付款的时间，改善顾客的购物体验，进而获得更高的顾客满意度和忠诚度。

6）获取更大的渠道权力，从而成为整个供应链上无可争议的领导者。

7）树立和巩固技术先锋、行业领头羊的角色，继续打造“光环效应”等。

同时，RFID 将为沃尔玛提供一个向产业链上游——物流——进行整合的强大工具。目前，沃尔玛供应链上商品从供应商到配送中心的环节大多是借助第三方物流公司来完成，如马士基等。但凭借目前的能力和经验，沃尔玛完全可以在物流领域大显身手。借助 RFID 技术，沃尔玛甚至可以实现供应商到门店的直接补货方式——门店发出补货订单，供应商（尤其是像宝洁、卡夫等大供应商）按照商品在门店中陈列，将位置相邻的各种商品打入同一个包装，然后直接发送到门店上架出售。

（资料来源：石新泓，石志华．2004．RFID：沃尔玛强化核心竞争力的新武器．01.）

问题：

1. 沃尔玛采用 RFID 的目的和意义何在？
2. RFID 与条形码的区别和联系？

第五章 商 品 检 验

【主要概念】

商品检验　商品的品级　感官检验　理化检验　抽样　商品质量认证

商品质量监督　商品质量监督　3C 认证

商品质量是否符合规定的标准，只有经过检验才能确定，而商品质量能否保证满足消费者需求，就必须进行全面的商品质量评价和开展商品质量监督活动。

第一节 商品检验的产生与发展

商品检验是商品经济发展到一定历史阶段的产物。资本主义社会以前，由于生产力水平低下，经济运作能力弱，科技水平不发达，因此，无论是国内还是国际间的商品交换，买卖双方考虑商品的数量、质量、规格、外形等是否符合要求，通常由买卖双方亲自检验决定，不需要商检这个独立的中间环节存在。

随着资本主义生产的产生和发展，社会生产力飞速发展，大量的生产出来的剩余产品推动了商业的发展。在巴黎、马赛、伦敦等城市逐渐形成了国际贸易中心城市。在 16、17 世纪的欧洲，各国盛行重商主义，大力发展对外贸易，以便通过商业活动刺激生产的发展。

在不断发展的国际贸易活动中，商品的品种繁多，质量各异，数量巨大，买卖双方远隔千山万水进行交易，难于直接对交接货物进行检验清点，需要有一个权威、公正的第三方公证鉴定机构对商品的质量、数量、重量、装运条件以及发生意外造成货损等进行检验和鉴定，其检验鉴定的结果为买卖双方及有关方面所接受，以利贸易活动的顺畅进行。同时，一些国家的政府也认识到成立国家检验管理机构、颁布商品检验的法制法规和标准以加强进出口商品质量、保障国家和人民利益不受损害的重要性。因此，早在 16 世纪，欧洲就出现了从事商品检验鉴定业务公证人和私人开设的公证行。1664 年，法国政府为了促进出口商品的质量提高，制定了商品取缔法令，对 150 多种商品制定了具体的品质标准和工艺规程，在全国各主要城市设立了商品检验机构，依法执行检验管理。凡检验符合技术标准规定的发给证书准予出口，检验不合格的不准出口，并责令工厂研究改进，首创了由国家对出口商品实施检验管理的制度。

自法国政府建立了第一个检验机构后，至 19 世纪，较发达的西方国家普遍设立了商品检验机构。意大利政府于 1850 年在米兰设立检验所，主要负责检验生丝。1874 年德国政府设立机构开始检验农产品病虫害，1877 年继德国之后，奥地利政府设立机构执行农产品病虫害检验。早在 1725 年，英国政府即颁布了禁止茶叶掺假条例，实行进口茶叶检验。1877 年英国政府在英格兰和惠尔斯设立机构执行对农产品的病虫害检验。美国政府因出口肉类产品年经德国、法国、奥地利、丹麦等国家检验发现病虫害而遭受打击，于 1890 年经国会议通过成立检验机构，总部设在纽约，并在费城等四城市设立分支机构施行检验和管理。例如，1890 年美国国会通过议案，规定凡出口的火腿等肉品需由政府检验机构检验合格后取得证书方准出口。1891 年又进一步通过议案，规定了屠宰场必须施行宰前宰后检验，并必须经显微镜检验证明无病虫害后才颁发证书准予出口。日本政府为加强对出口产品的质量检验管理，防止商人贪图一时利益，粗制滥造，运销粗劣产品到海外市场，于 1896 年成立检验机构，并先后在横滨、神户、京都、名古屋等 12 个主要城市设立检验机构，依法对农产品、水产品施行检验。日本政府依据不同商品，分别制定了单项商品检查法，如 1896 年制定了生丝检查法，随后又对出口花席绢织物及进口苗木、水果等商品制定了专项检查法，1908 年又颁布了肥料取缔法等，日本政府这种做法一直延续到现在。至 19 世纪末 20 世纪初，瑞典、丹麦、比利时、捷克、希腊、智利、挪威、墨西哥等国家都先后建立了商品检验管理机构。

二战后，世界经济飞速发展，国际贸易成为世界经济的重要支柱，在各个国家都占有日益重要的地位，商品检验业务也随之得到巨大的发展。当前活跃在国际贸易领域中的各类商品检验、鉴定机构有 1000 多家，既有官方机构，也有民间和私人机构。有的综合性检验鉴定公司业务遍及全世界，涉及国际贸易中各类商品的检验鉴定工作，其中有的专注于某类专业产品，甚至安全性能的鉴定。国际贸易中的商品检验机构及其工作已成为当代国际贸易中一个重要环节，发挥着越来越重要的作用。

第二节　商品检验的内容和形式

一、商品检验的概念

我国国家标准《质量管理体系——基础和术语》（GB/T19000—2000idtISO9000：2000）规定，“检验是通过观察和判断，并结合测量、试验所进行的符合性评价。”

商品检验指商品的供货方、购货方或者第三方在一定条件下，借助于某种手段和方法，按照合同、标准或国际、国家的有关法律、法规、惯例，对商品的质量、规格、数量以及包装等方面进行检查，并作出合格与否或通过验收与否的判定，或为维护买卖双方合法权益，避免或解决各种风险损失和责任划分的争议，便于商品交换结算而出具各种有关证书的业务活动。

其中，商品质量检验是商品检验的中心内容，狭义的商品检验即指商品质量检验。商品检验在早期质量管理的发展阶段发挥了保证商品质量的把关作用，在全面质量管理不断发展、完善的今天，由于预防、控制并非总是有效，所以商品检验仍然是商品质量保证工作的一项重要内容。

检验包括在以下四项具体工作。

1）度量。包括测量与测试，可借助一般量具，或使用机械、电子测量仪器。

2）比较。把度量结果与质量标准进行对比，确定质量是否符合要求。

3）判断。根据比较结果，判定被检产品是否合格，或一批产品是否符合规定的质量标准。

4）处理。对单件产品决定是否可以转到下道工序或产品是否准予出厂；对批量产品决定是接收还是拒收，或重新进行全检和筛选。

二、商品检验的形式

1. 根据检验有无破坏性分类

根据检验有无破坏性，商品检验分为破坏性检验和非破坏性检验两种形式。

（1）破坏性检验

破坏性检验指经测定、试验后的商品遭受破坏的检验。

（2）非破坏性检验

非破坏性检验指经测定、试验后的商品仍能使用的检验，也称无损检验。

2. 根据检验商品的相对数量分类

根据检验商品的相对数量，商品检验分为全数检验、抽样检验和免于检验三种形式。

（1）全数检验

全数检验是对被检批的商品逐个地进行检验，又称百分之百检验。其特点是能提供较多的质量信息，给人一种心理上的放心感。其缺点是，由于检验量大，其费用高，易造成检验人员疲劳而导致漏检或错检现象。全数检验适用于批量小，质量特性少且不稳定，较贵重、非破坏性检验，如照相机、手表、彩电、冰箱等。

（2）抽样检验

抽样检验是按照事先已确定的抽样方案，从被检批商品中随机抽取少量样品，组成样本，再对样品逐一测试，并将检验结果与标准或合同技术要求进行比较，最后由样本质量状况统计推断受检批商品整体质量是否合格的检验。其特点是，检验的商品数量相对较少，节约费用，具有一定的科学性和准确性，缺点是提供的质量信息少。抽样检验适用于批量大、价值低、质量特性多且质量较为稳定，具有破坏性的商品检验，如天然矿泉水、糕点、乳制品。

（3）免于检验

免于检验是指对生产技术和检验条件较好，质量控制具有充分保证、成品质量长期稳定的生产企业的商品，在企业自检合格后，商业和外贸部门可以直接收货，免于检验。为了鼓励企业提高产品质量，减轻企业负担，扶优扶强，给企业创造一个宽松、良好的外部经营环境，依据国家有关法规和规定，国家质量技术监督局自 2000 年 8 月中旬起，开始实施产品免于质量监督检查工作，到 2001 年 3 月，全国共有 7 类 145 家企业的 163 种产品获得国家免检资格。获得免检的产品，从即日起可按规定自愿在商品或其品牌、包装物、使用说明书、质量合格证上使用免检标志，并在三年内免于各地区、部门各种形式的质量监督检查。

3. 根据商品内、外销售情况分类

根据商品内、外销售情况，商品检验分为内销商品检验和进出口商品检验两种形式。

内销商品检验具体做法有以下内容。

1）工厂签证，商业免检。工厂生产出来的产品，经工厂检验部门检验签证后，销售企业可以直接进货，免于检验程序。该形式多适用于生产技术条件好，工厂检测手段完善、产品质量管理制度健全的生产企业。

2）商业监检，凭工厂签证收货。商业监检是指销售企业的检验人员对工厂生产的半成品、成品及包装，甚至原材料等，在工厂生产全过程中进行监督检验，销售企业可凭工厂检验签证验收。该形式适用于比较高档的商品质量检验。

3）工厂签证交货，商业定期不定期抽验。对于某些工厂生产的质量稳定的产品、质量信得过的产品或优质产品，一般是工厂签证后便可交货，但为确保商品质量，销售企业可采取定期或不定期抽验的方法。

4）商业批验。商业批验是指销售企业对厂方的每批产品都进行检验，否则不予收货。此种检验形式适用于质量不稳定的产品。

5）行业会检。对于多个厂家生产的同一种产品，在同行业中由工商联合组织行业会检。一般是联合组成产品质量评比小组，定期或不定期地对行业产品进行检验。

6）库存商品检验。仓储部门对贮存期内易发生质量变化的商品所进行的定期检验，目的是及时掌握库存商品的质量变化状况，达到安全贮存目的。

7）法定检验。法定检验是根据国家法令规定，对指定的重要进出口商品执行强制性检验。其方法是根据买卖双方签订的经济合同或标准进行检验，对合格商品签发检验证书，作为海关放行凭证。未经检验或检验不合格的商品，不准出口或进口。

8）公证检验。公证检验是不带强制性的，完全根据对外贸易关系人的申请，接受办理的各项公证鉴定业务检验。商品检验机构以非当事人的身份和科学公正的态度，通过各种手段，来检验与鉴定各种进出口商品是否符合贸易双方鉴定的合同要求或国际上有关规定，得出检验与鉴定结果、结论，或是提供有关数据，以便签发证书或其他有关证明等。

9）委托业务检验。委托业务检验是我国商检机构与其他国家商检机构，开展相互委托检验业务和公证鉴定工作。目前，各国质量认证机构实行相互认证，大大方便了进出口贸易。

进出口商品检验，是指由各进出口商品检验机构和经国家商检部门许可的检验机构，依照有关法律法规、贸易合同规定等，对进出口商品实施的检验。

4. 按检验目的不同分类

按检验目的不同，商品检验通常分为生产检验、验收检验和第三方检验等三种形式。

（1）生产检验

生产检验又称第一方检验、卖方检验，是由生产企业或其主管部门自行设立的检验机构，对所属企业进行原材料、半成品和成品产品的自检活动。目的是及时发现不合格产品，保证质量，维护企业信誉。经检验合格的商品应有“检验合格证”标志。

（2）验收检验

验收检验又称第二方检验、买方检验，是由商品的买方为了维护自身及其顾客利益，保证所购商品符合标准或合同要求所进行的检验活动。目的是及时发现问题，反馈质量信息，促使卖方纠正或改进商品质量。在实践中，商业或外贸企业还常派“驻厂员”，对商品质量形成的全过程进行监控，对发现的问题，及时要求产方解决。

（3）第三方检验

第三方检验又称公正检验、法定检验，是由处于买卖利益之外的第三方（如专职监督检验机构），以公正、权威的非当事人身份，根据有关法律、标准或合同所进行的商品检验活动，如公证鉴定、仲裁检验、国家质量监督检验等。目的是维护各方面合法权益和国家权益，协调矛盾，促使商品交换活动的正常进行。

三、商品检验的质量责任

商品检验工作的责任在于确定商品的每一质量特性是否达到标准或贸易合同的规定以及用户或消费者对商品质量的需要。因此，商检结果的准确性至关重大，而商检结果的准确性又与商检工作质量密切相关。

为保证商检工作质量，必须注意以下几点。

1）检验方法的合理性，即所选用的检测方法应能真正反映用户或消费者对商品质量特性的要求。

2）检测原理的科学性和先进性。

3）检测仪器的准确性与可靠性。

4）检测环境与检测方法和检测仪器使用环境需要的符合性。

5）对检验数据处理方法的科学性，即检验数据可靠，检验误差在规定的允许范围内。

6）检验结论的客观、真实性。

7）检验证书的规范、美观、严肃性。

8）注意对检测人员的素质及检测技术水平的训练与提高。

四、商品检验的内容

1. 商品质量检验

商品质量检验包括成分、规格、等级、性能和外观质量等，是根据合同和有关检验标准规定或申请人的要求对商品的使用价值所表现出来的各种特性，运用人的感官或化学、物理的等各种手段进行测试、鉴别。其目的就是判别、确定该商品的质量是否符合合同中规定的商品质量条件和标准。

2. 商品重量和数量的检验

商品的重量和数量是贸易双方成交商品的基本计量和计价单位。商品重量和数量的多少，与其质量的优劣一样，直接关系到买卖双方的经济利益，因此要求检验机构做出检验和鉴定。重量检验就是根据合同规定，采用不同的计量方式，对不同的商品，计量出商品准确的重量。数量检验是按照发票、装箱单或尺码明细单等规定，对整批商品进行逐一清点，证明其实际装货和数量。

3. 商品包装检验

商品包装检验是根据贸易公司或契约规定，对商品的包装标志、包装材料、种类、包装方法等进行检验，查看商品包装是否完好、牢固等，商品包装检验就是对商品的销售包装和运输包装进行检验。

课堂讨论

某公司出售某种化工原料，共 500t，合同规定以“单层新麻袋，每袋 50kg”包装，但售方装船发货时发现新麻袋的货物只够 450t，剩余 50t 货物用一种更结实、价格也比新麻袋贵的涂塑麻袋包装，结果被对方索赔。请分析。

分　析

包装也是贸易合同的要素之一，如所用的包装材料与规定不符，不管是好或坏，不管是贵是贱，都是违约，买方有权拒收并提出索赔。

4. 安全、卫生检验

商品安全检验主要是指电子电器类商品的漏电检验，绝缘性能检验和 X 光线辐射等。商品的卫生检验是指商品中的有毒有害物质及微生物的检验，如食品添加剂中砷、铅、镉的检验，茶叶中的农药残留量检验等。

对于进出口商品的检验内容除上述内容外，还包括海损鉴定、集装箱检验、进出口商品的残损检验、出口商品的装运技术条件检验，货载衡量、产地证明、价值证明以及其他业务的检验。

我国加入 WTO 后，可直接参与对 WTO 成员国在制定新的技术法规、标准和合格评定程序征求意见的全过程，对我国的商品检验工作既面临新的机遇，也带来更大的挑战。

第三节　商品检验的方法

进行商品检验时，必须遵守为保证检验结果准确性的各种规定，其中正确的商品抽样方法是保证获得准确检验结果的重要因素。

一、商品抽样

1. 抽样的概念

根据商品标准或合同所确定的方案，从商品被检批中抽取一定数量有代表性、用于检验的单位商品的过程，称为抽样，又称拣样或取样。

抽样应依据抽样对象的形态、性状，合理选用抽样工具与样品容器，抽样的同时应做好抽样记录；抽取的样品应妥善保存，保持样品原有的品质特点；抽样后应及时鉴定。

2. 抽样的具体概念

（1）样本单位

在抽样检查时，商品的提交是按批进行的，一批商品的全体，我们称其为“总体”。构成总体的基本单位，我们称它为“单位产品”，如一批电视机中的每一台，一批鞋中的每一双，一批袋装化肥的每一袋，都可以看成是一个单位产品。使用单位产品的这一提法，是为了使我们讨论一般化，而不局限于具体的产品。有些商品不能自然划分为单位，可以用一定的长度、重量和容量作为单位，如一米长电线，一米长的布，一吨汽油，散装物料可以用一个容器或一个船舱等都作为单位。

单位产品是为了实施抽样检查的需要而划分的基本单位，可以根据具体情况来划分，它与采购、销售、生产和运输规定的单位产品，可以一致也可以不一致。

抽样检查是从商品总体中抽取一部分单位产品进行检查，目的是通过检查一部分而对总体做出某种统计判断。抽到的这些单位产品的全体，统称为样本。样本中的每个单位产品，称为样本单位。样本中包含样本单位的数量，称为样本大小（或样本量）。

（2）检查批

在进行抽样检查时，作为检查对象而汇总起来的所有单位产品，统称检查批。组成检查批要尽可能合理，即尽可能使检查批内质量均匀一致，以便抽取的样本单位具有代表性。在正常的进出口检验中，一般是以一个进出口合同或一批货为一个检查批，有时对一个进出口合同还要按商品中的代号、批号等分成几个小批分别进行抽样检查。很多商品是从若干个生产加工点集中起来装运进出口，其中不少经过了多次转手。检验时，即使是对同一种商品也不易利用以往各批所检验的结果。因此，我们一般将这些检查批当作孤立批处理。

（3）衡量商品质量的方法

衡量一批商品的质量，首先要衡量一个单位产品的质量。衡量单位产品质量的方法主要有计量和计数两种：

1）计量的方法。当单位产品的质量特性是连续变化时，可用连续的尺度（如长度、重量、含量等）来衡量。例如，轴的一个外圆直径，可用千分尺测量出其大小，看是否在规定的尺寸公差范围内；金属材料的硬度和强度都可测出的数值，来判断是否合格。这种使用连续尺度定量地衡量一个单位产品的方法，称为计量的方法。

2）计数的方法。当单位产品的质量特性不能或不需要用连续的计量值来衡量，仅用不合格（缺陷）的个数这样一种离散的尺度衡量时，称为计数的方法。例如，一平方米布上的疵点数，一个玻璃瓶上的气泡个数等；或者一个单位产品区分为合格品与不合格品，统计不合格品的个数。

3. 批质量表示法

将一定数量的单位产品组成检查批以后，一般有计数和计量两种方法衡量一批产品的质量。

（1）计数法

计数法可用每百单位产品不合格品数（国外常用不合格品率）、每百单位产品不合格（缺陷）数或过程平均表示一批产品的质量。

一批产品中不合格的单位产品所占的比例称为不合格品率，一般用百分数表示，也可用小数表示。

（2）计量法

计量法可用一批商品中所有单位产品的某个特征值的平均值（用字母 μ）来表示，例如，一批零件的平均直径。也可用一批产品中所有单位产品的某个特征值的标准偏差（用字母 α 表示）来表示。

4. 抽样的方法

商品进行抽样检查时，遇到的首要问题是如何抽取样品。当检查批的质量很均匀一致时，无论怎样抽取样品，无论样品的数量多少，一般都能反映检查批的质量。但在工业生产中，由于原材料、加工条件和技术水平的差异，生产出来的产品，其质量总是不完全均匀一致的，这时怎样抽取样品就变得很重要。

为了使抽取的样品能准确反映检查批的总体质量，应提倡采用符合概率论与数理统计理论的随机抽样方法。

所谓随机抽样，是不带主观框架，在每次抽取样品时，使待检查批中的每一个单位产品被抽到的可能性的大小都相等的抽样方法。最常用的随机抽样，有简单随机抽样、系统随机抽样、分层随机抽样等。

（1）简单随机抽样

批中所有单位产品都以相同的可能性被抽到的方法，称为简单随机抽样。例如，一批产品共 5 件，随意给这 5 件产品编为 1～5 的号码。从中抽取两件，这两件码的可能搭配为（1，2）、（1，3）、（1，4）、（1，5）、（2，3）、（2，4）、（2，5）、（3，4）、（3，5）、（4，5）。简单随机抽样要求这 10 种可能性都相同，即都有十分之一的机会（概率）被抽到。

（2）系统随机抽样

检查批实行简单随机抽样有困难时，可采用每隔一定时间或空间间隔进行抽样的方法称为系统随机抽样。例如，煤、矾土等大宗矿产品，可在装卸、加工或衡量的移动过程中，按一定的数量或间隔抽样。又如，原油用管道装货时，可定时从管道中抽取原油样品。

（3）分层随机抽样

把检查批合理地划分成小批或部分（层），按一定的比例分别从各小批或部分中随机抽取样品组成检查批的样本的方法称为分层随机抽样。例如，出口散装矿产品，可在装卸加工、堆垛过程中分几层抽样，一般不得少于三层，根据每层的质量按比例在新露出的面上均匀布点取份样，再将不同层的份样组合成检查批的样本。又如船舱散料抽样，应视每一舱位散料为一批，将每一批分上中下三层分别均匀布点抽取样品合成检查批样本。对于进出口散装物料的抽样，都应采用系统随机抽样或分层随机抽样。

二、商品检验的方法

商品质量检验的方法很多，根据其检验所用器具、原理和条件，通常分为感官检验法和理化检验法两类，如图 5.1 所示。这两种检验方法在实际工作中，是按照商品的不同质量特性进行选择和相互配合使用的。

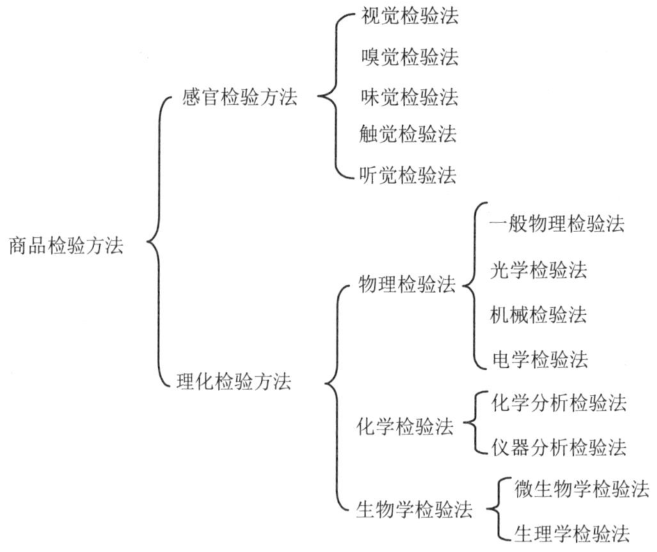

图 5.1　商品检验方法示意图

1. 感官检验法

感观检验法，是利用人的感觉器官作为检验器具，对商品的色、香、味、手感、音色等感观质量特征，在一定条件下进行判定或评价的检验方法，是目前商品流通领域中应用较为广泛的一种检验方法。

感官检验的范围包括商品的外形结构、外观疵点、色泽、硬度、弹性、气味、声音、干鲜程度以及包装物等。

感官检验的优点是，不需要仪器简便易行，快速灵活，成本较低，特别适用于目前还不能用仪器定量评价其感官指标的商品和不具备昂贵、复杂仪器检验的企业、部门和消费者。但感官检验法受检验人的生理条件、工作经验，以及外界环境的影响，难免带有主观性，而且检验结果在多数情况下，只能用比较性的用词，专业术语和记分法来表示，更不可分析商品的内在质量，但它仍具有不可替代性。一般通过组织审评小组，采用一些科学的方法，可以提高感官检验结果的准确性。

按照人的感觉器官不同，感官检验法可分为视觉检验法、嗅觉检验法、味觉检验法、触觉检验法和听觉检验法等。

（1）视觉检验法

视觉检验法是利用人的视觉器官来检验商品的外形、结构、颜色、光泽以及表面状态、疵点等质量特性。视觉检验范围最广，凡是能直接用眼分辨的质量指标都能采用。视觉检验受光线强弱、照射方向、背景对比以及检验人员的生理、心理和专业能力的影响很大，通常应在标准照明条件下和适宜的环境中进行，而且要对检验人员进行必要的挑选和专门的培训。

（2）嗅觉检验法

嗅觉检验法是通过人的嗅觉器官检验商品的气味，来评价商品的质量。嗅觉检验广泛用于食品、药品、洗化商品和香精、香料等商品质量检验，同时对鉴别纺织纤维、塑料等燃烧的气味差异也有重要意义。嗅觉检验受检验人员生理条件、检验经验及环境条件的影响很大，所以必须对检验人员进行测试，严格选择和培训；在检验中还应避免检验人员的嗅觉器官长时间与强烈的挥发物质接触。其检验顺序从气味淡向气味浓的方向进行，并注意采取措施防止串味等现象。

（3）味觉检验法

味觉检验法是利用人的味觉器官，通过品尝食品的滋味和风味来检验食品质量的优次。食品的味觉主要有酸、甜、苦、咸、辣、涩、鲜、碱等，食品滋味和风味的好坏，是决定食品质量高低的重要指标。凡质量正常的食品均具有特有的滋味和风味，同一类别的天然食品因品种不同，滋味与风味也常有明显的差别，经过加工调制的食品，由于调制方法和使用调料的不同，滋味和风味各异。食品一经腐败变质，则会改变原有的滋味和风味，即使未变质的食品，如滋味不佳，质量也会下降，所以对于各种食品的滋味和风味必须采用味觉检验，以区分品质。味觉检验受味觉、味刺激温度和时间等因素的影响。为了顺利进行味觉检验，一方面要求检验人员必须具有辨别味觉特征的能力，并且被检样品的温度要与对照样品温度一致；另一方面要采用正确的检验方法，遵循统一的规程，如检验时不能吞咽物质，应使其在口中慢慢移动；每次检验前后须用温水漱口等。

（4）触觉检验法

触觉检验法是利用人的触觉感官触摸、按压或拉伸商品，根据商品的光滑细致程度、干湿、软硬、有无弹性、拉力大小等情况来评价商品质量。触觉检验主要用于检查纸张、塑料、纺织品以及商品表面特性。触觉检查时，应注意环境条件的稳定和保持手指皮肤处于正常状态，并加强对检验人员的专门培训。

（5）听觉检验法

听觉检验法是凭借人的听觉器官对商品发出的声音来检查商品质量，如检查玻璃制品、瓷器、金属制品有无裂纹或其内在的缺陷；评价以声音作为质量指标的乐器，家用电器等商品；评定食品成熟度、新鲜度、冷冻程度等。听觉检验至今尚无法用仪器来替代，其主要原因之一就是人的耳朵灵敏度高且动作范围宽。但听觉检验和其他感官检验一样，需要适宜的环境条件，即力求安静，避免外界因素对听觉灵敏度的影响。

2. 理化检验法

理化检验法是在实验室的一定环境下，利用各种仪器器具和试剂作为手段，运用物理的、化学的及生物学的方法来测试商品质量的方法。这种检验方法主要用于商品成分、结构、物理性质、化学性质、安全性、卫生性以及对环境的污染和破坏性等方面检验。在商品生产和流通中，理化检验法应用愈来愈广泛。

理化检验法的特点：能客观、准确地反映商品质量情况，而且能得到具体数据，深入阐明商品的化学组成、结构和性质，也能探明某些商品的内部疵点，对商品质量鉴定具有较强的科学性，较感官检验客观和精确。但对检验设备和检验条件要求严格，同时还要求检验员具有扎实的基础理论知识及熟练的操作实验技术。现代检测技术在检验仪器联用上与计算机联用，实现自动控制和数据处理，使理化检验走向快速、少损或无损以及自动化。理化检验法根据其原理可分为物理检验法、化学检验法和生物检验法。

（1）物理检验法

物理检验法是根据物理学原理，应用物理仪器测定商品物理性质的一种检验方法。常见的物理检验法有：

1）一般物理检验法。一般物理检验法即通过各种量具、量仪、天平及专门仪器来测定商品的长度、细度、面积、体积、厚度、比重、粘度、渗水性、透气性等一般物理特性的方法。例如，棉纤维长度和细度的测定。

2）光学检验法。光学检验法是通过各种光学仪器来检验商品品质的一种方法。这种方法不仅可以用来检验商品的物理性质，而且还可用来检验某些商品的成分和化学性质，常见的仪器有显微镜、折光仪、旋光仪、比色计等。例如，利用折光仪测定油脂的折光率，可判断油脂的新陈、掺假或变质；利用旋光仪测定糖的旋光度，可确定糖中蔗糖的含量；利用比色计测定某些商品的颜色，确定其品质或等级。

3）热学检验法。热学检验法指利用热学仪器测定商品的热学特性的一种检验方法。这种方法可用来检验商品的熔点、凝固点、沸点、耐热性、耐寒性等。玻璃和搪瓷制品、金属制品、化妆品、化工商品、塑料制品、橡胶制品以及皮革制品等，其热学性质都与商品的质量有关。例如，将玻璃杯置于 0～50℃水中 5min，取出后即投入沸水中，不炸裂者为合格。

4）机械检验法。机械检验法是利用各种力学仪器测定商品机械性能的一种检验方法。很多工业品、商品的质量指标，如抗拉力强度、抗压强度、硬度、弹性、塑性、脆性等，都采用这种检验方法。机械检验法所用的仪器很多，常见的有万能试验机、拉力试验机、冲击试验机、扭转试验机、硬度试验机等。例如，皮革的耐磨强度用耐磨强度试验机测定。试验机上有成垂直相接的粘附皮革式样的直转盘和粘附金刚砂布的平转盘，测定时，以 30r/min 的速度转动转盘，使皮革试样与平转盘上的金刚砂布相摩擦。皮革耐磨强度以 1g 重的试样所需的转数表示。

5）电学检验法。电学检验法是利用电学仪器测定商品电学特性的一种检验方法。检验的项目通常有电阻、介电系数、电容、电压、电流强度、静电性等。通过商品的某些电学特性的测定，如电阻电容等的测定，往往还可以间接测定商品的其他特性，如吸湿性等。电学检验法可节省大量的材料，能迅速得出较准确的结果或数据，使用简便。

（2）化学检验法

化学检验法是利用化学试剂和各种仪器对商品的化学成分及其含量进行测定，进而判断商品品质是否合格的检验方法。根据其具体操作方法，化学检验法可分为化学分析法和仪器分析法两种：

1）化学分析检验法。化学分析法是根据已知的、能定量完成的化学反应进行分析的一种检验方法。依其所有的测定方法的不同，又分重量分析法和容量分析法。容量分析法是用一种已知准确浓度的标准溶液与被测试样发生作用，最后用滴定终点测出某一组合的含量，如酸碱滴定法。重量分析法是根据一定量的试样，利用相应的化学反应，使被测成分析出或转化为难溶的沉淀，再通过过滤、洗涤、干燥、灼烧等，使沉淀与其他成分分离，然后称取沉淀物的重量，由此计算出被测定成分的含量。如灼烧法测定原料中灰分等；此外，化学分析法还可根据试样重量不同，又有常量分析（试样量 100mg 以上）、半微量分析（试样量在 10～100mg）、微量分析（试样量在 0.01～10mg）及超微量分析（试样量少于 0.01mg）。

2）仪器分析验验法。仪器分析法是采用光、电等方面比较特殊或复杂的仪器，通过测量商品的物理性质或物理化学性质来确定商品的化学成分的种类、含量和化学结构以判断商品质量的检验方法。仪器分析法包括光学分析法和电学分析法。光学分析法是通过被测成分吸收或发射电磁辐射的特性差异来进行化学鉴定的，具体有比色法、分光光度法（原子吸收光谱、红外光谱等）、荧光光度法等。例如，用光量（计）光谱仪可在 1～2min 内分析出钢中 20 多个合金元素的含量。电学分析法是利用被测物的化学组成与电物理量（电极电位、电流等）之间的定量关系来确定被测物的组成和含量，具体有极谱法、电位滴定法、电解分析法等。仪器分析法适用于微量成分含量分析。仪器分析法具有测定的灵敏度高，选择性好，操作简便，分析速度快的特点而应用广泛。但由于样品前处理费时，仪器价格昂贵，对操作人员要求高，故其应用受到一定的局限性。

（3）生物学检验法

生物学检验法是食品类、药类和日常工业品商品质量检验常用的方法之一。生物学检验法包括微生物学检验和生物学检验两种。

1）微生物学检验法。微生物检验法是利用显微镜观察法、培养法、分离法和形态观察法等，对商品中有害微生物存在与否及其存在的数量进行检验，并判断其是否超过允许限度的一种检验方法。这些有害微生物包括大肠杆菌、沙氏门菌、霉腐微生物、致病性微生物等，其直接危害人体健康、危害商品的安全储存。微生物学检验法是判断商品卫生质量的重要手段。

2）生理学检验法。生理学检验法是用来检验食品的可消化率、发热量及营养素对机体的作用以及食品和其他商品中某些成分的毒性等的一种检验方法。检验多用鼠、兔等动物进行试验，通过动物发育、体重的改变来检查食品的营养价值；通过观察动物健康状况变化、动物解剖结果测定有害物质的毒性。只有经过无毒害试验后，视情况需要并经有关部门批准后，才能在人体上进行试验。

补充阅读 5.1

日用塑料外观鉴别

从各种塑料的外观特征如光泽、透明度、光滑性、手感、表面硬度、敲击声及将其放入沸水中和放入水中等来区分和判断塑料种类。首先使用看的方法，有关塑料的外观特征如下。

1）聚乙烯，为乳白色透明体，手摸有石蜡油腻感，质地柔软能弯曲，放在水中能浮于水面，沸水中显著软化。

2）聚丙烯，本色为乳白色半透明体，手摸润滑但无油腻感，质地硬挺有韧性，放在水中能浮于水面，沸水中软化显著。

3）聚氯乙烯，硬制品坚硬平滑，敲击时声音发闷，色泽较鲜艳。软制品柔软富弹性，薄膜透明度较高，而无蜡质感，放在水中不沉，遇冷变硬，有特殊气味。

4）聚苯乙烯，表面硬度与透明度较高，色泽鲜艳，其主要特点是敲击或轻掷时，有清脆声，弯折时易碎裂，断处银白色。

5）有机玻璃，外观似水品，透明度高，色泽鲜艳，弯曲时有韧性，敲击时声音发闷，用柔软物摩擦制品，能产生芳香水果气味。

另外还可以先看制品的色泽、透明度。

透明的制品有：聚苯乙烯和有机玻璃。

半透明的制品有：低密度聚乙烯、纤维素塑料、聚氯乙烯、聚丙烯、环氧树脂、不饱和树脂。

不透明的制品有：高密度聚乙烯、聚氨脂及各种有色塑料。

然后使用听的方法来鉴别，用硬质物品敲击时，其声不同，聚苯乙烯似金属声，有机玻璃其声较粗、发闷。

最后使用摸的方法，用手摸产品感觉像蜡状的，必定是聚烯烃材料。其次，摸其软硬程度，从硬到软可简单表示为：聚苯乙烯→聚丙烯→聚酰胺→有机玻璃→高密度聚乙烯→硬聚氯乙烯→低密度聚乙烯→软聚氯乙烯。再测试表面硬度，用不同硬度铅笔划其表面，就能作出区别：聚乙烯塑料，用 HB 铅笔能划出线痕；聚丙烯塑料，用 ZH 铅笔能划出线痕。

补充阅读 5.2

德国二恶英污染升级 多国禁销售受污染食品

二恶英，俗又称二恶因，属于氯代三环芳烃类化合物，是由 200 多种异构体、同系物等组成的混合体。其毒性以半数致死量（LD50）表示，比氰化钾要毒约 100 倍，比砒霜要毒约 900 倍，为毒性最强，非常稳定又难以分解的一级致癌物质。它还具有生殖毒性、免疫毒性及内分泌毒性。二恶英的生物累积效应非常强，由于在食物链中累积，所以 90%的途径是通过食物进入人体的。一旦人体受到它的污染，可长时间留在体内而极难排出，在体内越积越多，只有减少摄入量才能避免累积效应。国际对二恶英在食品中含量的一般标准为每克动物脂肪（包括肉类、乳制品）不超过 5×10^{-12}g。二恶英主要来自垃圾焚烧、农药及含氯有机物的高温分解或不完全燃烧。大气环境中的二恶英 90%来源于城市和工业垃圾焚烧。含铅汽油、煤、防腐处理过的木材以及石油产品、医疗废弃物在燃烧温度低于 300～400℃时容易产生二恶英。其英文缩写为 TCDD。

1999 年震惊世界的欧洲四国（比利时、荷兰、法国、德国）的二恶英污染就是由于当地化工冶金、汽车尾气排放、垃圾焚烧、造纸以及生产虫剂等企业长期排放含氯二氧环有机物，造成食物链的二恶英毒物残留。

近年来，二恶英乳品污染事件仍时有发生。2003 年，比利时、荷兰、法国、德国等西欧四国奶粉、牛奶、黄油、冰淇淋等乳制品内被检测出与 DDT 杀虫剂相当的致癌物质“二恶英”；2008 年，制作上等比萨饼必不可少的原料意大利莫扎里拉奶酪被检测出二恶英。2011 年 1 月，德国食品、农业与消费者保护部发言人霍尔格·艾歇勒 8 日通报，食品监管人员检测发现部分家禽体内二恶英含量超标。随着德国二恶英污染事件升级，一些国家严格把关蛋类和肉类进口，禁止销售受污染食品。

第四节 商品质量评价与监督

一、商品分级

1. 含义

根据商品标准规定的质量指标，按一定的标志，将同类商品分为若干个等级的工作，称为商品分级。商品种类的不同，分级标准也不一样，如茶叶按色、香、味、外形等感官指标分级；糖、食盐按其化学成分含量分级；鸡蛋按其十个重量分级。日用工业品的分级，一是根据商品外观疵点多少和这些疵点对质量的影响程度分级；二是根据商品理化性质与标准相差的程度来分级。

国家标准《工业品质量分等导则》（GB/T1270—1991）中规定，优等品的质量标准必须达到国际先进水平，且实物质量水平与国外同类商品相比达到五年内的先进水平；一等品的质量标准必须达到国际一般水平，且实物质量水平达到国际同类产品的一般水平；按我国现行标准组织生产，标准为国内一般水平，实物质量达到相应标准要求的为合格。优等品、一等品的产销率要求95%以上，销售量在同类商品中占有一定比例。

商品分级常用等级的顺序表示，通常用几等、几级或甲、乙、丙来表示。等级顺序的高低具体地表示了商品质量的优次。对各种商品每一等级的具体要求以及确定商品分级的方法，通常在标准中都有规定，凡不符合最低一级要求的商品称为等外品。

许多商品还同时以特殊的标记来表明自身的质量等级。例如，瓷器是以底部的印记来表示等级的。图形印记“○”为一等品，印记“□”为二等品，印记“△”为三等品，不合格的底部则印有“次品”字样。又如，布匹上字的颜色表示不同等级，红色字为一等品，绿色字为二等品，蓝色字为三等品，黑色字为等外品。

2. *方法*

商品分级的方法，常用的有记分法和限定法两种。

（1）记分法

常用的记分法有百分记分法和限度记分法两种。

百分记分法，是将商品的各项指标的标准状况，规定一定的分数，重要的指标所占的分数高，次要的指标所占的分数低。如果商品质量符合标准规定的要求其总分就能达到100分，若其中某些指标达不到标准要求，其总分相应降低，等级也相应降低。这种方法在食品和部分日用工业品中采用的较多。

限度记分法，是以商品的每种疵点规定为一定的分数，由疵点总分来确定商品的等级。疵点越多，总分越高，商品等级就越低。这种方法一般在日用工业品和纺织品进行分等分级时采用。限度记分法在标准分数上规定的不是最低值，而是最高值。例如，棉色织布的外观质量，标准中将布面各种疵点分为七项，按疵点对布面影响程度确定各项疵点的分数，分数总和不大于 10 分为一等品，超过 40 分为等外品。

（2）限定法

在标准中规定商品每个等级限定疵点的种类数量，不能有哪些疵点，以及决定商品成为废品的疵点限度。限定法大多用于工业品分级。例如，全胶鞋 13 个外观指标中，就有鞋面起皱或麻点，一级品稍有，二级品有；鞋面砂眼一级品不准有，二级品中，砂眼直径不超过 1.5mm，深不超过鞋面厚度等规定。表 5.1 为全脂奶粉的感观分析表。

表 5.1 全脂奶粉感官分析表

项目	特征	扣分	得分
滋味和气味（65 分）	具有消毒牛乳的纯香味，无其他异味者	0	65
	滋味、气味稍淡，无异味者	2～5	63～60
	有过度消毒的滋味者	3～7	62～58
	有焦粉味者	5～8	60～57
	有饲料味者	6～10	59～55
	滋味、气味平淡无乳香味者	7～12	58～53
	有不清洁或不新鲜滋味和气味者	8～13	57～52
	有脂肪氧化味者	14～17	51～48
	有其他异味者	12～20	53～45
组织状态（25 分）	干燥粉末无结块者	0	25
	结块易松散或有少量硬粒者	2～4	23～21
	有焦粉粒或有小黑点者	2～5	23～20
	贮藏时间长，凝块较结实者	8～12	17～13
	有肉眼可见杂质或异物者	5～15	20～10
色泽（5 分）	全部一色，呈浅黄色者	0	5
	黄色特殊或带浅白色者	1～2	4～3
	色泽不正常者	2～5	3～0
冲调性（5 分）	润湿下沉快，冲调后完全无团块，杯底无沉淀者	0	5
	冲调后有少量团块者	1～2	4～3
	冲调后团块较多者	2～3	3～2

（资料来源：GB5410—1985。）

二、商品质量标志

1. 含义

商品质量标志是依据一定的法定程序颁发给生产企业，以证明其商品达到一定水平的符号或标记。比较常见的质量标志有合格标志、认证标志、商检标志、免检标志、环境标志、绿色食品标志、有机食品标志、纯羊毛标志、真皮标志等。商品质量标志表明的是商品质量所达到的水平和质量状态，只有法定机构经过一定程序对达到一定条件的企业授权后，企业才能使用质量标志。实行商品质量标志，不仅是保证商品质量的有效手段，也是维护消费者利益的一种有效方法。特别是对一些有关人身安全与健康的商品，国家必须强制实行质量标志，这样才能有效地防止粗制滥造，避免不合格品投放市场。有了商品质量标志，对消费者来说，可以方便采购；对生产者来说，既是对商品质量的担保，也是一种荣誉和信任，又可带来经济效益。

2. 商品质量标志的种类

（1）质量合格标志

质量合格标志是商品出厂前经工厂质检部门检验，产品的各项质量指标均已达到要求而颁发合格证标志，又称产品检验合格证，任何产品出厂前，都要经过合格检验。合格标志的形式根据产品的形状、性质等特点不同而异，一般用图案或代号表示或者系挂，或者贴在包装上。不同等级的同类产品，可以用不同图案或颜色的标志来表示。

（2）质量认证标志

产品质量认证标志是由认证机构，为证明某个产品符合特定的标准和技术要求而设计、发布的一种专用标志。国内常用的认证标志有方圆标志（分为合格认证标志和安全认证标志）、长城标志和 PRC 标志等，如图 5.2 所示。方圆标志为中国方圆认证委员会产品质量认证标志，分为方圆合格认证标志和方圆安全认证标志。商品的全部性能、要求依据标准或相应的技术要求进行认证，获准合格认证的产品，使用合格认证标志；以安全标准依据进行认证或只对产品中有关安全的项目进行的认证，获准安全认证产品，使用安全认证标志；长城标志为中国电工产品委员会为电工产品专用的安全认证标志；PRC 标志为中国电子元器件质量认证委员会电子元器件专用的合格认证标志。

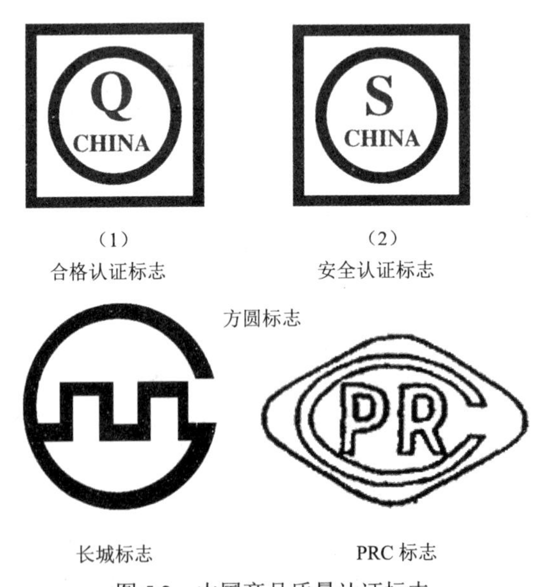

图 5.2　中国商品质量认证标志

产品质量认证标志作为一种质量标志，其基本作用在于向产品购买者传递正确可靠的质量信息。随着贸易的全球化，实行第三方产品质量认证制度是国际上保证商品质量的一种普遍做法，有利于提高产品的信誉度，减少重复检验，减少和消除技术壁垒，维护生产、经销和消费者各方面的权益。目前 ISO 和 IEC 的成员国和地区会员中，基本上都开展了产品质量认证工作，英国采用风筝标志，法国采用 NF 标志，德国为 VDF 标志，美国实行 UL 标志，日本是 JIS 标志，中国香港为 HK 标志等。

（3）商检标志

商检标志又称 CCIB 标志，是国家商品检验局对经认证合格的进出口商品及生产企业颁发的证书，准许使用的进出口商检标志。商检标志分为安全标志、卫生标志和质量标志三种，如图 5.3 所示，由国家商检总局统一管理全国商检标志的颁发、使用工作，各地商检局负责管理管辖范围内商检标志的颁发、使用和管理工作。我国对涉及安全、卫生等重要的进出口商品及其企业，实施进出口安全质量许可制度和出口质量许可制度的商品，必须取得进口商检卫生标志，方可出口；实施进口安全许可制度的进口商品，必须取得进口商检安全标志，方可进口；实施出口质量许可制度的出口商品，必须取得出口商检质量标志，方可出口。

图 5.3 中国进出口商品检验标志

（4）环境标志

环境标志是一种印刷或贴附在商品或包装上的图案，证明该种商品在其生命周期中符合环境保护要求，不危害人体健康，对生态环境无害或危害极少，有利于资源的节约和回收，ISO14000 环境管理系列标准是国际标准化组织关于环境体系认证标准，ISO14000 已成为商品进入国际市场的一个重要标准。目前世界上已有不少国家和区域性组织相继实施环境标志，如图 5.4 所示。我国环境标志 1993 年 8 月发布，如图 5.5 所示。1994 年 5 月中国环境标志产品认证委员会（CCEL）正式成立，是代表国家对各类环境标志商品进行认证的唯一第三方认证机构。

（5）“3C”认证标志

从 2003 年 5 月 1 日起，我国原有的“CCIB 认证”和以绿色长城为标志的“CCEE”长城认证已开始由“3C”认证来代替。CCC 认证为中国强制性产品认证，CCIB 为进口安全质量许可证，CCEE 为中国电工产品安全认证，自 CCC 认证实施之日起停止受理 CCIB 及 CCEE，自 CCC 认证强制执行起，废止 CCIB 及 CCEE 标志。

德国蓝色天时标志　　加拿大环境选择标志

日本生态标志　　北欧环境标志

欧洲联盟生态标志　　新加坡绿色标志

图 5.4　某些国家和区域的环境标志

图 5.5　中国环境标志

强制性产品认证，简称 3C（China Compulsory Certification，CCC），是一项对产品的安全、电磁兼容、环境保护等方面是否符合国家强制标准、技术法规的合格评定制度。“3C”认证，即“中国强制认证”。该制度是对过去长期以来我国强制性产品认证存在着的对内、对外两套认证管理体系的统一，即将过去由原国家质量技术监督局对国内产品和部分进口商品实施的安全认证并强制监督管理与由原国家出入境检验检疫局对进出口商品实施的安全质量许可制度合并统一。根据国务院授权，“3C”认证由国家认证认可监督管理委员会主管，从而结束两个主管部门对同一进口产品实施两次认证、贴两个标志、执行两种标准与程序的状况。根据《强制性产品认证管理规定》，国家对涉及人类健康和安全，动植物生命和健康，以及环境保护和公共安全的产品实行强制性认证制度，同时，国家对强制性产品认证公布统一的《中华人民共和国实施强制性产品认证的产品目录》（以下简称《目录》），确定统一适用的国家标准、技术规则和实施程序，制定和发布统一的标志，规定统一的收费标准。凡列入《目录》的产品，必须经国家指定的认证机构认证合格，取得指定认证机构颁发的认证证书，并加施认证标志后，方可出厂销售、进口和在经营性活动中使用。认证标志是《目录》中产品准许出厂销售、进口和使用的证明标记，所有的认证标志持有人必须按照认证标志管理的要求使用认证标志。

认证标志图案由基本图案（CCC）和认证种类标注两部分组成。认证种类标注在基本图案右侧，证明产品所获得的认证种类，据了解目前的种类主要有三种：CCC（S）、CCC（EMC）和CCC（S&E）。其中，CCC（S）代表该产品只通过了安全认证；CCC（EMC）意味着通过电磁兼容认证；CCC（S&E）则代表产品不但通过安全认证，还通过电磁兼容认证，只有被经过CCC（S&E）认证的产品才能在2003年8月1日后继续销售。

“3C”认证的基本程序包括认证申请和受理、型式试验、工厂审查、抽样检测、认证结果评价和批准及获得认证后的监督。认证获证企业必须保证产品质量持续符合认证标准的要求，保证销售、进口的产品都为获证产品，保证按规定使用认证标志并自觉接受质检行政部门和认证机构的监督。而指定认证机构则需按照具体产品认证实施规则的规定，对其颁发认证证书的产品及其生产厂家（场）实施跟踪检查。

“3C”认证是对我国强制性产品认证工作的完善和规范，也是我国加入WTO后，与国际准则和国际惯例接轨的一项重大举措，它将为维护国家、社会和公众利益及减少国际贸易过程中不必要的技术壁垒而发挥显著作用。最具说服力的案例就是，目前我国每年有大量摩托车整车及零配件出口越南市场，由于此前缺乏统一的市场监督和产品认证，致使出口摩托车及零配件质量良莠不齐，严重影响了我国出口商品的信誉。为此，经过商讨，中越双方达成协议，从今年10月1日起，我国出口到越南的摩托车发动机、安全带和头盔三种产品，必须加贴“3C”标志，否则将不能再进入越南市场。

3C认证的图案内容有：

1）“3C认证”标志为白色底版，黑色图案。

2）“3C认证”标志一揭即毁。

3）“CCC”字样左侧的“S、EMC、S&E”在荧光下呈暗红色，细看“CCC”图形还能发现多个棱形的小“CCC”暗记。

4）看随机号码，这是“3C认证”标志最不易被仿冒的地方。每一枚强制性产品认证标志都有一个唯一的编码，认证标志发放管理中心在发放强制性产品认证标志时，已将该编码对应的产品输入计算机数据库中，消费者可通过国家认证监督委员会网站（www.cnca.gov.cn）或新浪网（www.sina.com.cn）的强制性产品认证标志防伪查询系统对编码进行查询。

三、商品质量评价的内容

商品质量的本质是满足消费者需要的程度，在日常的商品质量评价中，人们常用好吃、好用、好看、有品味来形容，用物美价廉来表示。因此，在评价商品质量时，既要注意商品质量符合标准的状况，也要考虑商品质量满足人和社会需求的程度；既要注意消费者的基本要求，也要考虑消费者对商品质量的特殊要求，既要用一般方法来评价商品质量，也要把商品质量放在社会大系统中，作为一个系统工程来研究。

1. 商品质量评价的一般内容

商品质量评价的一般内容有八点：一是检查商品质量是否符合标准，以评价商品质量技术指标的高低；二是考察商品的造型、花色、款式和包装是否具有时代感，以评价商品满足消费者审美需要的质量；三是考察商品使用是否简便易学，说明书是否清楚易懂，以评价商品使用方便性质量；四是检查商品证件标志的齐全完整性，以评价商品质量的真实可靠性；五是考察商品的售后服务性，以评价商品的附加质量；六是考察商品品牌的知名度，以评价商品的美誉度和消费者的认可性；七是考察商品满足各类消费群体的特殊要求性，以评价品质量满足具体消费对象需求程度；八是考察商品与人、商品与社会和商品与环境的关系，把商品质量放在社会这个大系统中加以评价，以评价商品质量的全面性。

2. 顾客满意度

随着科学技术的发展和人类社会的进步，人类对商品质量的不懈追求，使顾客满意成为企业关注的焦点，商品的质量源于顾客需要，终于顾客的满意水平，谁最了解顾客的期望，及时掌握顾客的满意水平，谁的商品就会受到顾客欢迎。商品质量已从符合标准发展到顾客完全满意。近些年来，一些发达的市场经济国家，正在积极研究和采用顾客满意度作为测定顾客对商品服务的质量指标，它对商品质量的评价着眼于顾客的实际感受，体现了一种全新的质量观念。

顾客满意度测评的基本要素为，顾客的预期质量、顾客感受到的质量、顾客感受到的价值、顾客满意程度、顾客保持率和顾客抱怨率等，如图 5.6 所示。

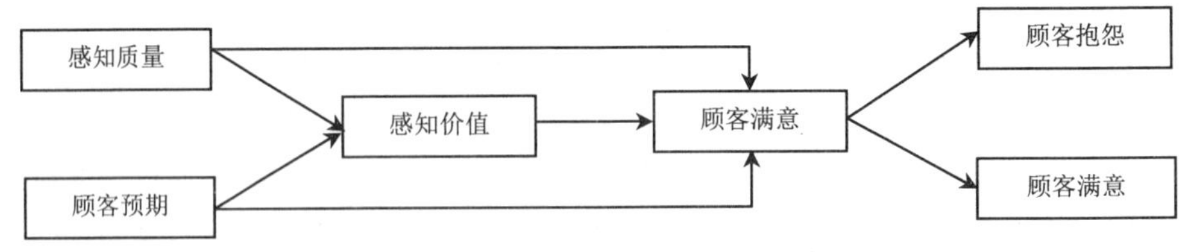

图 5.6　顾客满意度测评的基本要素

中国用户满意指数基本测评模型基本由六个结构变量构成。

（1）品牌形象

品牌形象通过两个观测变量测评，分别是品牌特征显著度和总体形象。品牌特征显著度反映顾客心目中某品牌或公司与竞争对手相比是否具备独到之处。总体形象测评顾客对某品牌或公司的总体印象。

（2）预期质量

预期质量通过四个观测变量测评，分别是顾客化预期质量、可靠性预期质量、服务预期质量和总体预期质量。顾客化预期质量测评顾客在购买前对将要购买的产品满足自己特定需要能力的估计，如同样购买空调，有的顾客更关注空调的制冷能力，有的顾客更关注空调的噪音大小，有的顾客更关注空调的耗电量，顾客化质量问题反映了公司产品在性能和特色上满足特定消费群体需要的能力。可靠性预期质量测评顾客对将要购买的产品将来出问题的可能性的估计。服务预期质量测评顾客对将要购买的产品服务质量水平的估计。总体预期质量测评顾客在购买前对将要购买的产品总体质量的估计。

（3）感知质量

感知质量对应的观测变量同预期质量相似，有四个观测变量，分别是顾客化感知质量、可靠性感知质量、服务感知质量和总体感知质量。感知质量和预期质量的本质区别是感知质量对应的观测变量测评的是顾客在采购和使用之后对产品或服务质量水平的实际感受，而预期质量的观测变量则是顾客在采购和使用之前对产品或服务质量水平的期望。这两个结构变量所含观测变量内容之所以相同，是为了把预期质量和感知质量一一对应地加以比较。据此，顾客可以比较准确地对满意度做出判断，企业也可以有效地分析预期质量与感知质量之间的关系。

（4）感知价值

感知价值通过给定价格下的质量和给定质量下的价格两个观测变量来测评。给定价格下的质量测评顾客在考虑自己付出的产品价格情况下对产品质量的感受；给定质量下的价格测评顾客在考虑自己已得到产品质量的情况下对自己付出的产品价格的感受。这两个问题粗看上去像是同一个问题同义反复，但实际调查和理论研究都表明，顾客对这两个问题回答是不一样的。在被问及给定质量下的价格问题时，被调查者关注的焦点在产品价格上，而在被问及给定价格下的质量问题时，被调查者关注的焦点在产品质量上。一般而言，被调查者对给定质量下价格的满意度的评分总是低于对给定价格下质量的满意度的评分。而同时将给定质量下的价格和给定价格下的质量作为感知价值的观测变量，可以提高对感知价值测评的准确性。

（5）用户满意度

用户满意度通过四个观测变量来测评，分别是顾客的实际感受同预期质量的比较、顾客购买的产品品牌同同类其他产品品牌的比较、顾客的实际感受同顾客心目中理想产品的比较和顾客对该品牌产品的总体满意度。

（6）顾客忠诚

顾客忠诚通过两个观测变量测评，一个是重复购买的可能性，另一个是保留价格。重复购买可能性测评顾客如果有可能再购买同类产品时，选择同品牌产品的可能性有多大。保留价格测评顾客对产品价格变化的承受能力。保留价格通过二选一问题调查。如果顾客愿意继续购买相同品牌产品，那么调查该品牌产品相对其他品牌产品提价比例达到什么程度，顾客就会放弃该品牌而选择其他品牌；如果顾客不愿意继续购买该品牌商品，而愿意转换到其他品牌的产品，那么调查该品牌产品相对其他品牌产品降价到什么程度，顾客就会回头继续购买该品牌产品。

四、商品质量监督

1. 商品质量监督的含义

商品质量监督是指根据国家的质量法规和商品质量标准，由国家指定的商品质量监督机构对生产和流通领域的商品和质量保证体系进行监督的活动。可见，商品质量监督是一种质量分析、评价和保证活动；商品质量监督的对象是实体，如产品、商品、质量保证体系等；商品质量监督的范围包括生产、流通到运输、储存和销售整个过程：商品质量监督的依据是国家质量法规和商品技术标准；商品质量监督的主体是用户或第三方。

2. 商品质量监督的种类

我国的商品质量监督分为国家的质量监督和社会的质量监督两种。

（1）国家的质量监督

国家的质量监督是指国家授权，指定第三方专门机构以公正的立场对商品质量进行的监督检查。这种国家法定的监督，以政府行政的形式，实行定期或经常监督抽查和检验，公开公布商品质量抽查检验结果，并根据国家有关法规及时处理质量问题，以维护社会经济生活的正常秩序和保护消费者合法权益。国家的商品质量监督由国家质量技术监督部门规划和组织。

（2）社会的质量监督

社会的质量监督是指社会团体和新闻机构根据用户和消费者的反映，对流通领域中的某些商品进行抽样检验，将检验商品的质量状况和企业名单公布，以造成强大的社会舆论压力，迫使企业改进质量，对用户和消费者承担质量责任。社会的质量监督还包括用户的质量监督，是指内外贸易部门和使用单位为确保商品质量而进行的监督检验。

3. 商品质量监督的形式

商品质量监督的形式，一般分为抽查型、评价型和仲裁型三种。

（1）抽查型质量监督

抽查型质量监督是指国家质量监督机构，通过从市场或生产企业或仓库等地随机抽取的样品，按照技术标准进行监督检验，判定其是否合格，从而采取强制措施，责成企业改进产品质量所进行的监督活动。抽查型质量监督的特点是，它是一种强制性的质量监督形式；抽查产品采用的地点不限，属随机抽样检查的方式；抽查检测数据科学、准确，对产品质量的判断、评价公正；抽查产品的质量检验结果公开；对抽查检验不合格的单位限期整改。

（2）评价型质量监督

评价型质量监督是指国家质量监督机构通过对企业的产品质量和质量保证体系进行检验和检查，考核合格后，以颁发产品质量证书、标志等方法确认和证明产品已经达到某一质量水平，并向社会提供质量评价信息的一种质量监督活动。评价型质量监督是国家干预产品质量的手段之一，其特点是按照国家规定标准，对产品进行检验，以确定其质量水平；对生产产品企业的生产条件、质量体系进行严格审查和评定，由政府和政府主管部门颁发相应的证书；允许在产品、包装、出厂合格证和广告上使用，宣传相应的质量标志；实行事后监督，使产品质量保持稳定和不断提高。

（3）仲裁型质量监督

仲裁型质量监督是对产品质量有争议时，进行仲裁时使用的手段，是国家质量监督机构站在第三方的立场上，公正地处理质量争议的问题，从而加强对质量不法行为的监督，促进产品质量提高的一种质量监督活动。仲裁型质量监督的特点是：仲裁监督的对象是有争议的产品；具有较强的法制性；根据监督检验的数据和全面调查情况，由受理仲裁的质量监督部门进行调解和裁决，质量责任由被诉方承担。

4. 我国商品质量监督的管理模式

我国商品质量监督管理体制采用的是“集中与分散相结合”的模式，在全国形成了一个由多系统组成的质量监督管理网络，包括技术监督系统和专业监督系统的质量监督管理机构和质量监督检验机构。

（1）技术监督系统

技术监督系统是指国务院授权统一管理和组织协调全国技术监督工作的国家质量技术监督局系统，县级以上地区技术监督部门负责行政区内的商品质量监督和管理工作。为适应商品质量监督检验工作的需要，国家在各省、市、自治区工业集中的城市建立和健全了产品质量检验机构，在国家质量技术监督部门统一领导和规划下，开展商品质量监督检验工作。对不按标准进行生产、产品质量低劣的企业，有权停止填发合格证。特别严重的，有权建议主管部门对企业和有关人员进行经济制裁等。

（2）专业监督系统

专业监督系统是指卫生系统、船检单位、商检系统、农林牧系统等均根据国家颁布的有关法规，由各行业、部门相应的质量监督机构行使监督职权。例如，卫生系统，国务院卫生行政部门主管全国食品的卫生质量监督工作，县级以上卫生行政部门负责食品监督工作，各卫生防疫站负责食品卫生监督检验工作。

五、商品质量认证

随着科学技术的发展，产品的质量仅凭检验已很难把关的情况下产生了需方对供方质量保证能力的评定，又称第二方合格评定。可是顾客既不信任供方的自我合格声明，自己又缺少必要的检验手段和技术经验，无法实施第二方合格评定。在这种情况下，由第三方来证实产品质量的认证制度便应运而生。随着时间的推移，大家又发现产品质量认证只能证明供方的产品样品符合要求，但不能担保供方以后能持续提供像样品一样质量的产品。所以，认证机构开展了对供方质量体系是否能提供质量保证能力的检验和评定。

我国于 2003 年 9 月颁布了《中华人民共和国认证认可条例》，其中将“认证”定义为“由认证机构证明产品、服务、管理体系符合相关技术规范、相关技术规范的强制性要求或者标准的合格评定活动。”

ISO/IEC 指南 2：2000 对“认证”的定义是：“由可以充分信任的第三方证实某一经鉴定的产品或服务符合特定标准或规范性文件的活动。”而质量认证又称为合格认证。它是由可以充分信任的第三方来证实某一经鉴定的质量体系、产品，或过程符合特定标准，或其他技术规范的活动。质量体系认证的依据是 GB/T19000 和 ISO9000 系列质量管理体系标准。第三方是指独立于第一方（供方）和第二方（需方）之外的一方。它与第一方和第二方之间在行政上没有关系，在经济上无利害关系，应是独立的公正机构，因而才能让顾客所信任。

为了确保第三方认证机构的科学性和公平性，应由政府对这些认证机构进行评定和授权。当质量保证要求以 ISO9000 体系标准的形式统一起来之后，它便为第三方质量体系认证开创了国际认证的道路，对供方进行一次审核就能满足各个国家的要求。因此，第三方的质量体系认证活动在世界范围内迅速扩大。

为了帮助企业有效地参与国际市场的竞争，实现质量认证结果的国际互认，提高我国质量认证证书的有效性，国家质量技术监督局授权中国质量体系认证机构国家认可委员会（CNACR）负责实施质量体系认证机构国家认可制度，独立地对认证机构开展评审活动和做出认可评定结论。质量体系认证机构、产品认证机构、实验室以及质量体系审核员和实验室评审员，必须经过认可和正式授权。认证机构的独立法人地位和第三方公正性均有严格的要求，不允许行政部门干预认证机构的业务。CNACR 是国际标准化组织（ISO）承认的国家认可的中国质量体系认证机构，是首批签署质量体系认证国际互认协议的国家认可机构之一。

质量认证制度之所以得到世界各国的普遍重视，关键在于它是一个公正的机构对产品或质量体系认证做出正确、可靠的评价，从而使人们对产品的质量和制造产品的企业建立了信心，对企业、顾客、社会和国家都具有重要的意义。企业的质量体系通过质量认证之后，将会明显地提高企业的质量信誉，促使企业不断地完善质量体系，提高了企业的整体管理水平，使企业的产品质量稳定，降低了质量成本，提高了经济效益，有利于提高企业的市场竞争能力，减少社会重复检验和检查的费用，有利于保护消费者的利益，有利于其他法规（如 GB/T24000 环境管理体系标准）的实施。

企业经过认证后，认证机构要对获准认证的企业质量体系进行监督管理，通常每年进行依次定期监督检查，另视需要进行不定期检查，并根据监督检查中发现的不正常情况对获准认证企业进行通报、监督检查、认证注销、认证暂停、认证撤销等措施。在认证合格有效期满前，如果愿意继续延长时，可向认证机构提出复评的申请。在体系认证证书的有效期以内，如果出现如体系认证标准更改（如 GH/T9000 由 1994 版改为 2000 版）的情况、体系认证范围变更的情况或体系认证证书持有者变更的情况时，应按有关规定重新换证。

（一）质量认证工作的发展史

世界上实行认证最早的国家是英国。1903 年，英国工程标准委员会首创用于符合标准的标志，“BS”标志或称“风筝标志”。后来，该标志按英国 1922 年的商标法注册，成为世界上第一个受法律保护的认证标志。随着市场经济和国际贸易的发展，质量认证制度从 20 世纪 30 年代开始，发展速度较快。到 20 世纪 50 年代，所有工业化国家基本上都开展了质量认证活动。从 20 世纪 70 年代起发展中国家亦普遍开始推行了质量认证制度，使质量认证制度发展进入了一个新的阶段，出现了跨国界建立起若干区域认证制度和国际认证制度，打破了关税壁垒，促进了国际贸易的发展。

质量认证一般包括产品认证和质量体系认证。在激烈的商品竞争中，用户已经不仅仅满足于对产品质量进行评价，同时也要求对生产厂的质量体系进行评价。在这种形势下，国际标准化组织（ISO）于 1970 年成立了认证委员会（CERTICO），后改为合格评定委员会（CASCO），主要负责质量认证指南的制定和国际互认的推进工作。CASCO 的主要任务是：研究关于产品、加工、服务和质量体系符合适用标准或其他技术规范的评定方法；制定有关产品认证、检验和检查的国际指南，制定有关质量体系、检验机构、检查机构和认证机构的评定和认可的国际指南；促进国家和区域合格评定制度的相互承认和认可，并在检验、检查、认证、评定和有关工作中，促进采用适用的国际标准。CASCO 为了开展和指导国家、区域和国际认证、实验室认可和质量体系评定活动，先后制定了合格评定指南 20 余个，由 ISO 和 IEC（国际电工标准化组织）联合发布。

为了能在全世界更好地开展质量管理和质量保证活动，国际标准化组织（ISO）于 1979 年 9 月决定成立质量管理和质量保证技术委员会 ISO/TC176，负责制定有关质量管理和质量保证的国际标准。1987 年 3 月，ISO/TC176 在总结世界各国，特别是工业发达国家质量管理实践经验的基础上制定了举世瞩目的 ISO9000 系列标准。在国际上掀起了一股“ISO9000 热”。我国于 1988 年就等效采用了该标准 1987 年版，1994 年经修订改为直接采用该系列标准 1994 年版。ISO9000 系列标准在国际上现已被各国认证组织作为本组织开展工作的基本模式。

（二）我国质量认证工作概况

我国的认证工作始于 20 世纪 70 年代末 80 年代初，是伴随着我国改革开放而发展起来的。首先从电工产品和电子元器件产品认证开始，逐渐扩大到其他的产品和领域。当前认证工作已经涵盖了产品认证、管理体系认证、食品企业卫生注册以及实验室认可和认证人员注册等多个认证与认可领域。

随着认证认可工作的不断发展，同时为了适应我国加入世贸组织和社会主义市场经济发展的需要，适应认证认可发展和监管体制调整的要求，促进认证认可事业的健康、有序发展，履行我国政府加入世界贸易组织的承诺，党中央、国务院决定对于我国认证认可工作实行统一的管理，建立起统一的、权威性的认证认可工作体制。

2001 年 8 月，国务院组建中华人民共和国国家认证认可监督管理委员会（中华人民共和国国家认证认可监督管理局，简称国家认监委），授权其统一管理、监督和综合协调全国认证认可工作。

国家认监委的主要职能包括研究起草并贯彻执行国家有关认证认可方面的法律、法规，拟定国家强制性产品认证目录并组织实施，负责卫生登记的评审和注册，对于认证市场及认可活动进行监督，管理与协调认证认可方面的国际事务及管理认证收费等。

国家认监委成立三年来，在国务院领导的关怀下，开展了大量卓有成效的认证认可工作，具体如下。

1）初步完成了我国认证认可工作法律体系、管理体系、制度体系的建立工作。建立起了以组织体系、制度体系、法律法规体系、监督管理体系为主要内容的认证认可工作新体系。

2）成功组织实施了国家强制性产品认证制度（又称 CCC 制度）。按照我国政府加入世贸组织承诺和“四个统一”的原则，从 2001 年 12 月起，对 19 大类 132 种涉及健康、安全、环境保护和国家安全的重要工业产品实施了内外一致的强制性产品认证制度。截至目前，共颁发 CCC 证书 13 万余张，认证产品的市场覆盖率超过 95%。国家认监委目前正组织各地质检机构，在全国范围内对 CCC 认证产品中的部分产品进行执法检查。

3）在积极拓展认证工作新领域方面取得了新进展。三年来，国家认证认可监督管理委员会积极推进自愿性产品认证工作，大力推动质量管理体系认证、环境管理体系认证、职业健康安全管理体系认证及农产品、食品、花卉、饲料、玩具、体育服务等自愿性产品认证工作的进程。

4）加强了认可监管。国家认监委与国家质量技术监督检验检疫总局、国家工商总局等部门联合下发了《认证机构及认证培训、咨询机构审批登记与监督管理办法》，并根据该《办法》对认证及认证培训、咨询机构的设立实行了审批和登记制度。同时大力整顿和规范了市场秩序，与有关部门联合组织开展了对国内外认证机构认证有效性的调查，对违法违规机构进行了查处。此外，还初步建立了全国统一的实验室认可和计量认证制度，并开展了跨行业、跨部门的全国实验室资源调查，建立了中国实验室资源数据库。

5）进出口食品卫生注册工作得到进一步加强。国家认监委按照国际惯例，对进口食品的国外生产厂家实施了进口注册制度，接待了欧美等国家的食品加工企业卫生注册检查组对我国近 500 家出口食品加工企业的检查，同时在水产品、出口罐头等六类出口食品加工企业中推广了食品危害分析和关键控制点（HACCP）体系认证，为保证我国农产品和食品的稳定出口做出了努力。

6）加强了认证认可科技和标准工作。为了推动认证认可国际标准的转化和实施，成立了全国认证认可标准化技术委员会。承担了检验检疫科技标准和组织实施的相关工作，开展了认证认可信息化建设。

7）有效开展了认证认可国际合作与交流，扩大了我国认证认可的国际影响力。国家认监委先后与 27 个国家和地区的政府机构、认证认可机构签署了 30 个双边或合作备忘录。参加了 17 个国际和区域组织的国际活动，在多个国际组织决策层中担任重要职务。此外，还承办了 IEC 第六十六届大会等一系列重要国际会议。

《中华人民共和国认证认可条例》的颁布，是认证认可事业发展史上的一个里程碑，为认证认可的依法行政工作奠定了坚实的法律基础，将认证认可监督管理工作纳入了规范化、法制化的轨道。同时，为认证认可事业进一步的发展和开拓创新提供了良好契机，标志着认证认可事业踏上了新的发展平台。

（三）商品质量认证的类型

世界各国实行的质量认证制度主要有八种。

1）型式检验。型式检验是指按规定的检验方法对产品的样品进行检验，以证明样品符合标准或技术规范的全部要求。

2）型式检验加认证后监督—市场抽样检验。这是一种带监督措施的型式检验。监督的办法是从市场上购买样品或从批发商零售商的仓库中抽样进行检验，以证明认证产品的质量持续符合标准或技术规范的要求。

3）型式检验加认证后监督—工厂抽样检验。这种质量认证制和第二种相类似，只是监督的方式有所不同，不是从市场上抽样，而是从生产厂发货前的产品中抽样进行检验。

4）型式检验加认证后监督—市场和工厂抽样检验。这种认证制是第二、三两种认证制的综合。

5）型式检验加工厂质量体系评定加认证后监督—质量体系复查加工厂和市场抽样检验。此种认证制的显著特点是，在批准认证的条件中增加了对产品生产厂质量体系检查评定，在批准认证后的监督措施中也增加了对生产厂质量体系的复查。

6）工厂质量体系评定。这种认证制是对生产厂按所要求的技术规范生产产品的质量体系进行检查评定，批准认证后对该体系的保证性进行监督复查，此种认证制常称之为质量体系认证。

7）批验。根据规定的抽样方案，对一批产品进行抽样检验，并据此作出该批产品是否符合标准或技术规范的判断。

8）百分之百检验。对每一件产品在出厂前都要依据标准经认可的独立检验机构进行检验。

上述八种类型的质量认证制度所提供的信任程度不同，第五种和第六种是各国普遍采用的，也是ISO向各国推荐的认证制，ISO和IEC联合发布的所有有关认证工作的国际指南，都是以这两种认证制为基础的。

补充阅读5.3

中国顾客满意指数产生的背景

改革开放20多年来，我国政府质量工作主管部门一直不断地探索评价质量的方法。原有反映产品质量水平的产品质量等级品率、反映质量经济性指标的质量损失率、体现质量适用性的工业产品销售率和新产品产值率四项指标对引导企业提高产品质量、降低质量损失、开发新产品起到了重要的推动作用。如何能够从宏观上反映经济增长的质量，从市场和顾客的角度评价产品质量和服务质量，原有指标有一定的局限性，必须研究新的质量指标。

随着我国社会主义市场经济的发展，客观上评价质量的标准也在发生变化，从仅仅符合标准到让顾客完全满意，已成为我国企业追求的目标。重视顾客，以顾客为中心是质量工作的起点和归宿。在竞争的市场上，评价质量好坏的最终裁判只能是顾客，顾客的选择决定一切。顾客满意指数正是通过测量顾客（即用户或消费者）对产品或服务的满意程度以及决定满意程度的相关变量和行为趋向，利用数学模型进行多元统计分析得到的顾客对某一特定产品的满意程度指标。这个指标可以较好地用来评价经济产出的总体质量，比较不同产业、行业和企业的产品质量、服务质量，为企业改进质量，增强市场竞争力，提高经营绩效提供指导。

顾客满意指数基本模型由顾客的预期质量、感知质量、感知价值、顾客满意程度、顾客的忠诚度（顾客保持率）和顾客抱怨（投诉）等六个结构变量及其因果关系构成。每个结构变量由若干观测变量来测量。其中，预期质量、感知质量和感知价值是用户满意度的原因变量，预期质量是购买前对质量的总体预期，感知质量是购买后对质量和服务的总体评价，感知价值是在价格给定的情况下对质量的评价，或者在质量给定的情况下对价格的评价。顾客在使用产品和消费服务的过程中形成一种感受和认知，如果产品和服务的感知质量超过预期质量，顾客就感到满意；反之，顾客就感到不满意。顾客满意又与顾客忠诚和顾客抱怨有关，顾客忠诚和顾客抱怨是顾客满意指数的结果变量。

作为政府主管全国质量管理工作的职能部门，国家质检总局正在研究和建立宏观质量评价指标体系，顾客满意指数是该体系中的主要指标。1999 年，清华大学组织力量，研究“中国顾客满意指数评价系统”。经过三年半的研究，建立了“中国顾客满意指数评价系统”，并于 2001 年分别在全国范围内对轿车、摩托车、空调、洗衣机、冰箱、航空公司、机场、固定电话服务、电视机、抽油烟机、微型计算机、燃气热水器、微波炉、电冰柜、瓶装饮用水、味精、洗发护发品、银行服务进行了试点调查。2002 年 6 月，“中国顾客满意指数评价系统”通过了国家科技部鉴定。之后，该系统正式用于中国名牌产品顾客满意指数测评。这套评价系统吸收了国际上顾客满意指数模型结构的优点，并充分考虑和结合了我国的实际情况，由国家、产业、行业和企业（品牌）四个等级构成。其中企业级指数是整个顾客满意指数体系的基础，行业级指数由行业内有代表性的企业顾客满意指数按销售额加权求和得到，产业级指数通过行业级指数加权求和计算，国家级指数通过产业级指数加权求和计算。目前，我们先在部分行业开展中国名牌产品的顾客满意指数评价，条件成熟后，我们将发布产业和国家的顾客满意指数。据我们了解，以政府名义进行顾客满意指数的测量最早开始于瑞典国家统计局。之后，德国、美国也开始测量并正式公布测量的结果。现在，加拿大、欧洲各国、新西兰、马来西亚、韩国等国家也正在进行顾客满意指数的研究和应用。

小　　结

商品检验是商品质量保证工作的一项重要内容，商品检验的内容主要有商品质量检验、数量检验、包装检验和安全卫生检验等。商品检验的形式有破坏性检验和非破坏性检验；全数检验、抽样检验和免于检验；工厂签证、商业免检、商业批检、法定检验、公证检验和委托业务检验等。

商品检验大多数为抽样检验，商品抽样有百分比抽样、简单随机抽样和分层随机抽样三种。商品检验的方法有感官检验法和理化检验法两类，在日常业务活动中，常用感官检验法来检查商品质量。

商品质量评价是一项综合性工作，即要根据商品检验的结果进行商品质量的分等定级，依据质量标志确定商品质量所达到的水平和质量状态，也要根据市场和消费者需求来全面考察和识别商品质量。在商品相对繁多的今天，顾客满意度已成为全社会关注商品质量的焦点。

商品质量监督是国家依法保证商品质量的一种有效活动。商品质量监督的种类有国家监督和社会商品质量监督两种；商品质量监督的形式有抽查型、评价型和仲裁型三种；我国商品质量监督的管理模式由技术监督系统和专业监督系统构成。

思考与练习

简答题

1. 简述感官鉴定法及理化鉴定法的优缺点。
2. 在进行感官鉴定时应注意哪些问题？
3. 划分商品品级有什么意义？
4. 什么是商品检验？其内容和形式有哪些？
5. 什么是商品质量监督？其种类和形式有哪些？
6. 什么是商品质量认证？其认证的种类和方式有哪些？

实训题

1. 夏季，矿泉水的销量大增，于是一些不法厂家、商贩便用一般地下水，冷开水甚至自来水冒充矿泉水出售牟利。试通过实际观察总结给出几种鉴别真假矿泉水的方法。

2. 通过网络或图书馆，查阅质量体系认证、环境管理体系认证、食品卫生安全管理体系认证的详细解释。

【案例】

三鹿奶粉事件

三鹿集团曾是民族品牌经营的成功典范，从1985年就开始实施品牌战略，注册了“三鹿”商标。经过二十多年的努力，三鹿品牌已成为中国乳业的一面旗帜，在广大消费者心中拥有较高的知名度、美誉度。三鹿集团是中国企业500强，三鹿奶粉、三鹿液体奶均为国家免检产品，并双双蝉联“中国名牌”称号，三鹿商标是中国驰名商标。三鹿奶粉产销量连续十几年高居全国第一位，液态奶居全国前三位。

三聚氰胺是一种化工原料，可导致人体泌尿系统产生结石。2008年，甘肃等地报告多例婴幼儿泌尿系统结石病例，调查发现患儿多有食用三鹿婴幼儿配方奶粉的历史。2008 年 9 月，石家庄三鹿集团股份有限公司发布产品召回声明，称经公司自检发现2008 年 8 月 6 日前出厂的部分批次三鹿婴幼儿奶粉受到三聚氰胺的污染，市场上大约有 1000 吨。为对消费者负责，三鹿集团公司决定立即对 2008 年 8 月 6 日以前生产的三鹿婴幼儿奶粉全部召回。“三鹿婴幼儿配方奶粉事件”是一起典型的严重食品质量安全危机。据事后估算，需要召回的问题奶粉总量超过 10 000 吨，涉及退赔金额 7 亿元以上，而患者的索赔评估在 39 亿元左右。2007 年底三鹿在全国的销售额达到 100 亿元，品牌价值 149 亿元，总资产 16.19 亿元，负债 3.95 亿元。问题奶粉事件后，品牌价值荡然无存，算及退赔金额，三鹿集团已经严重资不抵债。2008 年 12 月 23 日，石家庄市中级人民法院宣布三鹿集团破产。“三鹿事件”后，许多国家限制对中国乳制品的进口，这直接导致自 2008 年 10 月份起我国乳制品出口量的骤降。根据海关统计资料显示，2007 年我国乳品出口达到 13.5 万吨，较上年同期增加 157.28%，其中奶粉出口超过 6.2 万吨，同比增长 201.5%。“三鹿事件”爆发后，我国奶制品出口贸易严重受挫，2008 年中国出口乳制品 12.1 万吨，同比下降 10.4%；与此同时，进口奶粉利用消费者对国产奶粉的信任危机，以低价倾销的方式大量涌入国内市场。2008 年进口乳制品 35.1 万吨，增长 17.4%。乳制品进口额 8.6 亿美元，比上年增长 15.8%。国产奶粉相对积压滞销，导致不少乳品企业停产倒闭，奶农效益下滑。

我国奶业经过几十年的发展，大致形成了完整的产业链条。其主要可以分为三大部分：奶源供应、乳品加工、市场流通。我国奶业发展的产业链如图 5.7 所示。乳品行业是比较特殊的行业，不仅产业链长，而且环节多，涉及了第一产业（农牧业）、第二产业（食品加工业）和第三产业（分销、物流等）的纵向延伸，任何一个环节出现质量问题，都会影响整体供应链的质量安全，并最终影响到消费者的食用安全。

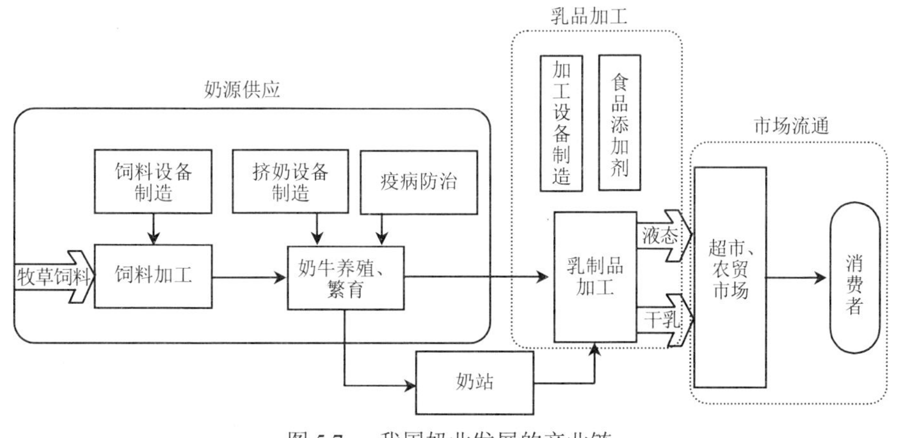

图 5.7 我国奶业发展的产业链

（资料来源：张煜，汪寿阳．2009-8-6．从三鹿事件分析我国产业发展的质量安全与对策．秒学时报．）

问题：

1. 三鹿奶粉事件暴露了产品质量的哪些问题？
2. 什么是商品免检制度？试对其实施效果进行分析？
3. 如何提高食品的质量安全管理？

第六章　商品包装

【主要概念】

包装　商品包装标志　商标　销售包装　运输包装　包装设计

第一节　概　　述

对于大多数商品而言，只有经过包装，才算完成商品的生产过程，进入流通和消费领域。包装不足、包装不当、包装过分都有碍于商品价值和使用价值的实现。

一、商品包装的定义

不同国家对商品包装所作的定义不同。例如，美国对包装的定义为：包装是指采用适当的材料、容器，施于一定的技术，使其能将产品安全到达目的地——即在产品输送过程中的每一阶段，不论遭到怎样的外来影响，皆能保护其内物品，而不影响其产品价值。日本对包装的定义为：包装是指在物品的运输、保管交易或使用当中，为了保护其价值与原状，用适当的材料、容器等加以保护的技术和状态。加拿大对包装的定义为：包装是指将产品由供应者送到顾客和消费者手中，而能保持产品完好状态的工具。我国标准《包装术语基础》（GB/T4122.1—2008）将“包装”定义为：“包装，是指为在流通中保护产品、方便储运、促进销售，按一定技术方法，而采用的容器、材料及辅助物等的总体名称，及为了达到上述目的而采用的容器、材料和辅助物的过程中施加一定技术方法等的操作活动。”

虽然各国对包装所作定义各异，但不难看出，包装具有三个特点：一是要选用合适的包装材料，二是保护商品不受损失，三是采用一定的包装技术。

二、商品包装的作用

1．保护商品质量安全和数量完整

商品从生产领域到流通领域再到消费领域，需经多次、多种方式，不同时间和空间条件下的装卸、搬运、堆码、储存等。科学合理的包装，能使商品抵抗各种外界因素的破坏，也可以把与内因有关的质量变化控制在合理、允许的范围之内，从而保证商品质量、数量的完好。

2．便于流通

合理的商品包装，材料选用得当，容器的形状、尺寸恰当，标志明了清晰。

这些将有利于商品的安全装卸、合理运输和最大限度地利用仓储空间，同时，也便于企业对转移过程中的商品进行识别、验收、计量、清点。

3. 促进销售

装潢设计恰到好处的包装，是无声的推销员。商品包装既能通过保持和维护商品质量提高商品的市场竞争力，又能以装潢中匠心独具的艺术元素来吸引顾客，图文并茂地说明内容来指导消费。

4. 方便消费

成功的商品包装，不仅依据商品的性质特征而设计、形成，而且能以消费者为中心而设计、而形成。成功的商品包装，尤其是直接出售给消费者的销售包装，可通过充分研究消费者需求，以人为本，在包装造型的别致性、商品数量的适中性、使用方法的便利性以及完成包装使命之后的可持续使用性或绿色环保易于处理性等方面做文章，最大限度地方便消费者。

5. 提高商品价值，促进使用价值的实现

发挥上述几个方面作用的合理的商品包装必然会促进商品使用价值的实现，也必然会促使商品价值的提高。另外，商品包装本身也是具有价值和使用价值的特殊商品。

例如，果品的包装是果品销售与分配时的一个方便措施，有很多特殊要求：包装必须在分配时能保护内含物免受伤害，在长时间处于相对湿度接近饱和或有时被水淋浸后仍能保持其形状和强度等。包装设计时，还考虑到允许排去产品的田间热，以及运至低温贮藏或运输温度时的迅速制冷和连续排除产品的呼吸热。由于很多产品质地脆嫩，包装应能承受堆叠并适合大体积操作。如用于展出，包装要能够吸引消费者。包装因材料、大小和形状的不同而异。目前，在发达国家，如美国水果包装种类超过了 500 种，过去曾致力于标准化，主要由于经济方面的考虑，但成功者有限，而在使用适用材料、增加运输时负荷能力等方面都有了长足的进步和改变。包装进步的最明显方面是用瓦楞纸箱包装代替木料（有些用塑料包装）包装、机械化容积充填包装代替手工操作（在很多种果、菜类均如此）、从单一包装处理发展到在托盘上大单位处理，这些进步和改变使得园艺产品的包装需要有一个专门的评述。

三、商品包装合理化的要求

商品包装合理化是其作用正常发挥的前提条件。我国商品包装的发展阶段可分为单纯考虑保护商品的大包装阶段；强调美化商品的小包装阶段；小包装发展为无声推销员等三个阶段。合理的商品包装是随商品流通环境的变化、包装技术的进步而不断改进和发展的。合理的商品包装既要符合国情，又要满足消费者需要并取得最佳的经济和社会效益。市场经济新形势下，商品已从卖方市场转为买方市场。如果使商品包装停留在第一阶段，那是包装不足，对商品生产者、经营者、消费者都不利，现在已很少有人犯这样的错误。然而，在现阶段的国内市场上，使用材料、容器、技术等不合理的包装，追求奢华浮躁、甚至愚弄和欺诈消费者的过分包装和虚假包装等现象比比皆是。

一般而言，合理的商品包装，应符合以下要求。

1. 商品包装应适应商品特性

商品包装必须根据商品的特性、分别采用相应的材料与技术，使包装完全符合商品理化性质的要求。

2. 商品包装应适应运输条件

要确保商品在流通过程中的安全，商品包装应具有一定的强度，坚实、牢固、耐用。对于不同运输方式和运输工具，还应有选择地利用相应的包装容器和技术处理。总之，整个包装要适应流通领域中的储存运输条件和强度要求。

3. 商品包装要“适量、适度”

对于销售包装而言，包装容器大小应与内装商品相宜，包装费用，应与内装商品相吻合，预留空间过大、包装费用占商品总价值比例过高，都是有损消费者利益，误导消费者的“过分包装”。

4. 商品包装应标准化、通用化、系列化

商品包装必须推行标准化，即对商品包装的包装容（重）量、包装材料、结构造型、规格尺寸、印刷标志、名词术语、封装方法等加以统一规定，逐步形成系列化和通用化，以便有利于包装容器的生产，提高包装生产效率，简化包装容器的规格，节约原材料，降低成本，易于识别和计量，有利于保证包装质量和商品安全。

5. 商品包装要做到绿色、环保

商品包装的绿色、环保要求要从两个方面认识。首先，包装材料、容器、技术本身应是对商品和消费者而言，是安全的和卫生的。其次，包装的技法、材料容器等对环境而言，是安全的和绿色的，在选材料和制作上，遵循可持续发展原则，节能、低耗、高功能、防污染，可以持续性回收利用，或废弃之后能安全降解。

补充阅读 6.1

过度包装的危害和治理

20 世纪 80 年代初，中国包装工业总产值不足 100 亿元，2006 年超越日本成为世界第二包装大国，2010 年，中国包装工业总产值达到 4 500 亿元，并保持年均 7%的增长速度。现在，国内一些人的消费心理和习惯开始发生变化，对商品的关注重点也从实用性转向审美性。部分商品包装走向另一极端，质量极其普通的商品包装却美轮美奂，大大超过商品本身的价值。其中尤以月饼、酒类、保健品、茶叶、化妆品等为甚。重视商品包装本身并没错，关键是不要走样、走极端。包装的过度化，就造成了过度包装。过度包装是指超出了保护商品、方便运输、介绍或说明商品的功能要求，即包装空隙率、包装层数、包装成本超过必要程度的包装。很多商品包装的成本比例已大大高于商品自身成本占总成本的比例，这非常不合理。商品过度包装已成为当今社会一大公害，在多个方面给社会带来经济损失和社会问题，必须引起社会各方的高度重视。

包装业所用的材料纸张、木材、橡胶、玻璃、钢铁等等，都是工业生产和生活中的重要材料。过度包装往往要一次性耗费大量精贵的原材料，浪费了原本就稀缺的资源。有人算过，我国每年约生产 12 亿件衬衫，其中 8 亿件是盒装，需要用纸 24×10^4 t，如果以直径 10cm 的大树为标准计算，就相当于要砍伐 168 万棵树木。据有关部门统计，我国每年垃圾总量为 60×10^8 t，其中废纸约为 2 亿吨，而城市固体废物中，包装物占到了 30%。仅在北京市每年产生的近 300×10^4t 垃圾中，各种商品的包装物就约有 83×10^4t，其中 60×10^4t 为可减少的过度包装物。而在中部的湖南省每年因包装废弃物污染环境造成的直接经济损失达 40 多亿元，每年因包装废弃物可以回收利用而未得到充分利用所造成的资源浪费高达 100 亿元。在资源与能源短缺、生态环境破坏以及人口增加问题日益突出的今天，过度包装显然不符合绿色包装的要求，同时也与建设节约型社会的倡导格格不入。

另外过度包装也直接损害了消费者利益，助长了商业欺诈之风。一些商品的包装成本已占到产品总价的 70%，已是喧宾夺主，椟贵于珠，更有黑心商家趁机搭售其他商品。消费者以不菲代价购得普通的甚至劣等商品，不仅减少社会福利，而且破坏了市场经济秩序。过度包装还诱发社会奢侈风气，暗藏腐败行为，加剧社会不和谐。这些年各地出现的天价月饼、天价保健品等，诱发了社会奢侈之风，普通消费者是难以承受的，不少购买者选购此类商品的目的并非自己或家人使用，而是用来送礼或行贿。

世界上许多先进国家和地区都已对过度包装制定了相应法规，并作出量化界定。据报道，作为世界包装工业大国的美国，也十分重视简约化包装，强调包装材料与包装系统总成本最小化，积极减少包装废弃物，控制包装操作中的库存与搬运成本。韩国把过度包装视为违法行为，政府对商品包装会进行检查，过度包装会被罚款。德国制定了《循环经济法》，对包装材料回收作出了明确规定。日本则规定：商品包装空位不得超过包装体积的20%，包装成本不得超过商品售价的15%。

根据我国的国情并结合国外经验，国家应当健全和完善相关法律法规，加强执法监督力度。为适应市场经济发展的需要，2005年4月全国人大修订了1996年实施的《中华人民共和国固体废物污染环境防治法》。自2005年4月起，商品过度包装将被禁止，并从法律上鼓励人们使用易回收包装物。新修订的固体废物污染环境防治法明确规定："国务院标准化行政主管部门应当根据国家经济和技术条件、固体废物污染环境防治状况以及产品的技术要求，组织制定有关标准，防止过度包装造成环境污染。法律还规定，生产、销售、进口依法被列入强制回收目录的产品和包装物的企业，必须按照国家有关规定对该产品和包装物进行回收。法律明确，国家鼓励科研、生产单位研究、生产易回收利用、易处置或者在环境中可以降解的薄膜覆盖物和商品包装物。法律还要求，使用农膜的单位和个人，应当采取回收利用等措施，防止或者减少农用薄膜对环境的污染。2009年，国家质检总局和国家标准委批准发布了《限制商品过度包装要求——食品和化妆品》国家标准(以下简称"标准")，自2010年4月1日起实施。标准对食品和化妆品销售包装的空隙率、层数和成本等指标作出了强制性规定。同时，针对饮料、酒、糕点、保健食品、化妆品等过度包装现象较为严重的商品，标准指标要求进行了相应调整。其中过度包装涉及到层数、包装空隙率、成本、材质、设计等问题。"标准"规定了限制商品过度包装——食品和化妆品部分的基本要求、限量要求和限量指标计算方法，对食品和化妆品销售包装的空隙率、层数和成本等3个指标做出了强制性规定，分别是包装层数3层以下、包装空隙率不得大于60%、初始包装之外的所有包装成本总和不得超过商品销售价格的20%。

包装作为企业的市场行为，如完全用行政命令强加限制，效果不一定理想，相关部门可采用经济手段进行干预，比如征收消费税、对包装废弃物的处理实行生产企业责任制等。应当明确地把过度包装列为商业欺诈行为，按照反不正当竞争法和消费者权益保护法等法规进行日常监管处罚。

同时在产业政策的设计上，要体现出反对过度包装的导向。从税收政策和产业准入政策上鼓励一般商品的。无包装和高档消费品的适度包装，强调包装要无害于生态环境、人体健康并可循环或再生利用。各行业协会也要行动起来，通过行业自律，倡导企业适度包装。同时，还应动员社会力量，通过媒体的宣传引导，抵制奢华消费甚至扭曲型消费，倡导并树立良好、健康的消费观。

“人靠衣装马靠鞍”，商品通过适当包装美化自我，本无可厚非。实际上，消费者需要的是产品本身，而不是只有一次性的使用价值的包装。面对过度包装产生的危害，应引起我们每一个人的环保意识，为了以后的生活，我们应从自身做起，从小事做起，节约资源，抵制过度包装，拒绝过度包装。

（资料来源：李世嘉. 2008. 国际市场营销理论与实务. 北京：高等教育出版社.）

第二节　商品包装分类

1. 按包装在流通领域中的作用分类

（1）销售包装

销售包装又称商品的内包装，指能与商品配装成一个整体，随同商品一齐出售，并能适应人们复杂的消费需要，在人们的消费行为中发挥效用。销售包装能增强产品的吸引力和竞争力、提高产品价值。一般来说，在物流过程中，商品越接近顾客，越要求包装起到促进销售的效果。因此，这种包装的特点是造型美观大方，有必要的修饰，包装上有对于商品的详细的说明，包装的单位适合于顾客的购买以及商家柜台摆设的要求。

（2）运输包装

运输包装又称工业包装，或称外包装，是指为了在商品的运输、存储、装卸的过程中保护商品所进行的包装。工业包装更强调包装的实用性和在此基础上费用的低廉性。一般来说，工业包装在生产过程中也是非常重要的。这是因为，企业在购买其他企业的产品之前，肯定已经对该产品的各项性能有了基本的了解，而购买此商品的主要目的就是为生产自己的产品服务，因此，企业并不在乎商品包装的美观而更在乎商品包装能否保证商品的质量不受损失。在现今的社会中，许多知名的大企业越来越重视商品的工业包装，一方面工业包装的好坏在一定程度上决定了商品的质量；另一方面如果工业包装做的很好，那么可能在顾客的心目中会提高企业的形象，巩固企业在市场中的地位。常见的运输包装、木箱、纸箱、铁桶、竹篓、柳条筐及集装箱、集装袋及托盘等。集装箱是密封性能极好的专用于周转的大型货箱。集装箱既是运输工具的组成部分，又是商品的包装容器，是较有前途的集合包装，其载重能力有 5t、10t、20t、30t 四种。集装箱一般要具有耐久性，为了实现“门对门”运输，备有便于装卸运载的专门设备。集装箱的种类有：冷藏、敞顶、保温、散装、罐式、牲畜用。

2. 按包装使用次数分类

按包装使用次数分类，包装分为：一次使用包装；多次使用包装，坚固，可再次回次。

3. 按包装适用性分类

（1）专用包装

专用包装具有特定使用范围。例如，盛装硝酸、硫酸的专用陶瓷包装，盛放鸡蛋专用纸格箱包装。

（2）通用包装

通用包装适应性强，使用范围广，如木箱、麻袋等。

4. 按包装耐压程度分类

（1）硬质包装

例如，木箱、木桶、铁箱、铁桶、耐压性较强的包装均属于硬质包装。

（2）半硬质包装

例如，纸板箱、竹篓、柳条筐等均属于半硬质包装。

（3）软质包装

例如，麻袋、布袋、纸袋，耐压力差的包装等均属于软质包装。

5. 按包装制造材料分类

按包装制造材料分类，包装可分为：纸制品包装、纺织制品、木制品、塑料制品、金属制品、玻璃、陶瓷、复合材料制品、草类编制品包装。

6. 按包装流程分类

（1）逐个包装

逐个包装指交到使用者手里的最小包装，把物的全部或一部分装进袋子，或其他容器里并予以密封的状态或技术。

（2）内部包装

内部包装指将逐个包装的物品归并为一个或两个以上的较大单位放进中间容器的状态和技术，包括为保护里边的物品而在容器里放入其他材料的状态和技术。

（3）外部包装

包部包装指从运输作业的角度考虑，为了加以保护并为搬运方便，将物品放入箱子、袋子等容器里的状态和技术，包括缓冲、固定、防湿、防水等措施。

第三节　商品包装与包装材料

包装材料的初级阶段，可以追溯到人类有记载的历史之前，那时的包装材料取之于自然。以后，人造包装材料的产生，如纸、玻璃、金属等为包装提供了更好的原料，包装的品种逐渐多了起来，并被广为接受。包装材料的真正兴起，是从 20 世纪 50 年代发明了人工合成材料——塑料开始。塑料具有质轻、耐用、阻隔性好、易成型、形状多样、资源和能源消耗少等优点，大量地取代了天然资源加工的包装材料，促进了新包装机械的出现。可以说现代包装是随着塑料工业的发展而发展起来的。20 世纪 60 年代是我国塑料制品工业由热固性塑料制品向热塑性塑料制品的转折时期；到 20 世纪 70 年代到 80 年代发展起来的复合包装材料，如铝塑复合材料、纸塑复合材料、塑与塑复合材料等，可代替金属、玻璃、纸等包装材料，提高了包装的阻隔性、结构性、印刷性，使包装更方便、更安全。现在新技术的发展促进了各种新兴包装的出现。包装材料逐渐在材料工业中占据了重要位置。

一、包装与材料的关系

从包装与产品的关系来看，包装材料具有保证产品的安全、清洁卫生、防止产品的散失、残缺、变质和损失的作用。

从包装和销售的关系来看，包装具有广告和推销功能，包装具有“沉默的推销员”的作用。而包装材料正是发挥这一作用的载体。

从包装自身来看，好的包装除了为产品服务之外，还具有独立的审美价值，这种独立的审美价值汇入产品价值之中，可以提高甚至是成倍地提高产品的价值。

从经济学的角度看，在包装生产、消费和使用中，应以最低的生产成本获得最佳的效用。商品包装成本、包装功能、包装费用、包装效用之间都是可以相互转化的。我们在进行包装时，可以通过包装技术来改进包装质量、降低生产费用。质量、技术、效益三者共同决定选用什么样的包装材料，采用什么样的结构，确定什么样的规格等。另外，选择合适的包装材料，也是消除国际贸易“绿色壁垒”（环境壁垒）的有效手段之一。

所谓绿色壁垒，是绿色贸易壁垒的简称，是指进口国（主要是发达国家）以保护生态环境、自然资源以及人类和动植物的健康为由，限制进口的非关税壁垒措施。它根据有关的环保标准和规定，要求进口商品不但要符合质量标准，而且从设计、制造、包装到消费等环节都要符合环境保护的要求，不能对环境和人类健康造成危害。

二、纸制品包装

世界造纸工业在国民经济上占重要地位，纸业产品结构中，产品 45%服务于信息系统，40%服务于各行业包装，15%服务于人民生活。中国是发展中国家，造纸产品 23%服务于信息系统，70%服务于各行业包装，7%服务于人民生活。

纸质包装是支柱性的传统包装材料，分纸和纸板两种，如图 6.1 所示。

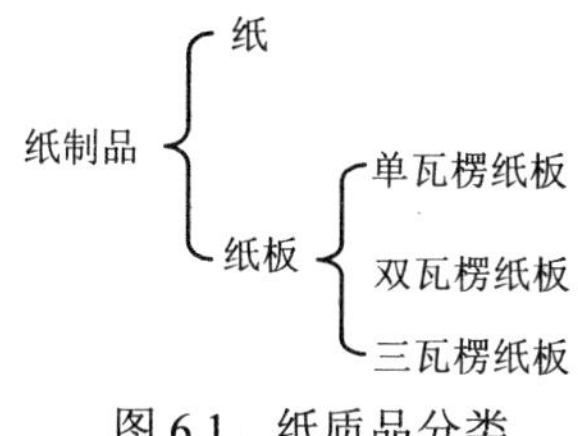

图 6.1 纸质品分类

纸制品包装的分类包括包装用纸和纸板的种类，具体如表 6.1 所示。

表 6.1 包装用纸和纸板种类

包装用纸类	包装用纸板类
普通纸张（牛皮纸、纸袋纸、玻璃纸、羊皮纸等）	普通纸板（箱板纸、白板纸）
特种纸张（袋泡茶滤纸、防油脂纸）	二次加工纸板（建筑纸板）
装潢用纸（胶版纸、铜版纸、压花纸）	
二次加工纸（石蜡纸、沥青纸、防锈纸）	

一般纸类，是指每平方米重量在 200g 以下，或厚度在 0.1mm 以下的纸制品。而纸板是指，每平方米重量在 200g 以上，或厚度在 0.1mm 以上的纸制品。纸与纸板可作大包装、小包装、包装衬里、商标、也可与其他材料做复合包装。箱板纸、黄板纸、瓦楞纸可以做大包装用的纸箱，也可作各种纸盒、纸筒等。

纸质品具有的优点：1）具有适应的强度。

2）密封性好。

3）具有优良的成型性和折叠性。

4）具有较好的印刷性。

5）价格较低。

纸质品具有的缺点：气密性、防潮性、透明性较差。

未来的纸板将由增加层次转向增加纸板强度。纸箱纸盒将转向高强度、轻量化。纸盒纸箱的开发重点是在功能上进行创新，满足市场多用途的需要。

目前市场上已出现的新型纸包装有激光全息转移纸和合成纸。例如，合成纸是与造纸同样使用延伸装置制造，将塑料沿着运行方向推出，但不使用水。合成纸以聚丙烯和聚乙烯为主体，由于有黏土和胶粘剂组成的涂布层，所以价格比普通纸要高。为确保利益，对质量要求很高。合成纸有一个缺点是静电问题。任何没有经过处理的塑料层都很容易与周围物体产生静电。在印刷时，塑料层积蓄的静电对以后加工产生影响。所以，表面涂布含有黏土涂布层的合成纸，必须防止在印刷、印后加工等操作时，纸张重叠输送。合成纸多使用于要求较高的环境中。

纸制品是环保的绿色包装。纸制品包装是一种环保型的“绿色包装”，具有良好的生物天然降解性，是适合大力发展的包装材料。

三、塑料包装

1. 塑料包装的定义

塑料包装是指以人工合成树脂为主要原料的各种高分子材料制成的包装。

2. 主要的塑料包装材料

主要的塑料包装材料有 PE（聚乙烯塑料），PVC（聚氯乙烯塑料），PP（聚丙烯塑料），PS（聚苯乙烯塑料），PET（聚酯塑料），PA（聚酰胺塑料）等。

3. 主要的塑料包装容器

主要的塑料包装容器有塑料箱，塑料袋，塑料瓶，塑料盒和编织袋。

从现在中国塑料加工工业生产能力和市场发展潜力来看，可以预计今后数年，塑料制品总产量仍将维持每年 10%的较高速度的增长。到 21 世纪初，年塑料制品总产量将突破 2000×10^4t，且在品种、功能、质量和应用领域等各方面均会起巨大变化，发展前景看好。包装塑料制品除不断扩大在各种包装材料中所占的份额之外，还将在高阻隔性、耐高温、保鲜、防虫防霉、无菌等方面增强其功能，所以包装塑料制品的年产量预计可达到 350×10^4t 以上，同时将在保证包装效果的同时努力减轻、减薄、以降低包装成本。此外，包装产品的发展应重视包装材料的功能化，如高阻隔化、耐高温和保鲜功能等，同时也应防止功能过剩、过度包装造成资源浪费。其次，农地膜生产和消费仍将是塑料制品发展的重要项目，主要是提高膜的功能性。农用塑料中棚膜和地膜在大面积推广使用的同时，要提高棚膜的功能性，做到长寿耐老化、防雾又防滴、高透明、高保温、实现光能转化提高农作物的光合作用；对地膜要解决残留在土壤中的白色污染问题，同时开发除蚜虫、除草、有色等多种功能性地膜。

4. 塑料包装的优缺点

塑料包装的优点：1）物理机械性能良好。
2）化学稳定性能良好。
3）轻质材料。
4）加工成型工艺简单。
5）适合采用各种包装新技术。
6）印刷性、装饰性能强。
塑料包装的缺点：1）强度和耐热性能不是太好。
2）有些塑料有毒、带有异味。

3）塑料废弃物处理不当，会造成污染。

5. 主要包装材料的特点及用途

（1）PE（聚乙烯塑料）

PE 是一种乳白色蜡状半透明材料，柔而韧，比水轻。聚乙烯的优点很多，如轻便，韧性好，无毒，较优良的电绝缘性，耐寒，耐辐射，易于切割等。PE 广泛地被用于药物和食品包装。

使用保管注意事项：不宜盛放煤油汽油，不能长期盛放食油，酒，陈列样品时要避免强光照射以免褪色老化。

（2）PVC（聚氯乙烯塑料）

优点：耐酸、碱、盐的腐蚀，不易燃烧，耐磨，耐油性能高于橡胶，价格低廉不易破碎。

缺点：耐热性差，使用温度在 46℃左右，遇热变软，遇冷变硬，透明性差，加入某些增塑剂的制品有毒性，不宜放食品。

可用来制成各种薄膜、包装袋，瓶、杯、盘、盒等。

（3）PP（聚丙烯塑料）

优点：无毒，有较强的刚性和曲折性，可以用来蒸煮或消毒，透明度比聚乙烯高，比重轻。

缺点：耐油性，耐光差，易老化，受重力冲击易破磨。

使用中避免受阳光长期照射，以免加速老化，商店陈列样品要经常调换，切忌与铜器接触。可用来制成各种薄膜、包装袋，瓶、杯、盘、盒等。不宜长期存放植物油和矿物油。

（4）PS（聚苯乙烯塑料）

特点：透明度高，色泽多样鲜艳，刚硬，敲击时有清脆的音响，无毒无味。

缺点：脆性大，冲击强度低，耐油性差，表面硬度低，使用温度在 75℃左右。

储存时应注意避免与有机溶剂和樟脑接触。可制成各种桶、瓶子、杯子、盘子。使用于盛装食品、酸或碱。

（5）PET（聚酯塑料）

PET 是一种无色透明又有光泽的薄膜，有较好的韧性与弹性；较高的机械强度和耐热性，作为一种优良的食品包装材料，特别适宜于作饮料的包装。

（6）PA（聚酰胺塑料）

优点：耐磨性好，不易断裂，能耐弱酸弱碱，无毒无味，在水中不易腐烂。

缺点：耐热性差，长期使用温度在 80℃左右，常温下能溶于苯酸、甲酚和浓硫酸。

储存时应注意不能曝晒受热，以免变形。主要用于软包装，特别是在食品包装上应用很广。广泛用于油脂类、冷冻食品、真空包装食品、蒸煮袋食品、奶制品等的包装。

（7）新型的塑料包装材料

纳米塑料，例如，传统的啤酒包装用玻璃制品，这是因为啤酒中所含的蛋白质很容易发生氧化反应，而无法达到长期保鲜的效果，所以它在一般的塑料瓶中很难保存。而那些罐装啤酒之所以能够长期保鲜，是因为其包装材料要经过三层复合，即内外各有一层塑料膜，中间是铝质层。新近研制出的纳米塑料仅有“一层”，然而完全可以达到三层复合的效果。这主要因为纳米塑料是将一种天然纳米材料蒙脱土（MMT）分解后，利用插层聚合复合和熔融插层复合等技术，按照纳米尺寸均匀分散到聚合物中，从而形成的。这种塑料强度高，耐热性好，比重较低，并具有优良的气体阻隔性和较高的光泽度。

塑料废弃物是指在日常生活和其他活动中产生的污染环境的废弃塑料或制品。塑料废弃物的种类很多，最常见的有废弃的日用塑料制品（如废塑料鞋、台布、婴儿尿布、废塑料包或人造革包、塑料化妆品瓶、药瓶等）、废弃的农用塑料制品（如用过的棚膜、地膜等）。尤其是塑料包装物及一次性使用的塑料制品，已成为城市生活垃圾的主要组成部分之一，而且容易被人们随意乱扔，影响城市景观，国外常将这部分塑料废弃物称之为“塑料垃圾（plastics litters）”。

6. 塑料废弃物对环境的影响

塑料废弃物对环境有如下影响：

1）塑料有许多品种和用途，大多数塑料属热塑性塑料，因此相当一部分塑料废弃物可以同纸制品、金属制品一样回收利用。加强这部分废弃物的回收利用，仅在经多次使用达到其生命周期终结时，才会成为对环境有不良影响的垃圾。

2）当前在塑料总产量中，约有30%属于使用周期短的一次性包装制品、医疗卫生用品和地膜等，它们在使用后一部分成为城市固体废弃物进入垃圾处理系统；一部分被随意丢弃成为有碍景观的垃圾。当前，西方发达国家和我国沿海主要城市塑料废弃物占城市固体垃圾的重量比已增到8%～10%左右，而体积则达到30%以上；由于塑料质轻、体积大，不易降解，不仅增加垃圾处理的难度，又占用许多有限的土地资源。因此，塑料废气物对环境造成一定程度的影响。

3）由于人们环保意识不强，又缺乏有力度的垃圾综合治理对策和措施，致使一部分塑料废弃物散落在自然界中，这部分塑料废弃物不仅对陆地、海洋造成景观污染，破坏环境生态平衡，甚至危及到野生动物的生命。这就是人们习惯称的“白色污染”。

7. 当前国外减少或防止塑料废弃物对环境影响的措施

当前国外的主要对策是加强综合治理，采取减容、减量、回收利用、降解等防与治相结合的方针，主要措施概括起来为 3R 和 1D。3R 即塑料包装废弃物的减量化（reduce）；塑料包装制品的再使用（reuse）；塑料包装废弃物的回收利用（recycle）。1D 是开发有利于环境的降解塑料（degradable）。因此当前回收利用和开发降解塑料已成为各国防止塑料废弃物污染环境的重要途径。

四、金属包装

金属容器包装是一种消费者喜爱的高档包装物。品种繁多、形状各异，主要产品包括：铝质二片罐、马口铁二片罐、马口铁三片罐、气雾罐、食品罐头罐、各种固体食品桶、罐、盒、防盗盖、皇冠盖、旋开盖、易拉盖和不同规格的钢桶。

金属包装物的优点是：外形美观、内涂防腐蚀、保质期长、携带方便。其为食品、罐头、饮料、油脂、化工、药品、文教用品及化妆品等相关行业的商品包装配套服务做出积极贡献。

五、玻璃包装

玻璃最突出的优点是：化学稳定性好，透明性好，无毒、无味、卫生、安全；玻璃密封性良好，不透气、不透湿；玻璃也易于加工成型，原料来源丰富，制作成本低；易回收，能重复使用，利于环保。玻璃难以克服的缺点是耐冲击强度低、热稳定性不好、笨重，这些都给运输、装卸、储藏商品带来困难，所以很少以玻璃制成运输包装容器。

陶瓷与玻璃有许多共同之处，而且成本更低廉，具很好的遮光性。陶瓷常被制成缸、罐、坛等运输包装容器广泛用于包装运输各种化工产品、特色传统食品等。

六、绿色包装

绿色包装，又称环保包装，是指既可充分发挥各种包装功能，又有利于环境保护，废弃物最少，易于循环复用及再生利用或自行降解的包装。

绿色包装一般应具有以下几方面的内涵。

1）发展绿色包装的 3R 和 1D 原则。

2）包装材料对人体和生物应无毒无害。包装材料中不应含有有毒性的元素、病菌、重金属，或这些含有量应控制在有关标准以下。

3）包装制品从原材料采集、材料加工、制造产品、产品使用、废弃物回收再生，直到其最终处理的生命全过程均不应对人体及环境造成公害。

最早推崇包装材料回收的国家——德国制定了“循环经济法”，丹麦率先实行“绿色税”制度；很多国家要求制造商、进口商与零售商负起将包装材料回收利用与再制造的责任。发达国家历来比较注重对于绿色包装的研究及使用，并以此作为新的非关税壁垒的国际贸易壁垒手段。近年，发达国家制定了很多关于绿色包装的相关制度。最早制定此类制度的当属 1991 年德国的《包装废弃物处理法令》，之后许多国家相继出台类似法令，具体措施为：①以立法形式规定禁止使用的包装材料类型。②建立储运返还制度。③建立进入市场的绿色标志制度。④制定再循环或再利用法律。⑤税收优惠或处罚制度。

目前，在国内外市场风行和使消费者最崇尚的“绿色包装”中，有纸包装、可降解塑料包装、生物包装材料等。如“人造果皮”就是未来的一种新纸种，人们像吃橙子那样，把皮剥开即食，同时废弃物可回收利用。我国目前已将可食性果蔬液态保鲜膜用于果蔬包装保鲜。

补充阅读 6.2

欧盟对绿色包装的基本要求

欧盟绿色包装主要侧重于安全与环保的要求，一是要求食品包装的废弃物不得对环境造成污染。如纸箱的连接须采用黏合工艺，纸箱上的印刷必须用水溶性颜料，不能用油溶性油墨，纸箱的表面不能上蜡、上油，也不能涂塑料、沥青等防潮材料；二是要求食品包装减少用量、可回收、可重复使用。出口欧盟商品的包装，应首先了解欧盟包装指令与标准的基本要求，基本要求是市场准入的第一道技术门槛，跨越这道门槛才有资格参与市场竞争。

欧盟指令 94/62/EC《包装和包装废弃物》是基于环境与生命安全，能源与资源合理利用的要求，对全部的包装和包装材料、包装的管理、设计、生产、流通、使用和消费等所有环节提出相应的要求和应达到的目标。技术内容涉及包装与环境、包装与生命安全、包装与能源和资源的利用。基于这些要求和目标，派出具体的标准与技术措施，如欧盟 2000 年颁布的支持指令 94/62/EC 的协调标准 EN13427～EN13432，2004 年发布了这一系列标准的修订版，更加明确了进入欧盟市场的包装的绿色要求。指令 94/62/EC 和上述标准的要求可以归结为以下几点。

1）严格限制包装及包装材料中的有毒有害物质，尤其是重金属含量，铅、镉、汞、六价铬总量的最大允许极限为 100mg/kg，另外还对多种元素的最大允许限量提出明确要求。

2）用安全的材料替代受限制或不安全的材料。如用 PET 替代 PVC、PP 替代 PS、采用水溶性的粘合剂和油墨、禁用偶氮染料等。欧盟指令 2002/61/EC 及 2003/3/EC 于 2003 年 9 月 11 日在欧盟成员国中实施。各成员国如西班牙、英国、意大利等国也制订了相关法规，禁止多类含有害偶氮染料的产品及包装在市场销售，同时瑞士等部分国家、组织和地区客户对中国出口纺织品服装、鞋类等商品包装（主要是瓦楞纸箱、鞋盒、布袋）要求禁用偶氮染料并进行检测（简称 AZO 检测）。

3）限制使用不易回收和不具有商业回收价值的包装材料，禁止或限制使用某些原始包装材料。欧盟主要禁止或限制使用的是某些原始包装材料，如木材、稻草、竹片、柳条、麻和以此为基础的包装制品，如木箱、草袋、竹篓、柳条筐篓、麻袋和布袋等。在包装辅料方面，禁止或限制的主要材料是作为填充料的纸屑、木丝，作固定用的衬垫、支撑件等。对上述包装材料及辅料一般要求率先进行消毒、除虫或进行其他必要的卫生处理。

4）用于食品和医学产品的包装容器和标签应符合欧盟相关指令的要求，并通过检测、认证和注册程序。欧盟对食品标签的总体要求是食品标签不能令消费者对产品的属性产生误解，并规定标示必须按照成分含量等顺序列出所有成分。欧盟进口国一旦发现食品标签不符合本国要求，就会告知欧盟委员会，那么所有欧盟成员国都会对此公司生产的产品采取措施，所以这方面的规定也需要食品出口企业高度重视。

5）对包装减量化、重复使用、可回收再利用提出了要求。生产商必须履行合格评定程序，来证明其出口包装满足这些要求。就包装材料的回收率而言，欧盟某些成员国持有异议，比如对饮料瓶的重复使用或一次性使用的环保性、经济性、可行性和安全性的评估等存在分歧。2004 年 2 月 11 日欧盟颁布了对 94/62/EC 的修正案 2004/12/EC，其中规定整体回收率 60%，再循环率 55%；另外规定具体的再循环率：玻璃 60%、纸和纸板 60%、金属 50%、塑料 25%、木材 15%；重金属浓度指标未改变。

6）对各类包装提出了具体要求。例如，儿童玩具包装应带有通过认证的 CE 标志，包装和标签应符合相关指令的规定；玻璃包装容器应按使用范围（食品、医药、化工等）控制可溶性碱性氧化物及砷的溶出量；金属包装容器的内壁或内壁镀膜、涂层在保质期内不应与内装物发生化学反应；木质包装容器不应有树皮和直径 3mm 以上的虫眼等。

与食品接触的包装材料主要受关注的是塑料，塑料包装使用指令 2002/72 /EC 中曾规定：所有包装物质材料迁移到食品的总量不能超过 60mg/kg（食物），而后，2002/ 72/EC 指令被修订为 2004/1935/EC 法规。2004/1935/EC 标准是欧盟最新的关于与食品接触材料与制品的基本框架法规，对食品接触材料与制品提出了更加明确的要求。这些材料和制品在正常或可预见的使用条件下，其构成成分转移到食品中的量不得危害人类健康，或食品成分发生无可接受的变化，或感官特性发生劣变的情况，且材料和制品的标签、广告以及说明不应误导消费者。欧盟 2007 年 3 月 30 日发布的 2007/19/EC 和 2008 年 3 月 6 日发布的 2008/39/EC 在原有 2002/72/EC 指令的基础上进行了修改，明文规定：欧盟范围内，与食品接触的塑料物质必须符合 2002/72/EC 指令，不符合该指令的食品接触塑料材料于 2010 年 3 月 7 日起禁止生产、进口和进入欧盟市场。

（资料来源：许超．2010．欧盟对绿色包装的基本要求．中国包装，5.）

第四节　新型产品包装技术

目前市场上常见的商品包装技术有以下几种。

1. 泡罩包装

泡罩包装指将透明的热塑性塑料薄膜或膜片加热预成型，加热封口，或黏合底板四周。泡罩包装使用于药品，小型日用品等。

2. 收缩和拉伸包装

收缩指收缩薄膜裹包物品，然后对薄膜进行适当的加热处理，使薄膜收缩而紧贴于物品的包装技术方法。

拉伸是由收缩包装发展起来的，是指依靠机械装置在常温下将弹性膜围绕待包装件拉伸、紧裹，并在其末端进行封口的一种方法。

3. 真空和充气包装

易腐化变质的食品均可采用真空包装。充气包装指采用 CO_2 或 N_2 等不活泼气体，转换包装中空气的一种包装技术。

4. 脱氧包装

脱氧包装指利用脱氧剂除去包装内的游离氧，防止内装物变质的一种包装方法，脱氧剂能大大降低包装内的氧气浓度，防止食品霉腐、氧化、生锈。

5. 缓冲包装技术

缓冲包装技术指为了减缓商品在储运过程中受到挤压、碰撞、冲击和振动，采用一定的防护措施的包装方法。

6. 防潮包装技术

防潮包装可以用涂防潮剂、加衬垫与裹包或放干燥剂的方式解决。

7. 集合包装

集合包装是介于商品运输技法与商品包装技法之间，兼有二者作用、功能的特殊运输包装方式。集合包装通常是把若干商品包装件或散装商品通过一定技法和特制盛装器具组合成较大搬运单位，进行整体装卸、运输。采用集合包装，便于机械化操作，可降低劳动强度、提高装卸效率；可促进商品包装标准化，提高商品运装安全系数。集合包装常用的器具既是商品运输的工具，也是商品包装的容器。按所用器具的不同，可把集合包装分为托盘式、集装箱式和集装袋式三种。

8. 新型的包装技术

21 世纪是高科技的时代，很多高新技术将得到很好的应用，特别是包装工业历来都是吸纳和应用高新技术的产业，一旦某些新技术新工艺有所突破，都将在包装领域中得以应用和推广，反过来又促使其新技术新工艺进一步完善和不断创新。未来市场的竞争，更多的是技术的竞争，包装产业更是如此。

未来将有许多新型工艺用于包装而形成新的包装工艺，例如，塑料包装的挤压、热压、冲压等成型工艺，将会用于纸包装成型上；塑料发泡成型技术也将用于纸模包装制品的发泡与成型，使得过去不能使用纸包装而必须使用塑料包装的产品也将用上纸类包装。

纸箱包装干燥工艺，也将由普通热烘转向紫外光固化、微波加热烘干，其干燥成型更为节能、快速和可靠。

还有防伪包装制作和工艺，将由局部防伪转向整体防伪；由表面防伪转向材质内层防伪，使得保密和防伪效果更为可靠。

包装工艺是发展最快，变化最快，种类最多的技术。先进的工艺是保证能否制得效果良好的包装产品的重要保证，所以，包装新工艺也是很多厂家竞相研究而又相互封锁的技术内容。

补充阅读 6.3

贴体包装技术

贴体包装（skin packaging）又称真空贴体包装（vacuum skin packaging，VSP）是一种新颖的商品包装技术。贴体包装于 20 世纪 60 年代在欧洲、美国、日本等地区和国家兴起，随后在世界其他地区逐渐得到推广应用，我国于 20 世纪 80 年代末引入该项包装技术，对于改善国内商品包装状况发挥了重要作用。贴体包装的应用，必须有相应的包装设备及包装材料与之配套方可实现，欧美、日本等发达国家历经 40 余年的发展，在贴体包装机及专用包装材料两方面均取得较大进展，随着应用领域的扩大，贴体包装机和包装材料的技术品种、规格已日趋完善和成熟。国内经过 30 年的发展在此行业已形成一批设备、专业制造厂家，贴体专用包装材料的研发也受到广泛关注。

贴体包装的工艺过程为：将被包产品置于专用的底板（纸板或塑料片材）上，使覆盖产品的特制贴体塑料薄膜在加热和抽真空作用下紧贴产品表面，并与底板封合。经贴体包装的产品，既受到良好的保护又展示了其自然形态及外观。贴体包装主要应用的产品有：五金、工量具、餐刀、文具、玩具、陶瓷玻璃制品、工艺品、医疗器械、电子元器件及电路板等。特别值得一提的是近10多年来在食品行业也广泛应用，如新鲜肉类、鱼类、水产品（蚌类、虾、牡蛎等）、熟肉制品、腌腊制品、切片香肠以及寿司等，这些食品经贴体包装后不仅展示性好，而且保质期长，食用方便。

贴体包装有以下特点：

1）无需任何模具，可将产品一次密封包装成型，经济、高效。

2）可对不同大小、不同形状的产品进行单独或组合包装，方便、灵活。

3）包装产品清晰可见，立体感强，展示性好。

4）产品紧密固定于薄膜和底板之间，防震、防潮、防尘效果好。

5）与其他包装相比，由于产品紧贴薄膜，包装体积较小，可降低仓储、运输成本。

贴体包装食品除具备以上特点外，还有以下优越性：

1）包装内残氧量较低，比真空包装货架期长。

2）透明贴体薄膜紧贴食品，保持并突显其自然外观，可增强购买欲。

3）贴体膜紧贴食品，汁液无法渗出，可减少细菌繁殖。

4）对软食品保护性好，不致受压变形，切片食品如火腿片、肉肠片等打开包装后不粘连，便于食用。

要想得到预期的贴体包装效果，充分体现贴体包装的优越性，合理选择包装材料至关重要。用于贴体包装的材料有两类，即贴体包装薄膜和底板，它们必须符合一定的技术要求。

贴体薄膜的一般要求如下：

1）热塑性好，加热后易于软化。

2）延伸性好，具有一定延伸率。

3）抗刺穿、抗撕裂性优异，韧性好。

4）透明度高。

5）热封性好，与底板易于黏合。

贴体薄膜的特殊要求如下：

1）非食品类的一般贴体包装，除满足上述一般要求外，对金属制品还应具有防锈功能，对电路板等电子组件及电子元器件还应有抗静电功能。

2）食品类产品真空贴体包装，除必须达到上述一般要求外，还应具备以下条件：无毒、无污染、在包装内不散发有害气味，符合食品卫生要求；对气体、水蒸气、香味阻隔性能优异，有些食品还需要一定的透气性、包装肉类产品时抗油性优异。

（资料来源：吴瑞平. 2010. 贴体包装技术及应用. 包装与食品机械，28（4）.）

第五节 商品包装标志

商品包装标志是指按规定在包装上印刷、粘贴、书写的文字和数字、图形以及特定记号和说明事项等。包装标志便于识别商品，便于运输、仓储等部门工作，便于收货人收货，在保证安全储运，减少运转差错，加速商品流通方面有重要作用。

包装标志按表现形式，可分为文字标志和图形标志两种；按功能和用途的不同，又可分为运输包装标志、销售包装标志、商品环境标志和商品质量标志。

商品运输包装标志是用简单文字或图形在运输包装外面印刷的特定记号和说明条款，是商品运输、装卸和储存过程中不可缺少的辅助措施。商品运输包装标志根据作用的不同又可分为运输标志（识别标志）、指示标志和危险品标志（或称警告标志）、国际海运标志 。

1. 运输标志（识别标志）

商品运输标志，又称收发货标志，是指在运输过程中识别货物的标志，也是一般贸易合同、发货单据和运输保险文件中记载的有关标志事项的基本部分。

运输标志，又称唛头，通常由一个简单的几何图形和一些字母、数字及简单的文字组成，它不仅是运输过程中辨认货物的根据，而且是一般贸易合同、发货单据和运输、保险文件中，记载有关标志的基本部分。其内容有商品的货号、品名、规格、色别、计量单位、数量等级等。

商品分类图形标志（FL）是按照国家统计目录分类，规定用几何图形加简单文字构成的特定符号，如图 6.2 所示，同时按商品类别规定用单色颜色印刷。

图 6.2 商品分类图形标志

供货号（GH）是供应该批货物的供货清单号码（出口商品用合同号码）。

货号（HH）是商品顺序编号，以便出入库、收发货登记和核定商品价格。

品名、规格（PG）是商品名称或代号，标明单一商品的规格、型号、尺寸、花色等。

数量（SL）是包装容器内含商品的数量。

重量（ZL）是包装件的重量（千克），包括毛重和净重。

生产日期（CQ）是产品生产的年、月、日。

生产工厂（CC）是生产该产品的工厂名称。

体积（TJ）是包装件的外径尺寸，长×宽×高＝体积。

有效期限（XQ）是商品有效期至某年某月。

收货地点和单位（SH）是货物到达站、港和某单位（人）收。

发货单位（FH）是发货单位或人。

运输号码（YH）是运输单号码。

发货件数（JS）是发运的货物件数。

外贸出口商品要用中、外文对照印刷相应的标志并标明原产国别。

收发货标志的具体要求在国家标准《运输包装收发货标志》（GB6388—86）均有明确规定，如表 6.2 所示。

表 6.2 运输包装收发货标志内容

序号	项目			含义
	代号	中文	英文	
1	FL	商品分类图示标志	CLASSIFICATIONMARKS	表明商品类别的特定符号
2	GH	供货号	CONTRACTNO	供应该批货物的供货清单号码（出口商品用合同号码）
3	HH	货号	ART NO	商品顺序编号，以便出入库、收发货登记和核定商品价格
4	PG	品名规格	SPECIFICATIONS	商品名称或代号；标明单一商品的规格、型号尺寸、花色等
5	SL	数量	QUAMTTY	包装容器内含商品的数量
6	ZL	数量（毛重）（净重）	GBOSS WT NETWT	包装件的重量/kg 包括毛重量和净重
7	CQ	生产日期	DATE OF	产品生产的年、月、日
8	CC	生产工厂	MANUFACTURER	生产该产品的工厂名称
9	TJ	体积	VOLUME	包装件的外尺寸：长×宽×高=体积/cm^3
10	XQ	有效期限	TERM OF VALIDITY	商品有效期至×年×月
11	SH	收货地点和单位	PLACE OF DESTINATI-ON	货物到达站、港和某单位（人）收（可用贴签或涂写）
12	FH	发货单位	CONSIGNOR	收货单位（人）
13	YH	运输号码	SHIPPING NO	运输单号码
14	JS	发运件数	Shipping Pieces	发运的件数

2. 包装储运图示标志

包装储运图示标志又称指示标志，是指根据不同商品对物流环境的适应能力，用醒目简洁的图形和文字标明在装卸运输及储存过程中应注意的事项。按国家标准 GB191－1985 规定，标志共分为 10 种，如图 6.3 所示。

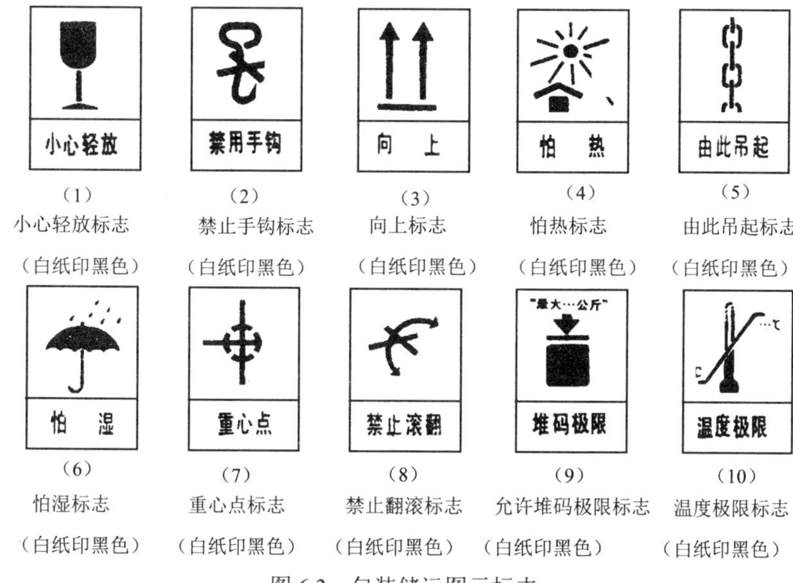

图 6.3 包装储运图示标志

3. 危险货物包装标志

危险货物包装标志是对易燃、易爆、易腐、有毒、放射性等危险性商品，为起警示作用，在运输包装上加印的特殊标记，也是以文字与图形构成，如图 6.4 所示。国家标准《危险货物包装标志》（GB190－1985）对危险货物包装标志的图形、适用范围、颜色、尺寸、使用方法均有明确规定。

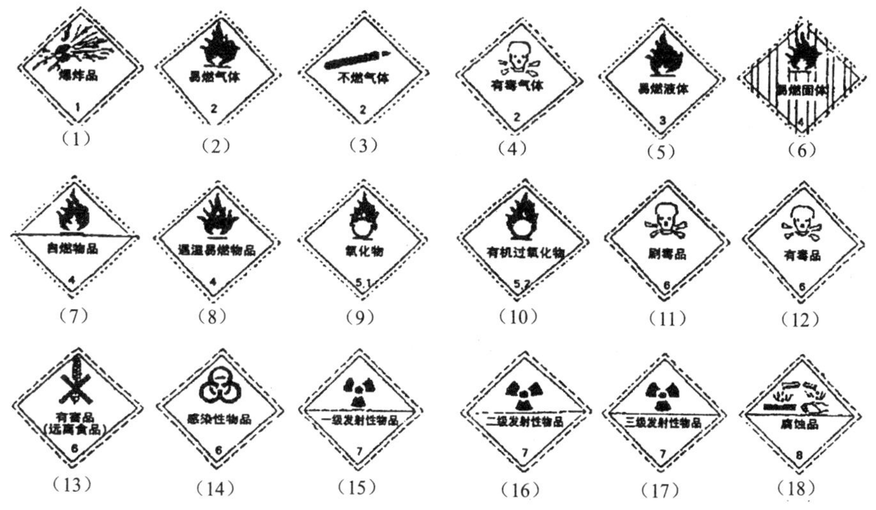

图 6.4 危险货物包装标志

4. 国际海运标志

联合国海运协商组织对国际海运货物规定了“国际海运指示标志”和“国际海运危险品标志”两套标志，如图 6.5 和图 6.6 所示。我国出口商品同时使用这两套标志。

图 6.5　国际海运指示标志

图 6.6　国际海运危险品标志

在商品运输包装上除上述标志外，有时也印有其他标志如质量认证标志、商检标志、商品条形码等。

第六节　商品销售包装上商标的使用

商标，俗称牌子，是经营者在商品或服务项目上使用的，将自己经营的商品或提供的服务与其他经营者经营的商品或提供的服务区别开来的一种显著标志。它是表示商品质量和商品来源的标志，是企业信誉的象征和无形资产。在很大程度上，最后商品销售时消费者还是看重牌子。

一、商标的概念、特征及作用

世界知识产权组织将商标定义为：商标是用来区别某一工业或商业企业或这种企业集团的商品的标志。从定义看出：①商标的使用者是商品的生产者，经营者或劳务的提供者，而不是消费者。②标志物是商品或劳务，而不是物品。③标志的目的是为了使不同厂商的商品或劳务能互相区别，不致产生混同，有利于市场竞争，而不是为了赠予、储备、铭志，也不是为了国家调配，管理物质而标志。④商标的组成要素，必须是文字、字母，图形或其组合图案。

商标的主要特征为：①商标是商品的标志。②商标具有排他性。③商标具有竞争性。④商标是一种具有产权意义的标志。⑤商标是具有显著特征的标志。

商标的作用为：①商标具有区别作用。②商标对商品质量具有监督保证作用。③商标具有广告宣传作用。

我国 2001 年新的商标法在规定有关商标注册事项时，也表述了我国商标的概念，即“任何能够将自然人、法人或者其他组织的商品与他人的商品区别开的可视性标志，包括文字、图形、字母、数字、三维标志和颜色组合，以及上述要素的组合，均可以作为商标申请注册。”经商标局核准注册的商标为注册商标，包括商品商标、服务商标和集体商标、证明商标。商标注册人享有商标专有权，受法律保护。

有人把商标和“品牌”混为一谈，其实品牌是一种基于被消费者认可而形成的资产。品牌（brand）一词，最早的意思是打上烙印。早期的人们利用这种方法来标记自己的家畜，后来也运用到手工业中。这些烙铁印记即为品牌的雏形。品牌是一个复合概念。它由品牌名称、品牌认知、品牌联想、品牌标志、品牌色彩、品牌包装及商标等要素构成。品牌的定义中，菲利普·科特勒给品牌下的定义能体现品牌不同层面的含义，他将品牌定义为：品牌是一种名称，名词，标记，符号或设计，或是他们的组合。运用品牌的目的是借以辨认某个销售者或某个消费者的产品或劳务，并使之同竞争者的产品和劳务区别开来。商标是指能够将不同的经营者所提供的商品或者服务区别开来，并可为视觉感知的标记。商标最为重要的特征就是必须具有显著性。商标显著性是指商标所具有的标示企业商品或服务出处并使之别于其他企业之商品或服务的属性。商标是一个法律用语，它所强调的是其法律意义，具有一定的严肃性和稳定性。

商标和品牌不能混淆使用，商标是一个法律概念，具有法律上的延续性和稳定性，更加强调权利的取得与保护，品牌永远离不开市场和消费，市场的瞬息万变与消费者的情感投入决定了品牌的灵活多变。但是，商标与品牌之间的紧密联系却不能轻易忽视，商标相较于品牌更加具有直观性，他与消费者的生活密不可分。可以说，消费者的目光所及都有商标的存在，而品牌内涵的包容性使得消费者对品牌的感知有一个积累的过程，经过时间的打造，人们才能充分感知品牌的魅力，从认知商标到感受品牌，这一过程为品牌的深入人心打开了一扇门。

二、商标的种类

商标有很多种类，可以按照商标的结构、用途、使用等进行分类。

1. 根据商标的结构分类

（1）文字商标

文字商标是以各种文字、拼音字母、数字等单独构成的商标，例如全聚德、六必居等。文字商标除商品的通用名称和法律规定禁止使用的文字外，商标使用人可根据经营需要任意选择使用，文字商标发音清晰，音节少，具有易呼易记的特点，适用于多种传播方式。

（2）图形商标

图形商标是用图形构成的商标，图形商标形象生动、色彩明快，具有显著特征，不受语言的限制，易于识别，但是图形商标没有商标名称，不便呼叫，表意也不如文字商标准确。

（3）记号商标

记号商标是由某种记号构成的商标。从广义讲，图形商标也可以称是记号商标，我国商标法尚未专门规定记号商标，但在实践中仍然有人使用，并获准注册。

（4）组合商标

组合商标是由文字、图形或记号结合组成的商标，组合商标利用和发挥了文字商标和图形商标的特点，图文并茂、形象生动、引人注目、便于识别、便于呼叫，很受消费者欢迎。

2. 根据商标使用者分类

（1）制造商标

制造商标是指商品制造者在自己生产的产品上所使用的某种特定的标志。它能起到区别生产厂家的作用。我国生产企业普遍使用制造商标。

（2）销售商标

销售商标是指商品销售者为了将本企业的销售业务与其他企业的销售业务区别开来，而在自己经销的商品上所使用的独特标志称为销售商标。此种商标常在制造商生产能力较弱，或销售商实力雄厚且享有盛誉的情况下使用。

（3）服务商标

服务商标是指金融、铁路、航空、邮电、旅馆等服务行业把自己的服务业务同他人的服务业务区别开来而使用的标记。

（4）集体商标

集体商标是指属于一个组织（商会、协会）所有，由其成员共同使用的商标，该组织对其成员规定了商品技师的标准，使用集体商标的所有企业的商品必须具有共同的质量特征，借以维护该集体商标的信誉，集体商标不能转让。

3. 根据商标用途分类

（1）营业商标

营业商标以生产或经营企业的名称、标记作为商标。例如，“盛锡福”帽店，“亨得利”钟表店等都是以企业名称作为商标申请注册。

（2）等级商标

等级商标是某一企业生产的同类商品，因其规格质量标准不同而使用不同的商标，以区别商品的等级，从而树立不同的品牌形象。例如，联合利华作为一家本地化的跨国公司，在洗涤用品有“力士”、“阳光”及“伞”等品牌；联合利华全球的品牌，如立顿、四季宝、家乐牌、和路雪、力士、旁氏和奥妙等；同时运用国际标准技能，使中国本土的品牌，例如，夏士莲、中华牙膏、京华茶叶、老蔡酱油和蔓登琳冰淇淋等产品永葆青春。

（3）证明商标

证明商标是证明商品达到一定质量水平的标志，通常为具有一定权威的社会团体所有，准许那些原料、制作工艺、质量、精确度、安全性等方面达到该组织规定标准的企业，在其商品上使用的特定标志，国际上最著名的“纯羊毛标志”就是国际羊毛局的证明标志。

（4）防御商标

防御商标是为了防止他人侵犯而申请使用的一系列与自己名牌商标相雷同，近似而又相互联合的商标。如国外一家食品商，因“乐口福”商标享有盛名，而又申请注册了“乐福口”、“口福乐”、“福口乐”、“福乐口”等商标，形成一套防护墙，使他人无法侵犯。

三、商标管理

《中华人民共和国商标法》第 8 条商标不得使用下列文字、图形：

（1）同中华人民共和国和国家名称、国旗、国徽、军旗、勋章相同或者近似的，禁用为商标

1）任何形式的文字商标同中华人民共和国国名的全称、简称、缩写相同或近似的，均视为与中华人民共和国国名相同或近似，禁止注册。例如，ZHONGGUO、CHINA 等作为标志时即属此类情况。

但与中华人民共和国国名的旧称和别称相同或近似的，或者商标的文字虽与中华人民共和国的国名的全称、简称、缩写近似，但商标的文字有其他含义的不

含此限。

2）组合商标的文字部分为中华人民共和国国名的，视为与中华人民共和国国名近似。例如，中国龙等作为标志时即属此类情况。

3）与中华人民共和国的国旗、国徽、军旗、中华人民共和国政府颁发的勋章图形相同或近似。

（2）同外国的国家名称、国旗、军旗相同或者近似的，禁用为商标

1）任何种类文字的商标与外国国名的全称、简称、缩写相同或近似的，均视为与外国国名相同。但外国国名的旧称已不作为国名使用的，不受此限。

2）组合商标的文字含外国国名的，视为与外国国名近似。例如，美丽的英国作为标志时即属此类情况。

3）商标的图形与外国的国旗、国徽、军旗相同或者近似的，禁止注册。但商标图形有其他含义的不受此限制。

（3）同政府间国际组织的旗帜、徽记、名称相同的或者近似的，禁用为商标

但政府间国际组织的缩写或其标志有其他含义的不受此限制。

（4）同“红十字”、“红新月”的标志，名称相同或者近似的

但商标明显有其他含义的不受此限。

（5）本商品通用名称和图形

商品的通用名称和图形禁用为本商品的商标，一方面是因为其不能区别不同经营者，另一方面是防止能用名称和图形不公平地为独家所垄断。

本商品（服务）的通用名称是指在某一范围内约定俗成，被普遍使用的某一种类商品（服务）的名称。

商品（服务）的通用名称包括规范的商品（服务）名称，约定俗成的商品（服务）名称，商品（服务）的俗称和简称。例如，“彩色电视接收机”是规范的商品名称，而彩电则是简称；又如“自行车”是规范名称，而单车则为俗称。

1）本商品（服务）的通用名称，禁用为商标。但商标文字整体不为通用名称的，不受此限。

2）本商品的图形，禁用为商标。但商标含有本商品图形的一部分，或者整体已抽象化的不受此限。

（6）直接表示商品的质量、主要原料、功能、用途、重量、数量及其他特点的文字或图形禁用为商标

直接表示商品或服务的质量、主要原料、功能、用途、重量、数量及其他特点的文字或图形，是各经营者在其商品或服务上常驻用的说明性的文字或图形，属共用的范畴，应禁止独家垄断。同时，直接表示商品的质量等特点的文字或图形的商标不能使消费者区别于不同的经营者，不具备显著性，无法为消费者所识别。

判定商标是否直接表示其使用的商品或服务的质量的特点，应将被审查的商

标与其指定的商品或服务联系在一起进行考虑。如该文字或图形为该行业约定俗成，公共用于说明商品，服务的某一特性的，即为直接表示本商品或服务的质量等特点。

表示商品的原料必须是表示该商品的主要原料，是否为主要原料不取决于在该商品中所占成分的多或少，而取决于是否决定了本商品的主要特性。但商标的文字或图形如果是间接描述或仅仅暗示其使用的商品或服务的质量等特点的，则不受此限。

1）直接表示本商品或服务质量的不得作为商标注册。但暗示商品质量的，不受此限。

2）直接表示本商品主要原料的不得作为商标注册。但非直接表示商品主要原料的不受此限。

3）直接表示商品或服务功能、用途的。但非直接表示商品或服务功能、用途的不受此限。

4）直接表示商品质量、数量的，不得作为商标注册。

商标的文字、图形或者其组合直接表示商品或者服务的某一主要特性的，为表示商品或服务的其他特点。

表示商品时令的：中秋（月饼）。

表示商品结构特征的：双缸（洗衣机）。

表示商品型号的：502（胶）。

表示商品或者服务的工艺的：手绣（刺绣加工）。

表示商品使用方式或者提供服务的方式的：即冲（快餐面）。

表示商品颜色的：白色（香皂）。

表示商品或者服务的特定消费者的：男子（香水）。

表示商品状态的：固体（饮料）。

表示商品或者服务的价格的：¥10（饼）。

表示商品或者服务的风味及特色的：川味（香肠）。

（7）带有民族歧视性的文字或图形禁用为商标

该条款的规定是为了维护各民族的尊严，体现中华人民共和国民族团结和世界各民族一律平等的原则。商标本身构成带有民族歧视性的，或者在特定的商品、服务上产生民族歧视性的，禁用为商标。

1）商标的文字、图标及其组合伤害民族形象或者民族尊严的。

2）商标用在特定的商品上，产生民族歧视的。

但不产生民族歧视性的不受此限。

（8）夸大宣传并带有欺骗性的文字或图形禁用为商标

商标的文字、图形或者其组合夸大宣传其使用商品、服务的质量、主要原料功能、用途、重量、数量及其他特点的，并带有欺骗性的，禁用为商标。

但夸张并不带有欺骗性的，不受此限。

（9）有害于社会主义道德风尚或者有其他不良影响的文字或图形禁用为商标

凡违反社会公共利益及公共秩序，违反社会主义道德观念的，均属于条款禁用的范围。

1）具有政治上不良影响的。

2）中华人民共和国各党派、社会团体、政府机构的名称、简称及标志做商标易在社会上产生不良影响。

3）以各国货币的图形及各称作商标有损害其尊严。

4）以宗教派别的名称、偶像作商标的，有伤宗教感情的，易产生不良影响。

但文字、图形有其他含义或者在特定商品上不致产生不良影响的，不受此限。

5）有害社会道德风尚的。

6）侵犯他人姓名、肖像、版权、外观设计专利等民事权利的。

但权利所有人同意的或已丧失权利的，不受此限。

7）在特定商品上，有使公众误认商品的产地、质量、原料等特点的。

8）抄袭他人具有独创性的商标。模仿他人已注册在非类似商品上商标图形，或将他人具有一定知名度的商标申请注册的，违反诚实信用原则，也不应核准注册。

（10）县级以上行政区划的地名或者公众知晓的外国地名，不得作为商标，但是地名具有其他含义的除外

地名作商标易被认为表示商品、服务来源于某地，缺乏区别不同经营者的作用，也不宜一家独占。地名禁用为商标是国际惯例之一。

适用这一条款应注意以下三个问题。

——中华人民共和国地名不得作为商标的仅限于县以上行政区划的地名，中华人民共和国非行政区划的地名用作商标，不受此限。

——外国地名禁用为商标的包括行政区划和非行政区划的地名，但必须是“公众知晓”，即应为中华人民共和国消费者所熟知的外国地名。

——具有其他含义的地名不适用这一条款，但地名的其他含义应强于地名的含义，即构成商标的词组是已经独立存在的，且含义是明确的、或者约定俗成的地名以外的含义。

1）中华人民共和国县级以上行政区划名称，禁用为商标。但有其他含义的或者中华人民共和国行政区划的旧称，不受此限。

2）仅以省、自治区、直辖市、省会、省辖市名称的拼音字母构成的商标视为行政区划名称，禁用为商标。

3）仅以省、自治区、直辖市行政区划的简称构成的商标视为行政区划名称，禁用为商标。但省、自治区、直辖市简称有其他含义的或以其他文字构成的商标，不受此限。

4）公众知晓的外国地名禁用为商标。但有其他含义的，或者在特定商品、服务上不会产生产地意义的不受此限。

5）地名与其他文字构成其他含义的不受此限。

第七节　商品包装装潢

品牌包装，要求除了力求方便、有变化及有趣等性能外，在视觉表现上，也可传达强有力的商品概念、内容、风格及质感。因此，杰出的包装，是商品终身的广告，可以让消费者“动心”。正如一本著名的包装设计书中所讲的那样：“消费者往往分不清一种产品和它的包装，很多产品就是包装，而很多包装就是产品。”这句话生动地说明了包装对于产品销售的作用。

一、概念和要求

1. 商品包装装潢的概念

商品包装装潢是根据商品特性和销售对象，设计包装容器的造型结构，外表画面及文字说明，对商品进行科学的包装并加以装饰和美化，以便于商品的运输储存、市场陈列展销、消费者使用和携带等。包装装潢是商品的重要组成部分，也是商品质量的一个方面，一个好的包装装潢，能够给人以美的感受，使之增加对商品的了解和对商品的购买兴趣。

2. 包装装潢设计的要求

设计包装时必须先考虑其大小与输送带和其他包装设计相适合。例如，田间使用的新包装必须和田间条件相适合；某些包装处理用蜡涂被，在高温时会变质，使包装脱色并损坏其有效性；有些包装（如聚乙烯）很轻，要注意其稳定性。其他如下雨、重雾或弄脏包装都必须特别留意。

（1）整体处理

整体处理适用于整体处理的包装设计时，要注意装运托盘化的安全、数量和体积需要。在选择包装大小时应注意产地和销地市场要求的衔接；为稳定托盘负荷，应在整体包装上设计有堆叠拉手等。

（2）包装标准化

包装标准化是物流活动的基本内容。例如，在果品处理的批发仓库中，使用的包装有许多不同的类型、形状和大小。许多包装的设计并不适合装卸，通常在混合运输或零售分配时造成果品的严重损坏。因此，很需要建立一系列标准化大小的包装并能适合国际上公制的要求。发展新包装时有很多考虑，其大小规格主要应适应“托盘”装卸。所谓“公制托盘”，即指托盘规格为长×宽=1200mm×

1000mm，也有 1219mm×1016mm 规格的；产品包装大小规格建议为 600mm×400mm、500mm×400mm、500mm×300、400mm×300mm。包装标准化在实际应用中，目前仍有不少困难和问题，但这是一个有潜力的领域。

（3）适合于各种环境条件的需要

包装遇到各种情况必须仍能保持良好状态。例如，在果品的包装和销售中，某些果品耐湿，尤其是菜类，在包装时和包装后要接触水分，这些种类使用的包装必须能耐长期的水分接触。当包装果品用冰冷却，即冰放在包装上或运输时顶上加冰，包装都必须与水接触，要求能维持良好状态。很多园艺产品包装要求能耐高的相对湿度，即使贮藏在一中等相对湿度（通常为 85%～95%）条件下，其包装内由果品自身释放水分即可造成 100%相对湿度。至目的地市场，果品自运输车辆或贮藏库取出时，空气水分常沉积在包装物里面。因此，包装物必须经特殊防潮湿处理或加强瓦楞纸板强度，以免包装损坏。

（4）销售和重复使用、便于检验

包装应便于内部包装的园艺产品接受检查。套筒式瓦楞包装除去盖后即可接受检查，能快速揭开盖或具有检查口也有同样功能。无论过程怎样，包装必须能安全再关闭并在分销时保护果品。

有些包装设计是专用于零售陈列的，最显著的例子是浆果类用小篮包装，苹果、柑橘、胡萝卜等是按销售大小装袋，还有某些用浅盘或就地包装。用于零售陈列的包装必须适合于零售的需要，并且，包装化妆比其他种类化妆更显得重要。很多果品到达消费市场后，最满意的包装是小消费单位的包装，如果品败坏也能及时发现，可以重新包装。

（5）包装物处置和重复使用

近年来有关包装物使用后处置的问题越来越严重。焚化处理只限于大多数城市区域。处置方式有多种，可根据包装物料的性质而定，如重复使用、重复改造和填土处理。某些木包装可重复改造后使用，瓦楞纤维板包装可重复循环使用，塑料泡沫包装材料很少循环利用。塑料或泡沫包装和曾用塑料涂被或重蜡处理过的瓦楞纤维板包装，已成为主要的城市环境污染源。因此，应制造可折叠、可回收的包装，以便重复使用，并应形成全国性或区域性网络来进行收集、复原、清洁和回收，加速推进包装无公害化进程。

二、造型结构设计

要求从力学角度出发，设计出科学的结构，即保证容器的强度，又合理利用包装材料，降低包装成本，并根据包装在商品流通中所起的主要作用不同，设计不同的造型结构。就销售包装而言，其造型结构基本上分为两大类：一类是便于陈列识别；另一类是便于携带使用。

1. 适合于陈列、便于识别商品的包装造型

挂式造型包装是适应自选销售的方式发展起来的，能充分利用货架的空间陈列展销商品，目前在服装行业被广泛应用。

展开式造型包装可细分为不同种类。其中有一种摇盖盒式，造型很别致，盒盖打开后，按设计好的折线翻转，并把盒舌插入盒内，则盒盖表面图案清晰可见，形成一小型宣传广告牌，具有良好的陈列和装饰效果。

堆叠式造型包装，是便于商品在货架上堆叠陈列节省货位的包装，不同包装之间的上下有相互咬合的装置，可以堆叠陈列。

透明包装有全透明和部分透明；开窗包装所开天窗也有大小之分，均能使消费者直接看清包装容器之内的商品。

惯用造型包装，是指这种商品的销售包装的造型已约定俗成，成了标明内装商品种类的标志，消费者一见到这种造型，就知道是何种商品。例如，牙膏用软管包装，鱼类罐头用椭圆形金属盒装等。

2. 便于消费者携带和使用的包装

这类包装造型的容器现在越来越多，越来越合理，主要有各种便携式、各种易开式和喷雾式等。此外，还有配套包装、礼品包装、复用包装等多种使用功能的包装形式。

三、表面设计

1. 包装装潢中的图案、文字与色彩

（1）图案

图案可采用照片、漫画、装饰纹样、浮雕等形式表现。包装装潢上的图案能使人产生触景生情的种种联想，达到充分表现商品特征的目的。

图案表现方法有写实、抽象和象征表现法三种。包装装潢画面中的照片、绘画、装饰纹样及浮雕等形式，都称为包装画面的图案。包装装潢画面的图案设计的表现手法可分为写实、抽象、夸张和概括的设计手法包装及广告式包装等。

（2）文字

文字是包装装潢画面设计的重要组成部分，是采用视觉方式最直观地传递商品信息的方法。

包装装潢上的文字分主体文字和说明文字两种，主体文字是用以表示商品品牌、品名的标题字，是装潢画面的主体部分。主体文字设计应从各个方面，如文字、字体的选择、画面面积、位置、色彩、明暗程度等，在画面中占有优势地位，表现出突出的视觉效果。说明文字是用来说明商品的规格、品种、成分、产地、

用途、使用方法等，其作用是宣传商品、指导消费。说明文字不需要任何艺术加工，要求字体端正、规范、易于阅读识别，各种单位、术语要符合有关法规。

（3）色彩

色彩是装潢画面中最富吸引力、诱惑力的无声语言，也是最富表现力、影响力的艺术表现方法。色彩直接影响包装装潢的整体效果。最新研究表明，消费者对物体的感觉首先是色，其后才是形。在最初接触商品的 20 秒内，人的色感占 80%，形感为 20%。20s 至 3min 内，色感为 60%，形感为 40%，5min 内色感与形感各占 50%，因此说，色彩在包装装潢中重要性居首位。

2. 各种标志性的图文符号

商品销售包装作为一种载体，承载着对内装商品身份、身价、质量等有说明作用的各种图文符号。这些图文符号是在总体设计时应纳入装潢总画面之中的不可或缺的重要内容，主要是商标、商品条形码、商品质量标志（合格标志、认证标志、商检标志）、各种识别标志和使用指导操作标志等。

补充阅读 6.4

有关国家和地区对进口商品包装的要求

在国际贸易中，由于各国国情不同，文化差异的存在，对商品的包装材料、结构、图案及文字标志等要求不同。了解这些规定，对我国外贸出口大有裨益。

1. 禁用的包装材料

美国规定，为防止植物病虫害的传播，禁止使用稻草作包装材料，如被海关发现，必须当场销毁，并支付由此产生的一切费用。新西兰农渔部农业检疫所规定，进口商品包装严禁使用以下材料：土壤、泥灰、干草、稻草、麦草、谷壳或糠、生苔物、用过的旧麻袋及其他废料；菲律宾卫生部和海关规定，凡进口的货物禁止用麻袋和麻袋制品及稻草、草席等材料包装；澳大利亚防疫局规定，凡用木箱包装（包括托盘木料）的货物进口时，均需提供熏蒸证明。

2. 禁用的标志、图案

法国人视鲜艳色彩为高贵，备受欢迎，法国人视马为勇敢的象征；法国人忌核桃，厌恶墨绿色，忌用黑桃图案，商标上忌用菊花。法国视孔雀为恶鸟，忌讳仙鹤、乌龟，不宜用作商标。英国商标上忌用人物肖像。英国忌用大象、山羊图案，却喜好白猫；和法国人一样，英国也视孔雀为恶鸟，不宜用作商标，而视马为勇敢的象征。瑞士人忌讳猫头鹰。荷兰人视橙色为活泼色彩，橙色和蓝色代表国家的色彩，荷兰人还钟爱郁金香。丹麦人视红、白、蓝色为吉祥色。意大利人视紫色为消极色彩，服装、化妆品以及高级的包装喜好用浅淡色彩，食品和玩具喜好有鲜明色彩。对德国出品的商品和包装，禁用类似纳粹和军团符号做标记。阿拉伯国家规定进口商品的包装禁用六角星图案。因为六角星与以色列国旗上的图案相似。阿拉伯国家对带有六角星图案的东西非常反感和忌讳。利比亚对进口商品包装禁止使用猪的图案和女性人体图案。此外，欧洲人中除比利时人视猫为不祥之物外，大都喜欢黑猫。另外国际上视三角形为警告性标志，所以忌用三角形做出口产品的商标。

3. 港口规定

沙特阿拉伯港务局规定，所有运往该国港埠的建材类海运包装（卫生浴具设备、瓷砖、木制砖、木制家具、厨房及浴室设备，铝挤型棒条），凡装集装箱的，必须先组装托盘，以适应堆高机装卸，且每件重量不得超过两吨。伊朗港口颁布的进口货物包装规定，茶叶、化工品、食品、水泥建材、原木等商品，分别要求以托盘形式，或体积不小于 $1m^3$ 或重量 1t 的集装箱包装。沙特阿拉伯港口规定，凡运往该港的袋装货物，每袋重量均不得超过 50kg，否则不提供包储便利。除非这些袋装货附有托盘或具有可供机械提货和卸货的悬吊装置。

4. 对容器和结构的规定

美国食品药物局规定所有医疗、健身及美容药品都要具备能防止掺假、掺毒等防污能力的包装。美国环境保护局规定，为了防止儿童误服药品、化工品，凡属于防毒包装条例和消费者安全委员会管辖的产品，必须使用保护儿童安全盖。美国加利福尼亚、弗吉尼亚等 11 个州以及欧盟负责环境和消费部门鉴于目前可拉离的拉环式易拉盖在海滨浴场等地随意丢弃，造成割伤脚趾及环境污染，因此立法禁止生产拉环式易拉盖，也不准在市场上出售，目前已趋于研制不能拉离的揿钮式、胶带式易拉盖。欧盟规定，接触食物的氯乙烯容器及材料，其氯乙烯单位的最大量规定为 1mg/kg（成品含量）。转移到食品中的最大值每公斤 0.01mg。根据美国食品药物局调查，在人体吸收的全部铅中，有 14%来自马口铁罐焊锡料，因此要求在今后五年内焊缝含铅量减少 50%。中国香港卫生条例规定，固体食物的最高含铅量不得超过 6PPM（6×10^{-6}），液体食物含铅量不得超过 1PPM。

5. 使用文种的规定

加拿大政府规定进口商品必须是英法文对照。销往中国香港的食品标签，必须用中文，但食品名称及成分，须同时用英文注明。希腊政府正式公布，凡进口到希腊的产品，包装上必须要用希腊文字写明公司名称，代理商名称及产品质量、数量等项目。输往法国的产品的装箱单及商业发票须用法文。包装标志说明，不以法文书写的应附法文译注。销往阿拉伯地区的食品、饮料，必须用阿拉伯文说明。

小　　结

绝大多数商品只有经过包装，才算完成它的生产过程，才能进入流通和消费领域。“包装”既是物质实体，也是一种生产手段和活动。包装材料、包装技法、包装结构造型和表面装潢是包装四大要素。

商品包装的作用，主要有保护商品、便于流通、促进销售、方便消费、提高商品价值及使用价值等。

商品包装的作用能否体现和发挥，取决于包装是否合理。合理的商品包装应适应商品特性，适用运输条件，符合标准化要求，还应是绿色和环保的。

商品包装可分为运输包装和销售包装两大类。究其作用来看，两者的分工有侧重。充分保护商品，方便装卸搬运是运输包装的首要功能；最大限度发挥“无声推销员”作用，则是销售包装追求的目标。因此，在设计要求上，前者重防护，后者重装潢。

包装材料是包装四要素之一。运输包装与销售包装在选标范围上没有太大区别，只是在具体材料的选择上各有侧重，但运输包装与销售包装在容器上差别很大，前者单调、简单，后者丰富、复杂。包装材料性能各异，在使用时最重要的是根据商品特性而选材。

集合包装是介于商品运输技法与商品包装技法之间，兼有二者作用、功能的特殊运输包装方式。集合包装分为托盘集装式、集装箱式和集装袋式三种。

研究商品运输包装，包装标志是重点研究内容之一。运输包装标志可分为收发货标志、包装储运图示标志、危险货物标志和国际海运标志等。其中最重要的是收发货标志。收发货标志向人们传递的是有关内装商品的来源、种类、去向和数量等最基本的信息。

包装装潢设计中除要遵循合理包装的几点基本要求之类外，还应注意：要突出内装商品，主题鲜明；要风格独特，不落俗套；要寓意美好，含蓄深远；还要注意美化与实用相结合，以及各部分的协调一致。

包装装潢的基本构成元素有选材与造型，图案的设计，色彩、文字的应用等。包装的作用及功能能否充分发挥与体现，就在于这些基本元素是否能合理搭配、科学组合。

思考与练习

简答题

1. 简述商品包装具有的特性和作用。
2. 对危险货物运输包装有哪些基本要求？

3. 什么是商品运输标志？一般包括哪些内容？

4. 商标的种类和特点分别是什么？

5. 我国国家标准《危险货物分类和名称编号》（GB6944—1986）把危险货物分成几类？共有几种危险品标志？请画出来其相应的标志图形。

6. 商品运输包装标志有哪些使用方法？

7. 对注册商标和未注册商标应如何管理？

8. 包装材料都有哪些？哪些包装材料更有发展潜力？

实训题

1. 通过调查，分析说明“过度包装”的危害和预防措施。

2. 就所熟悉的某一品牌的销售包装，试从色彩、图案、文字、机理等方面入手进行分析，说明其成功或不足之处。

【案例】

可口可乐的再定位设计

戴斯格里普斯•哥贝联合公司为可口可乐的新形象进行了设计。设计师从分析老可口可乐所使用的不同标志——水滴、颜色、字体、圆形标志以及瓶形发现，除了瓶子以外，那些标志都采用了相同的明亮度，没有任何一部分被突出出来。而调查的结果却是顾客对其中一些东西更感兴趣。尤其值得一提的是，瓶子的轮廓很能有效地唤起怀旧的情怀，引发人们爽口提神的感觉，并能立刻辨认出来。

可口可乐的红色和其字体是其品牌的有效切入点。可是瓶子的轮廓图案就象耐克的那个折勾一样超越了它的意愿而成为一个象征。设计师们发现“always”一词与圆印章一样蕴含着情感因素。

通过重新强调新品牌形象中的这些要素以及飞溅的水滴，设计师们将要素中的情感价值纳入一种新颖、相关的方式。他们在可口可乐经典的包装中加入了“always”（永远的）“delicious”（可口的）、“unique”（独一无二的）以及“refreshing”（提神的）等词，并且重新启用了为人们所熟悉的绿色可乐瓶，以进一步将这些怀旧的氛围具体化。

新设计的因素应用到了1996年亚特兰大奥运会上及后来的98世界杯，取得了很大的成功。哥贝的设计师说：“现在可口可乐能更好地根据不同分寸把握其商标了。

如图6.7所示，可口可乐的新品牌形象以熟悉的瓶装形象取代了自1969年起一直沿用的飘带图案。

如图6.8所示，新品牌的大版本中融入了另一些怀旧元素，如“always”等更多描述性的词所产生的效果是向顾客传递爽口感觉的同时也拨动了人们的心弦。

图6.7　过去与现在的品牌形象

图6.8　新品牌的大版本中融入怀旧元素

如图6.9所示，这一新品牌形象在1996亚特兰大奥运会期间得到了尝试启用。为体现戴斯格里普斯·哥贝联合公司关于为全球化品牌创立个性形象的理念，广告图案将可口可乐定位于运动迷们的饮品。

图6.9　广告图案定位于运动迷们的饮品

如图6.10所示，在1998年世界杯期间，这一形象得到了进一步的测试与引申。瓶子的图案元素被单独抽离并简化，气泡图案则让人们想起了饮料的性质。

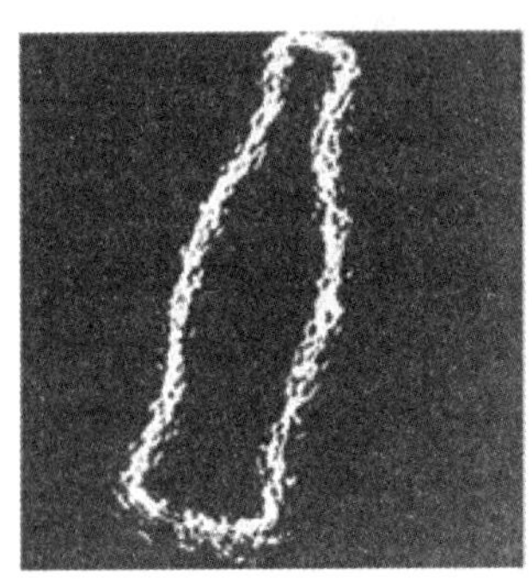

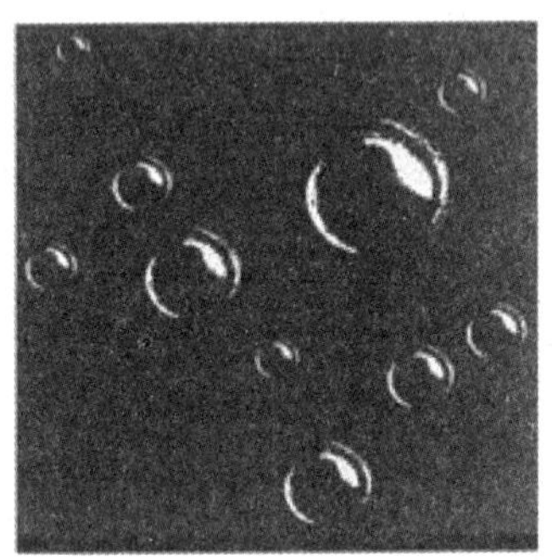

图6.10　图案元素单独抽离简化

（资料来源：凯瑟琳·费希尔．2008．平面设计材料表现与特殊效果．上海：上海人民美术出版社．）

问题：

简述可口可乐公司的销售包装特点。

第七章　商品物流配送

【主要概念】

商流　物流　商品配送　运输合理化

第一节　商流与物流的概念

商品从生产者到消费者手中，要在时间、空间、人三要素上表现分离形式。

时间上的分离：生产和消费的时间不同步，使生产和消费在时间上联结起来需要进行商品储存。

空间上的分离：生产和消费不在同一地点，而有一定距离，随着市场范围的不断扩大，生产与消费的距离亦在不断增加，甚至相隔万里之遥，生产和消费在空间上联结起来，需要进行商品运输。

人的分离：某些人生产的产品供成千上万的人消费，而某些人需消耗的产品，又来自其他许多生产者，将生产和消费的人联结起来，需要进行买卖与交换，从而商品由一方所有转变为另一方所有。

商品流通表现出来以货币为媒介的商品交换。主要形式有物物交换阶段、简单商品流通阶段和发达商品流通阶段。其内容包括商品的运输、储存、买卖三方面的功能。最终实现的是商品价值和使用价值。

一、商品流通体现的形式内容

（一）商品流通的表现形式

（1）商流

通过商品的购销活动而发生的商品价值形态的转化，称为商品价值形式的流通，简称商流。

（2）物流

通过商品运输和储存等活动实现的商品实体运动过程，称为商品实物形式的流通，简称物流。

物流和商流结合在一起的情况存在于原始的“一手交钱，一手交货”的交易活动，但随着购销过程的复杂化，物流和商流不可能完全一致，这样存在着经济上的不合理性，因为现代的商品交易频繁，有时某种物资要经过多次买卖交易，而物流可以不因交易活动的次数改变最短运行路线。

（二）物流和商流的流动形式

在现代市场经济条件下，商品的流通并非简单地一次进行，商品所有权的转移往往要经过很多次，而商品实体的运动一步到位，并且商品实体的转移和所有权的转移不一定同步进行，物流和商流有时结合起来，有时又分离开来，它们有着不同的流动形式。

由于商品的流通状况不同，物流和商流的流动形式也不相同，一般有以下两种流动形式。

1. 物流和商流的结合形式

物流和商流的结合形式，表现为商品实体和商品所有权的运动与转移所经过的流转环节相同，相继转移，同步进行。

（1）自产自销

自产自销是在商品经济不发达，自然经济占主导地位的情况下，个体手工业者生产的商品自行出卖，并将出卖商品所换回的货币，直接用来购买个人或家庭所需要的消费品。在这一过程中，物流和商流始终是结合在一起的。

（2）以货易货

以货易货即通常所讲的换货交易，两个工厂彼此需要对方的产品，各自用自己的产品相互交换，不经过任何中间环节或中介人。这一交换的过程也是物流和商流结合在一起的形式。

（3）钱货两清

钱货两清即生产企业将商品销售给商业企业，商业企业再把商品卖给消费者，在交易过程中，一手交钱，一手交货，钱货两清。这一过程中，物流和商流相互结合。

2. 物流与商流的分离形式

物流与商流的分离形式，表现为商品所有权与商品实体的运动和转移不同步，或时间上、或环节上、或物质上分离开来。物流与商流的分离，有的可以促进商品的流通，提高经济效益，而有的则属于不正常情况，应尽量避免。

（1）时间上的分离

物流与商流在时间上的分离有两种形式，一种是预购商品时，先付款后提货，商流在前，物流在后；另一种是赊销商品时，先提货后付款，物流在前，商流在后。物流和商流的这种形式，有利于促进商品生产和商品消费。

（2）环节上的分离

物流与商流在环节上的分离是流通中常见的形式，主要有两种情况：

1）商流多环节，物流少环节。商品所有权的转移，需要经过较多的中间环节，而商品实体的转移采取少环节、直达运输或直拨运输的方式，使商品实体的转移越过若干中间环节。例如，产地批发企业从工厂收购商品卖给销地批发企业，销地批发企业再把商品卖给销地零售企业，再卖给消费者的商流过程经过了四个环节，即：生产者—产地批发商—销地批发商—零售商—消费者。

在过程中，商品实体可以跳过 1～2 个环节，实现曲线结算，直线供货，即：生产厂—销地批发商—零售商—消费者；生产者—销地零售商—消费者。

这样就减少了物流的环节，有利于加快商品的流转速度，提高经济效益，同时，由于物流环节减少，也就减少了运输过程中装卸、搬运的次数，可以降低消耗，有利于保护商品的使用价值。所以，曲线结算，直线供货的这种物流与商流分离的形式，有利于商品流通。

2）商流少环节，物流多环节。由于交通条件等方面的限制，有时会发生商品所有权的一次性转移，而商品实体却要经过多个环节的周转才能到达目的地的情况。

物流的多环节，会导致商品在途时间延长，途中商品损耗多，资金周转慢，效益低。所以，除由于技术、原料等不能由当地或就近加工、采购的特殊商品外，应当尽量避免商品的长距离运输。对于特殊商品，则应当根据其特点尽可能合理选择运输工具和运输路线，以最少的消耗取得较高的效益。

（3）物流上的分离

物流与商流在物质上的分离是商品流通中的不正常情况，应当尽量杜绝。

1）只有商流，没有物流。只见资金的往来结算而不见商品，即商品的“买空卖空”现象。有时会遇到投机经营活动，例如，紧俏生产资料被转手倒卖，层层加价，购买者不是自己使用，仅仅是为了“扒一层皮”，资金结算转来转去，商品却一直在仓库里，起不到应有的作用。

2）商流和物流的异向运动。这是由于工作上的差错所造成的不正常情况。发货时“张冠李戴”，商流向东，物流向西，导致了经济上和时间上的极大浪费。有时，由于工作的疏漏造成商品的遗失、破损、无从查找且追查不到责任。在流通过程中，应当尽量避免物流与商流在物质上的分离。

二、物流和商流的关系

将“商物分离”解释成商流与物流的分离是不全面的，从商流脱离出来的物流是不存在的，应理解为商流路线与物流路线的分离。

1）商流是物流的前提，一般说商流存在，物流相伴；商流活了，加速物流的速度，给物流带来活力。

2）物流是商流的保证，物流的畅通无阻使商品源源不断送到消费者手中。

在商品流通过程中，具体的商品活动包括商业交易活动和商流情报活动。商业交易活动（批发、零售）包括订货、签订合同、安排交易、采购销售、顾客服务。商流情报活动包括计划、市场调查、资源调查、预测、广告宣传、资料处理。物流活动包括实物流通活动和物流情报活动。实物流通活动包括储运的建立、运输活动、仓储保管活动、装卸搬运活动、分类包装活动、流通加工活动。物流情报活动包括物流计划预测、物流调查、调度、库存控制传达发、收货指示、资料处理。

第二节　运输合理化

经济理论界认为，增加销售为“第一利润源”，降低成本为“第二利润源”，而合理组织物流则为“第三利润源”。而且，这“第三利润源”是一个巨大的“利润源”，是“企业脚下的金矿”。可见，商品流通第三利润源应该成为商品学教程的重要组成部分。

一、运输的地位

运输的特殊地位表现为：运输在一定程度上决定着消费，运输与其他物流环节的关系非常紧密。

1. 运输与物资包装的关系

运输对物资包装的材料、包装的规格、包装材料的强度及容器形状等都有具体的要求。

2. 运输与装卸的关系

有运输活动的发生，则必然伴随装卸活动的出现。装卸对于运输来说，发生两次。一次是物资在运输前的装车（船）活动，它是完成运输的必要准备，一般装卸技术的好坏，将对运输产生重要的影响。当物资通过运输到达所应到达的目的地后，装卸为最终完成运输任务作补充的劳动，使运输的目的最终完成。除此之外，当一种运输方式与另一种运输方式进行必要的变更时，必须依靠装卸作为运输方式变更的必要衔接手段。

3. 运输与仓储的关系

仓储保管是物资的“停滞”状态，是物资投入消费前的准备。当仓库中储存一定数量的物资，而消费领域又急需这批物资时，运输就成了关键。如果运输活动组织不善或运输工具不得力，物资就会延长在仓库中的储存时间，这样不仅增加了储存费用甚至造成物资的损耗增大，而且严重影响市场供应。

二、物流形式

1. 企业物流

企业物流包括：1）生产企业的物流，以购进生产所需要的原材料、设备为起点，经过劳动加工，形成新的产品，然后供应给社会需要部门为止的全过程。经过原材料及设备采购供应阶段、生产阶段、销售阶段这三个阶段产生了生产企业纵向上的三段物流形式。

2）流通企业的物流。流通企业的物流分为采购物流、流通企业内部物流和销售物流三种形式。

2. 国民经济物流

国民经济物流指一国范围内由国家统一计划组织或指导下的物流。企业物流是国民经济物流的组成部分，每个企业的物流活动都可视为国民经济物流的细胞，国民经济物流是整个国民经济建设的一个重要组成部分。

物流在国民经济中占有重要地位，日本从产品到消费者手中之间发生的各种物流费用占总成本的10%～12%，英国物料搬运费占生产成本的45%。

3. 国际物流

国际贸易是国际物流的前提，国际物流是跨国进行的。从发货到报关，国际物流有以下几种形式：

1）工厂企业通过出口部门，向进口国出口产品。

2）商业公司等出口部门，在进口国设置分公司或其他驻外机构，进行销售活动。

3）工厂企业与进口部门直接交易，组织物资出口。

4）工厂企业与进口国设置驻外机构，将商品部件出口，在进口国内组装或进行其他加工。

5）工厂企业在进口国设立工厂，其原材料基本在进口国内解决，少部分从出口国输入。

三、运输合理化

运输合理化是指合理组织商品运输，采用最合理的运输路线、运输方式和运输工具，消耗最少的费用，将商品尽快运达目的地，取得最佳的经济效益和社会效益。

1. 合理组织运输路线

商品运输中，要尽量消除增大运输里程的各种不合理运输，正确选择运输路线。

（1）商品运输不合理的表现

商品运输不合理的表现主要包括同一种商品或代用品作相对方向的对流运输；绕道而行的迂回运输；商品从销地向产地或转运地回流的倒流运输；因规划

不当而造成的重复运输；舍近求远的过远运输；过湿商品造成的无效运输等。

（2）合理组织运输路线的原则

合理组织运输路线的原则是在满足市场需要的前提下，从现有运输路线的实际状况出发，选择商品从进货到运达地运输路线最短的路线，杜绝对流、迂回、倒流、重复、过远等不合理运输路线，最大限度地缩短商品运输里程。但是，在实际运输中还存在复杂的影响因素，如路段收费或限时通行、道路维修及车辆装载率等。因此，应结合实际情况综合考虑、灵活应用来确定商品运输的最佳路线。

2. 合理组织运输方式

随着交通运输事业的发展，可供选择的运输方式多种多样，因此需要根据多种因素来确定运辅方式，并对其进行组织规划。

（1）确定合理的运输方式

业务单位应根据商品性质、运输条件、时间要求、费用情况等因素来科学地选择适合的运输方式，力求做到加速商品流通、降低商品流通费用，确保商品安全。

我国运输行业中最基本的运输方式有铁路运输、水路运输、公路运输、航空运输和管道运输。在各种基本运输方式的基础上，还可以组成各种不同的综合运输形式。

1）铁路运输是指使用货车（车皮）通过铁路运输商品的形式，这是我国的主要运输方式。其特点是：货运量大；速度快；一般不受气候和季节影响，连续性强；成本低于公路运输。但是因受线路限制，铁路运输灵活性差，待运时间较长，通常适宜大宗商品的远程运输。

2）水路运输是指使用船舶通过江、河、湖、海运输商品的形式。其特点是：载运量大、耗能少、成本低、投资省。但是水路运输速度慢，还应特别注意商品的防潮。

3）公路运输主要是指用汽车运输商品的形式。其特点是：机动灵活，速度快，装卸方便，便于门到门直达运输；易于衔接铁路和水路运输而形成综合运输网。但汽车运输装载量小；燃料消耗大，运费较高，所以汽车运输主要担负近距离的商品运输任务。

4）航空运输是指以飞机作为工具的一种现代化的运输方式。其特点是：速度最快；货运事故少；能够到达地面运输难以达到的地区。但航空运输装载量小，成本高，运价贵。因此，航空运输只适于远距离运送贵重、时效性的商品或抢险、救灾、急救等急运商品。

5）管道运输是指由地下管线和地面的有关设备构成管道网运输商品的形式。这是一种新型的现代化运输方式。其特点是：连续性强，损耗少；机械程度高，运费低。但是管道运输投资大，对运输货物有特定要求和限制。

6）联合运输联合运输是指使用同一运输单据，由运输部门全权负责，或多个部门协作，采用铁路、水路、公路等不同运输方式联合起来进行运输作业的一种运输方式。其特点是：手续简便，一票到底，节省运费。但由于装卸环节增多，商品损耗也较大。联合运输的形式，有水陆联运、水水联运、陆陆联运、铁公水联运、水陆水联运、陆水陆联运、国际联运等。需要注意的是办理联运业务的车站、港口，需要具备一定的条件，要根据铁路、交通部门公布的有关规定执行。

7）集装箱运输是指商品在运输中以集装箱为单元进行载运的一种现代化运输形式。其特点是：安全、迅速、简便、节约。集装箱运输要求在发运站和到达站都须具备一定的装卸设备、技术和集散场地。

除了以上这些运输方式外，其他的运输方式还有短途运输、包裹运输等。

（2）运输方式的组织规划

在运输方式确定后，要进行具体的组织规划。应尽量组织直达运输，并提高整车发运的比例。对于同一发运站、同一方向、同一到站的零担商品可采用以零拼整的方式进行发运；对于同一发运站、同一方向、不同到站的零担商品可采用中转分运的方式发运。提倡组织联运，以简化手续、节约运费。集装箱运输作为一种新型高效率的运输方法，应创造条件大力开展。

3. 合理组织运输工具

要根据运输工具的特点结合商品自然属性与市场需求的缓急合理组织运输工具，以充分发挥运输设备的效能。合理组织运输工具，应从以下两个方面着手。

（1）合理选择运输工具

在商品运输中，既有火车、轮船、汽车、飞机等现代运输工具，还有机帆船、畜力车、人力车等古老的民间运输工具。各种运输工具各有特点，在运输系统中起着不同的作用，可以互相取长补短，充分发挥所长。商品运输路线与方式确定以后，就要根据不同运输工具的特点，结合商品供需缓急以及商品性能，分别选择不同的运输工具，使商品运输做到经济合理、快速及时。

不同的运输工具，具有不同的运输效能和不同的适用范围。

1）铁路运输工具。为适应不同商品的运输，常见的铁路货车有平车、敞车、棚车、罐车、保温车等。平车的车体无墙板、顶棚，适用于装运木材、钢材、机器设备等超大、超重、超长货物；敞车有墙板而无顶棚，适用于装运煤、木材、钢材、集装箱等不怕日晒雨淋的商品；棚车有墙板和顶棚，适用于装运不能受日晒雨淋的商品，如百货文具、五金交电、针棉织品、糖烟茶叶、化工商品等；罐车的车体为罐状，主要用来运送液体，如石油、成品油、食用油等；保温车的车体设有隔热材料，车内有温控设备，适用于装运冷冻食品、西药、疫苗、新鲜果蔬等。

2）水路运输工具。水路运输工具通称为货船（轮），有通用货船和专用货船之分。通用货船用于装运没有特殊要求的商品，如粮食、煤炭、日用杂货、砂石等。专用货船用来装运性能上有特殊要求的商品，如冷藏船、集装箱船等。此外，还有一种本身无动力设备、须依赖拖带或顶推的货船，称为驳船。

3）公路运输工具。公路运输工具主要是指汽车，用来运货的汽车有普通货车和特种货车。特种货车有冷藏车、油罐车、大型板车、集装箱专用车等。此外还有本身无动力设备、须依赖货车来拖带的车厢，称为挂车。

4）管道运输工具。管道运输工具按输送的货物形态有气体输送管道，如煤气输送管道；液体输送管道，如自来水、石油输送管道；固体输送管道，如煤炭、砂石等输送管道。

5）集装运输工具。集装运输工具包括集运箱、集装袋、网及与之配套的托盘等。

（2）提高运输工具的使用效率

应提高运输工具的技术装载量，节约运力；提高装卸效率，加速车船周转；合理安排货源，消除和减少空驶里程。

4. 商品运输的安全管理

商品在运输过程中，要经过装卸、搬运等环节，有的商品还要经过长途运输，多次变换运输工具。为了取得较好的运输效果，一定要贯彻商品运输的原则，尤其要做好商品运输的安全管理工作。

（1）商品运输的原则

为了加速商品流通，降低商品流通费用，提高运输质量，保证商品运输任务的顺利完成，商品运输必须遵循“及时、准确、安全、经济”的原则。

1）及时原则是指用最少的时间将商品运达目的地，加速商品流通。

2）准确原则是指商品在整个运输过程中，无差错事件的发生，做到不错不乱、手续清楚，准确无误地完成商品运输任务。

3）安全原则是指在从起运点到目的地的运输过程绝不发生霉腐、残损、污染、渗漏、丢失、燃爆等事故，不发生交通运输事故，保证人身、商品、设备的安全。

4）经济原则是指要合理选择运输路线、运输方式和运输工具，节约人力、物力、财力，降低流通费用，努力提高运输的经济效益。

（2）商品运输安全管理的基本措施

商品运输安全管理应贯彻“以防为主”的方针，做到防患于未然。

商品运输安全管理的内容：一是防止商品运输事故；二是减少商品运输损耗。前者是防止商品在运输或装卸过程中发生人身伤亡、毁损、短缺、水湿、包装破漏等事故。后者是指减少商品在运输或装卸过程中，由于商品的物理、化学或生物变化等自然原因所引起的商品减量或变质，如蔬菜、水果的水分蒸发、发霉变质，食用糖的受潮结块或溶化等。

商品运输安全管理的基本措施：1）贯彻执行商品运输安全管理制度。行之有效的安全制度是广大运输工作者长期实践经验的结晶，必须坚决贯彻执行。要加强岗位责任制，实行奖惩制度。对运输安全工作作出显著成绩的，应给予表彰或奖励。对发生事故的处理，要本着“三不放过”原则，即事故原因分析不清不放过，事故责任者和群众没有受到教育不放过，没有防范措施不放过的原则，区别情节轻重给予处分，责令赔偿一定的经济损失，直至追究法律责任。

2）加强业务学习，规范操作方法。要不断加强商品运输方面的业务学习，力求做到标准清楚、操作熟练。例如，对玻璃、搪瓷器皿、家用电器等商品的野蛮装卸和操作不当往往会造成致命的损伤。在堆码时还应注意运输标志，堆码的高度、宽度都应符合特定的规定；针对不同商品的不同特性，采用适当的捆扎方法，以免运输途中商品互相碰撞、跌落或遗失而造成损失。

3）要考虑和掌握发运的轻重缓急，应先急后缓，先远后近，先进后出，先季节性商品后一般性商品。还要掌握商品拼装范围，确保商品安全。

4）加强运输包装管理。某些商品运输的安全与否，很大程度上取决于商品包装的质量。因此，还要考虑商品运输途中可能出现损伤的情况。例如，易碎商品、家用电器商品在长途运输和多次中转中，为防止震动、冲撞造成商品破损，应当采用牢固、可靠的防震包装和良好的衬垫。商品运输全过程都应重视对商品包装的检查，包装不良的商品严禁进入运输环节。

四、特种商品的运输

特种商品的理化性质都有特殊之处，例如，危险品具有易爆炸、易着火、有腐蚀性、有毒、有放射性等特征；鲜活易腐商品具有易变质腐烂的特性；易碎流汁商品性脆、易渗漏、易污染等。因此，特种商品的运输，必须采取相应的防护措施，才能使之安全运达目的地。

1. 危险商品的运输

危险商品包括化肥、农药、炸药和其他一些易燃易爆、有毒、有腐蚀性和放射性的商品。

（1）危险商品的发运

危险商品在发运前，要根据其危险性、商品流向和运输季节、运输距离等具体条件，选择适合的运输方式和运输工具。尤其是对已装过危险品的车船，必须清理干净，不准残留易引起危险灾害事故的物质，否则不可装运。

（2）危险商品的装卸

在装卸危险商品时，首先要注意危险品不能与普通商品拼装、性质和消防方法相互抵触的危险品不能拼装、放射性危险品同其他危险品不能装在同一车船上；其次，要严格遵守各项危险品装卸操作的规定，必须轻装轻卸，防止包装破损，不可撞击、掉落、拖拉、翻滚；再次，装卸操作一定要注意做好劳动防护工作，确保装卸人员的安全，防止中毒等伤害事故。

（3）危险商品的在途运输

危险商品运输中，要按规定悬挂“有毒物品”、“腐蚀物品”等危险货物标志。注意防火、防热，尤其是要注意不能与明火接触。装运一级易燃液体和爆炸品的汽车排气管必须戴上防火帽，同时配备必需的防火器材。对装运危险品的运输工具，要采取特别的防护措施。使用木船装运危险品，严禁在船上生火做饭和使用明火灯具，停船时要远离高压电线、建筑物和其他船只。

2. 鲜活易腐商品的运输

鲜活易腐商品在运输过程中，应采取特殊防护措施和保持一定温度，以防止腐坏变质、死亡、掉膘的现象。鲜活易腐商品主要包括活禽畜、冻结易腐商品、非冻结易腐商品三大类。

（1）鲜活易腐商品的发运

鲜活易腐商品的发运要根据商品的运输季节、商品的运输流向、商品本身的特性和运输距离的远近，选择合适的运输方式和运输工具。例如，活禽畜通常要用家禽车，家畜车；冻结易腐的商品要用冷藏车运输；非冻结易腐商品应选择有恒温装置的运输工具。

活禽畜在装运前，要对车厢（船舱）进行严格的卫生检查。装运配装不应过密，在确保活禽商品运输安全的情况下，可实行多层装载。将冻结易腐商品装入冷藏车时，商品与顶棚间要留出一定空隙，以减少传热。对于鲜果蔬等非冻结易腐商品，应轻拿轻放，装载高度不宜过高，后熟期快的鲜果蔬不能同一般鲜果蔬混装，已腐烂、过熟、碎裂的商品不准装入。

（2）鲜活易腐商品的在途运输

活禽畜的运输，要注意防暑降温或防寒保温，押运人员要做好在途喂养、清洁卫生和管理工作，运输车上应标有“活动物”的标志；冻结易腐商品要采取特别防护措施，保证商品的温度在－8℃以下，车上应注明“易腐商品”。鲜果蔬要注意通风散热，以抑制其后熟作用，冬季还应注意防冻。鲜活易腐商品在运输中都应注明商品名称、状态及运输期限，注明途中工作内容，活禽畜还应有检疫证明。

3. 易碎流汁商品的运输

易碎商品是指在运输、搬运过程中，受外力作用时易破碎损坏的商品，如玻璃及其制品、电灯泡、电视机、照相机、精密仪器等；流汁商品是指包装破损后能污染其他货物的液体商品，如墨水、墨汁、打印油、酒、乳制品等。

（1）易碎流汁商品的发运

对于这类商品，装载时要轻拿轻放，应粘贴“请勿倒置”的指示标志，不能以重压轻，不能以大压小，不准木箱压纸箱；流汁商品的周围不能堆放纺织品、纸张、食品等易受污染的商品；包装应牢固，发现破漏或包装不牢固的不能装车，要待修补或改换包装后再装运。

（2）易碎流汁商品的在途运输

易碎流汁商品在运输过程中，要注意采取措施使商品不因碰、撞、冲击和磕碰等而受损失；冬季运输流汁商品时，必须采取防冻措施，同时要注意检查，以确保商品安全。

第三节　集装运输与储运现代化

近年来，集装运输这种新型的运输形式在商品运输中得到了长足的发展。集装运输既能保证运输、储存的安全，又能提高运输、装卸、储存作业的效率。

一、集装运输概述

1. 集装运输概述

（1）集装运输的概念

集装运输是指将若干单件运输包装组合成一个便于运输、搬运、储存的单元进行货物运输的方法。集装运输也是一种“集零为整”的运输方式。

（2）集装运输的意义

集装运输符合现代化生产的标准化和批量化原则。因此，在储运现代化过程中具有以下几方面的意义：

1）集装运输便于实现装卸、搬运机械化、自动化，提高工作效率。

2）集装运输能减少货物在途的货损货差事故，提高商品运输质量，并节约包装费用和运杂费。

3）集装运输便于点件交接、简化手续，便于商品储存保管减少商品损失和污染。

4）集装运输有利于开展“门到门”运输服务并有利于组织联运，装卸搬运不受气候影响，保证储运工作正常进行。

2. 常见的集装运输单元

（1）托盘

托盘指用木材、金属、塑料或玻璃纤维等材料制成的托板，托板上堆放货物后用塑料薄膜、金属绳索等加以固定而成的大型货物集装形式。托盘的载重量在1～2t。托盘在运输集装中的优缺点如下。

1）优点。托盘可以简化单件包装，节省包装费；提高装卸效率；减少事故率，降低费用；简化货物打印标志作业，减少物流管理差错。

2）缺点。托盘只能用于适合托盘集合包装的货物；托盘在重复使用中存在回收和周转问题；装载空间的利用率不足等。

（2）集装箱

集装箱是指用钢板、铝或玻璃钢等材料制成的一种大容器。集装箱本身不是货物的包装，而是货物运输的一种辅助设备，呈长方形，可装载 1～40t 重的各种类别的商品。

（3）集装包和集装袋

1）集装包是用塑料重叠丝编织成的抽口式大包，两边有四个吊带。每包一般可装载 1～1.5t 的货物。集装包适合于装载包装好的桶、袋等商品。

2）集装袋一般也是用塑料重叠丝编织成的圆形的大口袋。集装袋通常为圆柱形，四面有吊带，有的底部有活口，内衬塑料薄膜袋，适宜于装载散装货物。每袋一般可容 1～4t 重的商品。袋子上、下均装有钢制的环形托架，便于装卸，能重复使用，使用期可达数年，其优点大致与托盘相同，尤其适用装卸已包好的袋、桶商品。

二、集装箱运输

1. 集装箱运输的概念

集装箱运输是指将货物装入标准规格的集装箱内，然后利用陆、海、空运输方式将货物送到目的地的一种新型的现代化运输方式。根据国际标准化组织（1SO）的规定，集装箱应符合下列技术标准。

1）具备足够强度，能长期反复使用。

2）按特殊要求设计，能适合多种运输方式运送，途中转运可不动箱内货物而直接换装。

3）具备适当的装置，能快装快卸，便于机械化作业。

4）具有 $1m^3$ 以上的内容量，便于货物装入和取出，密封性能好，不透漏。

2. 集装箱的种类

（1）按集装箱的运输形式分

按集装箱的运输形式分类，集装箱有航空集装箱、铁路集装箱、海运集装箱等多种类型。目前我们较常见的是海运集装箱。

（2）按集装箱的尺寸分类

按集装箱的尺寸分类，集装箱有 20ft 集装箱（载重约 20t）和 40ft 集装箱（载重约 30t）两种类型。国际航运界为统计船舶运输能力及港口的集装箱装卸能力，将 20ft 集装箱作为一个折算单位，又称标准箱（twenty-foot equivalent umt，简称 TEU）。凡非 20ft 集装箱均折合成 TEU 统计。国内集装箱常有 1t、5t、10t 三种。

（3）按集装箱的用途分类

按集装箱的用途分类，集装箱可分为以下五种。

1）普通集装箱，可装运各种杂件货物，又称干货集装箱。

2）干散货集装箱，这种集装箱可以密封防雨，适合装运固体颗粒和粉末状的商品。

3）冷冻集装箱，有冷冻设备，接上电源，箱内可降到零下 18～25℃，适用于冷藏食品的运输。

4）保温集装箱，箱内具有保温设施，运往寒冷地区能防止怕冻商品的损坏，可对液体瓶装怕冻商品起保护作用。

5）通风集装箱，主要用来装载怕热的新鲜水果、蔬菜等。

除以上集装箱外，按集装箱结构分类，集装箱还可分为密闭式、折叠式、平台式、开顶式、罐式集装箱等。

3. 集装箱运输的特点

集装箱运输具有提高装卸效率、扩大港口吞吐能力、提高货运质量、节省包装材料、降低经营成本、缩短货运时间等优点；同时集装箱内货物装妥后，由发运人本人负责铅封和填写“集装箱货物装箱单”。但同时也存在要有专用船舶、车辆，码头、仓库的装卸、搬运要有专门配套，集装箱的标准化、系列化、通用化等均需要花费的问题。

三、托盘运输

1. 托盘运输的概念

托盘运输是指把若干件货物固定在一个特制的托盘上，利用装卸机械搬运托盘。这种运输方式便于运输，可提高装卸速度、减少货损货差，所以许多国家愿意采用托盘运输。例如，中东有些国家的港口当局规定货物托盘化的船舶靠卸优先给予泊位。

2. 托盘的种类

（1）托盘的规格

国际标准化组织规定托盘规格有三种，分别是 80cm×100cm、80cm×120cm、100cm×120cm。国内还有 100cm×100cm，80cm×110cm、100×110cm、110cm×110cm、120cm×160cm，120cm×180cm 等规格的托盘。

（2）托盘按使用价值分类

托盘根据使用价值可分为两种。一种是可复用盘，其结构比较牢固，可反复使用多次，其主要为木制托盘，少数为金属或塑料制托盘。另一种是一次性使用托盘，其结构简单，耗料较少，质量低，所用材料大部分为纸质、木材或纸板。

（3）托盘按结构分类

常见的托盘有平面式托盘、箱式托盘、立柱式托盘和滑片托盘等形式。

3. 采用托盘运输时应注意的事项

采用托盘运输时应注意以下三点。

1）对外报价时，应把托盘成本计入货价内。

2）托盘货物仍按一般货物计收运费，托盘本身不收运费，在托运时应分别申明货物和托盘的尺寸和重量，以免多付托盘的运费。

3）不同商品、不同收货人的货物，不能混装在一个托盘上。为了适应我国对外贸易发展的需要，我国出口货物近年来已推广使用托盘运输。

四、其他形式的集装运输

1. 集装捆运输

集装捆运输是用捆扎材料和工具，将一定数量的商品捆集成具有一定体积和重量的货捆，以便于储运的集装单元运送货物的方式。集装捆运输最适宜运送木材、钢材等商品。

2. 集装网袋运输

集装网袋运输是利用网、袋作商品的集装器具而方便储运的运送货物方式。集装网袋运输适宜于散袋货物运输，其优点是重量轻、体积小，便于回送复用。

3. 集装框架运输

集装框架运输是利用框、架做商品集装器具的运送货物方式。集装框架运输适宜管件和易碎建材产品运输，如玻璃适宜采用各种集装架运输，并以回送形式运输。

五、储运现代化

储运现代化的内容

随着世界经济的飞速发展和科学技术的不断进步，商品运输业、仓储业的现代化程度越来越高。商品储运现代化，提高了物流生产与管理的水平，提高了劳动效率，大大推动了物流业的发展。

储运现代化的实现包括三方面的内容：一是商品储运技术现代化；二是商品储运管理现代化；三是自动化仓库。

1. 商品储运技术现代化

商品储运技术现代化是指商品储运过程中物质技术手段的现代化。具体包括以下几个方面。

（1）运输工具现代化

商品运输工具既有现代化的汽车、火车、轮船、飞机等，也有传统的帆船、人力车等。当前，商品运输几乎全是采用现代化的运输工具，传统运输工具只在个别地区或特殊情形零星采用。尤其是集装运输的出现，大大推动了运输工具的现代化。

（2）仓库作业机械化、自动化

机械化是指在生产过程中，由技术人员直接操作电力或其他动力驱动设备或操纵配套的机械设备，以代替手工劳动进行各种作业的措施。目前，仓库广泛使用各种起重机、叉车、托盘等机械设备进行装卸，运用电梯、输送带等进行搬运；运用码垛机进行堆码，不能实现同程序的机械化。

自动化是在特定的工作条件下，利用可靠的系统，通过指令信息来组织生产设备按照设计的程序自行完成作业，来代替手工劳动的措施。在自动化仓库中，实现了商品出入库装卸、搬运、保养等业务的自动化操作和管理的自动化。

（3）信息情报网络化

当前，储运业务一般都采用计算机进行管理。各业务单位之间都通过计算机网络来传递信息情报，储运企业内部各部门之间、各站点之间也通过计算机来联网运行，统一办理业务，统一处理资料。

此外，商品储运技术现代化还包括商品分拣系统自动化、仓库养护自动化、监控报警自动化等。

2. 商品储运管理现代化

商品储运管理现代化体现在管理方法现代化和管理人员专业化两个方面。

（1）管理方法现代化

现代化的商品储运必然要求有与之适应的现代化科学管理方法，因此要用现代的科学管理理论来指导，并借助计算机信息网络，进行计划、组织、指挥、调节和监督，将商品、人员、储运工具科学地组织起来。

（2）管理人员专业化

实现商品储运管理现代化，需要大量的专业管理人才。管理人员不但要内行，懂得现代储运技术，而且要有一定的管理素质。只有具备高素质的专门储运管理人员，才能充分运用现代化的储运技术手段进行科学管理，真正实现商品储运现代化，实现物流现代化。

3. 自动化仓库

自动化仓库又称自动化立体仓库、自动化存取系统，它是随着物流与信息技术的发展而出现的一种新型现代化仓库系统。

自动化仓库都采用多层高货架一般高度在 15m 左右，最高达 40m，两排货架之间留有 1～1.5m 宽的巷道。货架通常用铁结构构成储存商品的单元格，单元格内存放托盘装货物。一个货位的地址由其所在货架的排数、列数及层数来唯一确定，仓库的自动化系统据此对所有货位进行管理。

4. 仓库的自动化作业

（1）入库作业自动化

当货主的送货车辆抵达自动化仓库自动分拣线的进货端办理交接手续时，仓库的计算机中心或中央控制室就会接到入库信息，由管理人员通过计算机发出入库指令。自动分拣系统首先指令启动运行，按商品品种或货主的类别，通过条形码、扫描、键盘输入、语音识别、形状识别、重量检测、高度检测等形式分拣控制系统进行快速、准确的自动分类。随后，输送机等周边搬运机械按指令启动，将自动分拣的商品运到库房，由巷道机按指令将货物存放在指定货架的指定货位上。巷道机在货架间作来回运动，巷道机上的升降平台可作上下运动，平台上的存取货装置可对确定的某一个货位进行存取作业。

（2）出库作业自动化

当货主通知自动化仓库发货时，管理人员通过计算机发货指令，巷道机和周边搬运机械启动运行，在最短的时间内从的高层货架存储系统中准确找到要出库商品的所在位置，并按数量取出，将从不同货位上取出的不同商品运送到发货站中，以便装车运输出库。

在进行出入库作业的自动操作过程中，自动化仓库的管理人员要进行全过程监控和管理，保证存取作业按最优方案进行。

5. 仓库的自动化管理

为方便仓储业务及确保库存商品的安全，自动化仓库把先进的科学技术应用于仓库管理上，实现了仓库的自动化管理。

（1）信息资料处理自动化

信息资料处理自动化包括两个方面的内容。一是自动化与货主之间业务往来的信息处理自动化。这是通过计算机网络来实现的，目前不少自动化仓库已采用先进的电子数据交换系统（EDI）来进行信息交换。这样，仓库就能及时掌握众多货主的物流动向，通过计算机中心进行周密安排与协调，保证自动化仓库各项业务的顺利进行。二是自动化仓库仓储业务资料处理的自动化。自动化仓库内货架众多，其货位可多达数万个甚至数十万个，每天可能有成百上千家货主存取成千上万种商品，如此庞大的仓储系统，如此繁杂的物流资料，只有运用计算机进行自动化处理，才能做到准确无误、井然有序。

（2）仓库监控报警自动化

自动化仓库出于管理、防盗、防火等安全需要，对仓库的监控和报警实行自动化。

第一，监控自动化。监控自动化是仓库利用自动化的监控系统，对库区的重点部分实行安全监视和自动化作业指挥。通过监控分流，在监控中心即可知道几百米外的几万平方米货场的进出库作业情况，以及安全、防火、防盗等情况。

第二，无线报警系统。无线报警器是以无线的方式传递信号的报警系统，常安放在重点库房和易于发生失窃的地方。因其便于保密，故比有线报警器先进，更有利于防盗。安装这种装置的仓库，只要夜间门窗一开，库房内的发射机就迅速发出信号，安全保卫中心的接收机立即收到信号，发出警报；接收机的电表立即停止，准确地报告发生问题的时间和具体地点。

第三，烟火感应报警器。在仓库内安装烟火感应自动报警器，一旦库内出现火警或产生大量的热和烟雾时，通过"热感应器"、"烟需感应器"的感应会使其自动报警。

第四，漏电火灾报警器。漏电火灾报警器是防止因漏电而引起火灾的警报装置，如果用电线路、机具、照明等电器设备因绝缘损坏而引起漏电，电流变化会促使其自动报警。

（3）仓库养护自动化

商品养护最重要的温湿度管理，此外毒害气体的净化也不容忽视。自动化仓库的自动化养护措施将有效维护商品质量在库商品的安全。

第一，温度调节自动化。温度调节通常采用空调器。空调器利用机械制冷原理来自动调节库内温度，使其保持在设定水平的装置。仓库内采用的空调器有单制冷型和制冷制热两用型两种。一般的冷藏、冷冻等低温自动化仓库只要用单制冷型就能符合要求，而那对温度要求较高的自动化仓库则必须使用制冷制热两用型空调器。

第二，湿度调节自动化。空气去湿器是用机械的方法除去空气中所含的水分，降低空气相对湿度的设施，适用于气候潮湿的季节和地区。对于那些怕潮湿的食糖、卷烟、电器、仪器仪表等商品或在受潮湿后会产生溶化、霉变、锈蚀等变质现象的商品，必须利用空调器降湿。在气候干燥的季节和地区，也有的商品因干燥、干缩、开裂，需要使用加湿器加湿。这些情况都可以通过设定标值来自动调节。

第三，危险品毒害气体排除净化自动化。危险品和化学危险品，一般数量大、品种多、毒性大。有的危险品，如醚、酯等，在储存时不断挥发出各种有毒和易燃气体，严重威胁自动化仓库的安全。为了解决这一问题，必须采用危险品气体排除和净化自动控制装置。当空气中毒害气体含量超时，净化系统自动运作，通过将毒害气体吸附或发生化学法将其消除，从而达到净化库内空气的目的。

第四节　商品配送及配送中心

随着社会生产和经济的发展，人民生活水平的提高，商品及相应的服务提出了越来越高的要求。不仅要求质量好，而且要求服务方便、周到。在现代化大生产条件下，工业化生产程度越高，企业生产规模越大，生产的商品数量、品种就越相对集中。通过商品配送，就可以在商品品种上加以组合，变单一为多样；在数量上加以分散，划大为小，以满足不同地区、不同消费者的需要。随着商品配送的发展，出现了许多专门从事配送业务的配送中心。

商品配送是根据用户或生产消费的需要，组织定时、定点、定质、定量地配料和运送商品，保证用户或生产对商品需要的一种流通过程。商品配送是一种特殊的送货形式，“配”是完善“送”的经济行为。

商品配送打破了商流、物流、信息流的界限，是“配”和“送”的有机结合形式。

一、商品配送的程序和形式

1. 商品配送的程序

为了使商品能按订货要求组配、送达，顺利进行商品配送业务，必须按照一定的程序来合理组织。

（1）拟定配送计划

配送计划中应包含以下几方面内容。

1）订货合同。订货合同中要确定用户的地点、接货人、接货方式、用户订货的品种、规格、数量、送货时间及送、接货的其他要求。

2）所需配送的各种货物的性能、运输要求，以此决定运输车辆种类及搬运方式。

3）分日、分时的运力配置情况。

4）交通条件和道路情况。

5）各个配送点所存货物的品种、规格、数量等。

在掌握了上述必需的信息资料后，可以利用计算机编制配送计划表，或由计算机直接向具体执行部门下达指令。在不具备上述条件的情况下，可利用人工按下列步骤编制配送计划。

第一，按日汇总各用户需要货物的品种、规格、数量，并在地图上标明各用户的地址，也可在表格中列出。计算为各用户送货所需要的时间，以确定启运的提前期。

第二，计算为各用户送货所需要的时间，以确定起运的提前时间。

第三，确定每日应从各个配送点发运货物的品种、规格、数量进行此项工作时，往往是要科学地设立目标函数，然后用数学的方法求解最优配送方案。

第四，按计划的要求选择和确定配送手段；以表格形式拟出详细的配送计划，审批执行。

（2）下达配送计划

配送计划确定后，将到货时间、到货的品种、规格、数量等通知配送点和用户，以使配送点按计划组织配送，用户按计划准备接货。

（3）按配送计划确定货物需要量

各配送点接到配送计划后，要及时审定库存商品保证配送能力，对数量、种类不符合要求的商品要及时组织进货。

（4）配送点下达配送任务

配送点向财务部门、仓储部门、分装及运输部门下达配送任务，各部门完成配送准备。

（5）组织配料

分拣配货部门按要求将各用户所需的各种商品进行加工、分拣、配货；然后进行适当的包装并详细标明用户名称、地址、送达时间和商品明细表；按计划将各用户商品进行组合、配装；将配好商品和发货明细表交给负责送货的部门。

（6）运送、签单、结算

送货车辆按计划的要求将商品送达用户，用户收货后在送货回执上签字盖章，交送货人带回。配送工作完成后，凭签名后的送货回执及时通知财务部门进行结算。

2. 商品配送的形式

商品配送的形式很多，通常可按照以下标准进行分类。

（1）按配送的组织者分类

按配送的组织者分类，商品配送可分为以下四种形式：

1）配送中心配送。这种配送是商品配送的主要形式，由专门从事配送业务的配送中心组织实施。由于配送中心的组织机构和作业流程是根据需要专门设计的，因而配送能力强、规模大，可以承担工业企业主要生产资料的配送及商业企业的批发性配送等。

2）生产企业配送。这种配送是生产企业避免中转环节，直接对用户进行的配送。这种配送形式可以节约一定的流通费用，但由于生产企业常进行少品种、大批量的生产，因而不能像配送中心那样满足用户多种商品凑整运输取得规模经济优势的需要。

3）商业企业配送。商业企业除经营日常的批零业务外，还可根据用户的要求将某些自己经营的商品品种配齐，必要时还可外购部分其他商品，一起配齐后送交用户。这种配送一般只限于少量、零星商品的配送。

4）仓库配送。仓库配送是由仓库组织的配送。由于仓库的设施设备不是专门按配送中心的要求设计建造的，因而与配送中心比较而言，仓库配送的规模小、专业化程度低。

（2）按配送的组织形式分类

按配送的组织形式分类，商品配送可分为以下三种形式。

1）独立配送。这种配送是配送企业依靠自身的力量，在一定区域内各自进行配送，独立开拓市场，建立业务渠道和网络的一种竞争性配送形式。这种配送形式有时受客源的限制可能会出现人才、设备和运力上的浪费。

2）集团配送。这种配送是由配送企业以一定的形式建立起联系紧密、指挥协调的企业集团，在较大范围内统筹配送，使配送更加完善和优化的配送形式。这种配送形式可以取得较理想的规模优势。

3）联合配送。这种配送是由配送中心和企业、商店配送结成松散的联合体，共同对某一地区用户进行统筹配送的配送方式。采用共同配送，可将各种配送形式的人员、技术、设备等资源根据配送需要合理组织、充分利用、互通有无、优势互补，通过资源互用，降低物流成本，实现效益共享。联合配送是各配送企业为实现整体的配送合理化，以互惠互利为原则，互相提供便利配送服务型配送形式，是实现物流合理化的有效措施。

（3）按配送商品的种类与数量分类

按配送商品的种类与数量分类，商品配送可分为以下三种形式。

1）单（少）品种、大批量配送。这种配送往往是由那些专业性较强的配送中心来完成的。由于配送量大，车辆满载率高，配送中心的业务组织和计划工作也较简单，因而配送成本低。

2）多品种、小批量配送。这种配送是指按用户的要求，将其所需要的各种数量不大的商品配齐、凑整后送达用户的配送形式。配送形式中，这是一种高水平、高技术的形式。配送的特点主要反映在这种多品种、小批量的配送中。这种因符合现代“样化”、“要求多样化”的新观念而备受推崇。

3）配套成套配送。这种配送是按企业生产需要，尤其是装业生产需要，将生产每一台件所需的全部零部件配齐后，按规定时送达生产企业进入生产线装配的配送形式。这种方式，可使生产企业节省大量的人力、仓库，专注于生产，有利生产效率提高和促进新产品的开发。

（4）按配送的时间和数量分类

按配送的时间和数量分类，商品配送可分为以下七种形式。

1）定时配送。这种配送是按规定的时间进行配送的配送方式。配送商品的品种和数量可按计划执行，也可在配送之前联系这种配送形式，由于配送时间固定，有利于配送企业安排用户也易于安排接货力量。

2）定量配送。这种配送是按规定的批量在一个指定的时间进行配送的配送方式。这种配送，由于数量固定，备货工单。由于配送时间上设有严格限定，可以将不同用户所需货物装成整车后配送，节约运力。对用户来讲，每次接货都处理同批货物，有利于人力、物力的准备。

3）三定式配送。这种配送是按规定的配送时间和配送数量进行定点配送的配送方式。这种配送形式兼有定时、定量配送形和定点配送，适宜于产品稳定，批量大的生产企业。

4）定时定路线配送，又称班车式配送。这种配送在规定的运行路线上按规定运行时间进行配送的配送方式。这种配送形式有利于计划安排车辆及驾驶人员，适宜在配送用户较多的地区使用。用户既可在一定路线、一定时间内进行选择，又可有计划地安排接货力量。

5）即时配送。这种配送是完全按用户临时提出的配送时间和商品品种、数量要求进行配送的配送方式，具有极强的随机性和灵活性。这种随要随送式的配送适宜于产品不稳定、批量小的企业，也适宜于新产品开发企业。

6）代办式。这种配送是用户只提出具体要求，其他一切业务活动均由配送单位代办的配送方式。

7）五包式。在这种配送方式中，配送单位包揽了生产企业原材料进库、保管、配料、成品提回和代发运业务。

二、配送中心的组织和职能

随着商品配送业务的发展，出现了许多专营性商品配送中心。在配送中心内部，有其特定的组织构成，发挥配送及其相关职能。

1. 配送中心的组织

配送中心是开展商品配送及相关业务的场所。配送中心通过先进的技术和现代化的信息交流网络，对商品的进货、储存、分拣、加工和配送等业务过程进行科学、统一、规范的管理，使整个商品运动过程高效、协调、有序，从而减少损失，节省费用，实现最佳的经济效益和社会效益。一个完整的配送中心内部的组织构成，应包括硬件设施和软件设施两个部分。

（1）硬件设施

配送中心的硬件设施主要有：

1）足够的场地、库房和合理的功能分区。这是配送中心完成与其相关的各项物流功能的基本条件。典型的配送中心按需要分为不同的功能区。

第一管理区，是配送中心内部行政事务管理、信息处理、业务洽谈、订单处理以及指令发布的场所，一般位于配送中心的出入口。

第二进货区，是收货、验货、卸货、搬运及货物暂停的场所。

第三储存区，是对暂时不必配送或作为安全储备的货物进行保管和养护的场所。通常配有多层货架和用于集装单元化的托盘。

第四加工区，是进行必要的生产性和流通性加工（如剪裁、清洗、改包装等）的场所。

第五分拣配货区，是进行发货前的分拣、拣选和按订单配货的场所。

第六发货区，是对商品进行检验、发货、待运的场所。

第七退货处理区，是存放进货时残损或不合格需要重新辨认、等待处理的货物的场所。

第八废弃和处理区，是对废弃包装物（塑料袋、纸袋、等）、破碎货物、变质货物、加工残屑等废料进行清理或回收的场所。

第九设备存放及简易维护区，是存放叉车、托盘等设备其进行维护（充电、充气、坚固等）的场所。

2）保障配送中心内各物流功能合理、有效运作的各种工具。如装卸搬运所需的起重机、叉车，堆码存货所需的货架、托盘以及分拣、加工机械。

3）辅助设施。其包括站台、库外道路、停车场和铁路专线等。

（2）软件设施

配送中心所需的软件设施主要有：

1）各项规章制度和健全的岗位责任制，这是保障配送正常运作所必备的基本条件。

2）业务管理系统，它包括订货系统、出入库管理系统、系统、订单处理系统、信息反馈系统等。目前，业务管理系统以计算机应用管理为主。

2. 配送中心的职能

配送中心的职能主要是指在进行物流业务中所具有的职责和功能。

（1）基本职能

配送中心的基本职能包括六个方面。

1）储存职能。配送中心作为货物的集散中心服务范围也很大，储存是必不可少的基本职能。服务对象众多，服务范围也很大，储存是必不可少的基本职能。

2）分拣配货职能。为了满足客户对商品不同种类、不同规格、不同数量的需求，配送中心必须有效分拣货物，按要求配齐。这是配送中心的核心功能，分拣配货技术也是配送中心的核心技术。

3）进货职能。进货职能是配送中心运作的最初职能。包括配送中心签订采购、进货、运输协议及收货等过程。

4）装卸搬运职能。装卸搬运职能是配送中心必不可少的职能，几乎贯穿于商品配送的全过程。

5）加工职能。加工职能即按用户要求，对商品进行不同程度的加工。它能够提高配送水平，提供增值服务，满足用户需求。

6）送货职能。送货职能是配送中心实现配送的关键职能。送货工作的计划、指挥和管理均由配送中心完成。它是物流业务中最后一个环节。

（2）辅助职能

配送中心的辅助职能是保障基本职能得以实现的职能。辅助职能主要是指配送中心的信息处理职能，表现在两个方面：一是配送中心与客户沟通的信息处理职能；二是配送中心内部各部门、各环节之间沟通的信息处理职能。

三、配送中心的作业流程

配送中心在进行配送作业时，都要按照一定的作业流程来进行，以保证配送业务的准确、快捷，更好地满足客户的需求。通常情况下，大多数配送中心都是按照一般作业流程来进行配送的，特定类型的配送中心也有其独特的作业流程。主要的流程包括以下几方面。

1. 进货

进货是配送的准备和基础，包括筹集货源、订货或购货、进货以及有关的质量检查、交接、结算等。

2. 储存

配送中的储存有储备和暂存两种形式。储备是按一定时期的配送经营的需要，形成对配送资源的保证。这种类型的储量较大，储备结构完善，品种齐全。暂存是在具体执行配送时根据分拣、配货的要求，在理货场地所作的少量储备准备。

3. 分拣与配货

分拣与配货是根据用户订货时所要求的商品品种、规格级别、型号、数量等，从储存货位上拣出商品，并将同一用户所需同种类的商品集中在一起，形成送货批量的作业活动。分拣作业常有以下方法。

（1）拣选式

拣选式，又称摘果式。这种作业方式是固定商品的专业搬运车并巡回于保管场所，按用户要求从每个货位或货架上拣出所需商品。巡回完毕，也就完成了一次配货作业。将配好的货物放置到发货场所指定的位置，或直接发货后，再进行下一次配货。在货物不易搬动或用户需要的品种多而数量较小时，可采用此种作业方式。采用拣选式作业方式可使配货准确无误，可以按用户要求的时间确定配货的先后次序，而且配好的货可以直接装到送货车上，有利于简化作业环节。

（2）分货式

分货式，又称播种式。这种作业方式是固定各用户的货位，将需要配送的同种货物集中搬运到发货场所，然后，分货机械巡回于各用户的货位之间，到达一个货位即将该用户所需的商品按数量分出，每巡回一次，便将若干个用户所需的同种货物分发完毕。如此反复运行，最后将各用户所需的货物同时配齐，完成了一轮配货任务。分货式作业可提高配货速度，节省配货的劳动消耗，提高作业效率。适用于用户数量多、商品种类简单、需求量较小、易搬动商品的分拣、配货。

（3）直取式方式

直取式方式拣选式作业的一种特殊形式。当用户所需的货物种类很少，而每种数量又很大时，送货车辆可以直接开抵储存场所、货位进行装车，随即送货。这种方式实际上是将配货与送货结合为一体，减少了作业环节。

4. 配装

当单个用户的配送数量达不到车辆的载运负荷或装不满货车有效容积时，可以集中同用户、不同种类的货物进行搭配装载。通过合理地确定商品之间的配装比例，使所装商品尽可能地既达到货车的载重量，又装满货车的容积，取得最佳的运输效果。在配装货物种类繁多、货车种类又较多的情况下，往往利用计算机先将经营配送货物的有关重量、体积方面的数据及货车载重、容积等方面的数据输入计算机中存储，将上述计算程序编成软件，每次只要输入需配送的各种货物的总量，计算机便会自动输出配装的结果，可极大地提高工作的效率。

5. 送货

商品配装后，按照所确定和规划的最佳运输路线及送货用户的先后次序将货物送交用户，实施送货上门服务。

配送中送货路线合理与否直接关系和影响着配送的速度、成本和效益。因此，确定合理的配送路线是配送中一项非常重要的工作。

（1）确定配送路线的原则

在满足配送要求的前提下，确定配送路线所遵循的原则是：效益最高、成本最低、路程最短、吨公里最小、准时性最高、运力利用最合理、劳动消耗最低。

值得注意的是，上述任何一项目标在实现时都会受到许多条件的约束和限制。在确定配送路线时，必须在考虑诸如送货人各项具体要求、配送中心的现有运力、各型车辆的容积和载重量等制约因素的前提下，科学地选择所要实现和达到的目标。

（2）确定配送路线的方法

确定配送路线有以下两种方法：

1）方案评价法。方案评价法，即当对配送路线的影响因素较多，难以用某种确定的数学关系来表达，或难以用某一单项指标作为依据来评定时可以采取对多种配送路线方案进行评定的方法，选择其中最优选方案。方案评价法通常有拟定配送方案、精确计算、分析项目、综合评价等过程。

2）数学计算法。数学计算法，即利用数学模型进行数量分析，例如，应用线性规划的数学模型解决运输问题、用表上作业法和图上作业法求解最佳方案等。

6. 送达

配好的货物送达用户指定之处，完成实物移交和签单等相关手续后，配送中心与用户结算各种费用，最终完成整个配送工作为了实现货物移交成功，还必须事先确定交接方式、手续交货地点和卸货方式及结算方法等。

补 充 阅 读

现代经济增长与交通运输产业发展

二战后，随着社会经济的发展，物流科学在西方市场学的转变中是最具有代表性、最引人注目和有极高创造价值的新领域。这主要是由于两方面原因促成的。一方面，随着社会经济发展和科学技术的进步，生产规模不断扩大、产品花色品种不断更新、社会需求日新月异，与大规模生产伴随的流通规模也越来越大，原有的流通规模、范围、速度，还有流通的组织机构、体制以及对流通问题的认识，已远不能适应新的要求，因此给物资流通研究提出了新的更高的要求；另一方面，市场竞争的压力迫使企业不断探索降低成本、提高利润的有效途径。但是由于企业生产效益已发展到很高水平，生产过程的油水几乎已被榨尽，要想从中取得明显的费用节省已相对很困难。与此相反，流通领域则是一个尚少触及的领域，人们称之为“未被开垦的处女地”、“经济领域的黑非洲”、“当今最令人振奋的商业领域”等。美国著名物流学家詹姆斯•约翰逊在《现代物流/后勤工程管理》一书中写到：“物流学是一门充满着活力的新的学科领域”、“为使市场经济达到使适当的用户，在适当的时候，花最小的费用获得他们所需要的产品和服务这一目标，一个有效的物流系统是关键”。正是在这样的背景下，物流学受到世界各国政府、企业界和经济学界的高度重视，并取得了巨大的发展。

物流观念的发展是和交通运输的发展紧密相连的。在运输发展的初级阶段，运输业还没有得到充分发展，经济增长特别依赖于社会总位移能力的增加，运输的地位比较突出，这个时期人们往往把运输与物流等同起来，甚至根本没有物流观念。随着运输网络逐渐完善、运输技术与运输组织方式逐渐现代化，现代运输体系逐渐成为社会经济运转的良好背景条件，运输在社会经济中的地位相对下降，再加之生产国际化、产品结构的变化和企业生产方式的转变对货物的包装、保管、装卸、仓储等环节要求越来越高，因此物流管理的地位日渐突出，人们对运输的认识发生了相应的改变：运输不再仅仅是单纯的、孤立的运输，而是物流过程的一个环节，是物流系统的一个基本功能，与其他基本功能具有同等重要的地位，共同构成物流大系统。由此可见，正是经济的发展以及交通运输自身的发展，促进了传统运输观念的延伸，促进了人们从单纯注重交通运输转向注重包括运输在内的整个物流系统，人类也从此由“运输时代”步入“物流时代”。

（资料来源：刘秉镰．1998．现代经济增长与交通运输产业发展研究．北京：中国经济出版社．）

小　　结

商品流通活动包括商流和物流，其中商品运输是物流活动最重要的表现形式，也是决定物流合理化的关键因素之一。要合理地组织商品运输，必须做到合理选择运输路线，合理组织运输方式，合理组织运输工具。同时注意运用商品运输安全管理的原则和基本措施。集装运输作为一种新型的运输形式在商品运输中得到了长足的发展，它既能保证运输、储存的安全，又能提高运输、装卸、储存作业的效率。因此，我们要了解集装运输的运输单元有哪些，掌握集装运输、托盘运输的特点。

随着世界经济的飞速发展，商品运输业、仓储业的现代化程度也越来越高。储运现代化的基本内容包括储运技术的现代化和储运管理的现代化，其中储运技术现代化是指要实现运输工具的现代化，仓库作业的自动化，信息情报的网络化。

建立现代化的商品配送中心，要了解配送的基本概念和商品配送的程序和形式。

思考与练习

简答题

1. 简述商品运输的意义。
2. 装运危险品，应如何合理地选择运输工具？对其装载又作出哪些规定？
3. 试述如何合理组织商品运输。
4. 如何进行鲜活易腐商品和易碎流汁商品的运输？
5. 什么是集装运输？集装运输有哪些种类？
6. 什么是托盘？什么是集装箱？什么是标准集装箱？
7. 商品储运现代化的主要内容是什么？
8. 试述商品配送的作业程序。
9. 简述配送中心的一般作业流程。

实训题

调查1～2家超市或菜市场，了解活鱼的运输方式并撰写调研报告。

【案例】

美国迈阿密的花卉物流系统

专业经营新鲜花卉，实际上仅仅经营玫瑰花保鲜物流链配送服务并且获得巨大成功的美国迈阿密“农场直达（farm direct）”花卉公司总裁布里恩（Brian）对来访者说，“我们没有任何秘密，我们也不需要有关物流的高谈阔论，我们靠的是实干和为鲜花运输不惜日夜操劳，当然我们同时会不断总结经验教训，向一切竞争对手学习，利用一切现代化手段和电子信息技术，把我们运营的花卉物流系统的所有功能发挥到极限。”

每天晚上，几架空运货机，满载着从拉丁美洲新收割的玫瑰花，徐徐降落在迈阿密国际机场。经过简短的手续后，鲜花被装载到专程前来接运的集装箱卡车或者国内航空班机上，直接运送到国内各地的物流链配送服务站，超级市场和大卖场，再通过它们飞速传送到北美大陆各大城市的鲜花商店、小贩、快递公司和消费者手中。鲜花物流系统的操作过程，听起来挺不错，但是内中的酸甜苦辣，只有布里恩总裁最清楚。这位经过 8 年的艰苦准备，终于在 1998 年 1 月正式开业的鲜花公司老板一直在抱怨花卉货运代理、承运人和飞机场非常缺乏按时保质保量运输鲜花所必需的物流设备和资源，否则他的新鲜玫瑰交易在北美市场可以搞得更加火红。

不能忽视每一个环节

布里恩遇到的第一个问题就是怎样把不远万里，来自拉丁美洲农场新收割下来的玫瑰花如同刚从自家后花园花圃中采折一样迅速地送到北美各大城市的消费者手中。他不止一次发现在这过程中的每一个环节，一旦处理不到位，都可能成为玫瑰花的保鲜“杀手”。

南美洲厄瓜多尔中部科托帕希火山地区地势险要，山高林密，但是常年气候温暖，雨水丰富，是盛产玫瑰花和其他珍贵花卉的好地方。布里恩的“农场直达”花卉公司向北美各大城市配送的玫瑰花就是从坐落在厄瓜多尔中部科托帕希（Cotopaxi）山区四周的 3 家大型农场定点采购的。为了避免在运输过程中重新包装，所有的玫瑰花在科托帕希农场收割后，立即现场包装，每 150 株玫瑰花包成 1 盒，然后装入集装箱，运送到厄瓜多尔首都基多（Quito）的国际机场。根据鲜花种植专家测定，玫瑰花从农场收割后，通常可以在正常情况下保鲜 14 天。最科学的保鲜办法是，收割下来并准备长途运输的玫瑰花应该尽快装入纸盒后立即存储在华氏 34 度的冷藏集装箱内。在“农场直达”花卉公司的统一安排下，这些集装箱连夜运送到美国迈阿密飞机场，第二天早上，海关当局，检疫所和动植物检验所进行例行检查，然后再把鲜花发往北美各大城市的配送站。按理讲，美国人，甚至加拿大人有足够的时间去欣赏来自南美洲厄瓜多尔的美丽的玫瑰花了。但是在物流过程中由于遇到种种事先无法估计的不确定因素，总是会出现事与愿违，令人不愉快的事情。首先是在物流过程中的每一个环节上会出现意外“抛锚”。从科托帕希农场运出的新收割的玫瑰花一经包装，必须在晚上 8 时之前运到基多飞机场，然后飞机必须连夜起飞，直抵迈阿密。在这过程中可能遇到飞机脱班、晚点、飞机舱容不够及装不下全部鲜花集装箱等情况，好不容易运到迈阿密国际机场，可是在机场仓库耽搁了不少时间，冷藏集装箱的温控设备失灵导致箱内温度升到华氏 60 度，严重影响玫瑰花的保鲜质量。等到迈阿密国际机场的美国海关官员打开集装箱检查的时候，玫瑰花几乎全部腐烂了。如果说玫瑰花还有 4 天可活，那运气算是不错的了。当航空货机抵达迈阿密飞机场的时候，许多花卉货主又为给新鲜玫瑰花的运输带来麻烦。他们往往忽视这些新采折的花卉非常娇嫩，必须迅速运到温控仓库里，否则容易发生霉变和腐烂。把鲜花从飞机舱口运送到保温仓库的时间非常关键，但是货主为了节约经费，竟然把鲜花直接装运在敞口的卡车上，完全暴露在空气中。即使进入温控仓库，已经怒放的玫瑰花还是不够安全，必须在规定的时间内配送到南部佛罗里达州，从那里用集装箱卡车或者短程飞机运送到零售商手中。还有一些花卉批发商，竟然把玫瑰花箱子装在客机的底部货舱内，那里的条件最差，飞机在高空飞行的时候，货舱里气温很低，玫瑰花很容易被冻坏。

目前，“农场直达”花卉公司分别与联邦快件公司和联合包裹服务公司签订有关提供一体化快递服务合同，通过他们的运输服务把鲜花直接运送到美国各地，从而避免以往新鲜玫瑰花搭乘民航飞机，聘用卡车公司运送玫瑰花，虽然运费低廉但是事故索赔不断，往往误事的严重麻烦。一体化快递服务给“农场直达”花卉公司带来准时、稳定的物流服务，公司的玫瑰花生意好做多了。当然快递服务的成本挺高，但是在鲜花传送行业中，迄今没有其他替代办法。过去采用民航、集装箱卡车运送，一旦抛锚或者发生耽搁，运送的鲜花就彻底完蛋。“农场直达”花卉公司在 2001 年用 FedEx 航班运送花卉，98.4%成功，1.6%失败，这个失败比例不大，却对“农场直达”和其他花卉公司是一个不小的损害。一纸盒 150 株玫瑰花，每株采购价格是 25 美分，运输价格每株 20 美分，净成本是每纸盒 67.5 美元，每纸盒 150 株玫瑰花批发给花店或者花商是 150 美元，“农场直达”从中净赚 82.5 美元，而花店一转手的零售价是 650 美元。这就是说，损失毁坏一纸盒玫瑰花，仅仅花商就要损失 500 美元；损失 100 纸盒玫瑰，花商损失 5 万美元。

现在，由于花卉运输管理和物流服务稳定可靠，“农场直达”花卉公司可以向消费者承诺：从他们那里批发销售的新鲜玫瑰花在家里放置至少 4 天而不败。

（资料来源：http://www.99sj.com/News/36788.htm）

问题：

请谈谈鲜花的运输特点及做好合理化的配送的方法。

第八章　商品储存

【主要概念】

商品储存　商品养护　低温储藏法　气调储藏法

辐射储藏法　商品霉腐　商品锈蚀

第一节　概　　述

商品储存又称商品储备，是指商品在离开生产过程但尚未进入消费过程的间隔时间内的停留。商品储存对于调节社会生产和消费之间的矛盾，对商品储存安全，保持商品质量，减少损失，降低损耗，提高商品的使用价值，促进商品的生产和流通，保证市场商品的供应有十分重要的作用。商品养护，是指商品在流转和储存过程中进行的保养和维护商品使用价值的一项技术工作，是质量管理在商品流通领域的继续。商品在流转和储存期间会发生各种各样的运动变化，这些变化都将影响商品质量。

商品养护是以整个流通领域的商品为客体。商品在整个流通过程中，要经过一定的时间并占据一定的空间。商品始终受到温度、湿度、大气中的各种有害成分、微生物等外界自然因素的作用；同时，人为的损坏也会不时袭来，或使质量降低，或使数量减少。因此，商品在整个流通过程中，都存在着使用价值的维护问题。商品养护是伴随着商品使用价值而产生。由于使用价值是商品永恒的自然属性，商品养护对商品也应该是永恒的。

商品养护是一门综合性的应用技术科学，来源于仓储工作的实践，又能动地指导仓储工作，为仓储工作服务。在仓库里储存的商品成千上万，由于各种商品采用的原料和制造方法不同，商品的组成和性质不一样，所以商品在储存过程中的质量变化也不相同。要做好商品质量养护工作，首先必须掌握商品的成分、结构和性质等自然属性，这是商品质量变化的内在因素。同时，还必须了解影响商品质量变化的日光、氧、温度、湿度、微生物等外界因素。通过对这两个方面的各种因素的分析，才能掌握储存商品质量变化的规律，并针对商品的不同特性和外界条件，采取相应的有效措施，科学地保管和养护商品，以及防止商品损坏，降低商品损耗，维护商品安全，达到保证商品质量的目的。

图 8.1 反映了商品储存作为一门学科体系的相关内容。

一、仓库分类

1. 按使用范围分类

按使用范围分类，仓库可分为以下几种。

1）自用仓库，生产或流通企业为储存本企业的原材料、燃料、产品或商品等而修建的附属仓库，如工厂或公司，商店的仓库等。

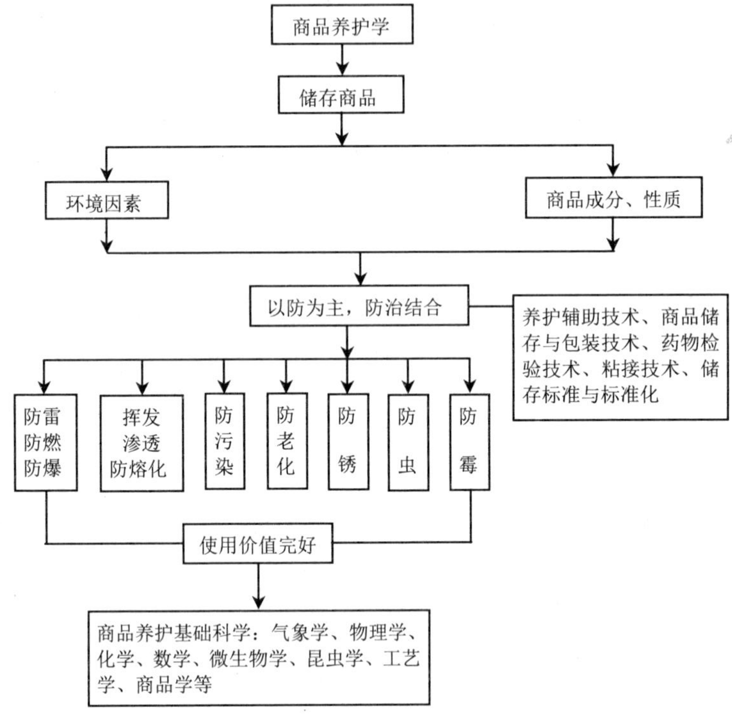

图 8.1　商品养护学学科体系示意图

2）营业仓库，专门为经营储运业务而修建的仓库，如商业、物资、外贸等系统的储运公司或仓储公司的仓库。

3）公用仓库，由国家或一个主管部门修建的，为社会物流业务服务的仓库，如铁路车站的货场仓库等。

2. 按保管物品分类

按保管物品分类，仓库可分为以下几种。

1）原料、产品仓库，生产企业为了保证生产和连续性，专门用来储存原材料、半成品或成品的仓库。

2）商品物资综合仓库，商业、物资部门为了保证市场供应，以及解决季节时差，用来储存各种商品、物资的综合性仓库。

3）农副产品仓库，专门储存农副产品的仓库。

4）一般专用仓库，如粮食、棉花、水产、水果等专用仓库。

5）危险品仓库，如石油库、化工危险品库。

6）冷藏仓库，没有冷藏装置，专门用来储藏鱼、肉等食品的仓库。

7）恒温仓库，专门储存怕冻商品的仓库，内设保温装置，如水果、蔬菜、罐头等商品的储藏仓库。

8）战略物资储备仓库。

3. 按建筑机构分类

按建筑机构分类，仓库可分为平房仓库、楼房仓库、高层货架仓库、罐式仓库、简易仓库等。

二、储存管理

（一）储存管理工作的原则

储存管理工作的原则包括以下几方面。

1）储存多。在符合商品安全储存要求的条件下，尽量提高仓库利用率，力争多储。

2）进出快。为方便用户，应做到货物验收入库和出库迅速及时。

3）保管好。在库商品数量准确，质量完好，账货相符。

4）损耗少。尽量避免和减少在库货物的自然损耗和因工作失误而造成的损失。

5）费用省。尽量节约仓库的保管费用开支。

6）保安全。保证仓库设施、设备、货物和人员的安全，防止灾害性事故的发生。

（二）储存管理的内容

商品储存管理的内容包括以下几个方面。

1. 入库管理

入库工作是储存业务活动的开始，是一个关键环节，包括接货、验收和入库三项工作。

（1）接货

接货时应检查核对货物的品名和数量，检查货物是否完好，手续齐全，责任分明。商品入库时，先点大数，再检查单据上所列的产地、货号、品名、规格、数量、单价等与商品原包装货标标签上所列各项内容是否一致，即使有一项不符，也不能入库。

（2）验收

验收是仓库质量管理的重要一环。一是核对货物单据，凭证，装箱单，合同书等。二是对实物进行检查验收。检查商品质量是否合格，要适当开箱拆包，查看内部商品是否生霉、锈蚀、溶化、虫蛀、鼠咬等，还要测定商品的安全含水率、含水量是否正常，对液体商品，要检查有无沉淀。三是检查包装是否符合要求，如木箱、塑料袋、纸盒是否符合要求等，有无玷污、残破、拆开等现象，有无受潮水湿的痕迹，包装上的文字图案是否清楚等，如果包装不牢固影响堆垛也不能入库。四是对商品的数量进行检验，在大件点收之后，对细数进行验收。

常用的对商品数量进行检验的方法有以下几种。

1）点件查数法。对按件、只、台为单位计算的商品，验收时先进行逐件、逐只、逐台清点后，再加总数。

2）点件复衡法。对按标准重量包装的，可先清点总件数，再过磅验收重量。

3）整车复衡法。对无包装或散装商品验收时，将汽车或车皮与商品一起负重，再减去车辆的重量以得商品的净重。

4）理论换算法。对定尺的商品进行检尺丈量，然后根据理论重量换算表来计算重量。

5）除皮核实法。此法适用于包装上标明皮重、毛重、净重的商品。其做法是先按比例抽验毛重、核实皮重，然后与包装标明重量比较，如不超过允许磅差，则可按标重计，否则应全部过磅验收。

（3）入库

入库是将验收后的物品，按库房管理规定办理入库手续，建立保管收据和保管卡片等。其具体手续包括办理登账、立卡、建档等，操作流程如下。

1）登账。商品签收入库后，记账员或保管员应根据商品入库凭证，将有关项目登入商品保管明细账。商品保管明细账应按品种、规格、单价等分别登录，做到一物一页。商品保管账必须正确反映商品进、出和结存数。在库商品的货位编号应与账页号相同，以便核对账货和发货时查考。

2）立卡。卡是指货卡。商品堆码完毕，应立即建立货卡。一垛一卡，拴挂于货垛一侧明显处，便于盘点和检查。它直接反映该垛商品的品名、型号、规格、数量、生产单位、进出动态及结存数。

3）建档。商品验收入库后还应建立商品档案，要按照商品的品名、型号、规格、单价、批次分别立卷归档。商品档案中应记录商品的数量、质量等全面情况。建档时应将入库前的运输资料、各种凭证及技术资料，入库检验记录，储存保管期间的检查维护、溢短、损坏等记录及其他有关资料收集归档，商品验收单如表8.1所示。

表 8.1 商品验收单

商品验收单

编号______

来源……………………　　发票号码……………　　年　月　日

货号	货名及规格	单位	数量	进货价格		销售价格		差额
				单价	金额	单价	金额	
共计								

(一)留存

财务部门主管　　记账　　保管部门主管　　验收　　制单

2. 在库管理

(1) 分区分类

合理划分保管区，首先要解决对商品的合理分类。例如，按商品种类和性质进行分区分类管理，遵照同性质的普通商品的同区储存和贵重商品、化工危险品的单一商品的专仓专储两种方法进行储存。

(2) 固定货位

商品在库管理中要固定货位，统一编号，并绘制出仓库平面图，以便仓库作业和方便客户。货位是指仓库中实际可以堆货的面积。在分区分类管理的基础上，必须遵守商品安全、方便吞吐发运、力求节约库容原则。因而需要认真考虑存货区的温湿度、风吹、日晒、光照等条件是否适应商品性能的储存。特别是对怕潮、易霉、易锈的商品，选择干燥或密封的货位；对怕光、怕热、易熔的商品，应选择低湿干燥的货位；对怕冻的商品应选择高于 0℃的货位；对各种化工危险品，应存放在郊区仓库分类专存；对性能互相抵触和挥发串味的商品，不能同区储存；对外包装含水量过高而影响邻垛商品安全的商品，不能同区储存；在同一货区贮存的商品中，应无虫害感染。

商品储存中所有的质量变化都与温湿度有关。因此，必须根据商品的特性、质量变化规律及本地区气候情况与库内温湿度的关系，加强库内温湿度的管理，采取切实可行的措施，创造适宜商品储存的温湿度条件。控制和调节仓库温湿的措施主要有密封、通风及吸湿加湿、提温降湿等。

空气温度是表示空气的冷热程度，常用符号“t”或“T”来表示。常见的温标有摄氏温标、华氏温标和绝对温标，其表示符号分别为“C”，“F”，“K”。

空气湿度是指空气中水蒸气含量的多少或大气的干湿程度。表示湿度大小的方法有水汽压、绝对湿度、饱和湿度、相对湿度等。

绝对湿度是指每一立方米空气中所含的水蒸气克数。饱和湿度是指在一定温度条件下，每立方米空气中最大限度所能容纳的水蒸气量。空气的饱和湿度随温度的升高而加大，随温度的降低而减少。

相对湿度是指每立方米水蒸气含量与同温度同体积的空气饱和水蒸气含量之比。相对湿度说明了空气中的水汽距离饱和水汽量的程度，其表达式为

$$相对湿度（r）＝实际水气压（e）/饱和水气压（E）\times 100\%$$

或

$$相对湿度（r）＝绝对湿度/饱和湿度\times 100\%$$

仓库温湿度的测定，一般采用干湿球温度计，干球为库内气温，根据干湿球温差，转动中间刻有干湿差的表盘，就可读出表盘中的相对湿度，即为库内相对湿度。

整库内相对湿度超过储存商品的安全范围，而库外又不具备通风条件时，可在密封库内用吸湿剂或空气去湿机来吸收空气中的水分，降低库内相对湿度。常用的吸湿剂有生石灰、氯化钙和硅胶。氯化钙又有无水氯化钙和工业氯化钙之分，每千克的吸水量分别为 1～1.2kg 和 0.7～0.8kg；硅胶每千克可吸水量为 0.4～0.5kg。氯化钙吸潮后会溶化，有较强的腐蚀性，使用时应注意商品安全；硅胶吸潮后仍为固体，不污染，也没有腐蚀性，且烘干后可继续使用。若库内相对湿度过低，而库外相对湿度也不高，对于易干缩、脆裂的商品来说，应采用喷蒸气、直接喷水等加湿措施，使库内相对湿度增加。

利用空气温度与湿度之间的关系，在库内绝对湿度变化不大的情况下，适当提高库内温度，以扩大空气的饱和湿度量，从而达到降低相对湿度的目的。

（3）搞好货物的堆码苫垫，提高仓库利用率

对于货物应堆几层高，应注意三方面：一是商品包装容许的层数，二是库房地坪负载范围内不超重，三是库房高度范围内不超高。货垛与墙壁之间的必要距离一般规定为：库房外墙 0.3～0.5m，内墙 0.1～0.2m；货场间距离不分内外，一般 0.8～3m；顶距一般规定为：平房 0.2～0.5m，多层建筑库房底层与中层 0.2～0.5m，顶层不低于 0.5m，灯距不少于 0.5m。

堆垛的方法取决于商品性能、包装质量和仓储设备等条件，根据包装形状、批量的大小和仓库的装、搬运机械化程度不同，大体可分为整体商品堆垛法、货架堆垛法和散商品堆垛法三种。在具体堆垛时，对含水量高、易霉腐变质，但适合通风的商品，在梅雨季节应堆通风垛，堆垛不宜过高；对易渗漏商品，应堆成间隔式行列垛，以便于及时检查；对易弯曲变形的商品，应堆成平直交叉式实心垛等。

地面潮湿是引起商品变质的一个主要原因，因此，商品在堆垛时要注意做好地面的防潮工作。底层库房、货棚堆垛商品时，一定要垫底，并用苇席、油毡或塑料薄膜等铺垫隔潮。垛底距地面一般 30～50cm，以便垛下通风散热。

在库管理的单据如表 8.2 和表 8.3 所示。

表 8.2 入库时的实物保管明细账

实物保管明细账

账号	总页次
页次	

类别______ 编号_______ 品名________ 规格_________ 单位___________ 货位编号______

年		凭证		摘要	单价	收入数量	√	发出数量	√	结存数量	√
月	日	字	号								

表 8.3 库存商品月报表

库存商品月报表二零____年____月____日

商品类别	商品名称	规格型号	计量单位	单价	上期结存		本期入库		本期发出		期末结存	
					数量	金额	数量	金额	数量	金额	数量	金额

注：本表一式三份，一份交管理部门，一份交财务科，一份保管员留存。

3. 出库管理

仓库工作是储存业务的最后一环，出库应及时、准确、方便。出库的具体形式，由于业务部门销售业务经营方式不同而有所区别。主要包括如下几个方面内容。

（1）自提

自提是指由购货单位持供货单位开出的商品出库凭证，自备运输工具，到仓库提货的过程，即仓库人员按照出库凭证所开列的商品编号、品名、规格、单位、数量等配齐商品并核实，与提货人员当场核点清楚，办妥交接手续的过程。其主要特点是：提单到库、随到随发、自提自运、当面点交、划清责任。

（2）送货

送货是指根据存货单位开出的商品出库凭证，由仓库人员将货备齐、包装好，交运输人员送至收货单位或交给运输部门向外地发运的过程。其主要特点是：凭出库凭证备货，集中待运，仓库人员与运输人员（或部门）办理交接手续。

（3）取样

取样是指存货单位在销货前，为了使用户了解商品情况，以方便选购而向仓库取样陈列，或因参加供应会议、物资交流会介绍商品，或因商品化验等需要而向仓库提取货样。这种商品出库的形式，虽然不通过购销业务，但必须开列正式样品出库凭证方能备货，直接点货交给取样人员。

（4）移库

商品移库和取样的共同之处在于，商品所有权没有转移，只是存放地点发生了变动。某些商品由于业务上的需要，或因其性能决定需要改变储存条件，以及调整仓容等原因，从一个仓库转移到另一个仓库储存时，必须根据商品移库单方能组织商品出库。

（5）过户

过户是指所保管的商品虽未出库，但已完成购销业务活动，即由甲单位销售给乙单位，商品所有权已经转移，但商品仍储存在原来的仓库。商品过户时，应由甲单位开制正式发货凭证，乙单位则根据甲单位开制的发货凭证填写入库凭证，仓库则据此进行过户转账。

商品出库时做好三项工作：

1）核对凭证。主要核对出库的品种、规格、数量及其有关事项，以防发生差错。

2）备货。核对无误后，按出库单备齐货物，准备出库。

3）核对实物。按出库单所列物品，一一进行核对，如无问题，再行发货。

出库领料单如表 8.4 所示。

表 8.4 出库领料单

领用车间…………………… 领 料 单 编号

产品号数及成本项目…………………………………… 20 年 月 日

编号	名称及规格	单位	数量		单价	总值		分页	用途
			请领	实领					
合 计									

（1）留存

财务部门主管 记账 保管部门主管 发料 领料部门主管 领料

第二节 商品储存期间质量的变化

商品在储存期间由于其化学成分、结构特点和理化性质的不同，以及外界环境因素对其影响程度的不同，商品的质量会发生各种变化。

一、商品储存期间质量变化的形式

商品储存期间质量变化包括有物理机械、化学、生理生化及由某些微生物引起的变化。

1. 商品的物理机械变化

（1）物理变化

物理变化是只改变商品的外部形态，而不改变商品性质的变化。商品储存的物理变化形式有三态变化（挥发、升华、结晶、凝固、溶化、熔化、发硬、发软、结块）、串味、出油、沉淀、渗漏等，但较常见的有下面几种主要形式：

1）挥发。挥发指液态商品中的某些物质扩散到空气中，从而造成商品质量发生变化的现象。液体商品的挥发速度与液态的沸点、环境温度、空气流速及商品与空气的接触面积有关。

2）溶化。溶化指某些固体商品在潮湿的空气中不断吸收水分，最后溶化成液体的现象。固体商品只有具备吸湿性和水溶性才可发生溶化。储存商品中较易生产溶化现象的有食品中的食糖、糖果、食盐等；一般化工商品中的明矾、氯化镁、氯化钙等；化肥中的氮肥等。影响商品溶化的因素，有商品成分、结构和性质，空气和相对湿度、气温以及固体商品的表面积等。

3）渗漏。渗漏指液体商品由于包装容器不牢、包装质量不高而发生流失的现象。商品渗漏不但造成商品的流失，还会造成空气和环境污染。

（2）机械变化

商品的机械变化是指商品在外力作用下，所发生的形态上的变化，主要有破碎、变形、结块和脱落散开等。商品的机械变化有的会造成商品数量上的损失。有的会使商品质量发生变化，甚至完全丧失使用价值。

2. 商品的化学变化

改变物质的外表形态，也改变物质的组织结构和性质，并有新的物质生成，商品化学变化的形式很多，常见有化合、分解、氧化、聚合、裂解等。

（1）化合

化合指商品在储存期间，受到外界条件的影响，由两种或两种以上的物质相互作用，生成新的物质变化。

库存商品常见的化合是氧化反应。商品经氧化后不仅会降低质量，而且有些商品在氧化过程中会产生热量，使商品垛温上升，若达到自燃点，便会引起燃烧，甚至会发生爆炸。

（2）分解

分解指某些化学性质不稳定的商品，在光、酸、热、碱及潮湿空气的影响下，发生化学变化，由原来的一种物质生成两种或两种以上的新物质。分解不仅会造成商品数量的减少，质量降低，而且会产生有害物质，污染商品。

（3）聚合

聚合反应指某些商品在外界条件影响下，使本身同种分子相互结合成巨大分子的反应。例如，库存商品中桐油表面结块、福尔马林变性等。

（4）裂解

裂解指高分子化合物如合成纤维、塑料、橡胶等，在日光、空气、高温等外界条件作用下，发生分子链断裂，分子量下降的现象。裂解使橡胶制品发软发粘，使塑料制品发脆变色，发生老化。

（5）锈蚀

金属制品在潮湿空气中及酸、碱、盐等作用下会发生腐蚀现象。金属制品的锈蚀，严重地影响制品的质量和使用价值。

（6）老化

老化是指有机高分子商品，如塑料、橡胶等，在储存过程中，受到光、热、氧等的作用，发生发粘、龟裂、强力下降以及变硬发脆的变质现象。

3. 商品的生理生化变化

鲜活商品（主要指果品、蔬菜）在贮藏过程中会发生一系列的生理生化变化。

（1）呼吸作用

呼吸作用是鲜活商品储存中最基本的生理作用。呼吸作用是有机体中有机营养物质，在氧化还原酶的作用下，逐步降解为二氧化碳和水并释放出能量的过程。

有机体的呼吸作用分为有氧呼吸与缺氧呼吸两种形式，呼吸作用释放的能量是维持有机体正常生命活动的能源。但是过强的呼吸作用会消耗鲜活商品中的大量营养物质，所产生的呼吸热量也对储存不利。尤其是缺氧呼吸产生的乙醇等有害物质，会引起有机体中毒，容易造成生理病害；缺氧呼吸比有氧呼吸释放能量少，为了提高维持机体生命活动必要的能量，要消耗过多的营养物质，所以在鲜活商品储存中，应尽力防止缺氧呼吸，并使有氧呼吸保持在较低的水平上。

（2）后熟作用

后熟作用是某些鲜活商品从收获到生理成熟所发生的生理生化变化，果品、蔬菜的后熟能增加色、香、味及口感等方面的食用品质、形成独特的风味。但是，达到后熟的果品已不耐储存，所以应控制储存温度、储存环境的气体组成，以延缓后熟过程和延长储存期。

（3）萌发与抽苔

萌发与抽苔是指两年生或多年生蔬菜打破休眠状态由营养生长期向生殖生长期过渡时发生的一种变化。其主要发生在那些由根、茎、叶等作为食用的蔬菜，如马铃薯、洋葱、大蒜、萝卜、大白菜等。萌发与抽苔的蔬菜，其养分大量消耗，组织变得粗老，食用品质大为降低，有些还产生毒素物质。

（4）僵直作用

畜、禽、鱼死后发生的生化变化的特点为：肌肉失去原有的柔软和弹性，变得僵硬。一般来说，处在僵直期的鱼新鲜度最高，因而此时食用价值最大；而僵直期的畜、肉，由于弹性差，不易煮烂、缺乏香味，且消化率低，而未达到最佳的食用品质。从食品储藏来看，僵直期的鱼、肉、禽很适宜冷冻储藏。

（5）软化作用

软化是畜、禽、鱼肉僵直后进一步的变化，软化又称自溶或自身分解，主要是由于肌肉中所含组织蛋白酶活性加强，引起畜禽鱼肉蛋白质分解的一种生化变化。软化后肌肉由硬变软，恢复弹性，产生肉类特有的芳香气味和滋味，此时食用品质最佳。但软化后的畜、禽、鱼、肉其储藏性能已显著降低，不适于再供储藏之用。

4. 商品的生物学变化

商品，特别是食用商品，由于含有丰富的营养物质，在贮存的过程中极易被微生物污染而生产一系列的化学变化，从而造成食品品质急剧下降。食品商品由微生物所引起的质量变化主要有腐败、霉变、生虫、发酵（包括酒精发酵、醋酸发酵、乳酸发酵、酪酸发酵）等。

（1）霉腐

霉腐是由于霉菌在商品上生长繁殖而导致的商品变质现象。霉菌是一种低等植物，无叶绿素，身体为丝状，主要靠孢子进行无性繁殖。空气中含有很多的肉眼看不见的霉菌孢子，商品在生产、储运过程中，它们落在商品表面，一旦外界温度、湿度适合其生长时，商品上又有它们需要的营养物质，就会生长菌丝。其中一部分伏在商品表面或深入商品内部，有吸取营养物质排泄代谢产物的功能，称为营养菌丝；另一部分菌丝竖立于商品表面，在顶端形成子实体或产生孢子，称为全生菌丝。菌丝集合体的形成过程，就是商品出现“长毛”或有霉味的变质现象。

霉菌大约有三万多种，对商品危害较大的除毛霉外，还有根霉、曲霉和毒菌。霉菌在生长和繁殖中所需的营养物质有水分、碳源、氮源和无机盐等。水分是霉菌机体的重要组成成分，是其吸收其他营养物质的载体，水分约占霉菌体重的75%～85%。碳源即含碳物质，如糖类、有机酸、纤维素、醇类和酯类等，是构成霉菌细胞和代谢产物中碳素来源的营养物质，也是霉菌能量的主要来源。氮源指含氮物质，如蛋白质、氨基酸、铵盐、硝酸等，是构成霉菌细胞和代谢产物中氮素来源的营养物质，也是合成霉菌原生质和细胞结构的原件。无机盐是霉菌所需的灰分营养，即为霉菌提供其生命活动所必需的硫、磷、钾、镁、钙、铁等元素。而具有上述营养物质的商品种类很多，如粮食加工制品、水果、蔬菜及干制品、茶叶、酒类、皮革制品、纺织品、鞋帽、卷烟等，非常容易发生霉变。

霉菌能在商品体上生长、繁殖，除商品上有它们需要的营养物质外，还与水分、温度、日照、酸碱度有关。多数霉菌是中湿性的，最适生长温度20～30℃，属于好氧性微生物，适宜在酸性环境中生长，光对霉菌的影响也很大，霉菌在日光下曝晒数小时，大多会死亡。

商品霉变的实质是霉菌在商品上吸取营养物质与排泄物的结果。商品霉变不但会导致商品变糟、发脆或强度下降等变质现象，还会产生霉斑、霉味及毒素。

（2）虫蛀、鼠咬

仓库害虫和鼠类对于商品的储存具有很大危害性，不仅是某些商品损耗的直接原因，而且还可能污染商品，甚至传播病菌。

仓虫大部分属于昆虫，也包括螨类微小动物。由于仓虫种类很多，食性杂，传播途径广，所以在一般仓库中都可能有仓虫存在。对商品危害较大的仓虫主要有甲虫类、蛾类、蜂螂类和螨类。仓虫与其他动物不同，一般都具有较强的适应性，在恶劣环境下仍能生存，并且食性杂，繁殖性强，繁殖期长，对温度、光线、化学药剂等外界环境的刺激有一定的趋向性，正是由于仓虫的这些习性，对商品储存造成了极大危害。

鼠类属于啮齿动物，在库房中常见的是小家鼠、黄胸鼠和褐家鼠三种。鼠类繁殖强，一年可生5～6次，每次产8～9只，一般寿命1～3年。鼠类食性杂且具有咬啮特性，记忆力强，视觉、嗅觉和听觉都很灵敏，一般在夜间活动。

二、影响商品储存期间质量变化的内在因素

1. 商品的物理性质对其质量变化的影响

（1）沸点

液态商品的沸点直接影响商品的挥发速度，液态商品的沸点越低，在储存过程中越容易发生挥发现象，造成商品中有效成分的减少和重量的降低，如汽油、白酒、花露水、香水等低沸点商品在储存时应注意。

（2）吸湿性

吸湿性指物体吸着和放出水分的性质。具有吸湿性的商品在潮湿的环境中能吸收水分，在干燥的环境中能放出水分。商品的吸湿性与商品储存过程中的吸潮溶化现象、风干现象及商品的腐败现象有直接关系，因此具有吸湿性的商品，在储存过程中应严格控制环境的温湿度。

（3）弹性与塑性

弹性指物体承受外力作用时发生形变的性质。弹性较大的商品在储存过程中

一般不易发生变形和破碎的现象，但如果超过了弹性变形值就会发生塑性变形。

（4）耐热性

耐热性是指物体耐温度变化而不致破坏或显著降低强度的性质。耐热性较差的商品，如橡胶和某些塑料制品，在温度变化的情况下，容易引起成分和结构的变化，发生老化现象。

2. 商品的化学性质对其质量变化的影响

商品在储存过程中的老化、锈蚀、变色、分解及燃烧和爆炸等现象的发生都与各种商品的化学成分和性质有关。

日常使用的生活用品，大多是由几种成分或几种材料组成的混合物商品，而真正属于单一成分的商品比较少。例如，糖果、洗涤用品、家用电器、塑料制品等都是由几种成分或几种材料组成的。在仓储工作中，对这类商品要作具体分析，应根据其混合物的成分、性质、结构等，采取适当的养护措施，以保证商品的使用价值。

三、影响商品储存质量变化的外界因素

影响商品储存质量变化的外界因素有空气温度、空气湿度、环境的气体组成、日光、灰尘、昆虫和微生物等。

（1）环境温度

温度高可加快某些商品的挥发，促进果品、蔬菜的后熟，使其耐性降低；有利于库内微生物和仓虫的生长繁殖，加速商品的腐烂变质。温度低可能造成某些商品如塑料的发脆发硬，果品和蔬菜的低温冻害等。

（2）空气湿度

空气潮湿会导致怕潮、怕霉的商品在微生物的作用下容易老烂变质。吸潮能力较强的粉状、粒状商品，容易潮解熔化，甚至会因吸湿潮解而变质失效。金属制品会因潮湿而发生锈蚀现象。空气湿度小可造成某些商品水分散失，引起质量变化。例如，果品、蔬菜在干燥的环境中失水、变蔫，食用品质急剧下降；卷烟因干燥出现干缩空头现象；毛皮因干燥而脆裂变形等。

（3）环境的气体组成

例如，环境中的 O_2、CO_2、SO_2 和 H_2O 的存在会使金属制品因发生电化学锈蚀而质量下降；环境中 CO_2、O_2 乙烯气体的含量多少，直接影响着果品、蔬菜的储存期和储存质量。

（4）日光

日光照射可引起某些商品出现酸败现象，如富含油脂的食品、日化商品中的肥皂等。日光照射可加速塑料、橡胶制品的老化；日光照射可引起纺织品的褪色，纺织纤维的断裂。总之，日光对绝大多数商品的储存质量都有影响，因此商品储

存过程中应尽量避免日光照射，特别是强日光。

（5）灰尘

灰尘大多数呈酸性或碱性。这些灰尘若沾染在金属制品上可引起金属制品的锈蚀。若沾染在针棉织品上会使织物变黄变脆，强度下降。

（6）pH

大多数细菌适宜于中性，偏碱性环境生活，pH 在 6.5～7.5。大多数微生物都喜欢酸性或偏于中性的环境；在中性环境中可以生长，但不如在酸性环境中生长好。在碱性环境中，大多数微生物都不能生长，这是因为微生物体中的酶，在酸性环境中的活性最强，中性尚可，碱性环境中活性大大降低。

第三节　商品养护技术

商品在储存期间受各种内、外因素的影响，会发生各种各样的变化，所有这些变化都会影响商品的储存质量和储存期。所以，为了保证商品的储存质量，保证商品的储存对于市场的调节作用必须采取适当的储存方法。

一、普通商品的储存

普通商品是指储存过程中性质比较稳定，且对贮存环境和条件没有特殊要求的所有商品。例如，日常百货品、五金交电产品、各种纺织品等。普通商品一般储存在普通封闭式库房中。对于这类商品的储存注意：

1）严格验收入库商品，主要检验商品的包装和质量是否发生变化。

2）安排适当的储存场所，根据性能及商品储存时间的不同，合理安排储存场所。

3）妥善进行商品的苫垫和堆码。地潮对货垛底层的商品质量影响很大，特别是在梅雨季节，地潮上升，如果货垛底部无隔垫通气层，地潮则很难排出，就会侵入商品，造成商品的吸潮、霉变或生锈。因此，要考虑库房的地潮情况，做好下垫隔潮工作。商品堆码的垛型和高度要考虑商品和包装的条件，结合季节气候妥善安排。

4）认真管理仓库温湿度。结合商品情况尽量控制储存环境过热和过湿现象的发生，保证商品质量。

5）搞好储存场所的清洁卫生。环境不清洁，容易引起微生物、虫类的孳生、繁殖，危害商品。因此，对仓库内外的环境应经常打扫，保持清洁，同时仓库四周也不宜多种树木、花草等。

6）认真执行商品在库检查。要作定期或不定期的质量检查。检查的时间和方法应根据商品性能的不同，结合季节气候，储存时间长短等因素掌握，一般怕热的商品在夏季加强检查，怕冻的商品冬季应加强管理。

二、食品商品的低温储藏

食品商品的低温储藏（15℃以下的环境）依照的原理：

1）低温能抑制食品中酶的活性，从而减弱鲜活食品的生理变化和生鲜食品的生化变化，较好地保持食品的储存质量。

2）低温能减少食品中的水分蒸发，减少食品储藏过程中的干耗。

3）低温有效保持食品固有的色、香、味等优良品质。

4）抑制微生物的生长繁殖，防止食品腐败。

低温储藏按其储藏温度不同可分为以下几种。

1. 冷却食品储藏

冷却食品一般不发生冻结，能较好保持食品原有的风味品质，但是由于冷却储藏的温度在 0℃以上，因而食品中的酶的活性并未完全被抑制。同时某些嗜冷性微生物仍可生长繁殖，所以食品储藏期限较短。

冷却储藏的食品种类不同，其储藏的温度也存在差异。对于动物食品，如畜、禽、鱼肉、鲜蛋、鲜乳及某些加工品，如巧克力、啤酒、饮料等，可以采取接近其冰点的低温储藏，其适宜温度在 0～4℃，且越接近这一温度，食品储藏期限越长，食用品的质量保持的越好。

植物性鲜活类商品（蔬菜、果品）的冷却储藏温度与产品的产地和收获季节等因素有关。例如，原产于温带的苹果、梨、大白菜、菠菜等最适宜的储藏温度在 0℃左右；原产于热带、亚热带地区的果品和蔬菜，由于其生理特点适于较高温度环境，因此最适宜的储藏温度也较高，如番茄的储藏低温为 10～12℃，青椒 7～9℃，黄瓜为 10～13℃，香蕉为 12～18℃，柑橘为 2～4℃，当储存环境低于这些温度，它们就会出现生理病害。

2. 冷冻食品储藏

冷冻储藏指将食品在低于冰点的低温下冻结，再以 0℃以下低温进行储藏的方法。多数食品的冰冻点在－2～－1℃左右，当温度降至－5℃时，食品中的水分 60%～80%冻结，－18℃时则有 90%的水分冻结。这样降低了食品中游离水的含量，水分活性也显著下降，这不仅使高温、中温和低温微生物停止发育，长时间的冷冻还可造成某些微生物的死亡，食品中的酶的活性也被抑制。所以冷冻食品可长期储存。而储藏温度越低，食品品质保持的越好，储藏期也越长。

采用冷冻储藏的食品主要有肉类、禽类、鱼类、蔬菜、冰淇淋和各种冷冻方便食品等。

3. 半冻结食品储藏及微冻食品储藏

半冻结储藏是采用冷却与冷冻之间的温度范围，一般温度在－2～3℃，其特点是食品中少量水形成水晶，产品冻结不坚硬，适用于短期储藏食品的需要。

微冻储藏的食品主要是肉类和鱼类，储藏期限一般在 2～3 周，其综合了冷冻和冷却两种储藏方法的优点，即比冷却储藏的期限长，效果好；比冷冻储藏耗能少，解冻时间短。

三、食品的盐腌和糖渍法

盐腌与糖渍储藏也是历史悠久的食品储藏方法。盐腌与糖渍储藏是利用食盐或食糖溶液的高渗透压和降低水分活性的作用，使微生物细胞的原生质脱水，发生质壁分离，并使细胞原生质失水凝固，以致死亡，从而达到储藏食品的目的。

盐腌储藏在我国应用广泛，如腊肉、板鸭、咸蛋、咸鱼、腌酱菜等。其中有很多还是我国地方特产食品。盐腌食品中一般需加入 10%～15%的食盐量才会有较好的防止微生物活动的作用。

糖渍储藏主要用于蜜饯、果脯和果酱等食品，一般加糖量 65%以上。食糖既能防腐、调味，又能增加营养，同时还具有保护食品中维生素少受损失的作用。

盐腌和糖渍的食品，一般吸湿性较强，在储藏中要注意防潮。否则，食品受潮后，含水量增加，盐、糖浓度下降，微生物仍可繁殖而导致变质。

四、鲜活商品的气调储藏

所谓气调储藏，即通过调节和控制食品周围环境的气体成分来储藏商品的一种储藏方法。其基本原理是通过改变仓库或包装内的正常空气组成，如降低 O_2 的含量，增加 CO_2 含量，以减弱鲜活商品的呼吸强度，抑制微生物的生长繁殖和食品中化学成分的变化，以达到延长储藏期和提高储藏效果的目的。气调储藏一般还要与低温条件相配合，才能达到良好的贮藏效果。

影响气调储藏效果的因素主要有：O_2 和 CO_2 浓度、储存温度等。

气调库有乙烯含量气调库、聚乙烯塑料帐幕和硅橡胶气调袋等。

（1）气调库

能按照鲜活商品要求的储藏条件（温度，O_2 和 CO_2，气压，空气湿度等）进行调节的库房称为调节气体储藏库，简称气调库。气调库除应具有机械冷藏库的条件外，还必须保证储藏室的密封性，并具有调节气体成分的设备和装置。因此气调库建筑和设备都很复杂、成本高，目前在我国较少采用。

气调防霉腐有两种方法：一种是靠鲜活食品本身的呼吸作用释放出的二氧化碳来降低塑料薄膜罩内的氧气含量，从而起到气调作用，叫自发气调；另一种是将塑料薄膜罩内的空气抽至一定的真空度（8.0×10^3～2.1×10^4Pa），然后再充入氮气或二氧化碳气的气调法，称为机械气调。据研究，塑料薄膜罩内的二氧化碳含量达到 50%时，对霉腐微生物就有强烈的抑制和杀灭作用。气调还需要有适当低温条件的配合，才能较长时间地保持鲜活食品的新鲜度。气调防霉腐可用于水果蔬菜的保鲜。近年来也开始用于粮食、油料、肉及肉制品、鱼类、鲜蛋和茶叶等多种食品的保鲜。

（2）塑料帐幕

塑料帐幕是利用厚度为0.1～0.2mm的聚乙烯塑料膜制成长形的帐幕，充当简易的气密库作为鲜活商品（主要是果品、蔬菜）的储存环境，帐幕设有充气品，抽气品和取气样。塑料帐幕适合储藏箱装、装、扎捆并进行码垛的果品的蔬菜，储藏量大。塑料帐幕内的气体调节有自然降 O_2 和快速降 O_2 法两种。后者较前者降 O_2 速度快、储存效果好。

（3）聚乙烯塑料薄膜袋

聚乙烯塑料薄膜袋是由较薄的（厚度为0.03～0.07mm）聚乙烯塑料薄膜制成的袋子，待储藏的果品或蔬菜直接装入袋中，然后将袋口扎封、密封后，由于果蔬的呼吸作用，袋内的 O_2 浓度逐渐下降，CO_2 浓度不断提高。当果蔬吸入 O_2，放出 CO_2 速度和气体透过薄膜的渗透速度相等时，袋内的 O_2 和 CO_2 和分压就不变化，这样就直到了自发调节的作用。

（4）硅窗气调袋

硅窗气调袋是用硅橡膜做成气体交换窗镶嵌在各种类型的塑料包装袋上。硅窗具有特殊的透气性，其薄膜对 CO_2 和 O_2 的渗透系数比聚乙烯大200倍，比聚氯乙烯高10 000倍，同时还具有较大的 CO_2 和 O_2 的透气性。这样既使用较小面积的硅橡胶薄膜，也可使储存袋中的 CO_2 很快渗透到大气中。同时又使大气中 O_2 较易补入袋内，达到自发调节袋内气体成分的目的。

五、商品的防霉腐方法

商品的成分结构和环境因素，是霉腐微生物生长繁殖的营养来源和生活的环境条件。因此，商品的防霉腐工作，必须根据微生物的生理特性，采取适宜的措施进行防治。首先立足于改善商品组成、结构和储运的环境条件，不利于微生物的生理活动，从而达到抑制或杀灭微生物的目的。具体方法主要有以下几种。

1. 气相防霉腐

气相防霉腐是通过药剂挥发出来的气体渗透到商品中，杀死霉菌或抑制其生长的繁殖的方法。这种方法效果较好，应用面广。常用的气相防霉剂有环氧乙烯、甲醛和多聚甲醛等，主要用于皮革制品等日用工业晶的防霉。应注意的是，气相防霉剂应与密封仓库，大型塑料膜罩或其他密封包装配合使用，才能获得理想效果。另外，使用中要注意安全，严防毒气对人体的伤害。

2. 干燥防霉腐

干燥防霉腐是通过各种措施降低商品的含水量，使其水分含量在安全储运水分之下，抑制霉腐微生物的生命活动。这种方法可较长时间地保持商品质量，且商品成分的化学变化也较小。干燥防霉腐有自然干燥法和人工干燥法两种。自然干燥法是利用自然界的能量，如日晒、风吹、阴晾等方法，使商品干燥。该法经济方便，广泛应用于原粮、干果、干菜、水产海味干制品和某些粉类制品。人工干燥法是在人工控制环境条件下对商品进行脱水干燥的方法。比较常用的方法有：热风干燥、喷雾干燥、真空干燥、冷冻干燥及远红外和微波干燥等。该方法因为要用一定的设备、技术，所以费用较高，耗能也较大。

3. 辐射防霉腐

辐射防霉腐是利用穿透力极强的放射元素（钴 60）产生的射线（γ 射线）辐射状照射商品的方法。γ 射线是一种波长极短的电磁波，能穿透数英尺厚的固体物，使商品中的微生物、害虫中的各种成分电离化，酶的活性被破坏，从而达到杀灭它们的目的。针对不同商品的特性和各种储存目的，辐射防霉腐使用的射线剂量有所区别，一般分为小剂量照射（剂量为 10^3J / kg)、中剂量照射（剂量为 10^3～10^4J/kg）和大剂量照射（剂量为 10^4～5×10^4J/kg)。关于辐射处理过的食品的卫生安全问题，一直是人们争论的焦点。1980 年 12 月，国际辐射食品卫生专家联合委员会表示，凡经剂量在 10^4J/kg 以下射线照射的食品，无毒、无害、安全，不需要进行毒理试验。但辐射储存的食品，色泽变暗，有轻微异味，酶和维生素等活性成分会受到破坏，食品成分之间相互影响等。这些问题有待于进一步研究解决。

六、金属制品的防锈蚀

金属及金属制品的锈蚀按锈蚀过程的机理可分为两类，一类是金属与腐蚀介质直接作用而发生的腐蚀，称为化学腐蚀；另一类是金属同周围的电解质溶液相接触产生电化学作用而腐蚀，称为电化学腐蚀。常见的防锈蚀方法有以下几种。

1. 涂油防锈

涂油防锈是在金属制品的表面上涂刷一层油脂薄膜，金属表面在一定程度上与大气中的氧、水分子以及其他有害物质隔离，从而防止或减缓金属制品生锈。涂油防锈法简便，一般效果也较好。常用的防锈油脂，除防锈油外，还有凡士林油、机油等，其中以防锈油较为理想。

2. 气相防锈

气相防锈是利用挥发性缓锈剂，在金属制品周围挥发出缓蚀气体，来阻隔腐蚀介质以达到防锈的目的。这种方法对复杂、有凹凸缝隙的商品尤为适用。在使用时，气相缓锈剂在内包装纸上形成气相防锈纸，也可将其粉末撒在金属制或散装入包装袋内，还可将其溶液喷涂在金属表面，使用锈剂后一定要注意密封。

3. 可剥性塑料封存防锈

可剥性塑料是用树脂为基础原料，加入矿物油、增塑剂、缓蚀剂、稳定剂以及防霉剂等，经加热溶解后制成的塑料液。这种塑料液喷涂于金属制品表面，能形成可以剥脱的一层特殊塑料薄膜。这种薄膜组织致密，能阻隔腐蚀介质对金属制品的腐蚀，从而达到防锈的目的。可剥性塑料按其组成和性质的不同，可分为热熔型和溶剂型两种。前者防锈效果好，后者使用较方便。使用时要注意防止日晒，防止塑料薄膜受碰撞划伤，避免重压黏结，更不能接触有机溶剂。

七、危险商品的安全储存

危险商品的种类很多，性质也比较复杂，分别具有不同程度的爆炸、易燃、自燃、毒害、腐蚀和放射性等危险特征。当危险商品受到较剧烈的震动、撞击、摩擦或接触火源、热源、受日光曝晒、雨淋水浸、温湿度变化的影响，以及与性质相抵触的物品相接触时，会引起爆炸、燃烧、人身中毒、灼伤等灾害事故。为此，危险商品的安全储存，必须做好以下三个方面的工作。

1. 妥善进行保管养护

危险商品库房应具有阴凉、干燥、通风的条件，并严格按照商品各自的性能及类别分专库存放。堆垛之间的主要通道要按防火规定留足距离。严格进行温湿度管理，易燃危险品的温度要严格控制在燃烧点以下；钠、钾、电石等遇水易燃物品要严格控制温度。此外，要按规定做好在库危险商品的检查。

2. 切实采取安全措施

危险商品入库，首先要注意不得将性质相抵和灭火方法不同的化学危险品同库存放，并注意各仓库不得超量储存。仓库要加强警卫，严格出入库制度。库区严禁烟火，杜绝一切可能发生火灾的因素。不准在库房内或露天垛附近进行试验、打包和其他可能引起火灾的操作。包装容器要严密、完整无损。放射性库房要坚固严密。仓库应当根据消防条例和危险品的性质，配备消防设备、灭火、防爆设备以及通信、报警装置等。

3. 严格遵守操作规范

危险品的搬运装卸要轻拿轻放，严禁震动、撞击、摩擦、翻滚、拖拉、重压或倾倒，以免发生燃爆、泄漏事故。在操作中，应按商品性质和操作要求，穿戴相应合适的防护服具，严防人体受到危险商品的毒害、腐蚀和辐射。

补充阅读

水果的气调保鲜技术

水果一直是最受人们欢迎的食品之一，由于其成熟季节性强，易腐难藏，很难满足人们每天获取新鲜、有营养的果品的要求。长期以来，人们一直为水果的保鲜做努力。目前对水果保鲜采用的技术主要是从三个方面进行调控：首先是控制其衰老进程，一般通过控制呼吸作用来实现；其次是控制微生物，主要通过控制腐败菌来实现；第三是控制内部水分蒸发，主要通过控制环境相对湿度和细胞间水分的结构来实现。其中较先进的保鲜技术主要有：临界低温高湿保鲜、细胞间水结构化气调保鲜、臭氧气调保鲜、低剂量辐射预处理保鲜、高压保鲜、基因工程保鲜、细胞膨压调控保鲜、涂膜保鲜、气调保鲜等。而气调保鲜技术是当今世界上最先进最有效的水果保鲜技术，发达国家已普遍运用。气调保鲜技术用于商业贮藏在国外已有几十年的发展史，某些发达国家已经基本普及使用气调库贮藏保鲜果蔬，平均贮藏比重达到果蔬产量的60%，新建果蔬保鲜库几乎都是气调库，原有的果蔬冷藏库也在陆续改造成气调库。

一般来说，果品采摘后，若不及时有效地进行处理就会严重影响其质量。采后在常温下存放一天，相当于在冷藏条件下贮藏20天的质量下降。在发达国家，水果采后基本上都能做到立即预冷，然后分级包装进入气调保鲜库或冷藏库贮藏，运输和销售也都采用冷链形式，这就极大限度地保持了果品质量，延长了果品的贮藏和销售期。气调保鲜技术在我国的应用发展缓慢而艰难，完全自主研制开发的大型气调库（万吨容量以上）几乎没有，已建成的气调保鲜库大多是国外引进或者是在主要设备引进基础上做配套改装。据不完全统计，我国商业系统拥有果蔬贮藏面积达200多万平方米，仓储能力达130多万吨，其中机械冷藏库70多万吨，普通库为60万吨，只有一定数量的机械气调库。目前，我国采用气调贮藏保鲜的果品有苹果、洋梨、山楂、葡萄、猕猴桃等，并确定了贮藏苹果、洋梨、山楂、葡萄、猕猴桃等果实的最佳气体比例和最适气调贮藏温度。如苹果为氧气2%～4%，二氧化碳3%～5%，贮藏期8个月，硬度保持在45kg/cm^{2}以上，损耗率在3%以内；洋梨为3%～5%氧气，3%～4%二氧化碳等。

气调储藏气密性要求高，气调保鲜库是在传统的冷藏库基础上发展起来的，它既有冷藏库具有的“冷藏”功能，又有冷藏库所没有的“调气”功能，但是气调库并非普通冷藏库与气调设备的简单叠加。为了使库内气体成分快速调节，就必须保证气调库具有良好的气密性；它要求库体墙壁四周、库门及所有进出管线连接处严格密封，尽可能减少库内外的气体交换。安全性要求：①低氧危险，气调库处于低氧环境，人不能随便进入正在工作的低氧气调库，以防出现危险；在气调库外部应贴有明显的注意和危险标记。当气调操作开始时应把门锁上。②高二氧化碳危险，在装有呼吸作用的水果蔬菜的催熟室或冷库中，如果通风不及时，水果产生的二氧化碳含量就会增加到危险的水平。③库体围护结构的安全，由于气调保鲜库对围护结构气密性要求较严，故在降温、调气过程中，随着库内温度、压力的变化，会使围护结构的两侧产生压力差，从而破坏气密层，甚至是围护结构发生胀裂或塌陷。为了平衡和减小库内外压差，气调库必须设有安全阀和气调袋。

我国气调贮藏发展缓慢的主要原因是，气调保鲜技术远比冷藏保鲜技术复杂得多，它是跨学科、多技术的运用与结合，我国气调保鲜在综合技术能力的运用方面还不够成熟；投资相对较大，气调保鲜库的造价高于冷藏库的造价，而我国大多气调库又是国外引进或在主要设备引进基础上做配套改装，价格更高；管理粗放造成运行成本较高；气调贮藏有一定的局限性，一些果蔬对低氧和高二氧化碳敏感，不适合气调贮藏。果蔬气调库用于商业贮藏在国外已有七十多年的历史，我国果蔬气调贮藏技术起步较晚，在商业上应用仅仅十几年。随着我国经济的发展，人们对果蔬质量要求的不断提高、果蔬出口数量的增加，果蔬气调贮藏保鲜产业将前景广阔。

（资料来源：黄敏. 2010. 水果的气调保鲜技术. 中国科技信息，24.）

小　　结

商品储存是指商品尚未进入消费领域之前，为实现销售目的所出现的暂时停滞。商品储存管理包括商品的入库、在库和出库管理，入库管理主要有商品的入库验收、分区分类管理和妥善堆码，在库管理最为重要的是仓库温湿度的控制和调节，出库管理必须贯彻“三先出”和“三不出”的原则。

商品在储存期间的质量变化多种多样，最常见的质量变化是霉变、锈蚀、虫蛀、老化和后熟等。这些变化既与商品的成分、结构及性质有关，也是外界温湿度、氧气、微生物等综合作用的结果，掌握商品储存期间的质量变化规律，就能进行合理的商品养护。

为了保证商品安全储存，保持商品质量，除做好商品的储存管理工作外，还必须掌握防霉腐、防虫害鼠咬、防锈蚀和防老化的养护技术与方法。

思考与练习

简答题

1. 简述商品储存的作用。

2. 如何存放各种危险品？
3. 存放商品时应如何防潮？
4. 商品养护的目的是什么？
5. 鲜活食品的保鲜方法有哪些？
6. 防止商品发生霉腐的措施有哪些？
7. 防止金属商品发生锈蚀的措施有哪些？
8. 何谓商品老化？老化的原因是什么？如何防治老化？
9. 何谓空气温度与湿度？测定温湿度常用哪些仪器？

实训题

调查1～2家仓库，分析仓库加强安全管理的措施。

【案例】

试分析表8.5中的商品在储存期间可能发生的质量变化原因，以及可采用的养护措施和技术方法等方面着手。

表8.5 商品存储适宜温湿度

商品	温度	相对湿度	商品	温度	相对湿度
棉织品	35℃以下	75%以下	粉笔	35℃以下	75%以下
毛织品	30℃以下	75%以下	电池	－10～25℃	75%以下
丝织品	35℃以下	75%以下	打火石	35℃以下	75%以下
麻织品	35℃以下	75%以下	火柴	30℃以下	75%以下
锦纶织品	35℃以下	80%以下	鞋油	25℃以下	70%～85%
涤纶织品	35℃以下	80%以下	肥皂	－5～30℃	60%～80%
腈纶织品	35℃以下	80%以下	洗衣粉	35℃以下	75%以下
氯纶织品	35℃以下	80%以下	牙粉	25℃以下	75%以下
毛皮	30℃以下	75%以下	牙膏	－5～30℃	80%以下
毛皮制品	30℃以下	75%以下	雪花膏	－5～30℃	60%～80%
皮革制品	30℃以下	75%以下	香脂	30℃以下	80%以下
乳胶制品	－10～25℃	80%以下	香水	20℃以下	70%～85%
橡胶制品	25℃以下	75%以下	花露水	20℃以下	70%～80%
人造革制品	－10～25℃	80%以下	香粉	25℃以下	75%以下
玻璃制品	35℃以下	80%以下	鱼肉罐头	－5～25℃	75%以下
搪瓷制品	35℃以下	60%～75%	青菜罐头	0～25℃	75%以下
竹木制品	30℃以下	75%以下	糖酱罐头	－10～25℃	75%以下
金属制品	35℃以下	75%以下	糖水罐头	－5～25℃	75%以下
纸制品	35℃以下	65%～80%	炼乳罐头	－5～15℃	75%以下

续表

商品	温度	相对湿度	商品	温度	相对湿度
糨糊	0～25℃	65%～80%	白酒	30℃以下	75%以下
墨汁	0～25℃	65%～80%	果酒	−5～20℃	75%以下
墨水	0～25℃	70%～80%	黄酒	−5～20℃	75%以下
修正液	20℃以下	70%～80%	卷烟	25℃以下	55%～70%
广告色	0～25℃	65%～80%	食糖	30℃以下	75%以下
广告粉	30℃以下	75%以下			

（资料来源：郑言，等．1984．商品养护学．北京：中国商业出版社．）

第九章　商品与环境

【主要概念】

清洁生产　绿色食品　生命周期管理

第一节　商品与环境保护

一、商品、人和环境

环境是指作用于人以外的所有外界因素的总和，即人类生存境况，包括社会环境（生活、生产、文化环境）和自然环境。自然环境是人类生存环境中的自然条件，主要因素有：阳光、大气、水域、岩石、土壤、草原、动植物、矿物等。在自然环境中，对人类有用的物质称为自然资源。自然资源按利用性质可分为三类：一是可持续利用的资源，如太阳能、风力、潮汐等，这种资源不会因人类利用而导致贮藏量减少；二是可更新资源，如森林、草地、土壤、水资源等，这种资源在一定条件下可以更新利用；三是不可更新资源，如煤、石油、天然气、矿石等，它们是在漫长的地质时期中形成的，随着人类的利用逐渐减少。自然环境按照组成可以分为大气圈、水圈、岩石圈、土壤圈和生物圈。人类和一切生物生活在地球表层，这个生物生存的地球表层称为生物圈。生物圈的范围包括了约11km厚度的地壳，约15km以内的大气层。在这个范围内有空气、水、土壤和岩石，它们为生命活动提供了必要的物质条件。生物和人类是地壳物质发展到一定阶段的产物，并且构成了不可分割的系统。这种生物群落（动物、植物、微生物）与其周围的无机环境构成的整体称为生态系统（或生态环境）。生态系统是生命界与非生命界之间相互关联所产生的一种稳定系统，并在漫长的发展过程中形成了一定的结构，建立了一定的动态平衡。物质和能量在这个系统中迁移、转化和循环。生态环境的组成如图9.1所示。

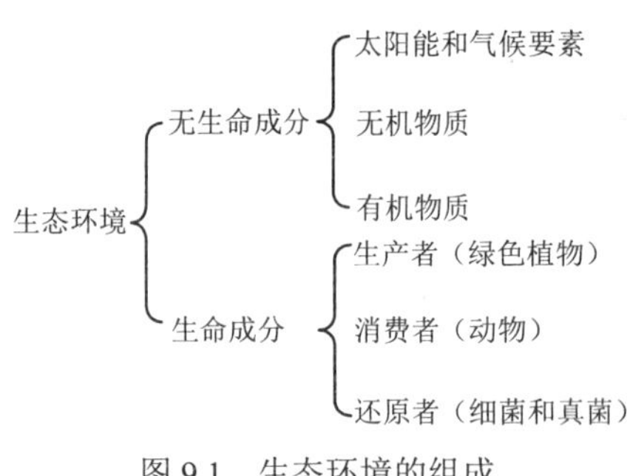

图9.1　生态环境的组成

如果生态平衡在人为外界压力下造成一定程度的破坏，就可能发生一系列灾难性的变化，使人类生活环境质量急剧恶化，如气候异常、水土流失、土壤沙化等。

最初人类生活在平衡的生态环境中，随着商品经济的出现，大量的自然资源被开发利用，生产了不计其数的商品，直接满足人类不断增长的物质和精神生活的需要。但是当人类的这种活动忽视了对自然环境合理的开发利用，在商品的生产和消费过程中产生了大量的破坏生态环境的因素时，就会造成自然生态平衡的失调，产生了与人类商品生产目的相悖的后果，反而降低了人类的生活质量。就像恩格斯所说的："我们不要过分陶醉于我们对自然界的胜利。对于每一次这样的胜利，自然界都报复了我们。"

近百年来，人类征服自然，发展商品经济达到了空前规模，同时对环境的影响也达到了一个新的水平。自然资源的日益减少和环境污染程度的急剧增加已经威胁到人类生存发展的物质基础和人类的自身健康。其严重程度已使有些人怀疑自然界能否继续维持有利于人类生存的平衡运转。人类目前面临的最大问题是：资源、环境、人口和发展。如何合理地处理它们之间的相互依存、相互影响的关系，求得适当、健全、符合生态条件的发展是当务之急。所以，必须综合考虑商品发展的社会效益、经济效益和环境效益，做到商品发展与人类发展、商品发展与环境保护、人和环境的最优结合。

二、商品与环境污染

环境污染是指某项活动或事物作用于环境，使环境产生对人类生存、发展不利的影响。这种由于人为或自然因素，使环境中本来组成成分、状态和环境因素发生了变化，扰乱并破坏了生态系统与人们的正常生活条件，对人体健康产生了直接或间接乃至潜在的影响，称为环境污染。具体地讲，自然环境污染是指有害物质对大气、水质、土壤和食物的污染，使环境免受破坏的措施和活动叫做环境保护。

总的来说，商品与环境污染问题可以分为以下几个方面。

1. 商品对社会环境的污染

商品属于人的社会环境中的生活环境范畴。商品丰富与否，商品数量、质量、品种是否能充分满足人和社会的要求，直接反映了人的生活质量。某些粗制滥造的伪劣商品，如掺杂假物、以次充好、假冒商标以假当真，都会损害消费者的利益，甚至威胁消费者的安全和健康，造成社会生活环境不良。某些有害社会公德的违禁商品，如有害于人们身心健康的音像制品、黄色书籍，会造成社会的精神污染。某些与国家政策不符的消费品，有碍于本国工业发展的进口商品，引导高消费、脱离本国人民消费水平的高档奢侈商品，会造成社会消费观念畸形发展，对社会环境产生危害作用。

此外，商品经济不发达，商品数量和品质不能达到应有要求，也是人们生活质量不高、社会生活环境不良的表现。

2. 商品发展对自然资源的破坏

地球上的自然资源是人类赖以生存、发展的物质基础。商品开发、经济发展都离不开自然资源。但是，近两个世纪以来，由于人类的粗暴掠夺和过量开采、捕杀，不仅使非再生资源日趋枯竭、匮乏，即使是再生资源，如水、空气、生物也早已打破了“取之不尽、用之不竭”的神话，呈现出日益短缺、供不应求以至危及人类正常生活的非常现象。

自然资源主要包括：土地资源、水资源、森林资源、草地资源、野生动植物资源和矿产资源等。发展商品生产如果不注意自然资源的保护及合理开发利用，就可能造成上述资源不可恢复性的破坏和减少。例如，土壤肥力下降，水资源告急，森林和草场毁灭，物种灭绝和能源危机等一系列问题。

3. 商品对自然环境的污染

自然环境被污染的原因可以分为三个方面，即化学的、物理的和生物的。化学原因是指某些有害的有机、无机化合物被引入环境，或由于化学反应而发生破坏作用。例如，商品生产和消费中排放出的有毒化学物质，如镉、汞、铅、砷、氰、酚、多氯联苯等。物理原因是指由粉尘、固体废弃物、放射线、噪声、废热等对环境的破坏。生物原因是指各种致病苗、有毒霉菌对环境的侵袭。在商品生产和使用、废弃过程中，可能对大气、水、土壤、食品及生物（包括人类）造成污染。

商品性环境污染源有：

1）商品生产中产生的工业性污染物。商品工业生产形成的“三废”（废水、废气、废渣）如果未经处理或处理不当就排放到环境中，可能造成空气、水域、土壤、食品等环境的污染。农业生产中大量使用农药，也可能造成农产品、畜产品及野生动植物农药残留的增加，并通过生物链汇集对人类形成危害。

2）商品流通中产生的商业性污染物。在商品流通中，易爆、易燃、危险品、化学品商品如果在商业储存中保管不当，或在运输中遭受意外事故，可能散失到空间、水域和陆地从而造成对环境的污染。

3）商品消费中产生的生活性污染物。商品废弃物、垃圾、包装废弃物、粪便、生活污水、洗涤污水等处理不当可以造成对环境的污染，甚至可能引起疾病的传播和流行。

4. 商品对生态环境的污染

自然环境中的各种生态系统对某些外来化学物质有一定的自净能力；可形成良性循环。当少量商品污染物进入环境时，不致发生较明显的影响。但当污染物数量超过一定限度（仍然是微量的），就会发生生态系统的恶性循环，导致生态平衡失调，如食物链中断，物种毁灭、气候异常。这种污染的危害需要很长时间才能表现出来，其后果往往是灾难性的，而且防治措施在短期内也难以奏效。

5. 自然环境对食品商品的污染

商品对自然环境的污染主要指非食品商品（工业品商品），而自然环境对商品的污染主要指食品商品的污染。

食品是人们日常生活中不可缺少的米面、食油、蔬菜、水果，肉类、蛋类、禽类、水产品、糖、食盐、调味品、乳品、糕点、茶叶、酒、冷饮、豆制品、罐头、烟类等。

食品和空气、水、土壤共同组成了人类的生活环境，其质量好坏、被污染程度高低直接影响人类身体健康。食品是人和动物赖以生存的必需物质，其主要作用有：①起到供给热能和各种营养素的作用；②起到构成组织机体，维持新陈代谢的作用；③起到调节各种生理功能的作用；④起到促进生长发育的作用；⑤起到预防某些疾病的作用。食品污染是食品在生产、加工、运输、贮藏、销售、烹调等各个环节中，混入了有害于人体健康的微生物或化学毒物。食品按其受污染性质的不同可分为两类，一是生物性污染，二是化学性污染。

三、商品对空气的污染及其防治

1. 空气污染

空气是人类及生物生存的重要外部环境因素。各种机体从空气中吸入生命活动所需的氧气，在代谢过程中排出二氧化碳，以维持生命活动。空气是否清洁和有无毒害成分，对人体健康有很大影响。同时，大气是各种气候现象的活动场所，气候的正常与否受大气污染程度的制约。所以，空气的质量和大气环境的变迁直接影响人类的生存和发展。

在正常情况下，大气是清洁的。然而人类不断从事商品生产的活动，特别是现代工业的发展，向大气中排放各种物质，使大气增加新的成分，超过了环境所能允许的极限。大气中一些物质的含量超过正常的含量，从而对人体、动植物和其他物体产生不良影响的大气状况即是大气污染。污染物质危害较大的是煤粉尘、二氧化硫、一氧化碳、二氧化氮、氟和氟化氢、碳化氢、硫化氢、氨和氯等。

世界每年排入大气中的污染物约 6×10^8t。大气污染源主要有两大类：自然污染源，如火山灰、沙尘等；人工污染源，如工业废气、饮食和取暖设备排气、汽车尾气等。

大气污染到现在主要经历了三个时期：工业化初期至 20 世纪 50 年代，主要是粉尘污染，代表事件是 1952 年伦敦黑雾事件，煤粉尘和 SO_2 烟雾笼罩伦敦 5

天，造成 4 000 余人死亡；20 世纪 60 年代石油取代煤炭，主要是二氧化硫污染，代表事件是日本的四曰市发生 500 余人二氧化硫中毒，这就是“四曰病”；20 世纪 70 年代由于以汽车为主的交通事业发展，主要是汽车尾气污染，代表事件是美国洛杉矶事件，该市曾因汽车排出毒气致使 400 多人死亡。

2. 与商品有关的空气污染问题

（1）商品生产过程中的空气污染

商品生产过程中的各种工业企业是大气污染的重要来源。从原料进厂到成品出厂都可能排出有害物质和气体，造成空气污染。这些有害物质和气体的产生，取决于生产中所用原料的利用方式和技术加工过程。此外，工业生产所需的能源工业和原材料工业也是造成空气污染的重要来源，如表 9.1 所示。

表 9.1　各种工业企业排出的主要空气污染

工业部门	企业名称	排出的主要空气污染物
电力	火力发电厂	烟尘、二氧化硫、二氧化碳、氮氧化物、多环烃、五氧化二钒
冶金	钢铁厂	烟尘、二氧化硫、二氧化碳、氧化铁粉尘、锰、氧化钙粉尘
	焦化厂	烟尘、二氧化硫、一氧化碳、酚、苯、萘、硫化氢、烃类
	有色金属冶炼厂	烟尘（含有各种金属，如铅、锌、镉、铜等）二氧化硫、汞蒸汽
化工	石油化工厂	二氧化硫、硫化氢、氰化物、烃类、氮氧化物、氯化物
	氮肥厂	氮氧化物、一氧化碳、硫酸气溶胶、氨、烟尘
	磷肥厂	烟尘、氟化氢、硫酸气溶胶
	硫酸厂	二氧化硫、氮氧化物、砷、硫酸气溶胶
	氯碱厂	氯化氢、氯气
	化学纤维厂	硫化氢、二硫化碳、甲醇、丙酮、氨、烟尘、二氯甲烷
	合成橡胶厂	丁间二烯、苯乙烯、乙烯、异戊二烯、二氯乙烷、二氯乙醚、乙硫醇、氯代甲烷
	农药厂	砷、汞、氯
	冰晶石厂	氟化氢
轻工	造纸厂	烟尘、硫化氢、硫醇、臭气
	仪器仪表厂	汞、氰化物、铬酸
	灯泡厂	汞、烟尘

续表

工业部门	企业名称	排出的主要空气污染物
机械	机械加工厂	烟尘
建材	水泥厂	水泥尘、烟尘

大气污染所造成的后果是十分严重的。首先是引起全球气候的异常变化，导致生态环境破坏。大气中 CO_2 含量增加，引起气温升高，形成所谓“温室效应”。近 100 年来，地球年平均气温上升了 0.3～0.7℃。地球升温的结果使气候异常，海平面上升了 10～23cm，土地淹没、土壤盐碱化。其次，大气中 SO_2 和 NO_2 的增加可以与大气中的水形成硫酸与硝酸，并以酸雨和酸雾的形式毁灭森林资源和农作物，并可直接对人造成伤害。再有，各种有毒的气体可以引起人体急性中毒和慢性中毒，引起呼吸道疾病和癌症。

防止商品工业污染的办法很多，主要有：以合理的工业布局来减少对城市的污染；绿化造林，利用植物吸附有毒物质和净化空气；改善燃料种类，使用无污染能源；改进生产工艺、取代有害物质；综合利用、变废为宝、化害为利是防治空气污染的最积极的有效措施。实践证明：废和宝是对立的统一，弃之为废，用之为宝。例如，石油化工业在生产石化商品的过程中，产生的二氧化碳和含氨废水经过处理，可以制成硫酸氢铵化肥。

（2）机动车的空气污染

城市大气污染的一个主要来源是汽车排出的废气中含有大量的有害气体和物质，例如，一氧化碳、碳氢化合物、氮氧化合物、二氧化硫、微粒如铅化物、碳烟、油雾等。汽车废气中碳氢化合物和氮氧化合物经过太阳紫外线照射而形成二次污染物，即光化学烟雾。这种浅蓝色的烟雾生成机理很复杂，含有 NO、NO_2、臭氧、过氧乙酰硝酸酯、醛，酮等物质。可以使人患红眼病，刺激呼吸系统，诱发癌症。长期吸入氧化剂会加速人的衰老。汽车废气中的四乙基铅和四甲基铅，对人体中枢神经系统有显著作用。一氧化碳与人体红血球中的血红蛋白有很强的亲和力，使血液的输氧功能下降，由于人体缺氧，导致中毒甚至出现死亡现象。

（3）电冰箱的空气污染

制冷工业、家庭用电冰箱和泡沫塑料工业、气溶胶生产都广泛使用氯氟烃化学品。电冰箱制冷剂——氟利昂在冰箱损坏时，就会释放进入大气。在平流层中的臭氧层空间释放出氯，只要有一个氯原子就可以破坏 10 万个臭氧分子。而氯氟化碳在大气层中的寿命为 75～100 年。现在南极上空已经发现有臭氧空洞。臭氧保护伞的破坏使阳光紫外线辐射强度增加，引起人出现皮肤癌，人体免疫功能下降，气温升高，南极冰层溶化，海平面升高等一系列不好现象发生。

（4）商品造成的室内空气污染

室内吸烟是造成室内空气污染的重要来源，吸烟产生的烟雾中含有大量的氮氧化合物、苯并（a）芘、尼古丁和假木贼碱等都有致癌、致病的作用。厨房内中国式的烹饪方法如油炸、爆炒、熏烤等也会产生氮氧化合物、醛类等有害物质，并能刺激呼吸系统和眼睛。此外，室内所用的绝缘材料，装潢所用的油漆涂料、粘合剂，塑料制品中的添加剂（如增塑剂中的邻苯二甲酸酯），织物中的纤维助剂（如整理剂甲醛），合成材料中的有毒单体（如聚氯乙烯中的氯乙烯），都会挥发出有毒成分，造成室内空气污染。清洁剂、除臭剂、杀虫剂等日化商品也是室内空气中有机蒸气的主要来源，这些物质也可造成慢性中毒的可能性。

四、商品对水体的污染及防治

1. 商品对水体的污染

水是一种极为重要的物质，在自然环境中具有决定性的意义。不仅一切形式的生命需要水，而且大量的物理、化学作用也需水参加。可以说没有水就没有生命，水是自然资源的重要组成部分，也是人类宝贵的天然财富。“水体”系指河流、湖泊、沼泽、水库、地下水、冰川、海洋等地表贮存水的总称。把水体当作一个完整的生态系统来看，水体系统还包括其中的悬浮物质、溶解物质、底泥和水生生物。

海洋、河流、湖泊等地上水、地下水、大气水、土壤水和生物水形成紧密联系、相互作用、又不断相互交换的水圈。在太阳能量的推动下，海洋、陆地的水蒸发、凝结、交换、流动，在较长的时间里水量保持着动态平衡，这就是通称的“水资源”。水资源是世界上分布最广，数量最多的资源，覆盖地球表面的70%以上的面积，也是人类开发利用最多的资源。全世界年用水量达到了万亿吨，包括工业用水、农业用水、生活用水、环境用水。人类总是向有水的地方聚集，经济活动区也都是在有大江大河的平原地带率先发展起来的。水的可利用资源是有限的，而人口增长和经济发展使水资源的供需矛盾逐渐增加。保护水资源，合理利用有限的水资源，最大限度地造福于人类已成为当前带有世界性的突出课题。

水体污染是指进入水体的污染物含量超过了水体的自然净化能力，使水质变坏，水的利用受到影响的现象。根据水的不同用途，对水质的要求也不同。以饮用水的水质卫生要求为例，应达到一定的标准。水体的人为污染主要有三个方面：工业废水、生活污水和农业废水。污染物主要分为化学性污染和生物性污染两大类。

（1）化学性污染物

1）有机有毒物质，包括有机氯、多氯联苯、芳香族氨基化合物等。

2）无机有毒物质，包括重金属、氰化物、氟化物等。

3）耗氧有机物，包括人体排泄物、垃圾、纤维、有机酸、蛋白质、木质素、有机氮等。

4）无机污染物，如酸、碱、无机盐等。

5）放射性污染物和热污染等。

（2）生物性污染物

1）污染有病原菌的粪便、垃圾和生活污水。

2）被未经无害化处理的医院废水污染。

3）被含有病原菌的生物制品生产废水污染。

表 9.2 为某些有毒物质的主要污染源。

表 9.2　某些有毒物质的主要污染源

污染物质	主要污染源
汞及其化合物	冶炼厂、氯碱厂、农药厂、造纸厂、仪表厂
砷及其化合物	金属矿山、化工厂、染料厂、磷肥厂、农药厂、焦化厂
镉	锌矿、有色金属冶炼厂、电镀厂、颜料塑料厂
铅	颜料厂、涂料厂、蓄电池厂、金属矿山、汽油防振剂生产厂
铬	电镀厂、皮革厂、颜料厂、冶炼厂
铜	金属矿山、有色金属冶炼厂、铜氨法人造纤维制造厂
锌	金属矿山、电镀厂、粘胶纤维制造厂、合成橡胶厂
氰化物	焦化厂、煤气厂、炼油厂、丙烯腈合成厂、有机玻璃厂、化肥厂
氟化物	磷肥厂、电解铝厂、含氟塑料厂、氟化氢制造厂
有机氯化合物	农药厂
多氯联苯	多氯联苯生产厂、电器厂、塑料树脂厂
硝基苯类化合物	染料厂、医药厂、炸药厂、农药厂
苯胺	苯胺厂、染料厂、制药厂
酚	焦化厂、炼油厂、钢铁厂、木材防腐厂
致癌物质	含焦油废水
放射性物质	原子能发电、生产和使用放射性物质的机构
病原微生物	制革厂、洗毛厂、屠宰场等

2. 商品消费中的水体污染

这方面的生活污水中，由洗涤剂引起的问题最为突出。合成洗涤剂的大量使用，并以生活污水形式排放到环境中去。合成洗涤剂主要由表面活性物质和洗涤助剂组成。表面活性剂是一种带有亲水基和亲油基能够降低表面张力的物质，它在合成洗涤剂中含量占 20%～30%，大量使用的是阴离子型的烷基苯磺酸钠。早期使用的是支链型的烷基苯磺酸钠（ABC），这种表面活性剂的发泡力很强，即使是 lppm 的溶液也能发泡。由于烷基上分支多，在自然环境中生物降解困难，使河道泡沫泛滥，影响航运，危害鱼类，影响水稻生长。目前改用直链型烷基苯磺酸钠（LBS），生物降解快，发泡污染易消失，对鱼类的危害作用减轻，洗涤剂引起的泡沫污染问题基本可以解决。

合成洗涤剂的主要助剂是三聚磷酸钠，它是一种性能优良的洗涤助剂，可以起到抗硬水和提高去污能力的作用。磷酸盐也可作为植物和藻类的营养物质，排放到湖泊、水库、内海等水流缓慢的水体中，使水中的浮游生物和水生植物大量繁殖，这种现象称为富营养化。三聚磷酸钠的用量在合成洗涤剂中占到 30%～50%，天然水体中总磷酸盐量的 16%～35%来自洗涤剂。在富营养化的水体中，由于藻类大量出现，可在表面水层形成一片“水花”，内海水面往往带有红褐色，又称“红潮”。富营养化水体的水质不断恶化，此种藻类往往带有恶臭，有的还能在代谢过程中产生有毒物质。在这种污染下，鱼类丧失了生存空间，窒息而亡。美国的伊利湖就是典型的富营养湖，据说恢复该湖青春需要 100 年。日本濑户内海是红潮频繁发生的海区。所以，为防止此种水体污染最有效的方法是找到一种不含三聚磷酸钠的取代物。这种取代物必须具有聚磷酸盐的洗涤功能，又不会造成江河湖海的富营养化污染。现在较有前途的一种代用品是沸石。

补充阅读 9.1

碳排放与温室效应

全球变暖的主要原因是人类在近一个世纪以来大量使用矿物燃料（如煤、石油等），排放出大量的 CO_2 等多种温室气体。由于这些温室气体对来自太阳辐射的可见光具有高度的透过性，而对地球反射出来的长波辐射具有高度的吸收性，也就是常说的“温室效应”，导致全球气候变暖。全球变暖的后果，会使全球降水量重新分配，冰川和冻土消融，海平面上升等，既危害自然生态系统的平衡，更威胁人类的食物供应和居住环境。

碳排放交易的经济原理：根据经济学家提出的理论，对碳排放征收排放税，并且将碳排放量配额作为一种可交易的商品。很明显，这是一个理想的解决办法，原因很简单：排放到大气中的二氧化碳对地球上的每个人来说都是有害的。对于那些造成危害的人们，就应该征收与其所造成的损失等值的税金，以作为补偿和惩罚。采取这种办法，对于那些只顾排放而不顾其危害的人们来说，他们排放多少，就要交多少税金。而对于那些关注排放所带来的危害的人们来说，他们将会减少排放量，以减少所要支付的税金。这样，只要采取了这样一种税收措施，排放者为了保证其收益，就会减少二氧化碳排放量，其所带来的危害也会随之减少。碳配额交易就是一些低碳排放量者向碳排放量配额不足者出售自己的配额，以降低高碳排放量者的减排成本。

碳排放交易是用经济手段推动环保的国际通行办法，是清洁发展机制（Clean Development Mechanism，CDM）的核心内容。1997 年开始接受签署的《京都议定书》（Kyoto Protocol），《联合国气候变化框架公约》下的重要议定书，是碳排放全球交易的政策驱动力。根据《京都议定书》的约定，“发达国家”（developed country）有已经核准的2008～2012年温室气体排放量上限；同时，至2012年，温室气体平均排放量必须比1990年的水平低5.2%。为减少“全球蔓延”的温室气体，《京都议定书》同时规定，协议国家（现有169个国家）承诺在一定时期内实现一定的碳排放减排目标，各国可将自己的减排目标分配给国内不同的企业。当某国不能按期实现减排目标时，可以从拥有超额配额（或排放许可证，英文简称CER）的国家（主要是发展中国家）购买一定数量的配额（或排放许可证）以完成自己的减排目标。同样的，在一国内部，不能按期实现减排目标的企业也可以从拥有超额配额（或排放许可证）的企业那里购买一定数量的配额（或排放许可证）以完成自己的减排目标，CDM便因此形成，碳排放形成“大宗商品交易”的国际市场。受《京都议定书》的政策牵引，英国早在2002年即启动自愿排放贸易计划（UKETS），31个团体根据1998～2000年基线自愿性设定排放减量目标，包括了6种温室气体。2005年，欧盟温室气体排放交易体系（EUETS）启动，该体系覆盖欧盟25个成员国，包括近12 000个燃烧过程排放二氧化碳的工业实体，遂使欧盟成为世界上最大的碳排放交易市场。伦敦金融城则是欧洲碳排放交易市场的中心。2006年，其碳排放交易额超过200亿欧元，历年来呈现翻番增长趋势。“走在环保问题的前列，已经为金融城带来了切实利益。”伦敦金融城当局（City Corporation）政策与资源委员会主席迈克尔·斯奈德（Michael Snyder）如此评价金融城的碳排放交易。美国目前尚未加入签署《京都议定书》，其制定了“10年内减少20%的汽油用量”的发展减排计划。2003年建立的芝加哥气候交易所是全球首个以温室气体减排为目标和贸易内容的专业市场平台，其包括了二氧化碳、甲烷、氧化亚氮、氢氟碳化物、全氧化物、六氟化硫等6种温室气体的排放交易，会员200余个，这足以使其成为碳排放交易的美洲中心。

（资料来源：李鹏．2007-4-11．碳排放交易：如何进入中国市场．中国经济时报，第002版．）

第二节　环境管理体系标准

一、环境管理体系产生的背景介绍

20世纪60年代以来，各国越来越重视环境对经济发展和人类生活的影响。由于在经济发展过程中不重视保护环境，导致温室效应、臭氧层被破坏、土壤恶化、水污染、酸雨现象、城市空气污染等问题日益严重，不仅使人类赖以生存的环境受到严重破坏，而且反过来又制约了经济发展和生活质量的提高。因此，保护环境、实施可持续发展战略已成为全球性的重大问题。

国际标准化组织（ISO）意识到标准化工作在环境保护方面的责任和作用。为响应联合国环境与发展大会提出的“可持续发展”目的，协调、统一各国环境管理标准，加强国际合作与交流，减少世界贸易中的非关税壁垒，继 1992 年成立“环境问题特别咨询组（ISO/SAGE）”之后，ISO 于 1993 年 10 月又成立了 ISO/TC207“环境管理标准化技术委员会”，正式开展环境管理领域的标准化工作，预计将有 100 多个标准，代号为 ISO14000 系列。第一批五个标准于 1996 年 10 月正式发布，它们是环境管理系列标准中最基础、最重要的标准。ISO14000 环境管理系列标准是 ISO 继 1987 年正式推出 ISO9000 质量管理和质量保证系列标准后推出的又一套综合性管理标准，同样体现了“全面管理，预防为主”的思想。

1. 可持续发展的内涵

可持续发展强调环境与经济协调发展，追求人与自然的和谐，即经济发展应建立在生态持续能力上并保证环境不对后代人的生存和发展构成威胁。

可持续发展的核心内容有以下特点。

（1）比以往更强调环境保护与经济发展的相互依赖性

现代文明的发展越来越依靠环境与资源基础的支撑，但随着环境的恶化和资源耗竭，这种支撑已越来越薄弱和有限。因此，经济越发展，越需要加强环境与资源保护，以期获得长期持久的支撑能力。这是可持续发展区别于传统发展的重要标志。

（2）必须改变传统的生产与生活方式

依赖高消耗、高投入、高污染和高消费带动和刺激经济高速增长的经济发展模式必须转变为依靠科技进步和提高劳动者素质来促进经济增长的新模式，才能不断开发新能源和先进生产技术，降低单位产品的能耗和物耗，实现少投入多产出，减少经济发展对资源和能源的依赖，减轻对环境的压力。

2. 环境领域的新发展

最近 20 年，尤其是 1992 年环境与发展大会之后，是环境保护发展最为迅速的时期。各类环境保护组织积极参与国际事务，开展宣传活动。国际知名的“绿色和平组织”不仅在世界各地设立了机构，而且开展了一系列诸如反核示威、保护鲸类和其他物种的活动。“绿色”成为世界的流行色。

企业为适应这种发展，纷纷采用绿色做产品包装，用绿色书写企业名称与品牌，开发绿色产品、从事生态设计等，将环保作为宣传企业形象和加强市场竞争的重点。各跨国集团和民间组织也开始使用各种声明或标志来传达产品的环境信息，运用产品生命周期分析方法来比较产品的环境性能，推广清洁生产技术，以此建立企业的环境管理体系，改善企业的环境行为。这些都是 ISO14000 环境管理系列标准形成的基础。

（1）环境标志

原联邦德国是世界上第一个推行环境标志的国家。1979 年 5 月首批 48 个产品得到了环境标志。随后 10 年发展较慢。20 世纪 80 年代后期又呈现出极快的发展趋势。1990 年德国在 64 个产品类别中对 3600 个产品授予了环境标志。90 年代实施环境标志的国家已发展到 22 个，包括日本、加拿大、挪威、荷兰、新西兰、新加坡等。

环境标志是对产品环境性能的公正鉴定，也是该产品环境性能优于其他同类产品的证明。环境标志依据以下指标评定：①产品的安全、质量、能耗等产品性能指标；②企业生产现场环境状况、污染物排放要求；③生产指标及产品的特殊环境要求（如产品的可降解性）等。

环境标志产品本身是相对的。授予标志的产品数量一般控制在同类产品市场占有率的 10%～20%，否则应进一步提高标准，不断改进，促进产品开发。

环境标志的认证方法包含了生命周期分析的思想，要求全面考查和检验产品各生命阶段的环境问题。

（2）清洁生产（污染预防）

清洁生产，即采用清洁能源、原材料、清洁工艺及无污染或少污染的生产方式，科学严格的管理措施，生产清洁产品。它产生于 20 世纪 70 年代并在工业领域得到广泛应用。清洁生产的目标是节省能源、降低原材料消耗、减少污染物的产生和排放。清洁生产的基本手段是改进工艺技术，强化企业管理，最大限度地提高资源利用水平；清洁生产的主要方法是排污审计和项目改造，通过审计发现排污部位、排污原因，筛选消除或减少污染物的措施。清洁生产的终极目的是保护人类与环境，提高企业的经济效益。

具体而言，清洁生产通过循环使用和重复利用，使原材料最大限度地转化为产品，把污染消灭在生产过程中；通过改进设备、改变燃烧方式，提高能源利用率，减少污染物的产生和排放，不但削减了污染的源头，也减少了末端治理和二次治理的费用。

（3）产品生命周期分析

产品生命周期是指一种产品从原材料采掘、生产、加工制造、运输、分配、营销、使用（回用）、再循环到最终处置的全过程。

生命周期评估是考查产品各生命阶段、各种环境干预下产生的环境效应，比较这些效应的优劣，从而为产品开发、生产改造提供信息支持。

生命周期分析（LCA）最早可以追溯到 1969 年美国可口可乐公司对其饮料容器开展的包装材料和容器形状的比较研究。LCA 与社会经济分析结合在一起可用于产品的开发、设计、采购、环境标志等一系列重要的工业决策。1991 年 12 月在荷兰的莱顿市举办了第一次 LCA 国际研讨会。随后的两年中，瑞典、美国及日本都有这方面专著出版。美国环保局专门发布了工业企业指南，推广 LCA 方法。一些研究机构相继开发了多种 LCA 工具软件，不少大型跨国集团公司如 AT&T

等正在逐步完善和丰富其 LCA 数据库系统。

（4）环境审核

最早的环境审核来源于政府与企业在执法要求方面的矛盾。美国私营企业为保护自己的合法权益，通过审核加强企业执法管理，这种审核主要是衡量企业对各种环境法规的符合程度，也是处理非法活动罚款和赔偿的依据，称之为符合性审核。由于其数据会作为公正客观的证据在法庭上使用，不少企业专门聘请政府指定的独立审核机构进行审核，这也奠定了第三方审核认证的基础。

符合性审核后来向应负责任审核转变，一方面确定污染来源的最终责任者及买卖活动中的环境风险和责任，也为银行业、保险业提供环境污染风险的资料，许多企业集团在商业决策前大量采用应负责任审核。

另外，环境审核中还包括了许多技术性审核和清洁生产审核，可以帮助企业发现环境污染控制点和技术改进点，运用投入产出分析和水平对比提出从源头削减污染的方案。

环境管理体系审核以组织的环境管理为对象，以各国颁布的环境管理体系标准为依据，审查组织的环境管理与标准的符合程度。这种审核虽然出现较晚，但发展迅速，影响面广。最先推出的环境管理国家标准是 1992 年发布的根据 BS7750 及 ISO9000 质量管理体系标准制定的英国国家标准（BS7750），1994 年进行了修订再版。欧盟 1993 年 7 月正式通过了《生态管理和审核法规》（EMAS），1994 年 4 月生效，主要目标是改善企业的环境行为，向社会提供环境行为的证明。随后法国、爱尔兰、澳大利亚、新西兰等国也相继颁布了自己的环境管理体系标准。

1987 年成功制定质量管理体系标准（ISO9000）的国际标准化组织，很早就开始酝酿制定颁布一套环境管理体系标准，特别是 1992 年环境与发展大会之后这种要求更加强烈，于是，1993 年开始着手环境管理系列标准的制订工作。

纵观最近 20 多年环境保护的发展，可以看到“环境保护”向更深、更广的范围发展，环境的概念也从水、空气、土壤等自然界扩展到人类、野生生物乃至整个全球。在技术上，环境保护已由末端治理的全过程控制向污染预防转移，从单纯的治理向生产工艺渗透。

ISO14000 系列标准是近 20 年来环境保护思想、管理手段不断发展和完善的结晶，体现了环境领域的最新发展，合乎国际环境保护可持续发展战略。

二、ISO14000 系列标准的构成情况

1. ISO14000 系列标准的基本结构

环境管理标准体系由 6 个子系统组成。

按标准性质可将 6 个子系统分为三个类别。

1）基本标准子系统——术语标准。

2）基本标准子系统——环境管理体系、规范、原理、应用指南。

3）支持技术（工具）子系统（共 4 个）。①环境审核和环境监测。②环境标志。③环境表现评价。④生命周期评定。

按标准的功能可将 6 个子系统分为两个类别。

1）评价组织。①环境管理体系。②环境行为评价。③环境审核和环境监测。

2）评价产品。①生命周期评估。②环境标志。③产品标准中的环境因素。

目前国际标准化组织主要按标准性质分类来制定 ISO14000 系列标准。上面所述的各标准之间的关系如图 9.2 所示。

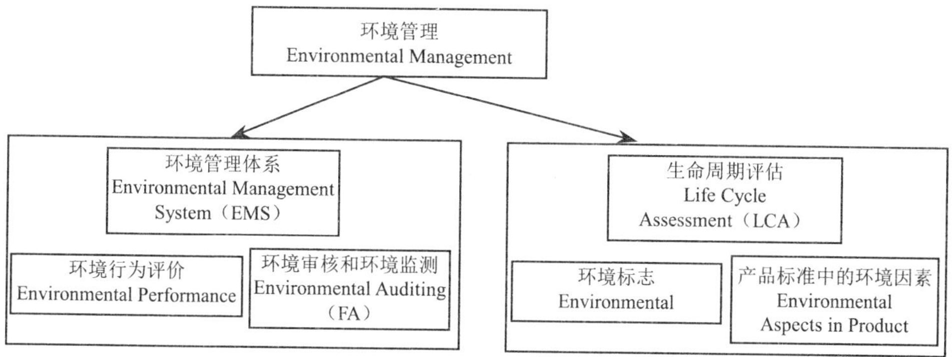

图 9.2　ISO14000 系列标准间的关系

2. 环境管理体系要素和运行

按照 ISO14000 系列标准要求建立的环境管理体系由环境方针，环境计划，实施、运行，检查和纠正措施，管理评审 5 个一级要素组成，具体描述了环境管理体系建立及通过有计划地评审和持续改进，螺旋上升循环，保持体系不断完善和提高的过程。

三、ISO14000 与 ISO9000 的关系

国际标准化组织从 20 世纪 80 年代初着手准备制定三套管理标准：一是质量管理和质量保证系列标准，标准编号在 ISO9000 区间内；二是环境管理体系系列标准，标准编号在 ISO14000 区间内；三是职业安全与卫生管理体系系列标准，目前正在讨论，尚无实质性进展。

制定任何标准都是为了适应科学技术和社会经济的发展。ISO9000 和 ISO14000 系列标准使质量管理及环境管理活动标准化、国际化，这既是现代科学和生产技术发展的必然结果，也是国际贸易中消除技术壁垒的有效手段。

1. 标准的不同点

（1）产生背景的差异

ISO9000 系列标准提供了组织活动、产品生产和服务过程的质量保证要求。

20 世纪 80 年代以来，一些国家利用各自的技术法规、标准和合格评定程序的差异构筑了贸易技术壁垒，为此关贸总协定东京回合通过了《世界贸易组织贸易技术壁垒协议》（GATT/TBT），要求缔约国积极使用国际标准作为克服贸易技术壁垒的有效手段。为响应 GATT/TBT，国际标准化组织发布了 ISO9000 质量管理和质量保证系列标准，一方面帮助企业建立质量管理和质量保证体系，也使各国的质量管理和质量保证活动统一在国际标准化基础上。1987 年 ISO9000 系列标准发布以来在国际上引起很大的反响，并得到了世界各国业界的普遍承认。

ISO14000 系列标准针对组织活动、产品生产和服务过程中的环境问题，提出了控制环境影响、改善环境行为的基本要求，ISO14000 是国际标准化组织响应全球环境运动而采取的标准化行动。

（2）服务对象不同

ISO9000 系列标准的服务对象是组织，以其产品和服务质量是否满足市场期望和顾客需求来证实自己的质量保证能力。ISO14000 系列标准服务于职工、顾客、政府、合同方、社区等利益相关方的需要，内容侧重于组织活动、产品生产和服务过程对环境的影响是否满足经济增长、人类可持续发展等社会需求，向社会及各相关方提供遵守环境法律法规及污染预防的承诺来证实自己不断改善环境的行为。

（3）技术要求背景不同

不同的组织活动、产品和服务有不同的质量保证技术标准，ISO9000 标准中没有提供共同的质量评价技术准则。ISO14000 系列标准针对组织活动、产品和服务过程中的环境问题，不管组织性质和规模有何差异，评价准则都是统一的，要求有相同的环境技术背景。ISO14001 标准条款中明确提出：组织在建立环境管理体系时，要对环境保护法律法规及其他要求作出承诺，核心是排放物及所造成的环境影响符合各国的环境法规和技术标准。

（4）政府的作用不同

ISO9000 是满足顾客需要的市场行为。ISO14000 涉及遵守环境法律法规的承诺及满足社会对环境保护和污染预防的需要。因此，政府在实施 ISO14000 标准中起着不可替代的作用，是重要的利益相关方。不少国家在引进和实施 ISO14000 环境管理体系标准时都考虑了与本国环境保护执法工作的联系，有的国家甚至酝酿将 ISO14000 的一些要素变为若干行业的强制性要求。

2. 标准的相似点

ISO14001 标准的引言中指出："本标准与 ISO9000 系列质量标准遵守共同的管理体系原则，组织可选取一个与 ISO9000 系列相关的现行管理体系作为其环境管理体系的基础。"但管理体系会因要素、目的、相关方不同而有内涵的差异。质量管理体系是针对顾客的需要，而环境管理体系是针对众多相关方的需要和社会对环境保护的需要。

总结两套标准有以下相似点。

1）ISO9000 和 ISO14000 系列标准有相同的管理思想，都强调组织应通过实施标准，建立一套完整有效的文件化管理体系来规范质量行为和环境行为，通过管理体系的运行和改进，对组织活动过程及服务进行控制和优化，达到节约资源、减少污染或改进质量的预期目的。

2）ISO9000 和 ISO14000 系列标准运行模式都是遵循"规划（策划）—实施—验证—改进"螺旋式上升的 PDCA 管理模式，如图 9.3 所示。

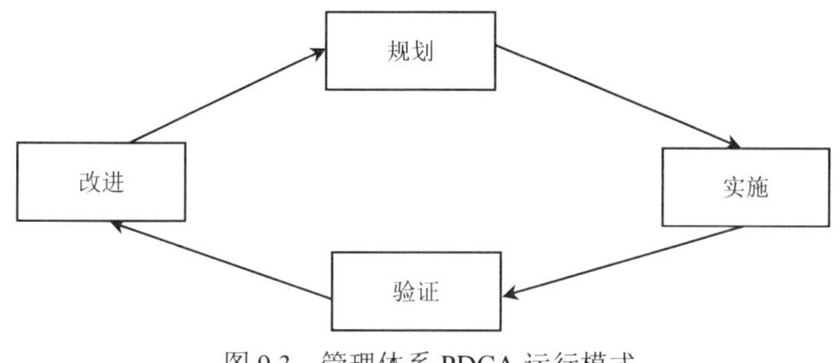

图 9.3　管理体系 PDCA 运行模式

3）ISO9000 和 ISO14000 系列标准中的质量管理和环境管理都是组织全面管理的一部分。两套标准都强调管理体系不必独立于现行的全面管理，而是要把质量保证或环境管理体系和组织原有的全面管理有机地融合为一个整体，这就需要在组织的全面管理机构设置中，分别按质量保证和环境管理体系的要求，明确职责，制定相应的文件化管理程序，加强预防和审核。

四、ISO14000 的内容及特点

1. 标准结构

ISO14000 环境管理体系规范及使用指南由环境方针、规划、实施与运行、检查与纠正措施、管理评审五个一级要素组成，每个一级要素又分成若干个小要素，共同构成了建立环境管理体系的基本要求。标准内容如下（按标准编序）：

4.1　总要求

4.2　环境方针

4.3　规划（策划）

　4.3.1　环境因素

　4.3.2　法律与其他要求

　4.3.3　目标和指标

　4.3.4　环境管理方案

4.4　实施与运行

4.4.1　机构和职责
4.4.2　培训、意识和能力
4.4.3　信息交流
4.4.4　环境管理体系文件编制
4.4.5　文件管理
4.4.6　运行控制
4.4.7　应急准备和响应
4.5　检查和纠正措施
4.5.1　监测
4.5.2　违章、纠正与预防措施
4.5.3　记录
4.5.4　环境管理体系审核
4.6　管理评审

标准要求的逻辑框图如图 9.4 所示。

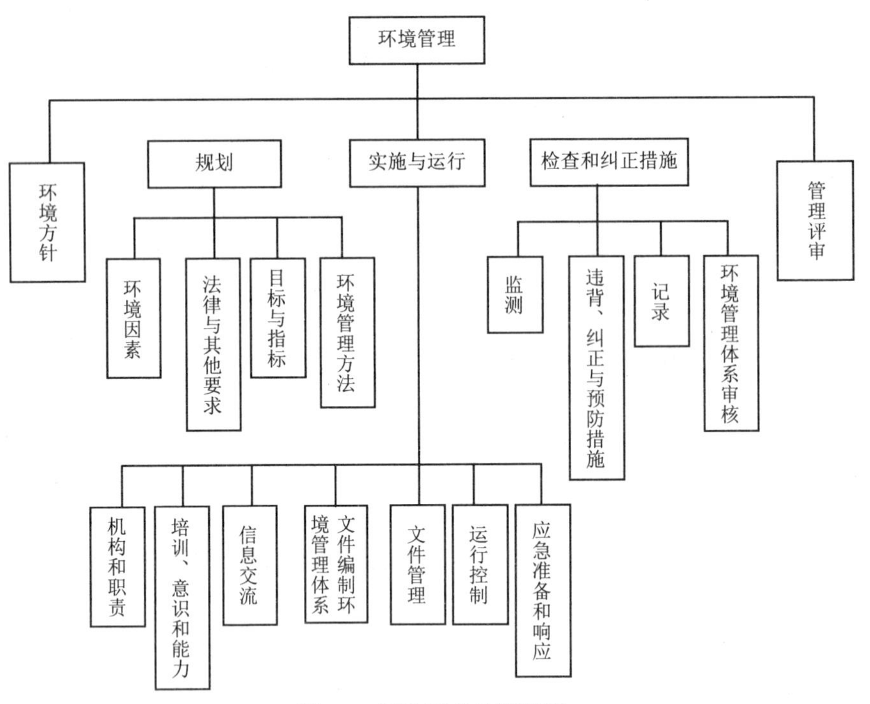

图 9.4　标准要求的逻辑图

第三节　食品商品的污染和绿色食品的生产

食品商品中的主要成分有：碳水化合物、蛋白质、脂肪、维生素、矿物质和水。如果混入了其他有害于人体健康的病菌或有毒化学成分就形成食品污染现象。自然环境污染中的大气污染、水体污染、土壤污染对人体产生有害影响，其中一条很重要的途径就是通过最终导致食品污染，从而对人类发生危害作用。

一、食品商品的主要污染

1. 食品的生物性污染

食品生物性污染，是指食品在生产、运输、贮藏、销售和烹调的各个环节中，受到致病微生物和寄生虫、卵的污染。食品生物性污染的途径主要有：食品商品原料本身所带，如肉类商品屠宰前感染寄生虫疾病；加工食品消毒灭菌工艺不良；食物加工、运输、销售过程中卫生条件较差；食品贮藏条件不当所造成致病菌的大量繁殖等。

食品生物污染对人体可造成各种危害，如食品中毒。食品被沙门氏菌、葡萄球菌等致病菌或被产毒素的霉菌（黄曲霉毒素）污染后，会引起食品中毒或毒素中毒；肠道传染病。食品被肠道传染病病原体污染，如痢疾杆菌、肝炎病毒等污染，会引起痢疾、肝炎等传染病；呼吸道传染病。食品被化脓性链球菌、白喉杆菌污染，会引起猩红热、白喉等传染病；寄生虫病。食品受到寄生虫、卵污染，可以引起蛔虫病、蛲虫病。

防止食品生物性污染的措施主要有：加强食品卫生监督；提高食品卫生的科学管理水平；改善食品加工、贮藏、运输过程中的卫生和贮存条件；在烹饪时高温杀菌等。

2. 食品的化学性污染

食品的化学性污染，是指食品在生产过程中被化学有害物质污染。化学污染中以汞、镉、铅、滴滴涕和多氯联苯最为危险和严重。这些物质可以直接对人体产生危害，也可以通过食物链和生物富集作用危害人体健康。

（1）农药对食品的污染

由于农业中广泛使用化肥、杀虫剂、除草剂、植物生长促进剂，如果这些农药含有对人体有害的化学物质，可以对来自农业的食品形成污染。这种污染分为直接污染和间接污染。农用化学药剂直接喷洒农作物而造成农作物中有毒化学物质的残留量增加，也可以通过空气、土壤、水和生物、食物链造成食物污染。通过食物链造成的食品污染对人体毒害更为严重，不仅可以通过积累增加含量，而且还可以使无机的有毒化学物通过食物链而形成有机的有毒化学物，更易被人体吸收。这些有毒的化学物可引起急性和慢性中毒。长期食用被有机氯农药，如“六六六”、“DDT”污染的食品可引起致畸、致突变和致痛等问题。

（2）重金属对食品的污染

铅：食品容器或加工设备中如果含有铅就可能对食品造成铅污染。陶瓷釉中的颜料、搪瓷器皿的瓷釉中要用到铅白和铅黄、铅合金。马口铁等食具的焊锡中也均有铅。生产白酒的蒸馏设备是锡制造的，其中含有微量杂质铅。食品中的酸可以将食具中的铅缓慢溶解而污染食品，含铅农药也会造成铅残留污染。长期摄入含铅食物对人体的神经系统、骨髓造血功能会产生不良影响。我国食品卫生标准中规定食品含铅量每千克不得超过 1mg。

汞：制碱、造纸、电镀、石油、农药、化肥、油漆和医药行业的工业废水中都可能含有汞化合物。施用有机汞农药可以造成粮食作物、水果和蔬菜的污染。环境中的汞污染通过水源、大气、土壤进入动植物体内。在汞污染水体中的水产品可使无机汞甲基化而转为有机汞，毒性增加许多倍。汞易被生物富集，使其浓度提高千万倍。微量汞也会使人造成慢性中毒，含汞 0.2mg/kg 的粮食被食用，半年内可发生中毒反应。汞中毒危害人的血液和脑组织。日本出现的“水俣病”就是一种汞中毒现象。我国规定食品中汞的允许含量每千克食品不得超过下列标准；粮食 0.02mg，蔬菜和水果 0.01mg，鱼和水产 0.3mg。

砷：农业上杀虫剂常用三氧化二砷、砷酸钙、亚砷酸钠、砷酸铅等。如果杀虫剂用量过大或距收获期太近，会造成一定残留量。食品加工过程中使用的一些化学物质，如无机酸（盐酸、硫酸）、葡萄糖、食用色素和食品添加剂等，如果纯度不够，也可能会使砷含量不符合食用标准。砷对人体的危害主要有：破坏酶系统，引起代谢紊乱；多发性神经炎；严重时呼吸困难，人体循环衰竭，直至死亡。我国规定粮食中砷含量每千克食品不得超过 0.7mg。

镉：镉污染食品主要是炼锌、电镀、油漆、颜料、合金制造、色素制造工业所排出的含镉废水、废气污染土壤。农作物、水果、蔬菜再从污染的土壤中吸收镉，并在作物体内积蓄形成食品污染。镉对人体最明显的危害是使骨骼中的钙被置换出来，引起骨质疏松和软化。慢性镉中毒又名骨痛病。我国目前尚未制定镉的卫生标准。

（3）霉菌及霉菌毒素对食品的污染

霉菌是一种低等植物，以寄生或腐生方式生存。霉菌产生的毒菌主要分为肝脏毒、肾脏毒、神经毒、光过敏性皮炎等。其中以黄曲霉毒素的毒性最大和致癌性最高。黄曲霉在适宜的温度和湿度条件下，易在各种农作物上生长并产生毒菌。花生、玉米、小麦、大米都可能被黄曲霉污染。动物吃下含有黄曲霉素的饲料，会出现中毒症状。因此，动物性食品也会被黄曲霉污染。黄曲霉素中毒的表现是肝脏功能遭到破坏，并可能诱发肝瘤、胃癌、直肠瘤等。现已知黄曲霉毒素是强致癌物质，我国规定食品中黄曲霉毒素允许量不得超过 20μg/kg。

（4）食品添加剂对食品的污染

食品添加剂是指在食品制造、加工、包装、贮存中，为了增强食品的色、香、味，防止腐败，改善食品质量而人为加入的天然或化学合成物质。食品添加剂根据功能不同可分为：防腐剂、抗氧化剂色素、香料、调味品、酸味剂、漂白剂、凝固剂、疏松剂、抗结块剂、品质改良剂等。甜味剂、食品增稠剂、消泡剂、食品添加剂中可能含有对人体有害的物质和杂质，如发色剂中的硝酸钠。添加剂用量过大也会对人产生致病、致癌作用。国家规定了各种添加剂的使用限量。

（5）其他化学物质对食品的污染

硝酸盐、亚硝酸盐和亚硝基化合物：施用硝酸盐肥料，盐碱地生长的农作物中硝酸盐含量都很高。蔬菜、井水、腌菜中都含有一定量的硝酸盐，硝酸盐在某些还原菌的作用下被还原为亚硝酸盐。亚硝酸盐被血液吸收后，可使氧合血红蛋白氧化成高铁血红蛋白，使其失去输氧能力，引起组织缺氧中毒。鱼类和谷类食品中可能含有仲胺，许多食品在烹调时受热，蛋白质分解也可形成仲胺。亚硝酸盐与仲胺结合形成强致癌物——亚硝胺类化合物。

苯并（a）芘：苯并（a）芘是多环芳烃中致癌作用较强的一种物质。它是烟中的重要成分。烟熏食品和烤熏食品中，糖类、脂肪酸、氨基酸在高温时发生热解，均可能产生苯并（a）芘。此种污染属于食品加工污染。

塑料：在食品工业和日常生活中，塑料容器和薄膜包装材料广泛应用。塑料是一种人工合成的高分子材料，在制造过程中要加入各种添加剂，如增塑剂和稳定剂。有些添加剂和原料单体对人体有害。如聚氯乙烯塑料中的残留氯乙烯单体有致癌作用。日本已规定聚氯乙烯塑料中氯乙烯单体含量不得超过 1mg/kg。

二、绿色食品的生产

1. 绿色食品

（1）绿色食品的由来

1）国外生态食品的兴起。二战以后，欧洲各国、美国、日本、澳大利亚等国家先后实现了大规模的农业机械化，并在农业生产中大量使用化肥、农药、除草剂等。实现粮食丰产的同时也出现了一系列问题。首先，土壤和水体中残留的有毒物质通过循环进入农作物和牲畜体内，最终损害人体的健康；第二，片面依靠化肥增产，忽视了有机肥的作用，土壤中有机物质的减少又限制了土壤微生物的充分活动，导致土壤肥力下降和生产能力萎缩；第三，片面依靠农机、化学肥料等措施，加之不合理耕作，引起了水土流失和生态环境恶化。

上述严重的环境污染问题，在 20 世纪 60 年代初美、日等国发生了几起严重的污染灾难后才引起人们的重视，如何为人类开拓一条新的生路已成为世人亟待解决的问题。1972 年在瑞典首都斯德哥尔摩联合国“人类与环境”会议首次提出了“生态农业”的发展战略，并成立了“有机农业运动国际联盟（IFOAM）”。由此，生态农业在许多国家兴起，发达国家相继生产开发出了生态食品或有机食品，提倡在食品原料及生产加工等各个环节中树立“食品安全”的思想，生产没有公害、污染的食品。在全球引起的这场新的农业革命对系统总结和推广有机农业理论起到了积极的作用。

2）国内绿色食品的由来。在发达国家关注环境污染、提倡发展生态农业、生产无公害食品时，我国正大量使用化肥和农药，工业废物污染农田、水源和大气，导致有害化学物质残留在作物的果实中。1989年农业部在研究制定农业经济和社会发展“八五”规划及2000年设想时，对提高农业经济效益的突破口进行了多次研究。经过慎重考虑，决定在农垦系统中发展绿色食品。

农垦系统经过几十年艰苦奋斗，在食品生产和加工领域打下了坚实的基础，一些产品已经达到了无公害及全营养标准，进一步开发“绿色食品”有许多得天独厚的条件。农垦系统生产基地生态环境保持着良好的自然水平，水质、空气及土壤都没有污染，洁净度较高；农垦系统技术装备率高，食品在生产、加工、包装及贮运各个环节上都采用了先进技术和加工工艺；农垦系统具备了较先进的检测技术手段；特别是农垦系统已初步形成了农工商综合企业网络，具有跨行业协作，实现科研、生产、加工、储运、销售一条龙的便利条件。

1990年5月我国正式推出了与世界发展潮流相适应的无污染、高品质的营养食品，并给这种食品定名为“绿色食品”，以示其与环境保护有关。

国际上与我国绿色食品类似的食品，有生态食品、有机食品、自然食品、健康食品等，基本上都是指生产过程中限制使用化学肥料、农药和其他化学物质生产的食品。

（2）绿色食品的发展过程

1990年5月我国农垦系统率先在全国开发生产绿色食品以来，采取了一系列措施，取得了令人瞩目的成就。

1）建立机构，形成质量管理网络。1992年11月5日，国家人事部批准成立了绿色食品发展中心。中心成立后，委托全国29个省、市、自治区成立了绿色食品管理机构，加强了绿色食品机构管理工作的力度；分区域委托9个食品监测中心负责绿色食品质量检测；利用农业环保网负责绿色食品及原料产地的环境质量监测。上述机构的组建为绿色食品管理开发的全面铺开提供了根本保障，推动了绿色食品事业的发展。

2）制定标准，规范绿色食品管理。在标准建设上，通过农业部质量标准司对绿色食品25个品种的质量标准进行了行业鉴定，制定了一批具有国内外先进水平的绿色食品标准和生产操作规程，还先后制定了《绿色食品产地环境监测及评价纲要》、《生产绿色食品的肥料使用准则》和《生产绿色食品的农药使用准则》等标准。

在标志管理上，通过将绿色食品标志在国家工商行政管理局注册作为质量证明商标使用，将绿色食品标志纳入知识产权保护范畴，确立了绿色食品标志的权威性。同时本着“方便企业，提高效率”的宗旨，不断改进和完善了一系列管理措施。中心正式加入有机农业运动国际联盟为绿色食品走向世界迈出了重要一步。

通过参加各国际博览会、学术研讨会和接待外国团组的来访、派考察团等对外交流，吸取了不少国外同行的先进经验，同时通过宣传也推出了我国绿色食品的国际形象。联合国粮农组织（FAO）驻华代表称赞我国绿色食品事业是一项杰出的事业，德国同行认为我国绿色食品的标准、管理和监测更先进、更科学。绿色食品的良好形象也吸引了外国资金和技术，盘锦绿色食品金源国际谷物有限公司、绿色食品猎鹰儿童食品有限公司、华东葡萄酿酒有限公司等大型合资企业的建成投产充分表明绿色食品的强大吸引力。

绿色食品事业所取得的成就得到了全社会的充分认可。1994 年 12 月 19 日我国环境领域最高级别的非官方大奖“中华绿色科技奖”金奖的头衔授予了中国绿色食品工程，这是对我国绿色食品事业给予的肯定与赞扬。

2. 绿色食品的标准

绿色食品是指经专门机构认定、许可使用绿色食品标志的无污染、安全、优质的营养食品。

绿色食品必须具备以下条件：

1）产品或产品原料的产地必须符合农业部制定的绿色食品生态环境标准。

2）农作物种植、畜禽饲养、水产养殖及食品加工必须符合农业部制定的绿色食品生产操作规程。

3）产品必须符合农业部制定的绿色食品质量和卫生标准。

4）产品外包装必须符合国家食品标签通用标准，符合绿色食品特定的包装、装潢和标签规定。

产品或产品的主要原料产地必须符合绿色食品的生态环境标准，是指农业初级产品或食品的主要原料，其生长区域内没有工业企业的直接污染，及水域、上游、上风口没有污染源对该区域构成污染威胁。该区域内的大气、土壤质量及灌溉用水、养殖用水质量均符合绿色食品大气标准、绿色食品水质标准，并有一套保证措施，确保该区域在今后的生产过程中环境质量不下降。

3. 绿色食品的标志

绿色食品标志，如图 9.5 所示，是由农业部在国家工商行政管理局正式注册的质量证明商标。

绿色食品标志由三部分组成，即上方的太阳、下方的叶片和中心的蓓蕾。标志为正圆形，意为保护。整个图形描绘了一幅阳光照耀下的和谐生机图景，告诉人们绿色食品是出自纯净、良好生态环境中的安全无污染食品，能给人们带来蓬勃的生命力。绿色食品标志还提醒人们要保护环境，通过改善人与环境的关系，创造自然界新的和谐。

绿色食品

图 9.5　绿色食品标志

绿色食品标志作为一种特定的产品质量证明商标，1991 年 5 月经国家工商行政管理局核准注册，专用权受《中华人民共和国商标法》保护。

4. 绿色食品分级标准

在参照国外与绿色食品相类似的有关食品标准的基础上，结合我国国情，中国绿色食品发展中心将我国的绿色食品分为两类，即AA级绿色食品和A级绿色食品。

（1）AA 级绿色食品的标准

1）环境质量标准。绿色食品大气环境质量评价，采用国家大气环境质量标准 GB3095—1982 中所列的一级标准；农田灌溉用水评价，采用国家农田灌溉水质标准 GB5084—1992；养殖用水评价，采用国家渔业水质标准 GB1607—1989；加工用水评价，采用生活饮用水质标准 GB5749—1985；畜禽饮水评价，采用国家地面水质标准 GB3838—1988 中所列三类标准；土壤评价，采用该土壤类型背景值的算术平均值加 2 倍标准差。AA 级绿色食品产地的各项环境监测数据，均不得超过有关标准。

2）生产操作规程。AA 级绿色食品在生产过程中禁止使用任何有害化学合成肥料、化学农药及化学合成食品添加剂。其评价标准采用《生产绿色食品的农药使用准则》、《生产绿色食品的肥料使用准则》及有关地区的《绿色食品生产操作规程》的相应条款。

3）产品标准。AA 级绿色食品均不得检出各种化学合成农药及合成食品添加剂，其他指标应达到农业部 A 级绿色食品产品行业标准 NY/T268—1995 至 NY/T292—1995。

4）包装标准。AA 级绿色食品包装评价，采用有关包装材料的国家标准、国家食品标签通用标准 GB7718—1994、农业部发布的《绿色食品标志设计标准手册》及其他有关规定。绿色食品标志与标准字体为绿色，底色为白色。

（2）A 级绿色食品标准

1）环境质量标准。A 级绿色食品的环境质量评价标准与 AA 级绿色食品相同，但其评价方法采用综合污染指数法，绿色食品产地的大气、土壤和水等各项环境监测指标的综合污染指数均不得超重。

2）生产操作规程。A 级绿色食品在生产过程中允许限量使用限定的化学合成物质，其评价标准采用《生产绿色食品的农药使用准则》、《生产绿色食品的肥料使用准则》及有关地区的《绿色食品生产操作规程》的相应条款。

3）产品标准。采用农业部 A 级绿色食品产品行业标准 NY/T268—1995 至 NY/T292—1995。

4）包装标准。A 级绿色食品包装评价，采用有关包装材料的国家标准、国家食品标签通用标准 GB7718—1994；农业部发布的《绿色食品标志设计标准手册》及其他有关规定。绿色食品标志与标准字体为白色，底色为绿色。目前，在我国开发生产的绿色食品均属 A 级绿色食品。

5. 有机食品

有机食品是指来自于有机农业生产体系、根据国际有机农业生产要求和相应的标准生产加工过的、并通过独立的有机食品认证机构认证的一切农副产品，包括粮食、水、蔬菜、奶制品、禽畜产品、蜂蜜、水产品、调料等。

有机食品生产的基本要求如下。

1）生产基地在最近三年内未使用过农药、化肥等违禁物品。

2）种子或种苗来自于自然界，未经基因工程技术改造过。

3）生产单位需建立长期的土地培肥、植物保护、作物轮作和畜禽养殖计划。

4）生产基地无水土流失及其他环境问题。

5）作物在收获、清洁、干燥、贮存和运输过程中未受化学物质的污染。

6）从常规种植向有机种植转换需要二年以上的转换期，新开垦荒地例外。

7）有机生产的全过程必须有完整的记录档案。

有机食品加工的基本要求如下。

1）原料必须是来自已获得有机颁证的产品或野生没有污染的天然产品。

2）已获得有机认证的原料在终端产品中所占的比例不得少于 95%。

3）只使用天然的色素、调料和香料等辅助原料，不用人工合成的添加剂。

4）有机食品在生产、加工、贮存和运输过程中应避免化学物质的污染。

5）加工过程必须有完整的档案记录，包括相应的票据。

有机食品与绿色食品的区别如下。

我国的“绿色食品”分为 A 级和 AA 级两个标准。A 级的绿色食品是减少化肥农药使用量的产品，AA 级是已经达到了不使用化肥农药的产品，国际上通行的有机农业和有机食品必须要做到生产上严格不使用化学农药和化肥，采用生物防治措施，施用有机肥，采用作物倒茬轮作、田间耕作与畜牧和生物资源良性循环，不使用转基因物种，以及食品的无污染加工储运等做法，系统地做到保护农业生产的土壤，保护人类生存的环境，保持最适宜的生态平衡。当然绿色食品与有机食品的认证程序也有所不同。

第四节 固体废弃物的处理与利用

一、固体废弃物

被丢弃的固体和泥状物质，包括从废水、废气中分离出来的固体颗粒，简称废物。废物是某一过程或在某一方面没有使用价值的物质。某一过程的废物，往往是另一过程的原料，所以废物又有“放在错误地点的原料”之称。

固体废物主要来源于人类的生产和消费活动。人们在开发资源和制造产品的过程中，必然产生废物；任何产品经过使用和消费后，都会变成废物。在美国，投入使用的食品罐头盒、饮料瓶等平均几个星期就成为废物，汽车平均九年半成为废物，建筑材料使用期限最长，但一百年或几百年后，也变成废物。

固定废物分类方法很多，按固体废物的化学性质分为有机废物和无机废物。按它的危害状况分为有害废物和一般废物。按固体废物的形状分为固体的（颗粒状废物、粉状废物、块状废物）和泥状的（污泥）。通常为便于管理，按固体废物来源分为矿业固体废物、工业固体废物、城市垃圾、农业废弃物和放射性固体废物五类。矿业固体废物、工业固体废物、放射性固体废物又分别简称为矿业废物、工业废物、放射性废物。有人将矿业的、工业的和放射性的合称为工业废物；有人则将矿业和工业废物合称为矿物废料，放射性废物另为一类；也有人将固体废物仅分为工业废物和一般废物两类。

矿业废物来自矿物开采和矿物选洗过程。工业废物来自冶金、煤炭、电力、化工、交通、食品、轻工、石油等工业的生产和加工过程。城市垃圾主要来自居民的消费、市政建设和维护、商业活动。农业废弃物主要来自农业生产和禽畜饲养。放射性废物主要来自核工业生产、放射性医疗和科学研究等。固体废物的来源和组成物如表 9.3 所示。

表 9.3　固体废弃物的来源和组成物

来　源	主要组成物
矿业	废石、尾矿、金属、废木、砖瓦和水泥、沙石等
冶金、金属结构、交通、机械等工业	金属渣、砂石、模型、芯、陶瓷、涂料、管道、绝热和绝缘材料、黏结剂、污垢、废木、塑料、橡胶、纸、各种建筑材料、烟尘
建筑材料工业	金属、水泥、黏土、陶瓷、石膏、石棉、涛石、纸、纤维等
食品加工业	肉、谷物、蔬菜、硬壳果、水果、烟草等
橡胶、皮革、塑料等工业	橡胶、塑料、皮革、布、线、纤维、染料、金属等
石油化工工业	化学药剂、金属、塑料、橡胶、陶瓷、沥青、污泥油毡、石油、涂料等
电器、仪器仪表等工业	金属、玻璃、废木、橡胶、塑料、化学药剂、研磨料、陶瓷、绝缘材料等
纺织服装业	布头、纤维、金属、塑料等
造纸、木材、印刷等工业	刨花、锯末、碎木、化学药剂、金属填料、塑料等
居民生活	食物垃圾、纸、木、布、庭院植物修剪物、金属、玻璃、塑料、陶瓷、燃料灰渣、脏土、碎砖瓦、废器具、粪便、杂品等
商业、机关	同上，另有管道、碎砌体、沥表及其他建筑材料，含有易爆易燃、腐蚀性、放射性废物以及废汽车、废电器、废器具等
市政维护、管理部门	脏土、碎砖瓦、树枝、死禽兽、金属、锅炉灰渣、污泥等
农业	秸秆、蔬菜、水果、果树枝条、糠秕、人和禽兽粪便、农药等
核工业和放射性医疗单位等	金属、含放射性废渣、粉尘、污泥、器具和建筑材料等

二、固体废弃物的处理与利用

控制固体废物对环境的污染和从固体废物中回收资源的工程技术和管理措施称之为固体废弃物的处理与利用。

1. 发展简要

固体废物的处理和利用有悠久的历史，早在公元前3000～1000年，古希腊米诺斯文明时期，克里特岛的首府诺萨斯就有将垃圾覆土埋入大坑的处理。但大部分古代城市的固体废物都是任意丢弃，年复一年，甚至使城市埋没，有的城市是在后来的废墟上重建的。英国巴斯城的现址，比在古罗马时期的原址高出4～7m。

为了保护环境，古代有些城市颁布过管理垃圾的法令。古罗马的一个标志台上写着“垃圾必须倒往远处，违者罚款”。1384年英国颁布禁止把垃圾倒入河流的法令。苏格兰的大城市爱丁堡18世纪设有大废料场，将废物分类出售。1874年英国建成世界第一座焚化炉，垃圾焚化后，将余烬填埋。1875年英国颁布公共卫生法，规定由地方政府负责集中处置垃圾。最早的处置方法主要是填埋或焚烧。中国、印度等亚洲国家，自古以来就有利用粪便和利用垃圾堆肥的处置方法。

进入20世纪后，随着生产力的发展，人口进一步向城市集中（美国100年前80%的人口在农村，现在80%的人口在城市），消费水平迅速提高，固体废物排出量急剧增加，成为严重的环境问题。20世纪60年代中期以后，环境保护受到重视，污染治理技术迅速发展，大体上形成一系列处置方法。20世纪70年代以来，美国、英国、德国、法国、日本等国由于废物放置场地紧张，处理费用数额庞大，也由于资源的管理，纷纷设立了专门的管理机关和科学研究机构，研究固体废物的处置、回收、利用的技术和管理措施，以及制定各种规章和环境标准，出版有关书刊。固体废物的处理和利用，逐步成为环境工程学的重要组成部分。

2. 处置方法

固体废物的主要处置方法和适用范围如表9.4所示。

表9.4　固体废弃物的主要处置方法和适用范围

方　法	适用范围
一般堆存	不溶解（或溶解度极低）、不飞扬、不腐烂变质、不散发臭气或毒气的块状和颗粒状废物，如钢渣、高炉渣、废石等
围隔堆存	含水率高的粉尘、污泥等，如粉煤灰、尾矿粉等（废物表面应有防止扬尘设施）
填　埋	大型块体以外任何形状的废物，如城市垃圾、污泥、粉尘、废屑
焚　化	经焚化后能使体积缩小或重量减轻的有机废物、污泥、垃圾等
生物降解	微生物能降解的有机废弃物，如垃圾、粪便、农业废物、污泥等

3. 利用途径

固体废物的主要利用途径为：

1）利用矿物废料作为建筑材料，道路工程材料，填垫材料，冶金、化工和轻工等工业原料。

2）利用含碳、油或其他有机物质的废物从中回收能源。

3）利用含有土壤、植物所需要的元素或化合物的废物作土壤改良剂和肥料。

为了保护环境和发展生产，许多国家不断采取新措施和新技术来处理和利用固体废物。矿业废物从在低洼地堆存，发展为矿山土地复原、安全筑坝等。工业废物从消极堆存，发展到综合利用。城市垃圾从人工收集、输送发展到机械化、自动化和管道化收集输送；从无控制的填埋，发展到卫生填埋、滤沥循环填埋；从露天焚化和利用焚化炉，发展到回收能源的焚化、中温和高温分解等，从压缩成型发展为高压压缩成型。城市有机垃圾和农业有机废物还用于制取沼气回收能源。工业有害渣土从隔离堆存发展到化学固定、化学转化以防止污染。总的趋势是从消极处置转向积极利用，实现废物的再资源化。

对城市垃圾进行分选回收。根据垃圾的化学、物理性质，如比重、电磁性、颜色、回弹性、可燃性等进行分选，再用干法、水浆机法、高温或中温分解等方法处理，从中回收金属、玻璃、造纸原料、塑料等物质，同时回收热能和可燃气体。

对于工业废渣，大多作为资源综合利用。美国自 20 世纪 70 年代以来，已将每年排出的 4000 多万吨钢渣和高炉渣全部利用起来。英国、法国、瑞典、比利时、原联邦德国等的高炉渣也在当年全部得到利用。中国、前苏联高炉渣的利用率为 70%以上，日本为 85%。日本、丹麦等国已将粉煤灰全部利用起来，美国的利用率为 20%，中国为 10%。固体废物处理方法的现状和发展趋势如表 9.5 所示。

表 9.5　固体废弃物处理方法的现状和发展趋势

类别	中国现状	国际现状	国际发展趋势
城市垃圾	填坑，堆肥，无害化处理和制取沼气，回收废品	填地，卫生填地，焚化，堆肥，海洋投弃，回收利用	压缩和高压压缩成型，填地，堆肥，化学加工，回收利用
工矿废物	堆弃，填坑，综合利用，回收废品	填地，堆弃，露天焚化	化学加工和回收利用，综合利用
拆房垃圾和市政垃圾	堆弃，填坑，露天焚烧	堆弃，填坑，露天焚烧	焚化，回收利用，综合利用
施工垃圾	堆肥，制取沼气	堆弃，露天焚烧	焚化，化学加工，综合利用，焚化
污泥	堆肥，制取沼气	填地，堆肥	堆肥，化学加工，综合利用，焚化

续表

类别	中国现状	国际现状	国际发展趋势
农业废弃物	堆肥，制取沼气，回耕，农村燃料，饲料和建筑材料，露天焚烧	回耕，焚化，堆弃，露天焚烧	堆肥，化学加工，综合利用
有害工业渣和放射性废物	堆弃，隔离堆存，焚烧，化学和物理固化，回收利用	隔离堆存，焚化，土地还原，化学和物理固定，化学，物理，生物处理，综合利用	隔离堆存、焚化，化学固定，化学、物理、生物处理，综合利用

补充阅读 9.2

转基因技术与转基因食品

科学家预测，也许过不了几年，我们就能吃上牛肉味的西红柿、含胡萝卜素的大米——这不是幻想，这些都可通过转基因技术生产出来。在全球经济一体化的今天，转基因食品实际上已悄然摆上了我们的餐桌。那么，什么是转基因食品？转基因就是利用分子生物学手段，将某些生物的基因转移到其他的生物物种中去，使其出现原物种不具有的性状或产物。以转基因生物为原料加工生产的食品就是转基因食品。虽然我国转基因食品尚处在实验室研究阶段，还没有大规模生产，但我国进口的农产品，如大豆、食用油、肉制品及粮食制品，有很多已经是转基因产品。

基因是什么？基因是一个细胞，生物的细胞，细胞里有细胞核，细胞核里有染色体。染色体是由 DNA 组成的，DNA 呈双螺旋。基因就是以 DNA 为载体的。所有的遗传物质都在生物的细胞的细胞核里，也就是在它的染色体里，归根结底是在 DNA 上。生物的一切性状都是由基因决定的。例如，一个苹果的颜色是红色的。那么显然该苹果的颜色是由红色的这个基因来控制的。那么转基因是什么呢？就是说，我们从苹果中分离到控制红颜色的这个基因，然后通过一定的方法或程序，把它转移到香蕉中去，使香蕉变成了红色。这个就叫转基因。虽然比喻很简单，但是实际的操作是非常复杂的。由这个基因过程获得的是转基因植物，它生产中的可食用部分就是转基因食品或者加工得到的食品就叫做转基因食品。

1953 年沃森和克里克发现了这个双螺旋的模型，也发现了基因的本质，它就是 DNA。基因就排列在这个双螺旋的 DNA 上面。基因由它指导合成各种各样的蛋白质。当然它要经过 RNA 的一个步骤，所有的蛋白都是由基因指导合成的。转基因植物、转基因技术是人类创造农作物新品种的一个利器。所谓的转基因生物就是利用 DNA 重组技术，即将外源的目的基因转移到受体生物中去，使之产生定向的稳定的遗传改变，并形成新的品种。这样一个过程叫做转基因过程。当然，它不但包括了农作物，甚至包括了动物、微生物都可以，都是这个技术。植物基因工程是这样一个过程。第一步分离 DNA。分离 DNA 之后，把基因所需要的基因提取出来，最后跟一个载体相连，形成一个可以在植物中表达某个特定基因的这样一个表达载体。然后从植物上取出一块组织，通过一定的转化技术，将 DNA 导入到受体品种中去的一个技术。最后，获得转化的组织，经过组织培养最后形成一个完整的植株。这就是一个植物的基因技术的一个整个的一个过程，我们把这个过程也称之为植物基因工程。

转基因生物，又叫做遗传修饰的生物，缩写是 GMO。GMC 就是转基因农作物。转基因食品，是 GMF。那么人类为什么要用转基因技术呢？我们以前用常规育种的技术，也培育出了种类繁多的农作物品种。传统育种技术，主要是通过有性杂交，还有品种选育，以及自然界产生的突变，通过选育获得一个农作物的新品种。这个过程只能在种内进行。转基因育种技术不是这样的。转基因是通过一定的生物的或者物理的方法，把外源基因导入到受体作物中去，通过这种方法，获得新品种。所以从某种角度来讲，它不受物种的限制，它可以跨越物种，转移遗传物质。不但是跨越不同的种类，甚至属、纲、门、界，这样大的生物之间的门槛全部能跨越。就是说可以把动物的相关基因转移到植物中去，也可以把微生物的基因转移到农作物中去。所以它的有效性和它技术的广泛性是常规育种无法比拟的。另外，它还有几个优点，它的目的性比常规育种更强，常规育种是通过选择，这个有时候自然界也会产生自发性突变，然后通过人工的选择，能够获得一个植物的新品种。但是这取决于大自然的恩赐，在育种过程中呢，目的性不是很强，要凭经验、凭运气。而转基因技术目的性非常强，你可以可预见地转移任何一个基因。之后，这个转基因植物能够获得什么样性状都是完全可预见的。同时，它的育种周期相对较短，花费比常规育种也要相对低一些。除此之外，它还有一定的其他好处，就是说，精确性更强。

在全球范围内，北美以及南美的一些国家，包括俄罗斯、中国、澳大利亚、新西兰、南非、还有欧洲的少数国家，都已经从事研究或开发转基因农作物。转基因技术可以带来很大的利益。第一，是全球生态的环境。它可以解决由人口增长带来的粮食危机，提高有限土地资源的利用率，实现农业的可持续化发展。第二，它可以提高对虫害、病害以及杂草的控制，减少损失，节省劳力与时间，提高作物产量，降低生产投入，增加农民的收入。第三，点可以带来无化学品污染的食物，洁净的食物，营养丰富的食物，更可口的食物，甚至是功能性的食物，治疗性的食物，低价位的农产品等。所以对整个社会都是有好处的。

在转基因研究方面，我国也取得了长足的发展。我国的科学家率先完成了水稻基因组的草图以及精确图的绘制。我们在农作物基因组学方面走在了世界的前面，这个对我们分离有用的基因是非常关键的。目前，我国转基因食品的研究开发水平居世界中等水平。1998年农业部生物工程安全委员会批准了6个准许商业化的许可证，有北京大学陈章良教授的抗病西红柿、抗病甜椒和华中农业大学的耐贮存西红柿等。

早在20世纪80年代初，美国最早进行转基因食品的研究。1983年转基因食物诞生。到1997年，美国已能生产34种转基因食物。如土豆、西葫芦、玉米、番茄、木瓜、大豆等，并形成了可观的产业规模。经过十几年的发展，转基因技术在提高作物抗病、抗虫及品质改良方面发挥着重要作用。

（资料来源：朱桢．2003．转基因食品离我们有多远．http:www.cctv.com/lm//131/61/85919.html）

补充阅读 9.3

转基因食品潜在的危害

近来食品安全问题屡屡在媒体上报道，疯牛病曾使欧洲乃至整个世界胆战心惊，英国为此付出了惨重的代价；在食品品种相对丰富的今天，人们对食品短缺的恐慌已经在很大程度上被食品安全的担忧所取代。

100年来，传统的育种技术为人类提供了许多高产优质的粮食、水果、肉、禽、蛋和奶，但它们没有在亲缘关系很远的物种间进行过基因交换，更没有在植物和动物，或高等生物和微生物之间进行过杂交。基因工程则是突破天然种间屏障进行的杂交，使人类的基因可能插入细菌中，牛的基因可能进入土豆或西红柿中。基因工程食品的出现无疑是人类征服自然的伟大成就。但是，正如一位伟人曾指出的那样，人类征服自然的每项成就那时能受到自然界的报复。这些非天然的食品是否会给人类带来危害呢？尽管将转基因技术应用在食品的生产或制造有诸多好处，但在评估食品的安全性时，仍必须分析由基因改造所产生之预期及非预期的效果。由于转基因食品不同于相同生物来源的传统食品，遗传性状的改变，将可能影响细胞内的蛋白质组成，进而造成成分浓度变化或新的代谢物生成，其结果可能导致有毒物质产生或引起人的过敏症状，甚至有人怀疑基因会在人体内发生转移，造成难以想象的后果。转基因食品潜在危害包括：食物内所产生的新毒素和过敏原；不自然食物所引起其他损害健康的影响；应用在农作物上的化学药品增加水和食物的污染；抗除草剂的杂草会产生；疾病的散播跨越物种障碍；农作物的生物多样化的损失；生态平衡的干扰。例如，已经发现一种基因工程大豆会引起严重的过敏反应；用基因工程细菌生产的食品添加剂色氨酸曾导致37人死亡和1500多人残废。最近发现，在美国许多超级市场中的牛奶中含有在牧场中施用过的基因工程的牛生长激素。一著名的基因工程公司生产的西红柿耐贮藏、便于运输，但它们含有对抗抗生素的抗药基因，这些基因可以存留在人体内。人造的特性和不可避免的不完美会一代一代的流传下去，影响其他有关及无关的生物，它们将永远无法被收回或控制，后果是目前无法估计的。有人认为基因工程带来的危险比迄今采用的技术都要大。因为许多损伤作用是不可逆的，我们必须防患于未然。诸如此类的安全性问题，已引起欧美等生物科技先进国家的重视，并针对这类产品之安全性及生物技术对环境的影响评估立法规范。

北美转基因食品管理制度

美国有关转基因食品管理相关法规，属于基因修饰生物或产品，牵涉的主管机构较多，主要是由美国食品药物管理局（FDA）负责监督有关转基因食品（不含禽畜肉）或食品添加物的食用安全；美国农业部（USDA）主管转基因生物（禽畜肉）进出口、州际流通等；环保署（EPA）则对于这些转基因生物，规范其杀虫剂使用、环境影响评估及制订食物中杀虫剂的残余量。此外，各州政府亦可自行制订条文，并进行追踪、查核。可见，美国转基因食品管理主要由FDA制订及掌管安全与法规问题，并配合USDA、EPA及各述咨询程序，对于类似已准许上市之类似产品申请，FDA执行流程已有简化的趋势。转基因食品标示问题虽有规范，但考虑实际执行困难并不强迫要求，但对于明显可能引起部分人过敏性问题的产品，FDA则要求必须标示。另一方面，对于其他的转基因产品，例如，经基因修饰之食用微生物则尚未有具体规定。

加拿大卫生署食品管理局健康保护处于1994年4月及1994年9月分别提出新颖食品安全评估指导原则第一卷和第二卷，以确保在加拿大市场未曾供应的新颖食品（包含以基因工程生产或制造的食品）或由新颖工程生产的食品，须在销售前申报，以接受监督。新颖食品安全评估指导原则第一卷为申报有关的指导纲要，而第二卷则为基因修饰微生物及植物的安全评估标准。所谓新颖食品包括一种食品，经由基因修饰处理并表现出新的或修饰过的特性，不同于以往在这类食品中所定义的性质，或者这些性质是来自于新的或具有基因修饰特性的生物所产生的。

加拿大农业及农产食品部主要负责加拿大所有农业产品的管理，制订农产品规范基本安全实施方法。范围涵盖了利用基因工程的家畜、植物及动物、肥料、家畜类饲料、虫害防治以及种子类农产食品。目的是为了保护消费者，确保新产品对于人体、动物及环境是有效果且安全的，并确保新产品的制造者提出正确的申请。而且，为协助加拿大的公司能维持其在国际贸易上产品的品质与有效性，此管理办法与国外其他被认知的管理体制基本上是一致的。

这类新颖食品安全评估的基础在于基因修饰生物与未修饰生物间的比较，包括分子、组成、导入或修饰之 DNA 及其表现调控、毒物学与营养学数据及过敏性等，并结合体外及体内试验，若有过敏性的潜在危害时，应向食品管理局咨询。加拿大食品管理局鼓励研发者在食品研制早期即向食品管理局提出咨询，关于是否需要提出申报及那些适合作为产品安全性评估的资料，事先与该局达成协议。

基因食品接受程度及其标示问题

美国食品药物管理局过去一向拒绝对转基因食品进行标示，但在消费者严重关切以及世界各国纷纷对转基因生物产品进行标示压力下，其立场已渐松动，FDA 与环保局已同意拟一个转基因食品标示计划，可见消费者安全意识消费高涨，转基因食品标示为大势所趋。转基因食物应该表明转入蛋白成分的来源以避免过敏反应的发生。但是在北美转基因食物可以不用经过人体实验，甚至不用标明其成分是否和自然的食物是否相同，便可以在市场上销售。一项针对欧洲及美国民众之大规模调查结果显示，转基因作物与转基因食品在美国的受支持度比在欧洲高，欧洲调查者中反对转基因作物与转基因食品的比率分别比美国高 8% 及 17%。调查亦显示欧洲人对转基因生物的政府相关管理机构信任度比美国低。

北美许多消费者联盟认为，目前关于转基因食物的法规，不仅没有要求对这些食物进行毒性物质和过敏原的测定，也没有要求贴上保护消费者选择权的标签，同时没有要求作出关于对环境以及其他生物是否具有影响，是否包含一些可能对人体造成不利的基因植入，如可以导致人体抗生素抵抗。他们说，人们至少应该知道他们日常吃的是什么，并且应知道这种技术是否会影响周围环境的变化和环境中其他生物的改变。他们希望对于那些转基因食物进入市场应该进行严格的实验，并且说明改变的成分，以及是否对环境具有影响等。

我国台湾已经着手起草 DNA（去氧核糖核酸）衍生食品安全评估办法，规范转基因食品的查验登记及标示等，提供消费者安全的选择，评估办法预计年底可以公布。

（资料来源：中国食品技术网，www.cnfoodtech.com）

小　　结

认识商品、环境、人之间的关系，要从环境的构成开始。环境包括自然环境和社会环境。商品的生产和消费都会对环境造成一定的污染，如空气、水体和土壤等。因而，从环境保护的角度出发，我们要构建商品与可持续发展之间良性关系，贯彻环境管理 ISO14000 系列标准，并了解绿色食品和有机食品的生产和标准；推行绿色产品认证制度；熟悉固体废弃物的处置方法。

思考与练习

简答题

1. 试论述环境管理体系标准的结构、实施现状和发展趋势。
2. 论述绿色食品的特点、检测评价及其管理。
3. 试论述国外废弃物的处理与综合利用对我国的借鉴意义。

实训题

1. 利用互联网，输入“清洁生产”和“新型工业化”关键词，了解清洁生产的概念、法规和实施现状。
2. 调研当地的空气污染现状，并找出相关对策。
3. 通过互联网查询“绿潮”和“赤潮”事件，并写出分析报告。

【案例】

“伊克斯托克”漏油事故

2010 年 4 月 20 日，英国石油公司所属墨西哥湾钻井平台“深水地平线”的爆炸引发了数十年来最广为人知的一次石油泄漏事故。发生事故的钻井平台“伊克斯托克 I 号”归属墨西哥国有石油企业墨西哥石油公司所有。在“深水地平线”和“伊克斯托克 I 号”发生爆炸后，油气在高压作用下从海底涌入水中。这导致油、气及混有沙土微粒海水的三重乳化现象。这种乳化油的性质与普通原油不同。其中某些部分会浮在海面，但某些部分也可能在水体的不同深度形成羽状结构。英国石油公司公布的“深水地平线”泄漏数据为每天 800t，而独立专家小组所做的估算比这高出很多倍。墨西哥石油公司曾经尝试把一种名叫“墨西哥宽边帽”的仪器放在“伊克斯托克”油井旁边收集海底的原油，但因为无法对仪器进行固定，所以计划最终没有成功。在“深水地平线”事故中，由于运用了现代无人水下器械、机器人和定位设备，所以尽管漏点更深，人们仍然将一个巨大的穹顶放置到位。但甲烷水合物的形成堵塞了相关设备，让它成了无用的摆设。随后开通疏压井后，即展开水泥灌注作业，水泥封堵漏油油井的方法比较有效。封闭“伊克斯托克”油井耗时五个月。油污的清理工作将耗时近 10 年。墨西哥湾在长达 10 年的时间里将成为一片废海，造成的经济损失将以数千亿美元计。英国石油公司称，该公司为处理墨西哥湾漏油事件已经花费 39 亿美元，这些花费包括堵漏举措、减压井钻探以及对墨西哥湾沿岸各州的补偿等。英国石油公司同时在美国政府的施压下，同意设立200亿美元基金，用于补偿因漏油事件影响生计的墨西哥湾企业和居民。

“伊克斯托克”泄漏事故造成的损失非常大。绝大多数墨西哥和一些美国海滩遭到了破坏，尽管对泄漏原油进行了驱散，但仍然导致大量的鸟类死亡。驱散原油殃及了虾、乌贼和某些鱼类种群，渔业生产遭受的打击也非常严重。在未风化原油集中的海域，依靠在水中呼吸的有机体大量死亡。在更为广阔的海域，它们遭到污染，无法再作为食品食用。在更为广阔的领域，而且在更长时间内，消费者都拒绝购买类似产品。

问题：

根据这段文字，谈谈对环境污染的认识及应该采取怎样的措施。

第十章　新产品的研究与开发战略

【主要概念】

改进型新产品　创新型新产品　产品生命周期　产品组合的宽度

产品组合的长度

企业的生存与发展必须不断满足消费者经常变化的市场需求，这是企业研究开发的动力所在，也是企业制订研究开发战略的意义所在。

第一节　新产品的定义

一、新产品的概念

按照现代市场营销学的观点，新产品就是指对企业而言的一切新开创的产品。这就是说，产品整体概念中任何一部分的创新或变革，都属于新产品之列。

具体来说，新产品是指在设计原理、生产工艺、产品功能、外形包装等某一方面或几方面与其他产品相比具有显著改进、提高盈利性或有推广价值的产品。一种新产品不一定是前所未有的全新产品，它是一个相对的概念，可以是相对于老产品，也可以是相对于地区而言。如首次出现在某地区的产品，就是新产品，而无论它在其他地区是否也是新产品。可见，新产品的新意体现在整体产品概念的各个方面：产品技术是新的、销售市场是新的、新的消费者和消费概念等。

二、新产品的分类

1．按照新产品的新颖程度分类

（1）改进型新产品

改进型新产品指在原有产品的基础上采用各种改进技术，对产品的功能、性能或型号、规格、花色、包装进行一定的改进而制成的产品，包括在基型产品基础上派生出来的变型产品。这种产品的研制难度最低，成本最低，周期也短，成功的可能性最大，技术经济优势较低。

（2）换代的新产品

换代的新产品指基本原理不变，部分采用新技术、新材料、新工艺，使产品的性能、功能或各项经济指标有显著的提高的产品。这种产品研制难度、成本比改进型新产品大。

（3）创新型新产品

创新型新产品指采用新原理、新技术、新材料、新工艺，性能指标有突破性提高或能满足特殊需要的产品。这种产品需进行大量的科研，研制难度最大，成本最高，成功可能性最小。

2. 按照新产品的地域特征分类

（1）国际新产品

国际新产品指在世界范围内第一次研制和销售的产品。

（2）国内新产品

国内新产品指在国外已有而在国内是第一次研制和销售的产品。这种新产品可以填补国内某类产品的空白，如能从国外引进技术则具有较好的发展条件。

（3）地区性或企业新产品

地区性或企业新产品指虽然在国内已有，但在本地区或本企业是第一次研制和销售的产品。这种新产品如果能够借鉴其他企业的技术或样本，就会具有很好的客观发展条件。

从以上的分类可以看出，新产品一般具有以下特点。

1）比原有产品在功能、结构等方面具有更先进的水平。

2）都是新技术的产物，具有一定创新性。

3）具有一定的经济性。

4）投放市场都面临一定的风险性。

第二节　新产品开发的意义和特点

一、新产品开发的意义

新产品开发是企业研究开发战略的主要内容，也是企业进行开发工作的主要落脚点。随着市场需求及偏好的改变，新科技的发展，产品生命周期逐渐缩短，如果企业不能及时推出市场需要的新产品，不从事新产品的开发，其所冒的风险将越来越大。因而新产品开发是社会发展、技术进步的必然结果，是人们生活水平提高、生活质量改善的客观要求。它对于企业、产业的整个国家的发展具有重要意义。

1. 开发新产品是满足社会需要的要求

从马斯洛的需求层次学说来看，人的需求是有层次的，随着生活水平的提高，人的欲望也在不断地膨胀，需求从最低层的生理需要向安全、社会、自尊、自我实现需要转化。因此，我们的产品也需要满足不同消费者的客观现实需要和潜在需要。这样，企业也在不断的成长之中。

2. 开发新产品是企业生存和发展的客观需要

现代市场营销学发展的理念不是去寻找顾客，而是创造顾客，要研究消费者的消费行为，把握消费者的心理变化，这样才能生产出适销对路的商品。企业服务的最终对象是消费者，但必须依靠商品作为媒介，因此，开发新产品是企业生存的需要，也是决定企业发展的关键战略要素。

根据美国《研究与管理》杂志统计，大多数公司销售额和利润的 30%～40%来自近 5 年内开发的新产品。可见，新产品对企业成长起了重要的作用。从投资的角度看，成长即意味着成功。所以，多数企业都力图向市场投入更多的新产品，扩大本企业的市场份额和盈利能力。某类产品市场占有率的提高可以使企业获得更高的利润率和资金周转率，反过来，仅靠现有产品去提高这些标志企业成长的比率是很困难的，因此，企业要不断地开发新产品。据统计，凡是经营得好的企业大多数都有向市场推出更多新产品的能力。日本 SONY 公司准备未来在欧洲推出 180 种新的音响设备、电视和录像产品。美国苹果电脑公司平均每周都要宣布一项新产品问世。

杜邦公司是全球最大的化工企业，以生产尼龙、塑料等化工制品著称于世，每年的销售额超过 500 亿美元。杜邦公司的决策者深深感到，产品是企业的生命，随着科技突飞猛进的发展和竞争不断激化，如果一成不变地生产经营固定的产品，企业无法兴旺发达，最终会自取灭亡。只有不断依照市场需求的变化，依靠科学技术的发展开发新产品，才能使企业获得永续发展的原动力。企业吐故纳新的生机所在，表现在产品的更新换代和推陈出新上。因此，杜邦公司非常重视新产品研发，拥有各种学科的专家和工程师 5000 名，在全球设有研究室 50 多个，通常情况下，科研费用的开支约占其总销售额的 4%左右。

以发明阿司匹林而闻名于世的德国拜耳药厂不仅是仅次于赫希斯特的德国第二大医药生产厂家，而且是目前全世界 10 家最大的医药生产厂家中的第四大厂家。拜耳医药从一个小药厂发展成为年营业额 60 多亿马克（合 32 亿多美元）的世界知名企业，其主要原因就是重视研究和开发新产品，不断提高产品的竞争力。该公司着手经营医药的第二年，成立了世界上第一个药理实验室，然后于 1911 年又建立了化疗实验室。公司还拨出巨款作为研究经费，添置最先进的科学仪器，招聘多名专家和技术人员开展系统的医药研究和试制。很快，该公司的研究活动就结出硕果，发明了享誉世界的新药阿司匹林，并正式在柏林皇家专利局登记专利，该药开始了大批的生产，盈利很可观。拜耳医药公司尝到了研究开发新产品的甜头后，更是重视该项工作。以后相继在医药研究方面取得新的突破，研制出许多举世闻名的药物。1939 年，拜耳公司的研究人员多马克由于发现磺胺的药物作用而获得诺贝尔奖。拜耳公司的发展史，可谓是一部研究开发的历史。自品牌创立至 20 世纪 70 年代前的近 80 年时间内，拜耳公司研究发明的医药达 700 多种，其中很多药品都是闻名于世的。到20世纪70年代以后，随着化学工业和计算机技术的飞速发展，拜耳医药的科研工作取得更大成果，又推出了20多种新药，如对冠心病和高血压疗效显著的硝苯吡啶。

在拜耳，研究和开发一直起着关键作用。它们是新产品和新工艺的基础，所以对保证公司的将来意义重大。拜耳今天大多数的业务活动都是建立在拜耳自己的创新的基础上的。其中，欧洲、北美和日本的研发中心是拜耳研发活动的基石。

3. 开发新产品是发展市场经济、扩大商品出口、占领国际市场的需要

反映国家经济发展的一个重要经济指标就是社会商品零售总额。商品的生产与开发，意味着我们要研究自己具有独立知识产权的产品，这样才能与国外产品抗衡，扩大我们产品的国际市场占有率，扩大产品出口，大力发展我们的市场经济。

二、新产品开发的特点

1. 轻型化

轻型化是现代新产品开发的一个主要特点。特别是对重工业生产企业来说，由于原材料的节约和新的替代材料的不断产生，使新产品有向轻型化发展的趋势，改变了重工业产品傻大黑粗的形象。在轻纺工业，新产品开发也有向轻型化发展的趋势。

2. 结构简化

结构简化指采用新技术、新材料、新原理对产品结构进行改造，使其结构简化；去掉某些不必要的功能，从而相应地减掉不必要的结构，减少许多零部件，使产品结构更加紧凑、轻巧，造价低廉；或者减少产品中零部件的种类、型号，使之系列化、通用化，从而使产品结构简化。例如，电子管改为晶体管，晶体管再改为集成电路，使电子电器产品结构大大简化；通过自动化，使照相机使用方法简化，便于消费者使用。

3. 大型化或微型化

由于现代化大生产的发展，使许多生产资料商品日益向大型化方向发展，如船舶运输设备、石油化工设备、水压机、发电机等；相反，有些消费资料商品，要求携带方便，使用灵活，使其向微型化方向发展，如收音机、收录机、电视机、计算机等。

4. 多功能化

由于人们生活水平的不断提高，要求商品不仅性能好、效率高，而且能满足一些特殊的需要，因此，开发的新产品必须多功能化，达到一机多用，一物多用。

通过增加商品的功能，可以扩大市场占有率，提高商品的附加值。

5. 美学化

由于能源价格的不断提高，能源资源的日趋减少及世界各国对环境保护的重视，要求开发的新产品能够有利于节省能源，特别是家用电器、汽车等商品，必须做到节能化，这会给消费者和社会带来极大的经济效益，也有利于资源保护。

6. 天然化及营养保健化

随着人们生活质量和消费水平的提高以及消费观念的变化，食品、化妆品、服装等商品向天然化、营养化、保健化方向发展，如天然纤维织物、自然食品、功能食品、营养保健食品、天然化妆品、滋补营养化妆品等。

7. 绿色及环保化

随着环保时代的到来以及环保意识和环保消费观念的日益增强，全球将出现开发“绿色产品”或“环保产品”开发的高潮，“绿色产品”日渐流行并主导市场，未来的21世纪将是“绿色产品”的天下。谁开发绿色产品，谁就可能抢占市场；谁的产品上没有绿色标志或环境标志，谁就难以进入国际市场。绿色标志也称环境标志或生态标志，是一种印在商品或其包装上的图形，表明该商品不但质量符合标准要求，而且其生产、使用和处置过程也符合规定的环境保护要求，对生态环境安全、无污染或污染极少，对人体健康没有损害，并能回收复用或再生。绿色包装也属于绿色产品范围。目前，市场上已经出现的绿色家用电器、绿色电池、环保或生态时装、绿色食品、绿色包装产品等绿色商品，深受广大消费者青睐。

8. 高效能、低成本

产品还应该做到节能高效。这几年，由于能源价格的不断提高，能源资源的日趋减少及世界各国对环境保护的重视，要求开发的新产品能够有利于节省能源，特别是家用电器、汽车等商品，必须做到节能高效，这会给消费者和社会带来极大的经济效益，也有利于资源保护。同时，商品在市场竞争中要想取胜，一是物美，二是价廉。新产品的质量比同类产品好，品种对路，价格又合理，就肯定能击败竞争对手。因此，开发新产品时，固然把重点放在商品的功能质量和品种上，但降低成本也是重要的方面。

表10.1显示了一家美国公司是如何计算其新产品开发的成本的。该公司发展了64种新产品构思，只有16种通过了构思筛选阶段，而这一阶段鉴别每一个构思的成本是1000美元。这些构思中只有8个通过了概念测试阶段，该阶段每个构思进行概念测试所需的成本为20 000美元。在产品开发阶段中留下来的只剩下4个，每个构思的产品开发成本为20万美元。在市场测试阶段：状况良好的只有2个，每个成本为50万美元。这两个新产品构思推向市场时，每个要花费500万美

元，但只有一个构思获得了较大的成功。由此可知，这个成功构思的成本总额为572.1 万美元。但加上废弃的 63 个构思的费用，开发一个成功的新产品的成本就是 1398.4 万美元。

表 10.1　成功开发一个新产品的成本（从 64 个新构思开始）　单位：美元

阶　段	数　量	通过比率	单位成本	总成本
构思筛选	64	1∶4	1 000	64 000
概念测试	16	1∶2	20 000	320 000
产品开发	8	1∶2	200 000	1 600 000
市场测试	4	1∶2	500 000	2 000 000
推向市场	2	1∶2	5 000 000	10 000 000
合计			5 721 000	13 984 000

企业研制、开发、生产一项新产品是否成功，主要看附加值的大小。开发高附加值的新产品是企业创造高生产效率和高经济效益的一种有效方法。获得高附加值的途径多种多样，只要摸清市场需要，掌握产品增值规律，就能开发出适销对路的高附加值产品。例如，以增加产品科技含量提高附加值；以改善产品工艺设计提高附加值；以加大产品加工深度提高附加值；以降低产品单位成本提高附加值；利用技术渗透或材料变换提高附加值；以改进产品包装装潢提高附加值；以创建产品特色名牌提高附加值；请权威机构评价认证提高附加值；由单一性产品转向系列、成套产品提高附加值等。

第三节　新产品开发的战略选择

市场上，任何商品都不会永远畅销不衰，而是有一个产生、成长和衰亡的过程。像人的生命一样，要经过婴儿时期、青少年时期，再发展到成壮年时期，最后进入老年期，直到死亡。这是不以人们意志为转移的客观规律。任何商品都和人一样，不可能经久不衰，永葆青春。新产品总会代替老产品，新陈代谢是客观事物发展的必然规律。

一、产品的生命周期

商品的生命周期，就是指一个商品从投放市场到被淘汰的整个过程，又称市场寿命。

商品的生命周期与商品的使用寿命，是完全不同的两个概念。

商品的使用寿命，是指商品投入使用到损坏报废所经历的时间，是由商品的自然属性和使用频率决定的。而商品的市场寿命，则是由销售量和获利能力决定的，与商品本身使用寿命的长短无关。有些商品使用寿命很短，其市场寿命却很长，如鞭炮；而有的商品使用寿命较长，但市场寿命却很短，如某种流行时装。

1. 商品生命周期中的阶段

商品生命周期各阶段的划分，是以销售额和利润额为标志的。

在商品投放市场的不同阶段，其销售额和利润各不相同。一般的，商品投放市场的初期，销售额较低，以后逐步增长，达到一定高度以后，销售额又会下降。根据销售额的差别，商品的生命周期可以分为四个阶段，即投入期、成长期、成熟期和衰退期，如图 10.1 所示。

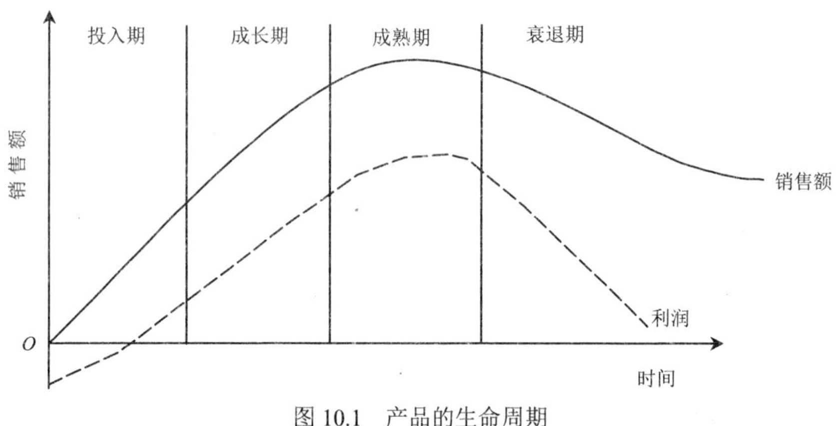

图 10.1　产品的生命周期

（1）投入期

投入期又称开拓期。商品进入市场的初级阶段，由于设计尚未定型，技术和管理都不够完美，商品质量、性质不够稳定，生产的批量不可能太大。同时，消费者对商品性能不甚了解，销售量也有限。在这一阶段，企业经济效益很低，甚至会产生亏损。但是，只有把商品投入市场，广泛进行宣传和促销，尽可能缩短投入期，才能使新产品在市场上站稳脚跟，并迅速打开局面。

（2）成长期

成长期又称市场承认期。产品设计已经定型，生产处于稳定增长阶段，人们对产品已经了解和接受。商品在成长期，销售量上升很快，利润也迅速增加，但竞争者也开始大量加入，模仿产品出现，市场竞争逐渐激烈起来。

（3）成熟期

成熟期又称饱和期。在这一阶段，产品已为消费者所熟悉，销售量和利润量都较高，但增长速度减慢，市场需求趋于稳定，商品进入成熟期后，市场竞争加剧，进一步扩大市场占有率会遇到困难。企业应当采取措施对原有产品和市场进行改革，以延长成熟期。

（4）衰退期

衰退期又称陈腐期。这一阶段，由于消费者的价值观念或生活习惯的变化，为该商品的需求量急剧减少，销售量和利润下降，有的开始出现亏损。商品一旦进入衰退期，就很可能被其他更新产品所取代，要想继续生存，就必须设法改进产品，降低成本和价格，提供更优良的服务。当然，即使这样也难于避免市场销售量的下降，最终不可避免地要退出市场。

讨论产品生命周期时，最具有实际指导意义的是产品形式和品牌的生命周期。

2. 产品生命周期的其他形式

不是所有的产品生命周期曲线都呈上述钟形图形，有四种变形的产品生命周期形式值得注意。

（1）循环—再循环

循环—再循环如图 10.2 所示是指产品在市场经过一个周期衰退以后，过一段时间又重新兴起，开始第二个周期。这种现象产生的原因一方面可能是由于公司的经营策略造成的。例如，药品公司积极推销新产品，出现了第一个周期。后来销量下降，公司又发动第二次促销，于是产生了第二个周期；另一方面社会变化也会导致这种现象。例如，摩托车作为一种交通工具同小汽车相比，舒适性和安全性都差，优点主要在于价格便宜。因此，当社会经济还不太发达时，摩托车作为代步工具有很大的市场。一旦社会经济发展，人们收入提高以后，人们就会买小汽车来代替摩托车，摩托车就会衰退。而随着经济进一步发展，人们买车不仅仅用来做交通工具，而且追求娱乐、运动时，摩托车又会找回它的市场。

（2）扇形

扇形，如图 10.3 所示，是指公司产品由于不断发现了新的用途，使产品的需求呈阶梯式向上发展。例如，杜邦公司的尼龙产品开发出来以后一开始做降落伞，后来用来做袜子、衣服、地毯等。伴随每一次新用途的开发，产品需求都大幅度增长。

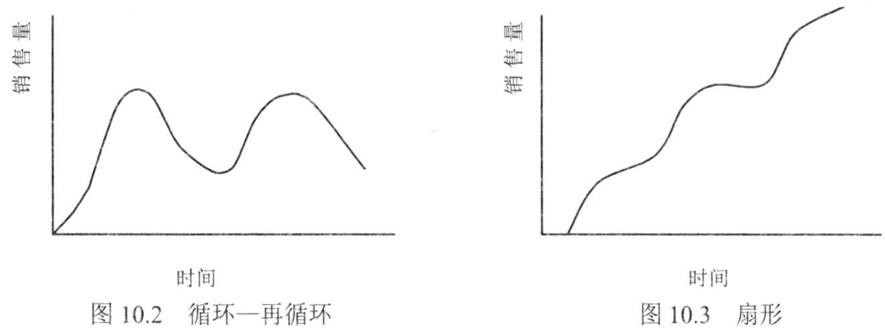

图 10.2 循环—再循环　　图 10.3 扇形

（3）风格

风格，如图 10.4 所示，是指人们在某个领域里展现的基本和独特的方式。例如，服装设计中有欧洲风格、日本风格等。一种风格出现以后，会存在很长一段时期，在这段时期里有时流行，有时衰落。如汽车中宽大豪华的风格在流行一段时期以后被轻巧精致的风格所代替，再过一段时期原来的风格又会重新流行。

（4）时潮

时潮，如图 10.5 所示，是指有些事物在社会中突然被人们发现，很快就被许多人接受，达到顶峰，但很快又衰退下去。例如，北京曾经风行过一阵呼啦圈，起因是电视上播放了来访的俄罗斯马戏团的表演，其中一个节目是呼啦圈表演，电视观众都被演员的精彩表演折服。紧接着，一个公司看准机会，生产出呼啦圈投放北京市场，一时间北京各个商店都摆上了呼啦圈，中小学生几乎人手一个，可谓全民皆转呼啦圈。可是不到半年，这股风就退了。又如，第二次世界大战时期，美国一家火柴公司，利用人们仇恨希特勒的心理，在火柴盒上画上希特勒的漫画像，把磷涂在人像手臂上。人们每划一次火柴，等于火烧了一次希特勒，很快，吸烟的人和家庭主妇都购买这种火柴，公司也因此发了大财。时潮因为来得快，去得也快，想利用时潮作为商机的公司必须及早认识到时潮的到来，并能迅速开发出产品，在市场上占据先机。

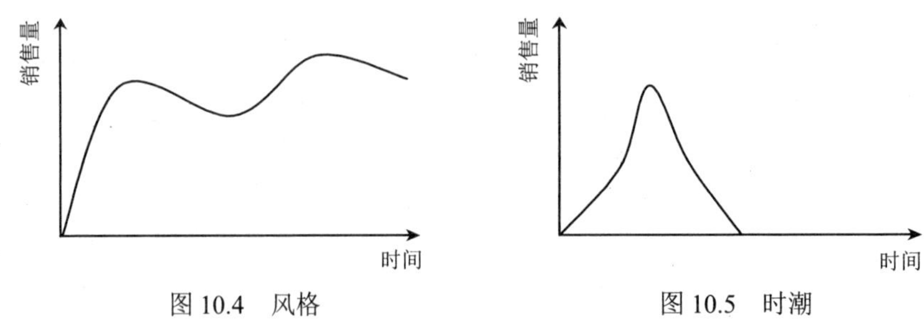

图 10.4　风格　　　　图 10.5　时潮

二、不同产品生命周期的战略选择

企业在开发新产品的过程中，要有正确的战略和策略，才能获得成功。开发新产品的战略有很多，例如，目标市场战略、产品组合多样化战略、产品整体设计战略、疲软产品淘汰战略等。

1. 目标市场战略

目标市场，就是指企业的服务对象，一个企业只有选好服务对象，将自己的特长与社会需要较好地组合起来，才能有针对性地开发新产品，提供优良服务。企业确立目标市场，重点应该放在挖掘用户和消费者的需要上。新产品的开发，实际上就是寻求能够最有效地满足消费者需求的途径。

2. 产品组合多样化发展战略

产品组合，也称产品构成。就是一个企业全部产品的组成方式。一个企业的产品组合，通常包括若干产品系列。每个产品系列，又包括众多的产品项目。有的企业可能只有一个产品系列，而有的则可能有几种不同的产品系列。在每一个产品系列中，有的只有一、两个产品项目，而有的则可能有许多产品项目。企业可以根据各自的目标市场、自身的条件和竞争能力，选择不同的产品组合，以求得企业的更大的经济效益和长期发展空间。

3. 产品整体设计战略

产品整体，就是指一切能够满足购买者某种需求或欲望的物质产品和非物质形态产品服务的总和。就是第二章所述的整体产品概念，包括三层次学说和五层次学说。

作为商品的生产者和经营者，应当根据消费者的要求，把构成产品整体的各种因素有机结合起来，从整体的观念出发，进行生产经营活动，不断改进自己的产品和服务，努力提供整体的产品。特别是随着科学技术的发展和人们消费水平的提高，需求日益多样化，企业生产和销售的商品必须提供更多的附加利益。

4. 疲软产品淘汰战略

生产发展，需求变化，竞争加剧，市场上总有一部分产品不能适销对路，不能为企业带来利润。所谓疲软产品，就是指没有销路、陈旧落后，不能为企业创造利润的产品，也即在生命周期中处于衰退期的产品。对于这些产品如果继续维持生产将成为企业的包袱，必须根据实际情况采取相应的淘汰策略。（见表 10.2）

表 10.2　产品生命周期不同阶段适用的管理策略

产品管理＼生命周期		投入期	成长期	成熟期	衰退期
特点	销售	低销售	销售快速上升	销售高峰	销售衰退
	成本	高成本	平均成本	低成本	低成本
	利润	亏损	利润上升	高利润	利润衰退
	顾客	创新者	早期采用者	中间多数	落后者
	竞争者	极少	逐渐增加	数量稳定开始减少	数量减少
管理目标		创造产品知名度争取试用	最大限度地争取市场份额	保护市场份额获取最大利润	削减支出榨取利润
管理策略	产品	提供一个基本产品	进行产品延伸增加服务和保证	提供各种性能和样式的产品	逐步淘汰薄弱产品
	价格	成本加成	市场渗透价格	竞争性价格	削价
	分销	建立选择性分销	建立密集广泛的分销	建立更密集的广泛分销	选择性分销
	广告	在早期采用者和分销商中建立产品知名度	在广大市场中建立知名度	强调品牌的区别和利益	减少
	促销	加强促销吸引使用	减少促销	吸引竞争者的顾客转换品牌	减少到最低水平

第四节　新产品开发的类型和方式

新产品的获得，企业可以根据实际情况作出不同的选择。一种是通过购买的方式来获得新产品。企业既可通过购买小企业，以获得有市场吸引力的产品线，又可向其他企业或个人购买专利权，还可用许可证协议来购买新产品的制造权。另外一种是通过开发的方式来获得新产品。具体的途径主要有两条，即企业通过自己的研究开发部门开展工作，在内部实行新品开发；或者雇佣社会上独立的研究人员或新产品开发机构，为本企业开发新品。

一、新产品开发的主要模式

新产品开发有以下两种主要模式。

1. 市场需求吸收模式

市场需求吸收模式是指按市场需求，即按消费者和用户需求开发新产品。市场需求是新产品开发的直接动力，也是新产品开发的起点和归宿。市场需求可产生于以下几方面：

1）现有商品的使用价值与消费欲望之间的差异。

2）对潜在消费欲望的体现。

3）从改善生活条件和环境条件及提高生活质量方面对未来商品使用价值的期望与要求。

4）市场结构和消费需求结构变化以及消费流向所产生的要求。

2. 新技术推动模式

新技术推动模式是指按科学技术发展的规律来组织新产品开发。科学技术不仅是新产品产生的源泉，而且也是新产品开发的推动力和基础。科学技术的发展，为新产品开发提供了重要的手段，扩大了科学技术的应用范围；同时，也提高了新产品的精确性和开发效率。

新产品开发研究的现代模式如图 10.6 所示。

二、新产品开发的类型

由于新产品的功能、结构与任务不同，因此新产品开发有多种类型。一般来说，有以下五种类型。

1. 独创型新产品开发

独创型新产品开发又称为创新型新产品开发，它是指采用新原理、新结构、新技术、新材料研制开发全新产品。现代科学技术的迅速发展，为独创型新产品开发奠定了牢固的基础。显然，没有基础理论研究的卓越成果，要进行独创型新产品开发是不可能的。

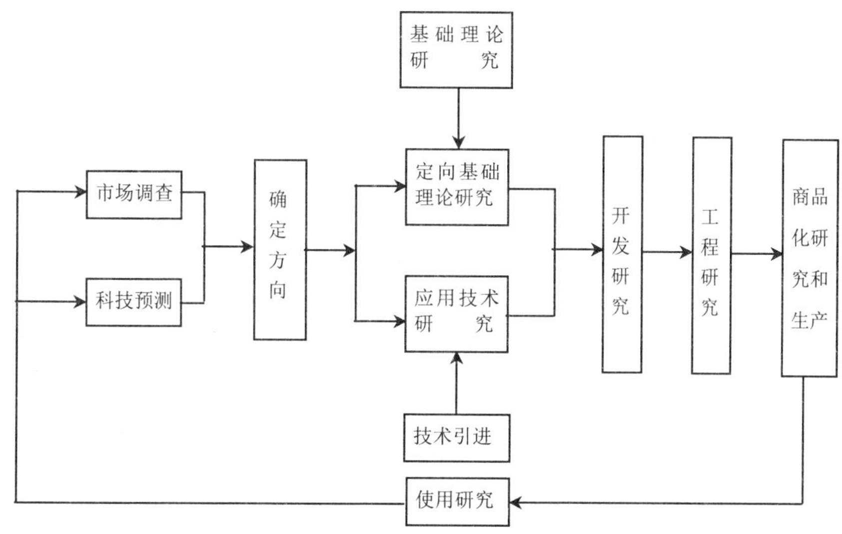

图 10.6 新产品开发研究的现代模式

独创型新产品开发周期较长，风险性也较大，需要有强大的投资和雄厚的技术基础，一般适合于大型企业。独创型新产品开发一旦成功，可取得非常显著的效果，对推动国民经济发展，增强国家实力等具有重要战略意义。因此，这种类型的新产品开发得到世界各国的高度重视。为实现我国的经济振兴，实现四化建设的宏伟目标，必须重视独创型新产品开发。

2. 复合型新产品开发

复合型新产品开发又称综合型产品开发，是将两种或两种以上技术复合在一起，构思出新产品。复合型新产品开发，可采用多种方法。例如，搭积木法，即把每种技术作为一块积木，然后进行搭接，创造出各种各样的新产品；也可采用拆装法，即将各种技术反复拆装，从而组合成新产品。这些都是最通用的技术复合方法。

这种复合型新产品开发可以是一般技术与一般技术的复合，如通信手表是钟表技术和微型收发技术的复合，它可以满足野外工作者计时、通讯的需要；也可以是一般技术与先进技术复合，如自动照相机就是照相技术与红外测距技术的复合应用，它便于消费者使用；还可以是先进技术与先进技术的复合，如潜水机器人就是潜水技术和机器人技术的复合。

复合型新产品开发是当前应用得最广泛的一种新产品开发类型，是推动经济发展、实现技术进步的一条捷径。我国要在较短的时间内，使其商品达到世界先进水平，也必须大力进行复合型新产品开发。利用技术复合来开发新产品，有利于发挥企业的技术优势，投资少，见效快，对大、中、小型企业都是适用的。

3. 需求型新产品开发

需求型新产品开发是指根据市场需要和消费者需求研制开发新产品。需求是发明之母，需求不断推动着新产品创新。需求型新产品开发是现代新产品开发的一种主要类型。这种新产品开发有利于加速商品的更新换代，扩大商品的花色品种，提高商品的实用性，从而使商品更加适销对路。

消费者和用户的需求是这种新产品开发的核心。因此，做好市场需求调查是其中必不可少的环节。消费者的购买动机和消费需求是非常复杂的，是不断发展变化的。不同国家、不同地区、不同阶层的消费者，其需求也有很大区别。因此，在新产品开发之前必须做好市场调查，首先要调查消费者和用户的当前需要和潜在需要，还要对消费者的人数、性别、年龄、职业、收入情况、购买动机等进行调查分析，以便掌握市场需求的确切资料，选择新产品开发的目标。只有这样，才能使开发出来的新产品适应市场发展变化的需要，满足消费需求。

需求型新产品开发必须重视对人们需求的预测和市场发展变化的预测，及时了解消费者心理和行为，掌握市场和消费的变化趋势，这是新产品开发成功的重要保证。

4. 材料型新产品开发

材料是商品使用价值的物质基础，改变产品所用的原材料就能制造出具有新特点的产品。材料型新产品开发是现代新产品开发的重要类型之一，它能促进生产发展，带动企业技术进步，所以在新产品开发工作中，要特别重视这种新产品开发。这种材料型新产品开发可以采用三种途径：

1）常用原材料互相替换开发新产品。这种途径开发新产品多半是由于原产品的某种原材料缺少或价格太贵而引起的。例如，由于木材、钢材的紧张，而大量发展起来的塑料新产品；化学纤维代替天然纤维等。这不仅开辟了新的原材料来源，而且也开发出了许多具有新功能、新特点的产品，满足了一些特殊的需要，并有可能降低成本。

2）采用新的工艺方法，对原材料进行二次加工或多层次加工，发展新产品。这种途径开发新产品，往往成本增加不多，但可以大大改善产品性能，满足特殊需要。

3）采用新型材料制造新产品。新型材料是现代科学技术新成就，是材料科学研究的成果。随着现代科学技术的迅速发展，新型材料不断出现，正向着多样化、高灵敏度、高精度和高稳定性能方向发展，从而为新产品开发创造了极为有利的条件。用新型材料开发的新产品是一种技术和知识密集型产品。

5. 军转民型新产品开发

军工企业技术力量雄厚、设备先进，因此从20世纪60年代开始，军转民型新产品开发得到各国的普遍重视。1962 年，美国宇航局成立了技术利用局，专门从事把航天技术中的材料、部件、能源、测试装置、通信、控制、环境技术向民品生产部门转移的工作，取得了巨大的经济效益。

军用产品多是采用最先进的技术和优质材料，因此在新产品开发时，其重点应放在“适宜技术”上，并将优质材料改为“适用材料”，从而可降低成本。军品转向民品的往往是一项大产品项目中的某些零部件或控制技术，因此在新产品开发时首先要进行可行性分析，然后重新进行工艺设计，才能使新产品符合需要。总之，在和平时期，军转民型新产品开发具有重要的战略意义，必须高度重视，探索其固有的规律。

三、新产品的开发方式

新产品的开发方式大致可以分为以下几种方式。

1. 独制方式

独制方式，即企业通过自己的开发部门，对社会潜在的消费需求或现有产品存在的问题进行分析研究，从而设计出具有突破性的新产品或更新换代的新产品。这对企业的资金和技术方面要求较高。

2. 契约方式

契约方式，即企业委托社会上独立的研究机构或人员进行开发，并附以一定的研发费用。这可充分利用社会上的科技力量，减少企业的基础投资。

3. 企业研制与技术引进相结合的方式

企业研制与技术引进相结合的方式，即企业在新品的研制计划是利用现有的技术，并通过购买专利或专有技术等形式，引进关键的技术或设备，使之与现有的技术相结合。这种方式既可以使新产品在市场上具有一定的竞争力，又可以使引进技术充分实现其经济效益，是目前国际上较为流行的一种方式。

4. 直接引进技术

直接引进技术可以减少本企业的科研经费和科研力量的投入，加速企业的技术发展，短期内收效较大，但一般成本较高。这种方式在发展中国家的企业较为常用。

四、新品开发策略的选择

从市场竞争和产品系列的角度来考虑，企业的新品开发策略主要有以下几种。

1. 抢先策略

抢先策略，即企业抢在所有竞争者之前先开发、抢先投入市场，以求能够使企业的产品在市场上获得领先地位的策略。这种策略能先发制人，但风险较大，而且一般要求企业具有较强的研发能力和小批量生产与试制能力，还要有足够的人力、物力和资金的支持。采用这种策略由于先进入市场，可以采取高价出售的“撇脂”政策。利用产品最早进入市场到仿制品出现的时间差争取较大的盈利。

2. 紧跟策略

紧跟策略，即企业在市场上一经发现有竞争力强的产品就立即进行仿制并投入市场的策略。这一般要求企业具有较宽的市场信息网络和较强的快速市场应变能力，并有一定的研发能力。

3. 产品线与产品组合策略

产品线与产品组合是一对相互统一的概念，不同长度与深度的产品线共同形成了产品组合。

产品组合的宽度可以表明公司有几条产品线，产品组合的相关度则体现公司各条产品线之间的关系。下面以宝洁公司为例说明产品线与产品组合的关系，如表 10.3 所示。

表 10.3　宝洁公司产品组合宽度和产品线长度（包括引进的日期）

	产品组合宽度				
	清洁剂	牙膏	条状肥皂	纸尿布	纸巾
产品线长度	象牙雪 1930	格　利 1952	象　牙 1879	帮宝适 1961	媚人 1928
	德来夫特 1933	佳洁士 1955	柯克斯 1885	露　肤 1976	白云 1958
	汰渍 1946	登奎尔 1980	洗　污 1893		粉扑 1960
	快　乐		洁　美 1926		旗帜 1982
	奥克雪多 1952		香　洁 1952		
	德　希 1954		保结净 1963		
	波尔德 1965		海　岸 1974		
	圭　尼 1966				
	伊　拉 1972				
	索　洛 1979				

宝洁公司产品组合的宽度是指该公司具有多少条不同的产品线，表 10.3 表明产品组合的宽度是 5。

该公司产品组合的长度是指其的产品组合中的产品品种（或品牌）的总数。

上表显示产品品种的总数是 26 个，则每一条产品线的平均长度是总长度（这里是 26）除以产品线数（这里是 5）结果为 5.2。

宝洁公司产品线的深度是指产品线中每一产品有多少差别化产品。例如，佳洁士牌牙膏有三种规格和两种配方（普通味和薄荷味），佳洁士牌牙膏的深度就是 6。通过计算每一品牌的产品品种数目，我们就可以计算出宝洁公司的产品组合的平均深度。

产品组合的相关度是指各条产品线在最终用途、生产、分销渠道或者其他方面相互关联的程度。宝洁公司产品的顾客一般会购买公司各个产品线上的产品，因此公司产品线顾客相关度很高，同时由于公司产品都是通过同样的分销渠道出售的，因此公司的产品线又具有很高的渠道相关度。但就这些产品对消费者的用途不一样而言，我们又可以说，该公司的产品线在最终用途这一点上缺乏相关度。

产品组合的宽度、长度、深度和相关度可以比较清楚地表明公司产品线与产品组合的关系，并且为公司确定产品策略提供依据。

公司可以采用三种方法拓展业务。第一，可以增加新的产品线，以扩大产品组合的广度。采用这种方法，新的产品线就可以利用公司在其他产品线的声誉。第二，可以扩展现有的产品线，使其产品线更加丰满。第三，公司可以更多地增加每一产品的品种，以增加产品组合的深度。公司在确定自己的产品组合时应该考虑产品线之间的相关度，一般来说，产品线之间的相关度越高，越有助于公司发挥自己在某个领域内的优势。

4. 仿制策略

企业通过仿制竞争能力强和技术先进的产品，以较低的成本开拓市场。这种策略的关键不是在于抢时间而在于成本较低。由于是仿制，开发成本较低，同时由于产品进入市场的时机一般在成长期或稍晚的一段时间，此时销量较大，产品成本和销售费用存在规模经济。

5. 市场服务策略

市场服务策略指提供附加产品或以服务取胜的战略。不太注重产品本身的开发，而是通过加强售前或售后服务满足顾客的各种需求，树立良好声誉。

第五节　新产品开发的阶段和程序

新产品开发的阶段和程序是指从确立新产品的开发目标到新产品研制成功进入市场为止所经历的阶段和步骤。可以分为七个阶段。

1. 新产品构思阶段

新产品的开发始于构思。成功的新产品源于创造性的构思。新的构思主要来源于：

1）对消费者的分析。

2）科研能力。

3）竞争者的情况。

4）中间商的建议。

2. 新产品构思的筛选阶段

这一阶段是对各种新产品构思进行评审和优选。其标准依据是：

1）新产品的发展趋势和前途。

2）开发新产品需要的条件是否具备。

3. 新产品概念形成阶段

概念形成指筛选后的新产品构思，必须用图形或模型表示出来，即形成比较完整的产品概念。

4. 营销分析阶段

营销分析指对新产品概念进行财务分析，并预算产品进入市场的销售量、成本和利润，从而确定新产品的销售目标和计划。

5. 新产品研制与试生产阶段

按照经过测试和分析的产品概念制成样本或模型，还包括商标和包装设计。只有在样本通过鉴定以后才能进行小批量试生产。

小批量生产主要是考核新产品的加工工艺和工艺装备，进一步验证产品的定型、产品的经济效益和企业的生产能力问题。在这些条件满足后才能转入正式生产阶段。

这一阶段是新产品开发的重要阶段，因为产品一旦定型，再要进行改进就相当困难。另外，应尽量缩短研制时间，这对于开发成功，早日占领市场，都具有极其重要的意义。

6. 新产品试销阶段

研制出来的样本通过鉴定并小批量生产以后，可以上市试销。在这一阶段应及时了解消费者和中间商的反映和建议以及市场的需求，为以后的正式生产提供依据。

7. 正式投产阶段

试销成功以后，可以进入大量生产和销售阶段。这个产品商业化的阶段，需要通过大量的广告和人员促销使产品尽快为广大顾客接受，并同时建立相应的良好的管理机制和畅通的销售渠道，做好售后服务工作，搜集顾客反应信息和建议，促使产品尽快进入成长期。

小　　结

本章在介绍新产品的定义及开发新产品意义和作用的基础上，重点分析了新产品开发的战略选择、新产品开发的类型和方式，并对开发新产品的阶段和步骤做了一定的阐述。

思考与练习

简答题

1. 产品线和产品组合是简单的包容关系吗？

2. 目前我国的缝纫机处于产品生命周期的何种阶段？你对此有何策略？

3. 新产品开发的策略有哪些？新产品开发的程序一般需要经历哪些阶段？这些阶段的特点是什么？

实训题

考察学校附近的生产型企业，调查企业开发新产品的过程和采用的方法。

【案例 10.1】

中国家用电脑进入发展新阶段

2000 年第一季度，中国家用电脑市场异常火爆，旺盛的需求令许多厂商及媒体始料不及。进入暑期以来，全国各地的家用电脑更是出现了前所未有的销售热潮。一项调查表明，为上网买电脑已经成为用户购买电脑最主要的用途，比例高达 62.6%。因特网的出现和发展，使家用电脑的功能性支撑发生了质的变化；家用电脑因为因特网的介入而具有了新的发展空间。“上网需求”在用户购买电脑时在很大程度上真正起到了功能牵引的作用。

回顾中国家用电脑的几个成长阶段，让我们看到了一个高技术产品所走过的清晰脉络。

家用电脑第一波：简易 PC 时代，经历时间为 20 世纪 90 年代初至 1994 年。家用电脑概念开始出现，但被定位于廉价简单。这一阶段电脑的应用明显受到了汉字系统在电脑上成功实现的刺激。家用电脑销售量每年不过是几万台。

家用电脑第二波：多媒体PC时代，经历时间为1995～1999年。具有多媒体功能的PC首先被家用市场迅速接受，并带动了多媒体软件市场。家用电脑开始具备丰富的多媒体娱乐、教育、信息功能，通信介质以光盘为主。家用电脑从而进入了快速增长期，每年的增长速率超过50%。

家用电脑第三波：因特网PC时代。1998年至1999年，中国网络基础设施建设发展迅速，带宽不断增加，随着接入技术的不断成熟，因特网在中国迅速发展。同时，上网需求增长迅速、电信部门不断调低上网价格等市场因素也加快了家用电脑进入第三波的步伐。

IDC统计数据表明，1995～1999年，中国家用电脑共计销售约为290万台，处于高速成长期。据IDC预测，2000～2004年，中国家用电脑销售将达1800万台，这五年的市场容量为前五年的6倍以上。同时，IDC预计2000年中国家用电脑市场容量为190万台，而从目前的销售态势及走势来看，市场容量将达到260万台左右。

因特网电脑不仅是一种产品，更是一种模式，因特网电脑模式最核心的是，电脑就是一个门户，只要买来因特网电脑就能轻松上网。因特网电脑的推出，带动了PC业界一种新的模式，这种模式是由我国的电脑和因特网普及程度所决定的，通过集成ISP、ICP，利用其规模性，从而使用户得到很好的优惠。

随着因特网电脑的发展，要求厂商综合实力向更高的方面转变。例如，天禧的研发人力投入有一百多位优秀的工程师，财力投入为一千多万元，耗时一年多。而这种转变和提高对PC产业发展起着积极的推动作用。首先在因特网时代，当用户买来因特网电脑的同时就有了网络门户，这使得PC产业在因特网时代绝不会处于配角地位。因特网电脑的发展使PC产业在未来产业竞争中，处于更积极主动的位置上。同时，因特网电脑的发展，对厂商的整机技术、接入技术、售后服务等方面提出了新的要求。对厂商综合技术上要求更高，跨度更大，涉及到服务器端、PC软硬件、ISP、ICP等；对规模性要求很强，没有一定的规模，也很难在全国范围实现一键上网。家用电脑第三波，是中国电脑厂商、ISP、ICP等信息产业面临的一个巨大的产业契机。

问题：

通过此案例，请说明家用电脑的产品生命周期形式是怎样的？

【案例10.2】

为梦想而来——沃尔沃（VOLVO）公司的产品线战略

很多中国人有一个梦想：拥有一辆属于自己的汽车。这一梦想在如潮鼎沸的北京第六届国际汽车展上又一次膨胀起来。而在这其中瑞典沃尔沃（VOLVO）卡车公司，也把技术与舒适的优越性在它首推的三款豪华安全的VOLVO FM12新系列卡车中体现的淋漓尽致，让我们真实的感受到可以与轿车媲美的全新卡车的未来。

VOLVO卡车公司源自瑞典VOLVO集团公司，其缔造者是Assar Gabrielsson。出生于1891年的Gabrielsson曾经是个经营禽蛋贸易的进口商。当汽车工业在欧洲兴起时，他也梦想着有一天能够制造并拥有一家属于自己的汽车厂。1928年，Gabrieksson终于把梦想付诸于行动，在瑞典的哥德堡创建了VOLVO汽车制造公司。

历史上的VOLVO是个产品多元的汽车制造公司，除了出产蜚声世界的VOLVO轿车外，也生产卡车、客车、建筑设备用车等，甚至还生产工业用发动机和航空组件等产品。然而进入90年代后，随着世界汽车工业发展，使得轿车生产越来越向诸如奔驰、福特等几个少数超大轿车生产公司集中，并逐步占领了世界轿车市场的绝大部分市场份额时，VOLVO公司从企业未来发展战略出发，适时作出了重大的改革，将原来生产轿车的股权全部出让给了美国福特公司。资产重组后，使得VOLVO卡车公司成了产品更加专业化的制造厂商，并着力开拓卡车系列产品、世界卡车系列产品和世界卡车市场。

72年的发展历程和企业战略的不断调整，使VOLVO卡车公司已成长为一家实力雄厚的跨国公司，它所生产的卡车不仅有从8t到100t的全部系列，而且从拖斗、翻斗、油罐、平板、搅拌、垃圾到消防车各类车型一应俱全。其最新一代的顶尖产品FM系列卡车，更是因采用了第七代直列式六缸涡轮增压冷柴油发动机而具有超强的省油优势，其有效能量转换率高达45%，大大高于自然进气发动机的35%。驾驶室的流线型使风阻降低了10%～20%，变速箱及后桥机油的寿命可延长至40×10^4km。发动机功率从250匹欧标马力应有尽有，并全部达到了欧洲Ⅱ排放标准，其中420马力的FM12可配置有承载全车总量为100t的能力。遍布全世界的约1500个授权服务中心，不仅拥有丰富产品经验和经过专业训练的工作人员，制备了全套的维修手册，而且还以卡车特殊工具和原装零部件存货，来保证所有的客户都能得到满意的维护与服务。

全球经济的一体化，越来越要求企业特色鲜明、技术先进、人员专业、产品精湛，以使自己能够在日益激烈的市场竞争中独步天下。

VOLVO公司在权衡利弊之后，于1999年作出重大的战略调整，决定集中已有的技术优势重点发展卡车制造。于是，在保持VOLVO品牌的前提下，将VOLVO轿车以520亿元人民币的价格卖给了美国福特公司，以15%的股权购买了法国雷诺MACK/VI公司100%的股权，从而使VOLVO卡车公司一跃成为世界第二大卡车制造跨国公司。

经过全面的战略调整和内部的整合后，VOLVO卡车公司在1999年度就实现了年产重型卡车8.1万辆，加上与MACK和雷诺VI合作生产的卡车，仅比世界第一大卡车生产厂奔驰公司少3.7万辆。在欧洲的市场占有率也已达到了28%，而在美国、加拿大市场上，其占有率分别为24%和17%。1999年VOLVO卡车公司重型柴油机的产量亦有大幅度提高，达到12.4万台，位居世界第三位。在亚洲，VLOVO卡车公司除继续发展中型卡车贸易外，已开始与日本三菱公司合作生产中型卡车。在北非也拥有巨大的市场份额。目前，VOLVO卡车公司控股的工厂分布于12个国家，其产品遍及世界120多个国家和地区，所生产的卡车90%以上被销往瑞典以外的地区。

VOLVO一直认为：驾驶员生产效率的高低是决定一个运输公司竞争力强弱的最关键因素。因此，VOLVO设计和生产是建立在给予驾驶员一个能发挥最高产出的工具的基础之上，并将力量、安全和舒适三大理念贯穿于始终。

从以驾驶员舒适度为第一原则出发，按照人体工程学原理合理布置设计和生产的FM系列卡车，驾驶室宽敞明亮，仪表盘呈弧形，使所有控制系统键均处于驾驶员伸手可及的位置。能对综合情况作出及时的反应。这种“以人为本”的设计理念，让人机配合达到了水乳交融的程度。

VOLVO将安全奉为永远高尚的理念，让其一切产品永远站在安全的最前列，把设计、生产、使用、试验和再进步等各方面完全融入到第一个产品中，FM系列的三点舒适型安全带使驾驶员及乘客既安全又无被绑住感，仪表盘在发生事故受到压力时可塌陷，能最大程度地保护驾驶员。

FM驾驶室四点悬浮式底盘，使其舒适性与固定式单悬浮式的卡车有着天壤之别，室内低噪声可与任何最豪华的小轿车相媲美，输换气系统均匀散布，使新鲜适宜的空气弥漫于各个角落，宽大的前车窗给驾驶员提供了令几乎所有竞争者望而兴叹的优良视野。亲身驾驶FM系列卡车的人都说：“真比开最豪华的轿车还享受”，“有了FM，我宁愿不开轿车了”。

而VOLVO最为独到的理念就是每个客户购买的既是卡车又不是卡车，那是为每一个客户提供一部优良的赚钱工具或机器。或许VOLVO卡车公司大中华地区首席代表沃夫·诺曼先生所说的“我们VOLVO的卡车只有帮助客户实现了这一最终目标时，他们才能继续是VOLVO的客户，最能体现VOLVO梦想的全部”。

作为一个拥有国际著名品牌的企业，VOLVO卡车公司对于品牌塑造和理解并不繁琐晦涩，那就是：为消费者提供物有所值的产品。没有太多的语言修饰，更没有高深的理论阐释，似乎简单的有些让人不可思议，但现实的成功往往就是来自一次简单的瞬间梦想！

（资料来源：林功实．2001．产品原理．大连：东北财经大学出版社．）

问题：

1. 沃尔沃公司为什么放弃轿车生产线？
2. 沃尔沃公司为什么仍保留原品牌？
3. 沃尔沃公司卡车产品线延长有何意义？
4. 沃尔沃公司卡车产品轿车化有何意义？

第十一章　纺织商品

【主要概念】

纤维　纺织纤维　再生纤维　合成纤维　超细纤维　服装　服装造型

纺织商品与人们形影相随，是一种生活必需品，在人们的衣食住行中处于首要位置。从事纺织商品经营管理的人，首先要对纺织商品的发展概况有一个比较系统的了解，不仅从宏观上了解我国纺织品的产生、发展和现状，还要根据纺织商品的内容，对纺织商品的原材料的性质、特点有所了解，才能掌握学好纺织商品。

第一节　纺织纤维

一、纺织纤维具备的条件

纤维是指长度比直径大许多倍并且有一定柔软性的非常纤细的物质。而纺织纤维与一般纤维不同，它不但要有柔软性，而且还要有一定的长度、细度、强力、弹性、吸湿性和各种化学稳定性，同时应当具有保暖性，并能染上各种不同的颜色。例如，棉花、羊毛、蚕丝等，就具有上述性能，所以称为纺织纤维。所以说，要成为纺织纤维，必须具备如下条件：

1）有一定的长度和细度，适合于纺织机械加工，使产品具有一定的长度；

2）有足够的强度和伸长度，以利于服装和其他组织用品的生产及纺织机械加工的要求；

3）柔软而富于弹性；

4）性能稳定，纺织纤维具有固定的形态，和常见的物质不起化学反应，细菌和微生物不易分解纺织纤维；

5）来源广泛，经济。

另外，纺织纤维还要具有吸水，透气，手感舒适，光泽美观，可染色等特点。并在特殊情况下，还要有阻燃防火防蛀防霉，防油，防静电，适合特殊加工等要求。

二、纺织纤维的分类

（一）天然纤维的分类

1. 植物纤维

1）种子纤维，如棉纤维、木棉纤维。

2）韧皮纤维，如苎麻、亚麻、黄麻等。

3）叶纤维，如剑麻、蕉麻等。

4）果实纤维，如椰子纤维。

植物纤维又称纤维系纤维，是纺织工业的重要原料，包括棉纤维、麻纤维和竹原纤维等，植物纤维的化学组成主要是纤维素，伴以半纤维素和木质素，是纺织、人造再生纤维、制浆造纸、炸药和无烟火药、赛璐珞、各种工业产品用高级涂料、胶片和胶卷、塑料、工业用乳剂、上浆剂等的重要原料。

2. 动物纤维

1）分泌物纤维，如桑蚕丝、柞蚕丝等。

2）毛发纤维，如绵羊毛、山羊绒、兔毛等。

3. 矿物纤维

矿物纤维主要有石棉等。矿物纤维是指从矿物开采中得到的一种无机纤维。石棉纤维是矿物纤维最有代表性而且使用较多的一种，主要用于制作石棉服、石棉靴、石棉手套等劳动保护用品，工业上用于制作各种耐热、防腐、耐酸、耐碱制品和化工过滤材料、电解槽用隔膜布、锅炉等的隔热保温材料，以及用于制作汽车、拖拉机的机械离合装置与制动装置，在建筑工业中常用丁生产石棉瓦、石棉板等制品及热、电绝缘方面的防火填充材料等，在国防工业中可用于制作火箭头部和燃烧室等的隔热材料等。

（二）化学纤维的分类

1. 再生纤维

1）纤维素纤维，如粘胶纤维、铜氨纤维等。

2）蛋白质纤维，如大豆纤维、酪素纤维等。

3）纤维素酯纤维，如醋酯纤维等。

再生纤维是化学纤维中的一个大类，它是以某些天然的线型高分子化合物或其衍生物为原料所制得一类化学纤维的总称。其性能与化学纤维中的另一大类合成纤维相比，纤维的强度稍低，但吸湿性好，染色较为容易。其制造过程为先将精制的天然高分子物或其衍生物溶解于某种溶剂中以制成纺丝液，经混合、过滤、脱泡后使之从喷丝头细孔中压出，或引入特定的凝固浴中固化成丝（称为湿纺法），或引入热气流中使溶剂挥发而成丝（称为干纺法），接着再对其初生丝进行适当的后处理加工，即得成品纤维。人造纤维的产品形式可分为长丝和短纤维两类，其长丝又可被分为普通长丝、改性长丝（或称变性长丝）和强力长丝等多个品种；短纤维产品则可按其用途的不同，分为棉型短纤维和毛型短纤维等，若按其短纤维产品的外观形态分，又可被分为切断短纤维和短纤维牵切条等不同形式。再生纤维主要供制作各种服装用品、床上用品、室内装饰用品以及交通运输、医药卫生、烟草工业等部门使用的纤维制品等。

2. 合成纤维

合成纤维包括聚酯纤维、聚酰胺纤维、聚丙烯晴纤维、聚丙烯纤维、聚乙烯醇缩甲醛纤维、聚氯乙烯纤维等。

合成纤维是化学纤维中的一个大类，是以石油、煤、天然气以及农产品等为原料，经化学反应，制得线型成纤高分子物后，再经纺丝和后处理等加工过程所制成一大类化学纤维的总称。其特点是强度较高，吸湿性小，可制成有某种特定性能的织物，其染色性能不如人造纤维。合成纤维品种繁多，如按其成纤高分子物的结构可分为“杂链类纤维”和“碳接类纤维”两大类，前者如聚脂纤维、聚酰胺纤维等，后者如聚丙烯纤维、聚丙烯晴纤维、聚乙烯醇纤维、含氯纤维等；如按其性能可分为普通合成纤维、高性能合成纤维、功能性合成纤维等；如按所制得纤维产品的外观形状又可划分又可分为长丝、短纤维和丝束等。

3. 无机纤维

无机纤维包括碳纤维、金属纤维、玻璃纤维和陶瓷纤维等，具体分类如图 11.1 所示。

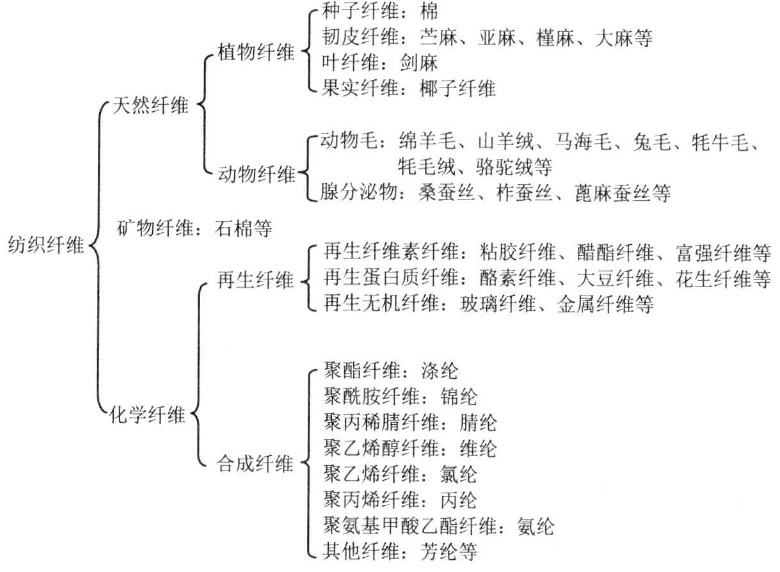

图 11.1 纺织纤维的分类

三、新型纺织纤维

（一）超细纤维

细度是纺织纤维的重要品质特征，和成纱线密度、强度、条干均匀度一样，特别是对形成织物的手感、风格特征等有着密切的关系。自然生长的天然纤维一般都具有较细的细度，例如，蚕丝，单根丝素宽度约 13～25μm；棉纤维宽度约 13～30μm；山羊绒的平均直径约 15～16μm，相当于品质支数为 80 支羊毛，其绒毛细度可细至 5μm 左右等。超细纤维在细度上优于天然纤维的特性，是其可以形成独特风格纺织品的关键。

超细纤维实际上是一个统称。一般地说，单丝细度接近或低于天然纤维的化学纤维都可以称为超细纤维或微细纤维。化学纤维中，常规纤维单纤线密度通常在 1.11dtex 以上，在此以下的则为细特纤维，最细可达 0.01dtex，甚至更小。目前，对超细纤维的划分有不同的定义。美国的 PET 委员会将单纤线密度为 0.3～1.0dtex 的纤维定义为超细纤维，欧洲则认为超细纤维的上限应为 0.3dtex，意大利则认为 0.5dtex 以下的纤维即为超细纤维。

纤维细度由粗到细不是简单的数量变化，而是伴随纤维变细，其相应的性能也发生了变化，即面料在外观、手感以及服用性能等方面都发生了质的变化。

超细纤维与常规线密度的化学纤维相比更加柔软，有纠结性和连续性，易于按需要施行各种加工手段，制造出更为透湿透气、蓬松柔软以及结实耐用的制品，面料更加富有美感。超细纤维服装面料的开发与应用已成为提高服装面料档次的重要手段，其面料已成为国际纺织品市场上深受欢迎的品种。

超细纤维制成的面料手感更加柔软，服用舒适性更好，仿真丝效果好，面料的去污性增强，因为纤维单纤线密度变小后，不论干洗或湿洗，均具有很好的清洁效应。

（二）天然彩色棉纤维

普通的棉织品必须经过化学漂染工艺才能变得五颜六色。而使用天然彩色棉纤维制成的纺织品，根本不用化学染整工艺就可以拥有缤纷的色彩，可谓真正意义上的绿色环保产品。所以一经问世，立即受到广大消费者的欢迎。因此，在 20 世纪 80 年代前后，彩色棉花的培植及其制品受到了世界各国的普遍重视。

1972 年，美国科学家运用转基因技术培育彩色棉获得成功。1994 年，我国引进此项技术。目前，世界上开发利用彩色棉的国家有美国、秘鲁、墨西哥、澳大利亚、埃及、法国、巴基斯坦及欧盟国家等。栽培出的彩色棉颜色种类有浅黄、紫粉、粉红、奶油白、咖啡、绿灰、橙、黄、浅绿和铁红等。

我国四川、甘肃、湖南、新疆等地也开始大批培育、种植天然彩色棉，其品种有棕色、绿色两大系列共五种颜色。这种棉纤维纺纱后可直接用于针织或机织，并成功开发出各种彩色棉服装，包括内衣、睡衣、T 恤衫、婴幼儿童装、床单、被褥、毛巾、浴巾、卫生用品等一百多种。并首次获得国家环保总局、中国环境标志产品认证，为我国彩色棉纤维纺织品进入国际市场开辟了道路。

（三）竹纤维

竹纤维是一种再生纤维素纤维。竹纤维可以是从竹子中直接获得的竹纤维；也可以是以竹子为原料，利用发明的专利技术，经特殊的高科技工艺处理，把竹子中的纤维素提取出来，再经制胶、纺丝等工序制造的再生纤维素纤维。竹纤维是一种可降解的纤维，在泥土中能够完全分解，对周围环境不造成损害，是比较理想的环保材料。

竹纤维面料之所以受到市场的青睐，不仅是受到回归自然的影响，更重要的是它具有其他纤维无法比拟的优点，如优良的着色性、回弹性、悬垂性、耐磨性、抗菌性，特别是吸湿放湿性、透气性居各纤维之首。竹纤维横截面布满了大大小小的空隙，可以在瞬间吸收并蒸发水分。炎热的夏季穿上竹纤维面料制作的服装，使人感到特别地清凉。因此，竹纤维被誉为“会呼吸的面料”。

竹纤维主要有两大性能，抗菌性和吸湿性，简单介绍如下。

1）抗菌性能。竹子与其他木材相比，自身就具有抗菌性。在生产过程中，采用高新技术工艺处理，可使抗菌物质不被破坏，始终结合在纤维素大分子上，保持了竹纤维的抗菌性。竹纤维织物经过反复洗涤、日晒也不会失去抗菌作用。另外，因为竹纤维的天然抗菌性，纤维在服用上不会对皮肤造成任何过敏性反应，这与在后整理过程中加入抗菌剂的纤维织物有很大的区别。

2）吸湿性能。运用天然竹纤维生产的纺织产品，其最大的特点是凉爽、柔滑、光泽好、吸湿性好。经测试显示，在 100%的相对湿度条件下，竹纤维的回潮率以及回潮速度都是其他纤维无法比拟的。这说明竹纤维比其他纤维具有更优的吸湿快干性。

竹子自身具有抗菌、抑菌、防紫外线等特征。由竹纤维制成的纺织品，24h 抗菌率可达 71%，大大高于其他种类的纤维。日本纺织检查协会的检验也证实，由竹纤维制成的面料及纱线具有天然的抗菌作用。

竹纤维纺织品经反复洗涤、日晒后仍保留其固的有优势，这就是竹纤维的自然性和环保性的特性，加上其吸湿性、透气性、悬垂性、抗皱性好及易染色等优点，放所开发的新面料，广泛用作内衣裤、衬衫、运动装和婴儿服装，也是制作夏季各种时装及床单、被褥、毛巾等的理想面料。竹纤维面料还广泛用于床上用品，为寝具业走向功能型开辟了一条新思路。

（四）大豆纤维

大豆纤维是大豆蛋白纤维的简称，商品名为“天绒”，是由我国纺织科技工作者自主开发的纤维产品，并在国际上率先实现了工业化生产，使我国成为世界上唯一能生产这种最新纤维的国家，也是迄今我国获得的唯一完全知识产权的纤维发明。目前国内仅有一条工业化生产线，因为有五十多家名牌企业开发面料和生产服装而供不应求，致使大豆纤维格外走俏。

大豆纤维以将大豆浸出油后废粕为原料，利用生物工程新技术，把豆粕中的球蛋白提取提纯，通过助剂、生物酶的作用，使提纯的球蛋白改变空间结构，再添加羟基和氰基高聚物，配制成一定浓度的蛋白纺丝液，经熟成后，用湿法纺丝工艺纺成单纤为 0.9～3.0dtex 的丝束，通过醛化稳定纤维的性能，再经过卷曲、热定型、切断即可生产出各种长度规格的纺织用高档纤维。

大豆纤维既具有天然蚕丝的优良性能，又具有合成纤维的机械性能，它的出现既满足了人们对穿着舒适性、美观性的追求，又符合服装免烫、洗可穿的潮流，业内人士称其为“人造羊绒”、“新世纪的健康舒适型纤维”等。用该种纤维织成的织物有以下特点：

1）外观华贵。服装面料在外观上给人们的感觉体现在光泽、悬垂性和织纹细腻程度三个方面。大豆纤维面料具有真丝般的光泽，清爽宜人；其悬垂性极佳，给人以飘逸脱俗的感觉；用高支纱织成的织物，表面纹路细洁、清晰，是高档的衬衣面料。

2）舒适性好。大豆纤维面料不仅有优异的视觉效果，而且在穿着舒适性方面更有着不凡的特性。以大豆纤维为原料的针织面料手感柔软、滑爽、轻，如真丝与山羊绒混纺的感觉；其吸湿性与棉相当，而导湿透气性远优于棉，保证了穿着的舒适与卫生。

3）染色性好。大豆纤维本色为淡黄色，很像柞蚕丝色。它可用酸性染料、活性染料染色。

4）具有保健功能。大豆纤维与人体皮肤亲和性好，且含有多种人体所必需的氨基酸，具有良好的保健作用。在大豆纤维纺丝工艺中加入定量的有杀菌消炎作用的中草药，与蛋白质侧链以化学键相结合，药效显著且持久。

我国正在积极开发大豆纤维面料，已确定其为产业化及产品开发一条龙项目和国家重点技术创新项目。已研制成功大豆丝提花绸、大豆蛋白丝、蛋白缎、舒雅花呢、雪纺、生态蛋白丝呢绒等系列产品，通过与真丝、羊毛混纺，还可以满足不同用户的需求。

由于大豆纤维的主要原料为来自于自然界的大豆粕，原料数量大且具有可再生性，不会对资源造成掠夺性开发。大豆纤维在生产过程中所使用的辅料、助剂均无毒，且大部分助剂和半成品纤维均可回收重新使用，而提纯蛋白后留下的残渣还可以作为饲料，其生产过程完全符合环保要求，不会对环境造成污染。因此，大豆纤维是一种绿色环保纤维。

纤维作为服装面料的基本元素，在新型服装面料的开发中起到了举足轻重的作用。采用新型纤维开发的面料可以极大提高服装的附加值，同时，新型纤维的应用拓展了面料的开发空间，使面料在手感、舒适性、抗皱性、吸湿性等方面得到进一步的发展和改善，继续成为未来的时兴产品。因此，关注高科技纤维的发展，把握其特性，实现面料的科技创新和高档化，成为纺织产品的突破口。新型纤维正朝着多元化的趋势发展，这才相继出现了功能性纤维、环保型纤维、异形纤维和超细纤维等。

第二节　纺织纤维的鉴别

纺织纤维的形态特征鉴别用显微镜观察法。理化性质鉴别的方法有燃烧法、溶解法、试剂着色法、熔点法、比重法、双折射法等。

一、手感目测法

手感目测法最简便，不需要任何仪器。根据纤维的外观形态、色泽、手感、伸长、强度等特征来判断天然纤维（棉、麻、毛、丝）或化学纤维。天然纤维中棉、麻、毛均属于短纤维，长度整齐度较差。棉纤维细、短而手感柔软，并附有各种杂质和疵点；麻纤维手感粗硬，常因胶质而聚成小束；羊毛纤维柔软，具有天然卷曲而富有弹性；丝纤维细而长，具有特殊的光泽；化学纤维的长度一般较整齐，光泽不如蚕丝柔和。

二、显微镜观察法

显微镜观察法是在普通生物显微镜下观察纤维的纵向和横向截面形态特征来鉴别纤维种类的方法。这种方法的基本步骤是：先从织物上拆下一小束纤维，然后将其制成切片，再在显微镜下观察纤维纵向和横向结构特征。天然纤维的形态各异，很容易在显微镜下区分出来，而许多化学纤维外观形态相近，用这种方法鉴别受到限制，此法只能用于初步区分大类，若要严格鉴别还需继续用其他方法。各种纤维的横截面和纵面的特征如表 11.1 所示。

三、燃烧鉴别法

燃烧法是简单而常用的一种鉴别方法。基本原理是利用各种纤维的不同化学组成和燃烧特征来粗略地鉴别纤维种类。鉴别方法是用镊子夹住一小束纤维，慢慢移近火焰。仔细观察纤维接近火焰时、在火焰中以及离开火焰时，烟的颜色、燃烧的速度、燃烧后灰烬的特征以及燃烧时的气味，并加以记录。纺织纤维遇热和燃烧的典型反应如表 11.2 所示。

表 11.1 各种纤维的横截面和纵面特征

纤维名称	横截面形态	纵面形态
棉	腰圆形，有中腔	扁平带状，有天然转曲
羊毛	圆形或近似圆形，有些有毛髓	表面有鳞片，有天然卷曲
桑蚕丝	近似三角形	光滑平直，纵向有条纹
苎麻	腰圆形，有中腔，胞壁有裂纹	有横节，竖纹
亚麻、黄麻	多角形，有中腔	有横节，竖纹
粘胶	锯齿形，有皮芯结构	纵向有沟槽
腈纶	圆形或哑铃型	平滑或有条纹
维纶	腰圆形、有皮芯结构	有 1～2 根沟槽
涤纶、锦纶、丙纶	圆形	平滑
氯纶	近似圆形	平滑

表 11.2 纺织纤维遇热和燃烧的典型反应

纤维	临近火焰	在火焰中	离开火焰	气味	灰烬特征
棉花	不熔化不缩离火焰	快速燃烧不熔融	继续燃烧	烧纸味	色灰、量少质松软
麻	不熔化不缩离火焰	快速燃烧不熔融	继续燃烧	烧纸味	色灰、量少质松软
蚕丝	熔化卷曲缩离火焰	燃烧缓慢稍熔	燃烧很慢，有时自熄	燃羽毛味	色黑圆珠状质脆易成粉末
羊毛	熔化卷曲缩离火焰	燃烧缓慢稍熔	燃烧很慢，有时自熄	燃毛发味	色黑块状质脆易破碎
粘纤	不缩离火焰	燃烧速度很快	余火微微移动	烧木材味	色灰白量少或无灰
醋纤	熔化并缩离火焰	在熔融中燃烧	继续熔融燃烧	醋酸味	色黑不规则珠形，质脆
涤纶	熔化并缩离火焰	在熔融中缓慢燃烧	通常自熄	似芳香族化合物	色黑褐质硬而韧的圆珠状
锦纶	熔化并缩离火焰	在熔融中燃烧	通常自熄	煮扁豆味或芹菜味	色浅褐质硬而韧的圆珠状
腈纶	熔化并缩离火焰	在熔融中快速燃烧	继续熔融燃烧	煤焦油般辛酸气味或鱼腥味	色黑质硬而脆不规则珠形
维纶	熔化并缩离火焰	在熔融中燃烧	继续熔融燃烧	电石般刺鼻臭味	棕褐色质硬而韧、珠状
丙纶	熔化并缩离火焰	在熔融中燃烧	继续熔融燃烧	燃烧蜡烛味	棕褐色质硬而韧、圆珠状
氯纶	熔化并缩离火焰	在熔融中缓慢燃烧	自熄	氯气的刺激性臭味	色黑质硬不规则珠状
氨纶	熔化并缩离火焰	在熔融中燃烧	继续熔融燃烧	特殊臭味	色黑质硬而脆块状

四、红外吸收光谱鉴别法

各种材料由于结构基团不同，对入射光的吸收率亦不相同，对可见的入射光会显示出不同的颜色。利用仪器测定各种纤维对红外波段各种波长入射光的吸收率，可以得到其红外吸收光谱图，如表 11.3 所示。

表 11.3 各种纤维红外吸收光谱的主要吸收谱带及其特性频率

纤维种类	制样方法	主要吸收谱带及其特性频率（cm^{-1}）
纤维素纤维	K	3450～3200，1640，1160，1064～980，893，671～667，610
动物毛纤维	K	3450～3300，1658，1534，1163，1124，926
丝	K	3450～3300，1650，1534，1220，1163～1149，1064，993，970，550
粘胶纤维	K	3450～3250，1650，1430～1370，1060～970，890
醋酯纤维	F	1745，1376，1237，1075～1042，900，602
聚酯纤维	F	3040，2358，2208，2079，1957，1724，1242，1124，1099，870，725
聚丙烯腈纤维	K	2242，1449，1250，1075，1408，1075～1064，1042，885，752，599
锦纶 6	F	3300，3050，1639，1540，1475，1263，1200，687
锦纶 66	F	3300，1634，1527，1473，1276，1198，933，689
聚乙烯醇纤维	F	3300，1449，1242，1149，1099，1020，848
聚氯乙烯纤维	F	1333，1250，1099，971～962，690，614～606
聚偏氯乙烯纤维	F	1408，1075～1064，1042，885，752，599
聚氨基甲酸乙酯纤维	F	3300，1730，1590，1538，1410，1300，1220，769，510
聚乙烯纤维	F	2925，2868，1471，1460，730，719
聚丙烯纤维	F	1451，1375，1357，1166，997，972
维氯纶	K	3300，1430，1329，1241，1177，1143，1092，1020，690，614
腈氯纶	K	2324，1255，690，624
不锈钢金属纤维	K	无吸收
碳素纤维	K	无吸收

此外，鉴别纤维的方法还有双折射法、密度法、射线衍射法、含氯含氮呈色反应法、对照法等。

第三节　纺织品的质量

纺织品的质量可分为外观质量和内在质量两个方面。外观质量可通过视觉、触觉加以识别；内在质量借助于仪器设备、化学药剂测定和检验，以数据说明。

一、纺织品质量特征

（一）纺织品中纤维材料的分析

纺织品的风格、服用性能、是由纤维和纺织染整加工决定的，但纤维是纺织品的主体成分，起着决定性的作用。评定纺织品的质量，要鉴定组成纺织品所用的纤维种类，对于混纺和交织的产品，还要计算各类纤维的百分比。

（二）纺织品中染料、合成树脂的分析

染料、合成树脂和其他整理剂也影响着纺织品的质量。例如，同一种纤维可用不同染料染出同一色泽，但染色牢度有较大差异。有的染料有损于纤维强度；有的染料脆损纤维；有的在贮存和保管的过程中有脆化现象。合成树脂整理的织物能改善织物的抗皱性，但织物的撕裂强度和耐磨性有所下降。其他整理剂如油脂、蜡和肥皂等柔软剂可使织品手感得到改善，但用量过多使织物的强力降低。

（三）纺织品中其他成分的分析

其他成分的分析，例如，浆料中的含量的分析，毛织物的油脂的分析，结丝织物的丝胶的含量分析，结麻织物含胶量的分析，结漂白棉布的游离氯分析。

（四）纺织品中纱线的分析

纱线分析包括纱线的种类、支数、结构等。种类决定织物的厚薄和致密程度。拈度和拈向决定织物光泽和手感。结构是指拈向、拈度及纱线的合股状况。股线的分析影响织物的强度、弹性，赋予织物的特殊外观效应。

（五）纺织品的基本结构的分析

测定织物组织的目的，在于找出经、纬纱线的交织规律，以便正确确定织物的品种规格和性能。方法是逐个检查交织点并把它画在方格纸上，直至交织点重复为止。纺织品的经向（纬）密度，是指纺织品沿纬（经）向单位长度内的经纱（纬）的根数。公制密度，是在 10 厘米长度内经纱（纬）的根数。英制密度，在 1 英寸的长度内经纱（纬）的根数。为了比较同组织的纺织品不同号（支）数纱线构成的纺织品紧密程度，要用紧度指标表示。织物总紧度（E）指织物规定面积内，经纬纱所覆盖面积，以规定面积的百分率。经向紧度，指织物规定面积内，经纱线所覆盖面积对规定面积的百分率。纬向紧度，指织物规定面积内，纬纱线所覆盖面积对规定面积的百分率。经纬向紧度比，指织物经向紧度对纬向紧度之比。

（六）纺织品重量

纺织品重量是指纺织品单位面积的重量，以 g/m 表示，又称平方米重量。一般把 200g/m 重量的织物视为薄型织物，大于 200～350g/m 的织物为中厚织物，在 350g/m 以上者属于厚重型织物。

精梳毛织物的行业标准中规定，平方米重量是考核织物物理指标之一，平方米重量偏轻不超过允许公差 5%，定为一等品；超过 5%而不超过 7%，为二等品；超过 7%而不超过 15%，为三等品。粗梳毛织物的平方重一般在 500～850g/m。

（七）长度和幅宽

织物的长度，是指一段织物两端最外边，保持整幅的纬纱线间的距离。织物的匹长，通常以米来表示。棉织物的匹长，一般在27～40m，毛织物的匹长，精纺在50～60m，粗纺在30～40m。在标准中规定，每匹净长不短于15m。织物的总幅宽，是指织物两边经纱线间的距离，一般以厘米表示。棉织物的幅宽，分狭幅88～92cm，中幅110～114cm，宽幅140cm以上。精梳毛织物成品的幅宽，一般规定为144cm，粗梳毛织物成品的幅宽，一般为142cm。

二、纺织品服用性能分析

（一）弯曲与手感

一般衣着用织物应该是柔软而易弯曲的，并具有一定的刚度和悬垂性。织物在使用过程中因受到多次搓揉和弯曲，会产生塑性变形，形成不规则的皱痕，不仅有损衣服的外观，而且还会降低耐用性，因此，织物应具有良好的抵抗揉皱的能力。这些织物的特征，一般可称为织物的弯曲性能。织物的手感是用手的感觉来鉴别织物的某些物理机械性能，不同的织物有不同的手感。

1. 刚柔性与悬垂性

织物的刚柔性，是指织物的抗弯刚度和柔软度，织物抵抗其弯曲方向形状变化的能力，称为抗弯刚度。抗弯刚度常用来评价相反的特性——柔软度。其测试方法为斜面法。织物刚柔性和织物原料组成、织物厚度、织纹组织、织物内纱线张力以及树脂处理、印染处理等因素有关。作为外衣及高档衣料要有合适的刚度以保持服装外观的美观。织物的悬垂性，是指织物因本身重量及刚柔程度影响织物在悬垂时表示的特征反映织物的悬垂程度和形态。悬垂性直接与刚柔性能有关，抗弯刚度大的织物，悬垂性较差。织物越柔软，悬垂系数越小，表示织物的悬垂性愈好；反之，织物越硬挺，悬垂系数越大，表示织物的悬垂性愈差。裙装、幕布、多折裥服装、家用装饰布要求悬垂性好，高级外衣及领带也要求悬垂性好。织物的原料、纺织染工艺对悬垂性有影响。涤纶、羊毛、丝制成的织物悬垂性能优良。麻、棉、粘胶、维纶悬垂性能较差。薄型织物的悬垂性能优于厚型织物，经过柔软处理的织物悬垂性能有改善。

2. 抗皱性与免烫性、缩水和热缩

织物的抗皱性，是指织物抵抗由于揉搓而引起的弯曲变形的能力，又称折皱回复性。织物的缩水，是指织物因落水发生收缩。织物的热缩，是指织物热处理后发生收缩。织物的免烫性，是指织物在洗涤后，不经熨烫而保持平整状态的性能。

影响织物折皱的因素很多，有纤维的性能、纱线的捻度、纺纱张力、织物密

度和织物组织，染整时的张力及拉幅、纤维的弹性及变形恢复的能力。涤纶在水洗后不发生折皱。天然纤维尤其是棉、麻在水中易变形，故水洗后发生折皱。弹性好的织物如羊毛在干态处理时易恢复变形。粘胶和棉花虽然织物的变形不大，但一旦发生折皱就较难恢复。织物密度小的织物易发生变形，保型性能不好。树脂整理提高保型性能。锦纶、丙纶、腈纶在摄氏 130℃左右就有很大回缩。评价织物抗皱能力的指标有织物的弹性及变形恢复能力、缩水率、热缩率。断裂伸长大，断裂强度大的织物其弹性也好。变形恢复能力的测量是指织物产生一定的变形，然后去除外力并在规定时间内测量变形恢复情况。

（二）起毛与起球及勾丝

织物的起毛，是指织物经受不断摩擦后，织物表面呈现许多毛茸。织物的起球，是指若这些毛茸不脱落，就会纠缠一起，呈现许多珠形小粒。织物的勾丝，是指长丝织物的纱线在织物内任意移动，就会造成织物皱折的现象。测定方法为摩擦后产生的起毛程度和起球个数。摩擦方法有平磨、曲磨、翻滚磨等。评定方法为标准试样定级，一级为最差，五级为最好。造成起毛、起球的因素有纤维抱合力、细度、长度、强度、织物的纱线浮线、化学整理。造成勾丝的原因是纱线间摩擦力过小、纤维强度过高。具有圆形截面的长丝织物勾丝现象严重。织物密度小和不均匀也容易引起勾丝。涂层处理可以减少勾丝现象。

（三）透气性和透水性

纺织品的透气性，是指纺织品正反两面在一定压力差的特定条件下，单位时间内通过纺织品单位面积的空气量。为了使纺织品具有较大的透气性，可用较细的纱，较稀的密度来织造。影响织物透气性的因素有纱线粗细（号数）、织物紧度、织物密度、织物组织织物的染整处理。纺织品的透水性，是指纺织品在一定压力和时间内通过纺织品单位面积的水量。透水性的大小反映防水性能的强弱。织物的透水性对织物舒适性影响很大。影响织物透水性能的因素有材料吸水性、织物紧度、织物内毛细管数目、外界温度、水压。雨衣、篷布等需要防水，即不允许水透过织物，这就是防水性。织物的防水性主要是依靠化学整理，凡能不溶于水且可和织物结成一层薄膜的物质均可防水。例如，蜡、油脂、胶，用聚乙烯醇、聚丙烯腈等处理的织物均有防水的效果。

（四）保温和散热性能

织物的保温性，是指织物阻止导热、阻止热对流和阻止热辐射的能力。织物的保温能力和材料透气性、热传导能力、热射线反射吸收能力有关。散热的方式除了传导、对流、辐射、还有蒸发。传导、对流、辐射只有在人体体温高于环境温度才能进行。其散热量和温差成正比。蒸发是体温接近或者低于环境温度时最好的散热方式。丝和麻是当今最好的散热材料，细纤维比粗纤维散热效果好。

（五）染色牢度和沾色性能。

织物的染色牢度是指染色织物经多次洗涤或在外界因素的影响下，能保持原来色泽的能力。染色牢度是日晒、皂洗、汗渍、熨烫和摩擦等牢度指标。沾色是织物防染性能。沾色性和染料牢度、织物的处理有关。染色牢度好不易褪色的，织物不易有沾色源。织物经过防沾色处理或防污染处理也不易沾色。

第四节 服装商品

衣冠自古以来就是伴随着社会文明的进步和生产力水平的提高而不断发展的。同时，服装又是社会发展的一面镜子，从一个侧面综合反映着一个国家的经济基础、文化习俗、价值取向、审美观念等。事实上，服装不仅同人们的日常生活密不可分，而且与社会经济、政治、文化生活的许多方面有着千丝万缕的联系。综观人类现代社会的文明与进步，无不与纺织服装行业有关。

纺织服装工业是一个具有悠久历史的传统产业，其总体规模庞大且结构分散，是全球重要工业之一。据统计，世界纺织服装业在销售额上仅次于旅游业和信息产业，名列第三。纺织服装业在世界经济发展中始终担任着重要的角色，作为经济发展的一般规律，发达国家和地区的工业化首先以发展纺织服装工业为先导，如英国、美国、日本、亚洲新兴工业国以及中国台湾等的经济崛起过程中，纺织服装业起到了明显的推动作用。目前大多数发展中国家的工业化仍然以发展纺织服装业为起点。

与其他商品相比，服装商品具有许多典型的特征：

1）功能性。服装是人类赖以生存的生活必需品。服装的诞生首先是满足人们遮羞避体、抵御风寒的需求。而随着人们生活素质的提高，对服装功能的要求范围越来越广，因而服装的许多功能，如卫生功能、保健功能、舒适功能、防护功能等受到重视，并逐步开发。

2）美学性。人们对服装基本功能的需求得到满足后，必然会有进一步的美学要求。人们可以以不同的标准评判服装的美与丑。因此服装需在款式、色彩、质地上千变万化，服装的品种也纷繁多样，以适应不同的审美情趣。

3）精神性。服装能反映人们深刻而复杂的内心精神世界。着装不仅可以反映人们追求美的品位，而且穿着不同档次、品牌、外观的服装还可以显示个人的性格、气质、地位、素养、身份等特征。

4）流行性。服装的流行性也称为服装的时尚性。服装在款式设计、色彩搭配、面料风格和其他配套方面具有快速多变的特征，这种变化具有永恒性、周期性、短暂性和普遍性。

5）季节性。服装具有季节性。春、夏、秋、冬四季气候的变化影响人们的着装。冬衣厚重、夏衣轻薄，不同季节的服装特点迥异。

6）地域性。地理环境和自然气候是影响人们着装的又一主要因素，为适应生存环境，生活在地球上不同自然环境和气候条件下的人们对服装的功能、色彩、款式的要求不同。

7）民族性。每一民族都有其世代相传的传统文化、宗教信仰和生活习惯，这种差异或多或少地体现在服装的款式、色彩以及与服装相配的饰物上。民族服装又随着时代的发展而不断地演化和相互渗透，在继承的基础上不断发展。

8）社会性。服装是社会的镜子，它随着时代的发展、社会的变迁而逐渐演变。服装体现一个社会的政治、经济、技术、文化、道德状况与进步程度，以及生活在这一环境下人们的价值取向、审美观念、文化修养等。

一、服装的基本概念

衣服：衣服指上体和下体遮盖人体的物品总称。现代意义上的衣服，包括内衣、外衣以及头、足穿戴的全部物品，但习惯上不包括鞋和帽。

服装：服装指以遮盖和美化人体为目的的穿着物的总称，通常包括覆盖人体躯干、四肢、头、手、足的衣服、帽子、手套、袜子、鞋等。有时狭义的服装也指衣服。

被服：被服指包裹并遮盖人体的物品总称，通常包括服装和寝具等。

服饰：服饰指服装及其装饰，但有时狭义的服饰仅仅指服装上的装饰及其附属品，如首饰、包袋等。

时装：时装指在一定时间和地域内，为人们所接受的新颖入时的流行服装。相对于历史服装和定型服装而言，时装具有鲜明的时代感。根据流行的程度和接受时装的层次，可分为前卫性时装和大众化时装。

二、服装的基本分类

1. 按性别分类

按性别分类，服装可分为男装、女装、男女共用装。

2. 按年龄分类

按年龄分类，服装可分为婴儿装、幼儿装、少儿装、青年装、成人装、中老年装等。

3. 按季节分类

按季节分类，服装可分为春装、夏装、秋装和冬装。

4. 按用途分类

按用途分类，服装可分为以下几类。生活服装，凡是日常生活中穿着的服装都可称之为生活服装，包括男女老少在春夏秋冬所穿着的各式各类服装。现在，一般认为大衣（包括长上衣）指从肩缝起至手的中指尖以下的所有的衣服，如长大衣、短大衣、雨衣、皮大衣、连衫裙和长外套等。上衣指穿在上身的衣服，长度在中指尖以上，如西服、中山装、夹克衫、棉袄、罩衫、汗衫、马甲等。内衣（包括衬衫）指贴身穿着的衣服，如衬衫、浴衣、衬裤等。裙子和裤子是指腰部以下的衣服，其中裙子有旗袍裙、喇叭裙、褶裥裙等，裤子有裙裤、西裤、中裤、短裤、灯笼裤等。

工作服装，包括一般作业工作服和特殊作业工作服。一般作业工作服指在常规工作空间中表示职业性质的服装。工作环境对人体没有直接的侵袭，服装以团体标志为主，兼顾职业功能与防护内容，如邮局、车站、机场等单位工作人员上班时穿着的统一式样的职业装。特殊作业工作服指在非常规工作空间中的作业装束。作业人员能直接感应到环境理化因素（明火、冷气、毒气、粉尘、油污、化学药品）对人体的侵袭，需要通过专门设计和制作服装来适应非常规工作空间，如隔热阻燃的防火服。

运动服装，主要是供运动员在训练和比赛时穿着的服装，也称作竞技服装。还有一种运动服装是已经广泛用于人们日常生活的休闲服装。

礼仪服装，主要是指出席各种礼仪活动的服装，简称礼服。

舞台服装，指文艺演出时穿着的服装，包括戏剧、舞蹈、曲艺、杂技、武术等演员穿着的各式各类服装。

军用服装，特指军警人员穿用的各种服装。

特种服装，指具有特殊用途的服装，如宇航服、极地服、潜水服等。

5. 按材料分类

按材料分类，服装可划分为棉麻服装、毛纺服装、丝绸服装、化纤服装、混纺服装、针织服装、机织服装、皮革服装等。

6. 按加工工艺分类

按加工工艺分类服装可分为机加工服装、手工服装、蜡染服装、手绘服装、刺绣服装等。

7. 按地域国别分类

按地域国别类服装按地域可分为中式服装、西式服装等。

8. 按民族分类

按民族分类服装可分为俄罗斯族、朝鲜族、维吾尔族、蒙古族、藏族服装等。

三、服装的构成要素

服装是由材料、造型和色彩三大要素构成。

1. 服装造型

服装设计属于艺术设计的范畴，因而服装设计的构成元素与艺术设计中的构成元素有许多共同之处，而且运用这些构成元素进行设计时所遵循的形式法则都是相近或相同的。服装造型设计丰要是对服装的款式、色彩、面料的设计。服装造型元素，即视觉元素都是由点、线、面、体、材质、肌理等要素构成的。但由于具体设计所涉及的材质和特定的空间不同，而在具体的表现方法上又有一些特殊的视觉效果。因此，理解和掌握这些造型要素的基本性质和作用是服装设计之基础。

（1）点在服装设计中的运用

点，是造型设计中最小的元素，是具有一定空间位置的，有一定大小形状的视觉单位，同样也是构成服装形态的基本要素。在服装造型中最显著最集中的小面积即可看成点。点在服装中主要表现为领子、口袋、纽扣、服饰结、胸花、首饰等较小的形状。由于点突出、醒目、有标示位置的作用因而极易吸引人们的注意。点在设计中运用得恰如其分，可以达到“画龙点睛”的视觉效果；如运用不当，则会产生杂乱之感。

不同大小的点组成的图案形成的面料，由于排列、大小及色彩对比程度不同，因而产生的艺术效果也不一样。如大点有活泼、跳跃之感，整齐排列的小点，则使点的表现力削弱，而形成面的感觉，有文雅、恬静之感。总之，点作为最小的可视形态，设计服装造型时应注意点的视觉位置的排列，注意整体与局部的关系，注意产生视觉美感的秩序法则的运用。

1）纽扣和盘扣。大多既具有使用功能也有装饰的作用，有的纽扣纯粹只起装饰的作用。如西装袖口上的三个扣子，虽已失去实用功能，但认知功能依然存在、并演化为美的符号，若缺少它，也许人们就不会承认这是地道的西装。纽扣作为点，在服装上装饰的部位最普遍的是门襟扣，其次是袖扣、肩扣、腰扣、领扣、袋扣等，有大小、形状之差异。不同纽扣的点的排列，能产生不同的视觉美感，一般按等距尺寸排列，如用双排扣在门襟对称排列会使服装产生安定、平衡之感，而用单排扣、装饰于门襟的中心，虽也是对称排列，但比较显得轻盈、简洁。偏襟扣属于不对称形式，却有整洁、活泼之感。如只用一粒扣子做装饰，则一定要选制作精美的大锁扣以强调衣着重点的装饰部位。因此，有意识地在服装上采用与之相适应的纽扣，能增强服装的装饰效果及整体美感。具有我国独特民族风格的服饰盘扣，近年来也风靡一时。盘扣的种类很多，常见的有蝴蝶盘扣、蓓蕾盘扣、缠丝盘扣、镂花盘扣等。盘扣作为点，缀在不同款式的衣服上有着不同的服饰语言。立领配盘扣，有 20 世纪 30 年代女装那种含蓄和典雅；低领配盘扣，洋溢着 20 世纪 70 年代“小芳”们那种浪漫和娇俏，还有短袖盘扣、斜襟盘扣、对襟盘扣、就连后开衩的直筒连衣裙也像蜻蜓点水似的续上几对欲飞未飞的“蝴蝶”。点的作用可见一斑。

2）服装面料上的点图案。在服装造型中，以点设计的图案面料，应用也很广泛。点的大小、疏密、色彩、位置及排列的不同，所产生的视觉效果也有所不同。小点子图案显得朴实大方，适合于采用类似色或对比色的配色，多用于镶边、腰带或围巾、领带等。大点子图案有流动、醒目的感觉，适合于下摆宽大。有流动感的式样，处理得好，能产生别致的节奏韵律感。此外，面料中的动物图案及各种风景纹样都可视为点的表现。

（2）线在服装设计中的运用

线的特性，在几何学上只具有位置及长度，而不备具宽度和厚度。但在造型艺术中，线具有方向性、轮廓性和灵活性特征。从形态上讲，线包括直线、曲线和任意线等。线的方向性、运动性以及特有的变化性，使线条具有丰富的表现力。线既能表现动感，又能表现静感，而时间感和空间感则是通过线的延续性来完成的。空间形态的各异，正是线条性格的不同所产生的效果。

服装造型中的线表现为分割线、门襟线、衣摆线、装饰线、轮廓线等，线的长短受服装造型结构的影响。各类服装款式所表达的情趣都是通过线条的具体组合排列而形成的。线在服装造型中既能构成多种形态，又能起到装饰和分割形态的作用。运用缝接线、衣褶线、装饰线、轮廓线和边饰线来组织线的繁简、疏密、可以增强韵律美与层次感。分割线在外观上能使各部位的比例发生变化，当不同性质的线（竖线、横线、斜线、曲线）分割一个面的时候将会产生不同的视错效果。服装的分割既能明确造型，又能确定款式基本骨架；利用分割既起到间隔作用又有增强层次的效果。

线有粗、细、曲、直之分。人的生理及审美经验告诉我们，横线具有给人以平稳感，竖线给人以挺拔感和力量感，斜线有不稳定感。直而粗的线表现男性的强而力的感觉，直而细的线则表现锐利、敏感、快速之感，曲线则表现女性的活泼、流畅、温柔和丰满的感觉。从粗到细的线表示方向，综合性的线给人以联想。在服装造型中，直线一般用于男性服装，曲线用于女性服装。带有方向性的和综合性的线，则是装饰用线。

设计时，一般我们利用线可分割视觉的特点及根据人的体形进行造型。服装自身有长度、宽度、深度的变化（即构成三维空间），在空间中运用线的分割，塑造形体，因而构成了服装造型丰富多样的形式。针对体型过胖或过矮的人应采用竖线分割，由于竖线条能引导视线向高处移动，使人感觉线在向上延伸。因此利用视错原理，穿上裙子或有竖线条花纹的衣服能使矮个子妇女体型增高。傣族妇女之所以显得修长而苗条，是因为她们的裙子除细长之外，最主要的是裙腰比汉族高出许多，腰节线的提高使体型有变高之感。特瘦或过高的体型，最好运用横线分割，因横线会产生左右扩张的视觉效果，具有宽度之感。线条越粗，着装效果越显得粗犷、豪放、鲜明、强劲。心理学家称之为“肉体的自我扩张”。横向的装饰一般常用的有垫肩、肩章以及在肩部或背部、胸部等加横线条装饰，使肩和胸有变阔的感觉，这在男性的服饰应用较多。曲线在服装设计中常用于礼服、裙装等服装的装饰边及波浪线，可表现优美、轻盈、温柔、节奏的美。

值得注意的是，横条格子的面料当宽度相同、间距一致才会产生宽感，而横条由粗变细，间距由大变小的面料制成的服装则会产生相反的效果，产生长感。在服装设计中按比例、均衡的美学法则，恰到好处地运用线条的变化，对提高服饰美的效果能起到重要的作用。

（3）面在服装设计中的运用

面，是造型设计的又一个重要因素，是一个二维空间的概念。所以，面有一定的幅度和形状，如正方形、三角形、圆形、不规则形等。从动态上看，面是线在空间移动的轨迹。

服装造型常把衣服视为几个大的几何面，有平面、曲面、有规则形状的面和不规则形状的面，如前衣身、后衣身、拼接面、大贴袋等，这些面按设计要求组合起来，构成了服装的大轮廓，然后再根据服装的功能和装饰的需要，作内部块面分割。同时也要考虑服饰图形与色彩块面的分割。

在服装造型中，平面几何形是服装造型的主体，正方、长方、三角、半圆、圆、梯形和异形等都是面的不同形状。面的作用在于分割空间，面的表情主要依据面的边缘线来呈现。突出的是运用线和面的变化分割造型，运用服装的裁片分割部位，造成肩、袖、领、前片、后片等各部位的大小比例变化，力求达到最佳的比例，以活跃式样的造型变化。所以，在欧美被称之为“风格线”，因为它可以影响服装风格的形成。另外，领、袋、腰带等部件也是式样上装饰与实用兼备的小面块，它们的不同变化与分布对式样的造型同样有着不能忽视的影响。

从点、线、面在服装中的表现形式来看，它们不但具有一般构成要素的装饰作用，还应具备实用功能，即具备服装立体造型所需要的结构性。例如，口袋的大小、位置的设计必须要考虑穿着者使用方便，是否符合功能的需要。只有把这些功能要求与视觉效果协调一致，才能达到既有功能效果又有形式美感。

因此，在服装造型设计中应注意体现比例、均衡等美学原理和实用功能相吻合。在实际运用中，点、线、面的综合运用，应有所侧重，或以面为主，或以线为主，或把点突山。只有单一要素的变化没有其他要素的呼应，不可能有真正丰富多样的效果；只有单一要素的一致而无其他要素的协调，也不可能有真正的统一。所以，在服装设计中，应在整体的统一中求得各要素的变化，在各要素的变化中求得整体的统一。了解这些道理有助于我们在服装造型设计中加以灵活运用，切忌点、线、面的杂乱堆砌。

2. 服装色彩

（1）色彩的一般知识

能够感知物体存在的最基本的视觉因素是色彩。色彩拥有无穷的色相和深浅浓淡的色阶，这些色相和色阶，相互搭配、组合、形成各式各样的色彩情调，使人们享受到极其丰富的美。色是感觉色和知觉的总称，是被分解的光（从光的构成上说是可见光，从光的现象来说是漫射光、反射光和透射光）进入人眼并传至大脑时开始生成的感觉，是光、物、眼、心的综合产物。

所有的色，都分属于两大类：有彩色和无彩色。所谓有彩色，即有色味，有红、黄、蓝等色彩倾向的色。所谓无彩色，即黑、白、灰。每一个色彩均含有三种要素，即色相、纯度、明度。无彩色只有明度，没有色相和纯度。

色相又称色别、色性，是指色彩的种类和名称，在光谱中色相指赤、橙、黄、绿、青、蓝、紫七个标准色，各有自己的相貌。每一个色相又可以分出更多的色相，如红色，其中就有朱红、大红、曙红、玫瑰红、深红各种色相；黄色，则有淡黄、柠檬黄、中黄、土黄、橘黄等不同色相。色相名称甚多，也有按物体的特色命名的，如孔雀蓝、象牙白、蛋黄、西洋红、桃红、草绿、金色、银色、翡翠色等。主要体现色彩的固有色和冷暖感。

纯度，又称色度、彩度、饱和度，指颜色的纯粹程度，主要体现为事物的量感。纯度不同，色彩表现出的量感也不一样。色相中红、黄、蓝三原色的纯度是最高的。而两个原色混合的间色，或原色与间色的混合、间色与间色的混合产生的红色，其纯度就会降低。

明度，又称光度、亮度，它是指色彩本身的明暗程度。色彩明度的变化，即颜色深浅的变化。这变化使颜色有层次感，呈现有立体感的效果，如绿色衣服受光后，会呈现浅绿、淡绿、中绿、深绿、暗绿、灰绿等不同色彩明度的变化，使衣服看起来有立体感。

（2）色彩的性质与情感功能

由眼睛和头脑传达出来的色彩实体和色彩效果之间在服装上的联系，是设计师最关心的。在色彩范围和色彩艺术中，视觉的、思想的和精神的现象，是多方面地相互综合在一起的。服装的色彩设计以人的主观感受为依据，主要强调配色的心理效果。色彩设计要掌握色的利学性（生理、物理、心理），以便选择功能所需要的色彩，当然也要满足美观的要求。其研究和分析可划分为以下领域：

1）从物理性方面研究色彩的要素。

2）从生理方面研究关于色彩的视觉规律。

3）从心理方面研究关于色彩的感情、联想、爱好、意义和印象。

4）从美学方面研究关于色彩的配置、协调、功能和美。

综上所述，色彩是光刺激人的眼睛所产生的视觉感觉。一般涉及三个领域，即作为光的物理领域、作为视觉器官的生理领域和作为精神的心理领域。

服装的色彩，即它的色相、色调对人会产生不同的生理感觉和心理效果，于是色彩就有了不同的性质。

现代色彩学把色彩分为冷暖、轻重、软硬、进退、动静、胀缩、显隐、快慢、活泼抑郁、华丽朴素、兴奋沉静等 12 种类型。

从生理学上讲，人眼晶状体的调节，对于距离的变化是非常紧密和灵敏的。但它总是有限度的，对于波长微小的差异无法正确调节，这就造成了色彩有暖色和冷色。因此，冷色、暖色是人通过对色彩的视觉感受产生冷或暖的感觉变化。所谓暖色，是指含有黄色的颜色，如红、橙、黄、绿黄、绿，在色轮中它们各占一半。而冷色是指那些含有蓝色的颜色，如蓝绿、蓝、蓝紫、紫、紫红，它们占色轮的另一半。色彩的性质决定了人有冷暖的心理感觉。因此，不同的季节，人们对色彩产生不同的心理追求。炎热的夏季，人们追求清净、凉爽，喜爱明亮色、淡冷色及不吸热的白色。寒冷的冬季，人们又产生追求温暖、舒适的心理，喜欢穿偏暖的明色调和吸热的深色系列。

色彩的轻重感是由色彩的明度决定的，一般是淡色轻、深色重、亮色轻、暗色重。若明度相同，纯度高的比纯度低的感觉轻。在着装上深色服装给人以稳重感，而浅色服装使人感觉飘逸，如女孩子穿一身白的连衣裙则有身轻如燕、飘然欲飞的感觉。

色彩的软硬感也与色彩的明度有密切的关系。明度高呈现软感，明度低呈硬感。而中纯度的颜色呈现一种柔软感，高纯度与低纯度的颜色则呈一种坚硬感。

在服装设计中，硬感的颜色非常适合于挺拔有个体造型感的西服、中山装等，而用于少女与儿童的服装则适宜于奶油色、粉红色、淡蓝色、粉绿色等感觉软的颜色，能体现其稚嫩、纯洁、向上的色彩情感。

在色彩中，人的心理作用影响色彩的感觉。红、橙、黄等暖色系和有亮度的颜色的跳动感强，容易刺激视觉神经而产生动感和膨胀感，为前进色；而蓝、蓝绿等冷色系和偏暗的颜色在心理上易产生静感和收缩感，为后退色。因此，一般将前进色用于服装需要强调的部位，而利用较深的色泽面积的收缩感来强调女子腰部的纤细、多姿，根据人的年龄和性格差异可选择有动感或静感的颜色。对胖或瘦的体型，选择后退色或前进色，能起到修饰体型的作用。

（3）配色类型与规律

服装的装饰色彩，应掌握配色的类型和配色的规律。服装的配色类型大体分为：华丽型、明朗型、富丽典雅型、柔和型和强烈型。华丽型的色调协调而闪烁，运用金、银和亮光色彩的面料或修饰。明朗型的色调协调而色度差别大，深、中、浅色明确清晰，强调明暗度的对比。富丽典雅型的色彩十分丰富而协调，多用灰色对比、弱对比，对无色系的运用较多。柔和型的色度和色相差距小。强烈型的色彩对比拉大，对比色的面积明确而响亮。

现代时装十分重视时代感，而流行色是体现时代感的重要因素。流行色意即时髦的、时兴的色彩或时装的色彩，是设计师、色彩学家通过调研、综合、发现、传播而盛行起来的时髦色彩。从时装的角度看，人们对色彩的爱好的确反复无常，再漂亮的花布，一旦过时便无人问津。因此，以服装色彩领先的流行色在国内外市场之所以引人瞩目，是因为它发挥着引导消费、指导生产和流通的重要作用。经常加强对流行色的研究和推广，可以把握正在变化中的色彩规律。当然，无论运用什么流行色或常用色，一定要抓住色彩情调的特征，充分体现出它的个性、感情与气氛。所谓“远看色近看花”，说明色彩在视觉表情上的重要性，透过服饰色彩可以看出一个人的气质、教养和风度。正因为如此，服装色彩所体现的审美价值与商品价值正越来越为人们所重视。

第五节 服装设计师

20世纪以来，服装所表现出的最显著的特征就是：服装已成为流行生活的重要组成部分。法国服装工业协调委员会主席阿兰•尔法蒂有两句名言：“法国服装之所以具有世界性，不是因为它体现了法兰西文化而是因为它凝聚了世界文化”，“我们的传统是自由”。正因为如此，法国的巴黎成为今天令世界瞩目的时装中心，这里先后成就了一大批著名的时装设计大师。他们的时装创作之路和成功之路，不仅显示出高超的文化艺术鉴赏力和稳定而不断发展的技术风格，而且代表着独一无二的创新精神。他们是20世纪服装艺术的顶峰，标志着服装技艺的最高水准，值得我们认真地研究。

意大利著名的服装设计大师，迪奥服装公司首席设计师费雷也说过：“目前以及在不远的将来，服装在结构设计、工艺设计以及款式设计上开发的领域将越来越窄，而更有发展前景的领域是将新材料的开发、不同面料的组合与服装设计相结合，创造出更具新意的时装。”费雷大师的这番话也道出了古往今来在服装设计领域当中的一个真理：谁能把新面料的开发合理、有效地利用在服装设计上，那么谁就有可能在服装设计领域中占据一席之地。西方的服装设计师是这样，以日本服装设计师为代表的东方服装设计师也是这样。下面介绍几位世界著名的时装设计师。

一、沃斯

查尔斯・弗雷德里克・沃斯是法国巴黎时装设计师。早期在布料商店做学徒的经历，使他学到大量的有关纺织品的知识，掌握了大量有关织物手感和性能的第一手资料，这使得他在服装设计生涯中能够得心应手地把衣料的天然素质作为出发点来设计时装。

沃斯作为巴黎时装的创始人、法兰西第二帝国的欧塞尼宫廷设计师，他的设计风格华丽、娇艳、奢侈。他偏爱昂贵的面料和奢华的装饰，用料铺张，喜欢在服装上装饰精致的褶边、蝴蝶结、花边和垂挂金饰。他所开设的“沃斯与博贝夫”时装店，标志着服装设计摆脱了宫廷沙龙，也跨出了乡间裁缝手工艺的局限，成为一门反映世界变幻的独特艺术。因此，被后人称为“时装之父”。

二、卡尔文・克莱恩

美国时装设计师卡尔文・克莱恩自20世纪70年代后期破天荒地将牛仔布等平实、朴素的面料用于时装设计，成为20世纪后期成功的美式服装的典范。卡尔文・克莱恩品牌的时装风格随意，结构简单，但对于面料的质地要求颇高，优质的羊毛、开司米、纯棉及其他而料，使其设计于简洁结构之中体现出独特的美国风味。

卡尔文品牌的礼服多采用略带闪光的半透明面料，适合小巧玲珑的女性穿着。适于秋冬的西风纱（雪纺）衣裙外配手感轻软且银丝外观的安哥拉羊毛外衣，或是藏青色薄型羊毛绉呢裙，给人以悠闲舒适的愉悦感觉。

三、范思哲

出生于意大利的著名设计师吉安尼・范思哲的设计作品是独特的美感，极强的先锋艺术的表征。他能随意取材并把它们魔术般地结合起来，产生一种戏剧化的效果。以金属品及闪光物装饰的女裤、皮革女装以及绣花金属网眼结构、黑白条子的变化、丰富多彩的包缠等创造了独特的风格形象。

斜裁是范思哲设计最有力最独特的手段。采用高贵豪华的面料，借助斜裁方式，在生硬的几何线条与柔和的身体曲线间巧妙过渡、缠绕制成服装。

四、捷里・戴维斯和尼安・布里都

捷里・戴维斯和尼安・布里都是英国和美国专攻女士服装的设计师，他们钟爱高质量的布料，其作品总是采用最新的面料，他们把一种柔软光滑的超细纤维布料叫作“未来绒布”，这种布料不需要熨烫，且防水、透气，与普通的合纤面料大不一样，适宜用作衬衫和裤子。有时还采用一种弹性透明纱为底布的涂层面料。他们设计的服装在美国和英国很畅销。

五、佛兰森·米罗

佛兰森·米罗是一位法国设计师。她经常挑选立体感强的新原料来设计时装，包括从稻草、皮革到最新的合成纤维面料，纯净、清晰的线条是她选用布料的特点。她将传统的制帽技术和流行理念相结合，希望以此来复兴制帽业。她的一个系列的时装秀展示了用合成纤维织物做的帽子。在所有的作品中，从珠宝到帽子，她的基本兴趣是线形和立体的。

六、三宅一生

三宅一生是日本著名的高级成衣设计师。他的设计直接延伸到面料设计领域，将古代流传至今的传统织物应用现代科技，结合他个人的哲学思想创造出独特而不可思议的面料和服装，被尊称为“面料魔术师”。他对面料的要求近乎苛刻，常常自己动手纺线、织布，鸡毛、纸、橡胶、塑料等一切可以制成面料的东西他都去尝试，去探寻其各种可能性。他要求面料商进行上百次地反复修改和试制，因而他设计的布料总是出人意料，有着神奇的效果。三宅一生能拥有如此辉煌的今天，秘密首先就在于面料。他把无生命的面料视为有生命的个体，在将面料转化为服饰的过程中，为面料安上了能迈出轻盈舞步的双脚，披上高贵的装束并使它香气四溢，三宅一生所使用的面料都是抗皱的、可以机洗的，甚至是可以随意卷放在包内的。三宅一生从未放弃过对新材料、新织物、新裁剪方法的寻找和探索。1983 年，他在巴黎展承的服装系列，因选用鸡毛编织的面料而震慑了巴黎时装舞台。1991 年，他设计了一款名为哥伦布的长裙，这条长裙实际上没有任何的缝纫，所有布片由纽扣组合在一起。1998 年，为配合名为“JUST BEFORE”的春秋系列，他改良了编织机，使之能够织造圆筒状的网眼面料，然后由电脑裁剪，制成短裙、长裙、连体内衣。1998 年，他设计的纸折长裙悬挂在卡地亚艺术基金会门口。三宅一生在服装材料上的运用，改变了高级时装及成衣一向平整光洁的定式，以各种各样的材料，如日本宣纸、白棉布、针织棉布、亚麻等，创造出各种肌理效果。对于他来说，没有任何服装上的禁忌，随意使用任何可能与不可能的材料来织布料。他是一位服装的冒险家，不断完善着自己大胆、前卫的设计形象。面料是服装设计师设计灵感的源泉，而新材料的开发和使用又在推动着服装领域向更高层次发展。材料的开发使用和组合为服装设计师提供了无限的设计空间。

小　结

纺织品是人们生活中最重要的必需品，本章在介绍纺织纤维的基础上，重点分析了纺织纤维的鉴别常识和纺织商品的质量，并对服装商品做了进一步的阐述。

思考与练习

简答题

1. 纺织纤维是如何进行分类的？什么是天然纤维、化学纤维？

2. 纺织品的质量指标包括哪些方面？

实训题

1. 用感官法和燃烧法鉴别下列织品。

①真丝织品 ②纯毛呢绒 ③麻织品 ④棉织品 ⑤人造棉织品

2. 选择几种不同织物，用显微镜和燃烧法鉴别其所用纤维原料。

（1）实验目的

各种纤维具有不同的纤维结构，使用普通生物显微镜观察和认识各种纤维的纵向表面形态及其特征（有条件切片的，可观察纤维的截面），以便鉴别它们，同时了解普通生物纤维镜的构造并掌握正确的使用方法。

（2）仪器和样品

显微镜，各种纤维或纤维织物。

（3）操作步骤和方法

1）显微镜调节（略）。

2）显微镜观察。将纤维（织品拆成散纤维）放在载玻片上，用盖玻片盖好放在显微镜下观察其纵向形态。用笔将显微形态绘在纸上，对照纤维截面形态图，对照纤维种类。

【案例】

我国纺织服装业出口面临的主要贸易壁垒

根据WTO《纺织品与服装协议》的规定，从2005年1月1日起，全面取消进口纺织品服装配额，但这并不意味着全球纺织品服装贸易进入了自由贸易时代，事实表明，两项“特保”措施、反倾销、绿色技术性标准和社会责任标准、区域经济集团对区域外贸易的歧视性等将成为欧美等发达国家和地区在后配额时代努力设置的主要贸易壁垒。

一、“特保”措施

“特保”措施指中国加入WTO文件中的纺织品特别保障措施和过渡期特定产品特别保障措施。在《中国加入世贸组织工作组报告书》第242段，规定从2005年至2008年年底，在WTO成员认定中国产品造成“市场扰乱”的情况下，可对中国已取消配额限制的纺织品服装重新实施数量限制，此条款称为纺织品特别保障措施；在《中国入世议定书》第16条中，规定从中国入世直至2013年底，WTO

成员如认为中国出口造成或其威胁造成“市场扰乱”，可对中国采取过渡期特定产品特别保障措施，限制中国产品流入。两项“特保”措施含义大体相同，其明显的不同是前者针对纺织品服装，而后者可针对任何产品且有效期长。2005年1月1日，随着配额的取消，为降低发生贸易摩擦的可能，我国政府曾以加征部分纺织品服装出口关税进行自限，但并未遏止住我国纺织品服装出口潜力。我国纺织品服装在短时间对美欧等国和地区的集中释放，导致美欧于2005年5月23日、27日先后对中国纺织品根据纺织品特别保障措施实施限制。贸易摩擦发生后，中国政府委派专人赴美欧进行反复磋商，并与欧盟于6月11日签署纺织品备忘录，与美国于11月18日签署了备忘录，中欧、中美纺织品备忘录将分别于2007年、2008年底到期。根据中欧、中美纺织品备忘录，从2005年至2007年，中国有10类纺织品对欧盟出口的增长幅度被限制在8%～12.5%；在2006年，有21类服装和纺织品对美国出口的增长幅度被限制在10%～15%，在2007年，被限制在12.5%～16%，在2008年被限制在15%～17%。可以认为，在2013年底之前，中国纺织品服装出口会始终处于“特保”阴霾之中。

二、反倾销措施

我国纺织品服装遭受贸易摩擦处于不断上升状态。据WTO统计，1995～2005年，成员方共发起贸易保护调查案件2840起，反倾销案我国469起，占16.4%，其中2004年，我国遭受52起，占24.5%，2005年57起，占29.8%。对华贸易反倾销案件数量逐年增长，2006年前三季度，已达到70起，从中看出欧美等国利用反倾销手段对我国纺织品服装设限的意图明显。反倾销措施对产品出口的危害要比数量限制大得多，尤其是国有企业，由于非市场经济地位条款的制约，更将受到严重影响。一旦某类产品遭遇反倾销，那么该类产品出口环境的稳定性和预见性将受到影响，波及产业和产业链的发展，最终导致投资和就业等出现困境。

三、绿色技术壁垒

纺织品服装绿色技术壁垒是指发达国家依靠其较高的科学技术水平和先进的生产检测设备，以所谓保护环境和保障人身安全为目的，通过颁布法令或技术法规，制定高于发展中国家的强制性产品技术标准，实施环境标志和其合格评定程序，对不符合其要求的纺织品服装实施限制或拒绝进口，以对国内市场进行保护。目前主要有两类：一是环境管理体系认证，其代表是国际标准化组织颁布的ISO14000，ISO14000是一个系列环境管理国际标准，具体内容是要求调查企业使用的能源、用水、原料、排水及工业废气物的处理情况及噪音、振动、臭味等状况，并要求企业提出改善期限及数值等。通过ISO14000认证是符合环境管理要求的重要标志，可作为进入国际市场的绿色通行证。二是绿色环保标志认证。在纺织品服装领域中最有影响的环保标志是生态纺织品标准100（OKO－Tex Standard 100）。该标志只涉及对纺织品服装本身所含有害物质的检验，由国际纺织品生态研究和检验协会颁布，现在该协会已包括了 13 个欧洲国家的协会，加贴该标志的产品在欧盟更为普遍。

四、社会责任标准壁垒

社会责任标准壁垒是指以保护劳动者劳动环境和生存权利为由而采取的贸易保护措施。目前，最引人注目的标准是由社会责任国际组织在 1997 年 10 月制定的全球第一个社会责任认证标准（SA8000），该标准是国际采购商要求供应商的标准，其内容涉及以下方面：童工、强迫劳动、健康与安全、歧视、惩罚性措施、工作时间、工资报酬、管理体系、工作环境等。我国作为纺织品服装出口大国，由于劳动力成本低，因而中低档产品具有较强的价格竞争优势。但若实行 SA8000 与订单挂钩，企业必须额外增加大量费用去申请 SA8000 认证，这样势必增加出口成本。若企业申请认证未获成功，会因此失去不少跨国公司的订单，导致我国产品国际市场占有率下降。

五、区域壁垒

目前，全球区域集团已超过 50 个，区域集团在便利了区域内贸易的同时，却形成了对区域外贸易出口方的歧视。最典型的例子是在北美自由贸易区（NAFTA）内，美、加、墨之间的纺织品服装贸易迅速增长，且 NAFTA 的纺织品原产地规则极为苛刻并带有歧视性，由于该规则的影响，我国纺织品服装在美国市场的份额急剧减少，1994 年以前，我国一直是美国最大的服装供应地，而在 2001 年，墨西哥的出口数量已经是中国的 1.5 倍；对欧盟而言，纺织品服装贸易以区域内部贸易为主，区域外国家进入欧盟市场的屏障越来越厚。

（资料来源：冯双生，孙秀英．2007．我国纺织服装业出口面临的主要贸易壁垒及对策分析．商场现代化，10．）

问题：

1. 我国纺织品出口贸易面临哪些壁垒？
2. 根据上述材料，谈一谈我国纺织品贸易出口现状。

第十二章　食 品 商 品

【主要概念】

食品卫生　食品污染

人类的主要食品有粮食、肉类、果蔬、乳、禽蛋类等。中国人以粮食作为主食，其他的食品称为副食品。营养、卫生、美味、食用方便、携带方便、可以贮存是食品的基本要求。

第一节　食品的概念

一、食品的概念

食物是指使人体生长发育、更新细胞、修补组织、调节机能必不可少的营养物质，也是产生热量保持体温、进行体力活动的能量来源；而食品是指经过加工制作的食物。《中华人民共和国食品卫生法》（以下简称《食品卫生法》）对食品所作的解释为，所谓食品是指各种供人食用或者饮用的成品或原料，以及按照传统既是食品又是药品的物品，但是不包括以治疗为目的的物品。《中华人民共和国国家标准食品工业基本术语》（GB 15091— 1995）对食品的定义为：食品指可供人类食用或饮用的物质，包括加工食品、半成品和未加工食品，不包括烟草或只作药品用的物质。严格讲，烟及烟制品并不含有人体所需要的营养成分，而且也不经过人的消化系统，但我国的商业经营习惯还是将其列入食品范畴。还有一种解释，由美国食品药品管理局（food and drug administration，FDA）所作的《联邦食品、药品和化妆品法》，该法规所指的食品是：

1）供人或动物食用或饮用的各种物品。

2）口香糖。

3）用于制作上述食品的原料成分。

4）包括但不限于水果、蔬菜、鱼、牛奶制品、蛋类、动物饲料（包括宠物食品）、食品及饲料的配料及添加剂（可饮用食品包装及其他与食品接触的物品）、食品补给品及其配料、婴儿喂养奶、饮料（包括含酒精饮料和瓶装水）、活的食用动物、烧烤食品、小吃、糖果、罐头食品等。

5）还有可随食品一起食用的食品包装材料及其组成部分。食品的外层包装不当作一种能进入食品的物质。

二、食品的分类

按照我国传统习惯，食品可分为主食、副食。主食是主要食品，人类赖以为生的物质。我国的主食主要是粮食作物，即谷物、豆类、薯类。副食品是习惯名称，是指辅助食品，即除饮水、主食以外的食品，如肉、鱼、禽蛋、蔬菜、水果、饮料、调味品及加工熟食品。副食品起着补充主食之不足，提供比主食更多的热量和营养的作用，促进、调整主食的吸收。副食品的种类很多。

1. 按食品的来源分类

按食品的来源分类，食品可以分为动物性食品、植物性食品和矿物性食品。

1）动物性食品，富含脂肪和蛋白质，主要包括畜禽肉类、脏腑类、奶类、蛋类、水产品类等；

2）植物性食品，是人体所需碳水化合物，维生素、矿物质和蛋白质的重要来源，这类食品又可分为粮谷类、豆类、硬果类、薯类、蔬菜水果类等；

3）矿物性食品，含有丰富的矿物质元素，包括食盐、食用碱、矿泉水等。

2. 按食品的加工程度分类

按食品的加工程度分类，食品可分为初加工食品、再加工食品和深加工食品。

1）初加工食品，包括米、面、油、食糖等；

2）再加工食品，由初加工食品进行加工制成的，包括面包、糕点、酒类等；

3）深加工食品，主要指功能性食品，如婴幼儿食品、保健食品等。

3. 按保藏方法分类

按保藏方法分类，食品可以分为：罐头食品、脱水干制食品、冷冻食品或冻制食品、冷冻脱水食品、腌渍食品、烟熏食品等。

4. 按原料种类分类

按原料种类分类，食品可以分为：果蔬制品、肉禽制品、水产制品、乳制品、粮食制品等。

5. 按加工方法分类

按加工方法分类，食品可以分为：焙烤制品、膨化食品、油炸食品等。

6. 按产品特点分类

按产品特点分类，食品可以分为：保健食品、休闲食品、绿色食品、有机食品、婴幼儿食品、转基因食品等。

三、食品科学的发展方向

随着食品资源的日益紧张，促使食品的生产更加接近消费者的需求。在这种形势下，食品科学技术研究人员从消费者的角度来规范研究活动，并将研究结果应用于实际生产中，这给食品科学研究带来了新的挑战，一方面食品营养领域的新发现和对于世界食品贸易的关注，在一些地区极大促进了当地农业的发展；另一方面，因为研究人员必须对食品有关的科学领域具有深刻的认识，这些领域包括：营养科学、消费者行为科学、人种学等。食品科学技术的发展必须与食品营养科学紧密结合，并将该领域的科学发现应用于食品生产和加工工艺中。食品科学和营养科学是食品工业的两个非常重要的方面，食品科学技术必须依据行为科学，关注发达和发展中国家消费者的需求，食品科学技术研究人员必须了解消费者的期望、需求和恐惧对食品的巨大影响，必须提高和改善食品生产加工中的巨大影响力。我们必须提高和改善食品加工生产中的每一环节、食品工艺控制环节和食品分析的水平。要达到这个目的，就必须积极吸收其他科学领域的新发现，如物理学、化学、生物学甚至是遥感勘测技术和电子技术。食品科学技术的发展在很大程度上依赖于科技团体内部以及与外部世界的不断交流。食品科学研究的另一个方面就是食品安全问题。主要有以下因素：人口增长、食品贸易的国际化、国际旅游、食品工业的联合、食品生产工业化及食品消费形式的变化等。食品中的有毒化学物质包括杀虫剂和二恶英仍然是公众关注的焦点。同时，新技术也是食品安全所关注的焦点，包括食品辐射和源于新生物技术的食品。食品安全已经成为受到广泛关注的公共健康主题之一。WTO（世界卫生组织）已经将食品安全问题作为11个优先解决的问题之一。WTO决议督促各个国家尽快完善作为国家健康机构必不可少的食品安全的各项政策，提供充足的资源来建立和强化各个国家的食品安全问题，包括针对减少食源性疾病系统的和可持续的预防措施的开发和应用，食品科技在这个过程中发挥了重要的作用。

补充阅读

中国居民平衡膳食宝塔

中国居民平衡膳食宝塔（以下简称膳食宝塔），如图12.1所示，是根据《中国居民膳食指南》的核心内容，结合中国居民膳食的实际状况，把平衡膳食的原则转化成各类食物的重量，便于人们在日常生活中实行。

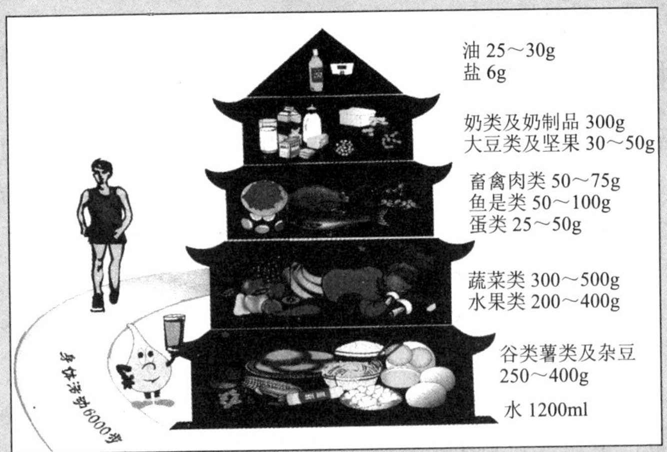

图 12.1　中国居民平衡膳食宝塔

一、中国居民平衡膳食宝塔说明

1. 膳食宝塔结构

膳食宝塔共分五层，包含我们每天应吃的主要食物种类。膳食宝塔各层位置和面积不同，这在一定程度上反映出各类食物在膳食中的地位和应占的比重。新的膳食宝塔图增加了水和身体活动的形象，强调足量饮水和增加身体活动的重要性。

2. 膳食宝塔建议的食物量

膳食宝塔建议的各类食物摄入量都是指食物可食部分的生重。各类食物的重量不是指某一种具体食物的重量，而是一类食物的总量，因此在选择具体食物时，实际重量可以在互换表中查询。

二、中国居民平衡膳食宝塔的应用

1. 确定适合自己的能量水平

膳食宝塔中建议的每人每日各类食物适宜摄入量范围适用于一般健康成人，在实际应用时要根据个人年龄、性别、身高、体重、劳动强度、季节等情况适当调整。

2. 根据自己的能量水平确定食物需要

膳食宝塔建议的每人每日各类食物适宜摄入量范围适用于一般健康成年人，按照 7 个能量水平分别建议了 10 类食物的摄入量，应用时要根据自身的能量需要进行选择。

3. 食物同类互换，调配丰富多彩的膳食

应用膳食宝塔可把营养与美味结合起来，按照同类互换、多种多样的原则调配一日三餐。

4. 要因地制宜充分利用当地资源

我国幅员辽阔，各地的饮食习惯及物产不尽相同，只有因地制宜充分利用当地资源才能有效地应用膳食宝塔。

5. 要养成习惯，长期坚持

膳食对健康的影响是长期的结果。应用于平衡膳食膳食宝塔需要自幼养成习惯，并坚持不懈，才能充分体现其对健康的重大促进作用。

（资料来源：中国营养学会，http://www.cnsoc.org/cn）

第二节 食品的营养素

食品是由多种化合物混合而成的复杂物质，除了水及食盐等少数食品外，大部分食品都是动植物有机体。这些有机体有生命，有复杂的生物结构。食品的不同化学成分对人体的新陈代谢、生长发育、抗衰老抗疾病起着重要的作用。水、矿物质、维生素、蛋白质、醣类、脂肪称为食品的营养成分，是人体不可缺少的。营养成分起着提供人体必要的热量，维持人体新陈代谢，促进人体发育，增加人体对疾病的抵抗力等作用。除了营养成分外，食品中的香味物质、鲜味物质、甜味物质、发色基团等，使食品具有令人愉快的色、香、味，有增加食欲、振奋人的精神的作用。食品中的纤维素、胶状物质及固形物质使食品易分解成适宜的形状，增加食品的总面积和亲水能力，有促进消化的作用。食品的化学成分及其各成分的含量，是决定食品质量的重要因素。

食物在体内经消化、吸收、代谢，促进机体生长发育、益智健体、抗衰防病、益寿延年的综合过程称营养。食物中的有效成分称为营养素。营养素是维持机体健康以及提供生长、发育和劳动所需的各种食品中所含有的营养成分。人体所需的营养素约有几十种，在营养学领域，人们将食物中各种营养素的含量及其被机体消化、吸收利用程度高低的相对指标称作为营养价值。特别是在人们的饮食文化生活中，“食品的营养价值”是常被人们谈论的内容。一种食品，如果富含某一种或某几种营养素，且易被消化、吸收利用，那么这种食品就具有较高的营养价值。但是，食品的商业售价，往往与食品本身所具有的营养价值不构成直接比例关系。

人们对于食物有其共同的、也是最基本的营养要求：

1）食物供给能量、维持体温，并满足生理活动和从事生活劳动的需要。

2）食物构成细胞组织、供给生长发育和自我更新所需要的材料，并为制造体液、激素、免疫抗体等创造条件。

3）食物保护器官机能、调节代谢反应，使机体各部分工作能协调地正常运行。

一、水分

水是人体含量最多和最重要的组成成分；水能促进营养素的消化，吸收代谢和排泄；水具有调节体温恒定和机体的润滑作用；水是食品的重要组成部分。人体水的来源主要有三方面：第一，食物中含有的水，成人一般从食物中获取的水分为 1000ml 左右；第二，饮水，成人每日饮水、汤、乳或其他饮料约 1200ml；第三，代谢水，即来自体内碳水化合物、脂肪、蛋白质代谢时氧化产生的水，来自代谢过程的水约有 200～400ml。

水是人体最重要的营养物质。在正常的情况下，一个成年男子每天约需要水 2600ml 水。在成年人体内，水占体重的 2/3 左右，年龄越小，水占的比例越大。即使缺少其他食品，但只要还有水，人能存活 7 天以上。人类需要的水，85%来自于食品和饮水，小部分来自体内新陈代谢。

食品中的水不是单独存在的，它会与食品中的其他成分发生化学或物理作用，因而改变了水的性质。按照食品中的水与其他成分之间相互作用强弱可将食品中的水分成结合水、毛细管水和自由水。结合水，又称为束缚水，是指存在于食品中的与非水成分通过氢键结合的水，是食品中与非水成分结合的最牢固的水；自由水，是指食品中与非水成分有较弱作用或基本没有作用的水；毛细管水，指食品中由于天然形成的毛细管而保留的水分，是存在于生物体细胞间隙的水。毛细管的直径越小，持水能力越强，当毛细管直径小于 0.1μm 时，毛细管水实际上已经成为结合水，而当毛细管直径大于 0.1μm 则为自由水，大部分毛细管水为自由水。

结合水与自由水的区别：结合水在食品中不能作为溶剂，在－40℃时不结冰，而自由水可以作为溶剂，在－40℃会结冰。食品中的结合水的产生除毛细管作用外，大多数结合水是由于食品中的水分与食品中的蛋白质、淀粉、果胶等物质的羧基、羰基、氨基、亚氨基、羟基、巯基等亲水性基团或水中的无机离子的键合或偶极作用产生的。根据与食品中非水组分之间的作用力的强弱可将结合。水分成单分子层水和多分子层水。水的活性也称水分活度，其物理意义就是水蒸发难易程度。水的活性常用“A_W”表示。A_W 值表示食品表面水的蒸气压和纯水蒸气压比值。A_W 值对食品保藏具有重要的意义。含有水分的食物由于其水分活度之不同，其储藏期的稳定性也不同。利用水分活度的测试，反映物质的保质期，已逐渐成为食品，医药，生物制品等行业中检验的重要指标，如表 12.1 所示。水的活性的计算公式为

$$A_W = P/P_0$$

式中，A_W 表示水的活性；P 为食品表面的蒸气压；P_0 为纯水表面的蒸气压。

表 12.1　某些食品适合微生物发育的 A_w 值

食品名称	A_W值	微生物名称
鲜鱼、水果	0.98	
灌肠	0.90	一般细菌
15%盐制品	0.88	酵母菌
含有 15%～17%水的豆类、米等	0.80	霉菌、金黄色葡萄菌
果酱、某些点心	0.75	喜盐性细菌
面粉	0.65	耐干性霉菌
干果、蜜饯	0.60	耐浸透性酵母菌
饼干	0.33	

二、矿物质

矿物质是一个总称，它就是食品中除碳、氢、氧、氮四种元素以外的人体所需的各类元素。迄今为止，已查明的人体含有 36 种矿物质元素。矿物质对人体的生理意义如下。

1）构成人体的重要材料，如钙、磷、镁是人体骨骼的重要成分，磷和硫是构成蛋白质的重要成分。

2）维持人体的离子平衡，pH 稳定。人体在新陈代谢过程中产生 CO_2 气体和氨，因此体内 pH 有变化，而以钠为主的重碳酸盐，可以调节离解程度，成为体内的缓冲液。

3）矿物质构成的无机盐和蛋白质协同，维持细胞的渗透压。例如，磷和蛋白质构成拒水层，控制各元素渗入体内。

4）维持神经、肌肉的兴奋。

5）维持生命特有的生理功能，如血红蛋白和细胞中铁的贮氧、脱氧的能力，甲状腺激素中的碘维持正常的基础代谢。

6）构成酶系统，如氯离子构成胃蛋白酶、镁离子构成多种氧化磷酸酶等。

一个体重 60kg 的正常男子每天约需 30g 矿物质，其中食盐 20g 左右，钾 1～3g，钙 0.8g，镁 0.32g，磷 1.2～1.5g，铁 0.015g 等。

1. *矿物质的分类*

按照需要量的大小，矿物质可分为三类：常量元素，指需要量大的矿物元素，包括钙、镁、钾、钠、磷、硫、氯 7 种元素；微量元素，指需要量小的矿物元素，属这类矿物元素的有铜、铁、锌、锰、碘、氟、溴、镍、钴、硅等；极微量元素，指需要量极少的元素，常称痕量元素，其生理功能目前研究很少。

从营养角度来讲，我国目前食品结构中比较缺乏的是钙、铁、碘，特别是正常生长的儿童和少年及负有特殊使命的孕妇和乳母；而氯和钠（食盐），则超过人体正常需要。

2. 碱性食品和酸性食品

碱性食品，即含有碱性矿物元素的食品。含有钠、钾、钙、镁等离子的食品称为碱性食品。蔬菜、水果、豆类等离子含量多，用生理习惯分，称为碱性食品。碱性食品有利于维持人体内酸碱平衡，维持心脏的跳动节律，增强人的体质。

酸性食品，即含有酸性非金属离子的食品，如硫、磷、氯、硒、氟、溴等。肉类禽蛋类、属于酸性食品，酸性食品提供人类大量的热量，是人类的主食。

食用油、黄油、食糖、淀粉等不含上述成酸成碱元素，体内代谢后呈中性反应。

三、醣类

醣类是食品的重要成分。在谷类、薯类、水果、蔬菜中，含有大量的醣类。每克醣可提供 4.1 千卡的热量。醣是植物光合作用的产物，也是植物贮藏能量的物质在我国传统的食品中，醣类可提供的热量约占整个热量的 60%～80%。醣可分为单醣、双醣，又称为碳水化合物。

四、蛋白质

蛋白质是构成生物体的基本物质。不论是低等生物，还是高等生物，在其的机体内都存在蛋白质。生命的最基本的特征是蛋白质的不断自我更新，即通过摄食和排泄来实现新陈代谢。蛋白质的营养功能是为机体提供构成体质所必需的氨基酸和构成其他含氮物质所需的氨源。如糖和脂肪不足，蛋白质也可用作能源。事实上，在食物提供的总热量中 11%～13%是由蛋白质提供的，蛋白质的主要作用有维持氮平衡和满足人的最低生理要求。

蛋白质由碳、氢、氧和氮等元素构成，有些含有硫、磷，少数含有锌、铁、铜、锰等元素。组成蛋白质的氨基酸有 20 多种，主要有赖氨酸、苯丙氨酸、缬氨酸、蛋氨酸、色氨酸、亮氨酸、异亮氨酸及苏氨酸等八种。

五、食品中的油脂成分

油脂的主要功能有：生命功能，构成机体，调节生命过程；营养功能，提供必需脂肪酸和热能，运输脂溶性维生素；风味功能。

油脂在体内存在两种状态：一种是以脂肪的形式构成各类细胞，如脑、心及肺、肾、腺体的细胞；另一种是以蓄积脂肪的形式存在于腹腔脏器周围和皮下组织中。

脂肪不溶于水，而易溶于汽油、乙醚等有机溶剂中。油脂是一种不稳定的物质，在空气中的氧和微生物的作用下易发生腐败变质。

脂肪的发热量较大，是人体热量的重要来源之一。脂类，指存在于生物体中或食品中微溶于水，能溶于有机溶剂的一类化合物的总称。

油脂的分类如下。

1）按物理状态分为脂肪（常温下为固态）和油（常温下为液态）。

2）按化学结构分为简单脂、复合脂和衍生脂。简单脂，酰基脂，蜡；复合脂，鞘脂类（鞘氨酸、脂肪酸、磷酸盐、胆碱组成），脑苷脂类（鞘氨酸、脂肪酸、糖类组成），神经节苷脂类（鞘氨酸、脂肪酸、复合的碳水化合物）；衍生脂，类胡萝卜素、类固醇、脂溶性纤维素等。

3）按来源分为乳脂类、植物脂、动物脂、海产品动物油和微生物油脂。

4）按不饱和程度分为干性油、半干性油和不干性油。干性油，碘值大于 130，如桐油、亚麻籽油、红花油等；半干性油，碘值介于 100～130，如棉籽油、大豆油等；不干性油，碘值小于 100，如花生油、菜子油、蓖麻油等。

5）按构成的脂肪酸分为单纯酰基油和混合酰基油。

六、维生素

维生素是一类人体不能合成，但又是机体正常生理代谢所必需，且功能各异的微量分子有机化合物，其特点为：①以本体或前体化合物存在于天然食物中；②在体内不能合成，必须由食物供给；③在机体内不提供能量，不参与机体组织的构成，但在调节物质代谢的过程中却起着十分重要的作用；④机体缺乏维生素时，物质代谢发生障碍，表现出不同的缺乏症。

维生素有三种命名系统。一是按发现的历史顺序，以英文字母顺次命名，如维生素 A、维生素 B、维生素 C、维生素 E 等；二是按其特有的功能命名，如抗干眼病维生素、抗癞皮病维生素、抗坏血酸等；三是按其化学结构命名，如视黄醇、硫胺素、核黄素等。三种命名系统互相通用。

维生素的种类很多，化学结构差异很大，通常按照其溶解性质将其分为脂肪溶性和水溶性两大类。脂溶性维生素包括维生素 A、维生素 D、维生素 E、维生素 K，水溶性维生素包括 B 族维生素（维生素 B_1、维生素 B_2、尼克酸、泛酸、维生素 B_6、叶酸、维生素 B_{12}、生物素、胆碱）和维生素 C。脂溶性维生素在机体内的吸收往往与机体对脂肪的吸收有关，且不易排出体外，摄入过多可在体内蓄积，以至产生有害影响，而水溶性维生素排泄率高，一般不在体内蓄积，毒性较低，但超过生理需要量过多时，可能出现维生素和其他营养素代谢不正常等不良作用。还有一些化合物，如生物类黄酮、牛磺酸、肉碱、肌醇、辅酶 Q 等，其活性类似维生素，称为类维生素。

许多因素可对致人体维生素不足或缺乏。人类维生素的缺乏包括原发性和继发性：原发性缺乏主要是由于食物中供给量不足；继发性缺乏是由于维生素在体内吸收障碍，破坏分解增强和生理需要量增加等因素造成。维生素缺乏在体内是一个渐进过程：初始储备量降低，继则有关生化代谢异常、生理功能改变，然后才是组织病理变化并出现临床症状和体征。轻度维生素缺乏并不一定出现临床症状，但可使劳动效下降，对疾病抵抗力低等，称为亚临床缺乏或不足。由于亚临床缺乏症状不明显，不特异，往往被人们忽视，故应对此有高度警惕性。临床上常见多种维生素混合缺乏的症状和体征。人们对维生素的需要量虽小，但一旦缺乏，体内代谢会引起混乱，从而患各种维生素缺乏症。大多数维生素在机内酶系统中充当辅酶的作用，是体内代谢的生物催化剂。有很多维生素不能在体内自身合成，必须靠食品提供。

目前已知的维生素有 40 多种，一般分为油溶性维生素和水溶性维生素。

补充阅读 12.2

生命和健康的物质基础——营养素

坏血病在历史上曾是严重威胁人类健康的一种疾病。古埃及的医学莎草纸卷宗以及《旧约全书》中都有坏血病的记载，公元前约 450 年，希腊的“医学之父 Hippocrates”叙述了此病的综合症状，即患者牙根坏疽、掉牙、腿疼。1309 年，法国的《圣路易的历史》一书中记述了十字军东征时有一种对“嘴和腿有侵害”的疾病。1497 年，一艘经好望角航行到印度马拉巴尔海岸的葡萄牙商船上，船长在日记中记录了这次航行有 100 名船员因患该病丧生。1519 年，葡萄牙航海家麦哲伦率领的远洋船队从南美洲东岸向太平洋进发。三个月后，有的船员牙床破了，常常牙根出血和流鼻血，甚至皮肤淤血和渗血；有的船员浑身无力，最后痛苦地死去，待船到达目的地时，原来的 200 多人，活下来的只有 35 人。

人们一直查不出病因。奇怪的是，只要船只靠岸，这种疾病很快就不治而愈了。1600～1603 年英国航海家 Lancaster 船长记载了远航东印度群岛时，他使全体水手健康的原因仅仅由于附加了一个“每天早上三匙柠檬汁”的命令。18 世纪中叶的一位英国船长每次远航中，都会在船上贮存浓缩的深色菜汁和一桶桶泡菜，每到一个港口，便派人上岸收集各种水果和蔬菜。结果，水手们没有一个死于这种疾病。

1907 年挪威的 Holst 和 Frolich 用一种缺乏抗坏血酸的食物喂养豚鼠并引起了豚鼠的坏血病。1928 年，在剑桥大学霍普金斯实验室工作的匈牙利科学家 Szent Cyorgy 从牛肾腺、柑橘和甘蓝叶中提取出一种物质，他称这种物质为乙糖醛酸，但他没做抗坏血病影响的实验。

1932 年匹兹堡大学的 Charles Glen King 从柠檬汁中析出一种结晶物质，在豚鼠体内具有抗坏血酸活性，这标志了维生素 C 被发现。1933 年瑞士科学家合成了维生素 C。

今天我们都知道，这种疾病叫做坏血病，是由于人们日常食物中长期缺乏一种重要的营养物质——维生素C引起，人类耗费了3000年的时间才最终找到对付这种疾病的治疗方法，而因它死去的人数今天已经无法准确统计了。

（资料来源：[日]石仓俊治. 1998. 漫话功能性食品. 周永春等译. 北京：科学出版社.）

第三节 食品的卫生与污染

一、食品卫生的概念

食品是由多种化学物质成分组成的一种混合物，一般将食品中的这些物质成分划分为内源性和外源性两部分。其中内源性物质成分是食品本身所具有的成分，而外源性物质成分则是在食品从加工到摄食全过程中进入的成分。

世界卫生组织于1996年指出，食品卫生指为确保食品安全性和适合性，在食物链的所有阶段必须采取的一切条件和措施。而《食品工业基本术语》将“食品卫生”定义为：“为防止食品在生产、收获、加上、运输、贮藏、销售等各个环节被有害物质传染，使食品有益于人体健康所采取的各项措施”。《中华人民共和国食品卫生法》（以下简称《食品卫生法》）第六条明文规定：“食品应当无毒、无害，符合应当有的营养要求，具有相应的色、香、味等感官性状。”无毒无害是食品的首要条件和起码要求，否则，即使食品具备营养和色香味等感官性状，也无食用价值。《食品卫生法》第九条规定了禁止生产经营的食品如下。

1）腐败变质、油脂酸败、霉变、生虫、污秽不洁、混有异物或者其他感官性状异常，可能对人体健康有害的。

2）含有毒、有害物质或者被有毒、有害物质污染，可能对人体健康有害的。

3）含有致病性寄生虫、微生物的，或者微生物毒素含量超过国家限定标准的。

4）未经兽医卫生检验或者检验不合格的肉类及其制品。

5）病死、毒死或者死因不明的禽、畜、兽、水产动物等及其制品。

6）容器包装污秽不洁、严重破损或者运输工具不洁造成污染的。

7）掺假、掺杂、伪造，影响营养、卫生的。

8）用非食品原料加工的，加入非食品用化学物质的或者将非食品当作食品的。

9）超过保质期限的。

10）为防病等特殊需要，国务院卫生行政部门或者省、自治区、直辖市人民政府专门规定禁止出售的。

11）含有未经国务院卫生行政部门批准使用的添加剂或者农药残留超过国家规定容许量的。

12）其他不符合食品卫生标准和卫生要求的。

二、食品污染

食品污染是指危害人体健康和安全的有毒、有害物质进入正常食品的过程。这些有毒有害物质又称食品安全危害（food safety hazard），包括可影响食品质量和安全性的不能接受的污物、细菌，或是在食品中产生、残留的诸如毒素、酶或微生物的代谢产物等不可接受的物质。

正常食品本身一般不含有毒、有害物质或含量极少，不足以对人体健康造成危害。但食品从种植或饲养、生长、收割或宰杀、少产、加工、贮存、运输、销售、烹调直到餐桌食用以前的各个环节中，由于环境或人为因素影响，可能使有毒、有害物质进入食品中造成污染，导致食品营养价值和卫生质量降低，食用这类食品，就会对人体产生不同程度的危害，导致食源性疾病、中毒甚至死亡等严重后果。

目前已知有 200 种以上的食品污染物能导致食源性疾病，食品污染按性质不同可分成生物性污染、化学性污染和物理性污染三类。此外，食物搭配不当也可能导致健康问题而对人体造成伤害。

1. 生物污染及防治

食品的生物性污染是食品污染中最常见的一种，包括微生物污染（有害细菌、霉菌、病毒）、寄生虫及其虫卵、昆虫等的污染。出现在食品中的有害细菌除包括可引起食物中毒、人畜共患传染病等的致病菌外，还包括能引起食物腐败变质并可作为食品受到污染标志的非致病菌。霉菌在自然界分布广泛，食品受产毒霉菌污染后可产生霉菌毒素，可直接对人体致病，而不产毒霉菌污染可引起食品卫生品质下降。病毒污染主要包括各型肝炎病毒、脊髓灰质炎病毒和口蹄疫病毒，其他病毒不易在食品上繁殖。寄生虫和虫卵包括蛔虫、绦虫、囊虫、中华枝睾吸虫等，主要是病人、病畜直接污染食品或通过其粪便污染水体、土壤后再污染食品。昆虫污染主要包括粮食中的甲虫、螨类、蛾类以及动物食品和发酵食品中的蝇、蛆等。昆虫除作为病原体和中间寄主外，还是传播各种疾病的主要媒介。

造成食品生物性污染的常见原因有：污染的手接触食物造成污染；加工过程生熟不分造成交叉污染；用污染的水洗涤瓜果、蔬菜、餐具造成污染；经空气、飞沫、尘埃等污染食物；由携带病原体的昆虫（苍蝇、蟑螂等）、老鼠等及其排泄物污染食物等。

2. 化学性污染

自然存在或人工合成制造的一些化学物质可通过污染食品危害人体的健康和安全。化学性污染种类很多，主要包括一些重金属毒物以及其他有机和无机化合物，如铅、汞、镉、砷、亚硝胺、多环芳烃类、酚类以及一些目前还不清楚的各种有毒有害化学物。根据食品中化学污染物的来源，可以将其分为：工业污染物，如各种有毒重金属、有机污染物等，主要污染农田水系环境中的农作物和鱼类，并通过食物链进入人体产生毒害；食品生产过程中使用并进入食品的化学污染物，如农药、兽药、植物和动物激素、清洁剂等；食品加工过程中人为添加的人工合成化学品（食品添加剂），如防腐剂、着色剂、营养添加剂和违禁品等。

3. 物理性污染

物理性污染主要来源于多种非化学性的杂物，污染物来源复杂，种类繁多并且存在偶然性，以至于食品卫生标准无法规定全部物理性污染物。虽然有的污染物可能并不直接威胁消费者的健康，但是严重影响了食品应有的感官性状和营养价值，使食品质量得不到保障。因为大多数的物理性污染物是肉眼可见的，易引起消费者和厂商的纠纷，破坏产品和企业的形象，所以食品物理性污染物的检测是食品企业自身卫生管理的重要内容。

根据污染物的性质，物理性污染主要有：来自食品生产、储运、销售的污染物；食品的掺假、使假、食品的放射性污染。

三、食品污染对人体健康和安全的影响

食品污染对人体健康和安全的危害，涉及面相当广泛。例如，病原微生物污染食品在食品中大量繁殖并产生毒素时，可引起食源性疾病或食物中毒；又如食品被某些有害化学物质污染，含量虽少，但当有害物质长期连续地通过食物作用于人体，可表现为急性或慢性中毒、致畸、致突变、致癌等潜在性危害。

1. 急性中毒

污染物随食物进入人体，在短时间内造成肌体损害，出现临床症状（如急性胃肠炎，痢疾等)，称为急性中毒，如细菌性食物中毒等。

2. 慢件中毒

由于长期摄入少量被有毒有害物质污染的食物，可对肌体造成永久的损伤，引起慢性中毒。例如，过量食用含有大量人工合成色素或香精等添加剂的食品，短期内不易看出危害，但它可以引起呼吸系统疾病；长期摄入微量受黄曲霉毒素污染的粮油，能引起肝功能异常和肝脏组织病理变化。由于慢性中毒的原因较难发现，容易被人们忽视，应给予足够的重视。

3. 致畸作用

摄入食物中的有毒有害污染物，可以通过母体作用于胚胎，引起形态和结构

上的异常，而导致畸胎、死胎或胚胎发育迟缓。例如，吃了含亚硝胺、甲基汞、黄曲霉毒素等的食物可引起畸胎或胚胎变异。

4. 致突变作用

突变是指生物在某些诱变因子作用下，细胞中的遗传物质结构发生突然的、根本的改变，并在细胞分裂过程中被传给后代细胞，使新的细胞获得新的遗传特性。这种不正常增殖的细胞如果损害或取代了正常组织，可引起　癌症。

5. 致癌作用

根据实验和临床调查，已知不少污染食品的化学物质和霉菌毒素有致癌作用。例如，过量使用着色剂对肉类进行加工处理可形成强致癌物；黄曲霉毒素、六六六等能使动物和人发生肿瘤。因此，对于那些被能致癌的污染物所污染的食品要引起重视，采取措施进行处理或禁止使用。

补充阅读 12.3

食品防腐剂

食品防腐剂是用于防止食品因微生物引起的变质，提高食品保存性能，延长食品保质期的一类食品添加剂。

我国食品卫生法规定使用的各种食品防腐剂都应为低毒、安全性较高，并严格按照规定的使用剂量在使用范围内使用，对人体绝不会造成不良影响。常用食品防腐剂种类繁多，大多数是化学防腐剂。

苯甲酸及其钠盐。苯甲酸又名安息香酸，稍溶于水，可溶于乙醇，在酸性条件下对多种微生物（酵母、霉菌、细菌）有明显抑菌作用，但对产酸菌作用较弱。苯甲酸溶解度低，实际生产中大多使用其钠盐，抗菌是钠盐转化为苯甲酸后起作用的。pH2.5～4.0 抑菌效果最好，pH4.5 时对一般微生物完全抑制的最小浓度为 0.05%～0.1%。在直接饮用的饮料内的最大使用量为 0.2g/kg。

对羟基苯甲酸酯类。对羟基苯甲酸酯又名尼泊金酯，对霉菌、酵母菌有抗菌作用，其防腐效果优于苯甲酸及其钠盐，其使用量约为苯甲酸钠的 1/10。在 pH4～8 范围中都有良好效果。缺点是水溶性较差，常需用醇类溶解后使用。果汁、果酱最大使用量：0.1～0.2g/kg；饮料最大使用量为 0.01g/kg。

山梨酸及其盐类。山梨酸（2，4-乙二烯酸），又名花秋酸，微溶于水，易溶于乙醇。对光、热稳定，长期放置易氧化着色。对霉菌、酵母菌和好气性细菌均有抑菌作用，但对嫌气性细菌、芽孢杆菌和嗜酸乳杆菌几乎无效。山梨酸是酸性防腐剂，适用范围在 pH 5.5 以下，而毒性为苯甲酸的 1/4，有逐步取代苯甲酸及其钠盐的趋势。最大使用量为0.6g/kg。丙酸钠，安全无毒，易溶于水及乙醇，易吸潮，为酸性防腐剂。具有良好的防霉菌效果。对细菌抑制作用较小，对酵母菌无作用。常用于面粉制品发酵，可抑制杂菌生长及乳酪制品防霉等。在糕点中的最大使用量为2.5g/kg。

丙酸钙，对光和热稳定，易溶于水、不溶于乙醇，易吸潮。其防腐性能及用量与丙酸钠相同。可补充食品中的钙质。

补充阅读 12.4

禽流感主要案例

1. 首次暴发

1878年，禽流感在意大利的首次暴发使人们开始认识这种极具杀伤力的传染病。此后，禽流感病毒在近两个世纪中，不断地侵袭者整个世界。特别是从20世纪90年代后期起，禽流感在欧亚大陆的暴发日趋频繁。

2. 最严重的暴发

1997年5月，中国香港地区的一个养鸡场出现了本地首例禽流感病例，在随后的几个月里，禽流感病毒迅速蔓延，导致大批家鸡死亡。经专家认定，导致香港特区家禽大规模死亡的罪魁祸首正是H5N1型禽流感病毒。然而，令专家难以置信的是，这种历来只威胁家禽的病毒，出现了新的变异并能够传染给哺乳动物甚至是人类。1997年8月，香港一名3岁的男童因感染禽流感而死亡。这也是全球首宗人类感染H5N1的个案。在随后的几个月中，共有18个人感染禽流感病毒，其中6人死亡。

3. 历史上波及最广的暴发

2003年3月，一场突如其来的禽流感袭击了荷兰，3月1日，荷兰东部的6个农场中发现了H7N7型禽流感病毒，荷兰政府随即发布命令，要求所有农场暂停鸡、鸭及其蛋类产品的转运和销售，并在发现禽流感的农场方圆10公里范围内划定警戒区。到3月3日，有禽流感疫情的农场已升至13家，在短短几周内，共有约900个农场内的1400万只家禽被隔离，1800多万只病鸡被宰杀；而更为严峻的是，在疫情暴发期间，共有80人感染了禽流感病毒，其中一名57岁的荷兰兽医在对病鸡进行检验时感染病毒，并死于禽流感引起的肺炎并发症。此后，H7N7型禽流感在整个欧洲蔓延开来。

（资料来源：谭晓东，侯炜．2005．解读禽流感．今日科技，11.）

补充阅读 12.5

“疯牛病”

1985 年 4 月，医学家们在英国首先发现了一种新病，专家们对这一世界始发病例进行组织病理学检查，并于 1986 年 11 月将该病定名为 BSE，首次在英国报刊上报道。1996 年 3 月 20 日，英国政府宣布，英国 20 余名克一雅氏病患者（海绵状脑病的一种，患者脑组织某些部位出现空洞）与疯牛病传染有关，引起世界的震惊。为此，英国将疯牛病疫区的 1100 多万头同群牛屠宰处理，造成了约 300 亿美元的损失，并引起了全球对英国牛肉的恐慌。1999 年以后法国也成为疯牛病高发国家，此外，还有德国、比利时、卢森堡、爱尔兰、瑞士、葡萄牙、丹麦、意大利、荷兰、阿曼、加拿大、美国、日本等 20 多个国家发生了疯牛病。

科学家们指出，由于引发海绵状脑病的物质在人体内不会激发任何免疫反应，所以还无法检测人或动物是否已经感染该病。更为严重的是，引发海绵状脑病的物质对于加热、紫外线、辐射和许多化学消毒剂有极强的抵抗能力，所以常用的食品加工工艺如烹调、巴氏灭菌法、冷冻、曝晒和腌渍都不能消灭它。

（资料来源：佚名. 2003. 健康网.）

第四节　食品的卫生管理与监督

食品卫生是关系到人民身体健康、餐饮企业发展、政府管理部门行政能力、社会和谐、稳定的重大问题，食品卫生监督和管理是保证食品卫生的主要手段，各国政府都将其纳入到国家公共卫生事务管理的职能范围之中，运用科技教育、法律行政、伦理道德等手段来保证食品的卫生安全。

食品卫生监督是指政府卫生行政部门为保护消费者健康和权益，根据《食品卫生法》的规定，对食品生产经营活动实施强制性卫生行政管理，督促检查食品生产经营者执行食品卫生法律、法规和规章的情况，并对其违法行为追究经济、行政和法律责任的过程。

食品卫生管理是指政府卫生行政部门和食品生产经营者贯彻执行《食品卫生法》等相关法律、规章和标准等规范性文件，对食品生产经营活动进行管理的全过程。

我国食品卫生监督管理实行国家、地方、部门和特定范围、企业和经营者四级垂直管理体制。

一、我国食品卫生法律体系

食品卫生法是国家食品卫生的法律规范的总称，关乎广大人民群众切身利益和全民的身体健康。我国政府历来重视食品卫生立法工作，先后颁布施行了《清凉饮食物管理办法》（1953 年）、《肉品卫生检验试行规程》（1959 年）、《食品卫生管理办法试行条例》（1964 年）、《中华人民共和国食品管理条例》（1979 年 8 月）。1982 年 11 月 19 日第五届全国人民代表大会常务委员会第二十五次会议通过并颁布了《中华人民共和国食品卫生法（试行）》。1995 年 10 月 30 日第八届全国人大常委会第十六次会议审议通过了新的《中华人民共和国食品卫生法》，标志着我国食品卫生管理全面步入法制化、规范化的轨道。

根据《食品卫生法》的规定与授权，目前卫生部已经制定颁布了食品卫生管理办法、规范、程序、规程、规定等单项法规和规范性文件 90 余部，食品卫生标准近 500 项，各级人民政府或卫生行政部门也制定颁布了与《食品卫生法》配套的地方法规和规范性文件。我国已形成较完善的食品卫生监督管理体系，使我国的食品卫生工作走上了法制化和规范化的轨道。

我国食品卫生法律体系是由食品卫生法律、行政规章、地方性法规、食品卫生标准以及其他规范性文件有机联系构成的统一整体。依据食品卫生法律规范的表现形式及其法律效力层级，食品卫生法律体系由四部分构成：①食品卫生法律；②食品卫生规章；③食品卫生标准；④其他规范性文件。

二、食品卫生法律

《食品卫生法》以《中华人民共和国宪法》为依据，是我国食品卫生法律体系中法律效力层级最高的法律，是制定从属性的食品卫生法规、规章以及其他规范性文件的根本依据。《食品卫生法》中规定，国家实行由法律所确立、具有强制力的食品卫生监督制度，全国各地区、各部门、各行业等都要实行和遵守这个制度。《食品卫生法》具有严肃性、普遍性和强制性的特点。

根据《食品卫生法》的规定，国家实行食品卫生监督制度的主要内容包括：①对食品生产经营企业和食品摊贩试行卫生许可证管理；②对食品生产经营人员实行健康检查；③对保健食品、利用新资源生产的食品、食品添加剂的新品种，以及利用新的原材料生产的食品容器、包装材料和食品用工具设备的新品种实行审批；④对食品生产经营企业的新建、扩建、改建工程的选址和设计实施卫生审查并参加工程验收；⑤对食品生产经营者采购食品及食品原料实行索证管理；⑥对食品生产经营活动实施经常性监督检查；⑦对食品及食品用产品的卫生质量实施监测和检验；⑧对食物中毒事故和食品污染事故进行调查，并采取控制措施；⑨对违反《食品卫生法》的行为追查责任，依法进行行政处罚；⑩设立食品卫生监督员制度等。

三、食品卫生规章

食品卫生规章主要由国务院卫生行政部门和地方人民政府制定。国务院卫生行政部门制定的食品卫生规章主要指卫生部根据《食品卫生法》按照规定的程序所制定的办法、规定等规范性文件的总称。地方性食品卫生规章指省、自治区、直辖市以及省、自治区人民政府所在地的市和经国务院批准的较大的市的人民政府根据《食品卫生法》按照规定程序所制定的适用于本地区食品卫生管理工作的规定、办法、实施细则、规则等规范性文件的总称。

到目前为止，卫生部共发布了多部食品卫生规章，分为：①食品生产经营管理规章，如《餐饮业食品卫生管理办法》、《学生集体用餐卫生监督办法》等；②食品卫生监督管理规章，如《卫生监督员管理办法》、《食物中毒事故处理办法》等；③食品产品卫生管理规章，如《新资源食品卫生管理办法》、《肉与肉制品卫生管理办法》等；④食品包装材料与容器管理规章，如《食品用塑料制品及原材料卫生管理办法》、《食品包装用原纸卫生管理办法》等；⑤食品卫生检验管理规范，如《食品卫生检验单位管理办法》等。

四、食品卫生标准

食品卫生标准是食品卫生法律体系中特有的作为判断食品是否符合卫生要求的，按照规定程序制定颁布的一系列技术性规范的总称。它通过技术研究形成特定文件，并经过食品有关部门协商和严格的技术审查后，由中央和省级人民政府批准并发布，作为共同遵守的准则和依据。

根据《中华人民共和国标准化法》的规定，食品卫生标准可分为国家标准、行业标准、地方标准和企业标准，具有很强的技术性。其包括食品卫生基础标准、食品卫生产品标准、食品企业卫生规范、食品卫生检验方法、毒理学安全评价程序和方法及食物中毒诊断标准等。

五、食品卫生规范

食品卫生规范性文件是根据《食品卫生法》创定的规定、规范和技术要求，属于委任性食品卫生法律规范，如卫生部发布的《餐饮业与集体供餐配送单位卫生规范》、《保健食品通用卫生要求》等。

小　　结

本章介绍了我国食品卫生监督管理的概念、体制和内容，食品卫生法律体系，要了解和熟悉食品商品的分类、食品行业的发展。掌握食品的营养成分，明确食品的消费趋向。认识食品安全问题的重要性。

思考与练习

简答题

1. 我国食品卫生法律体系主要由哪几部分构成?
2. 食品污染的来源包括哪些方面?
3. 维生素的功能和作用有哪些?
4. 什么是酸性食品和碱性食品，包括哪些食品?

实训题

1. 走访当地食品卫生防疫部门，了解食品生产经营的卫生要求和保障管理措施，写出调查报告。

2. 由于茶叶的加工工艺不同，不同种类的茶叶具有不同的特征，通过观察和品尝茶叶的干叶的外观，茶汤的气味、滋味，颜色，叶底的香气，外观、颜色等特征，鉴别茶叶的种类和质量。

1）仪器和样品：审茶盘，审茶碗，审茶杯，漱口杯，红茶，绿茶，花茶，乌龙茶，开水等。

2）通过实验，写出茶叶质量的感官评定鉴别报告。

【案例】

美国食品药品监督管理局的由来

19 世纪晚期，美国人每天都接触到劣质食品、危险药品和有毒物质。1906 年，在罗斯福总统的领导下，通过了《纯净食品和药品法案》，创立了美国食品药品监督管理局，自此以后美国人的餐桌才更加安全。

西奥多•罗斯福总统对伪劣食品有切身体会。1898 年美西战争时期，他组织骑兵队奔赴古巴，在战场上，他问他的骑兵为什么把肉罐头扔掉，骑兵说他不喜欢吃，“像个男人似的把它吃掉”，罗斯福下了命令，骑兵不得不照办，但是不一会儿，他就开始呕吐，罗斯福察看了一下罐头，那是一盒黏糊糊的腐烂食品，未来的总统什么都明白了。这些美国国内供应的变质肉罐头“成功”地让数千名美国士兵病倒。1899 年，美国陆军总司令迈尔斯（Miles）将军就此向联邦政府提起上诉，声称这些牛肉罐头比敌人的子弹杀死的士兵还多。但是总统任命的调查委员会驳回了起诉。

1906 年，罗斯福总统签署了《纯净食品和药品法案》（Pure Food and Drug Act），他大笔一挥，拓展了联邦政府的管理权限，在历史上种下了保护民众不受商业欺诈的种子——美国食品药品监督管理局，一个联邦政府的管理监督机构，一个基于科学监察之上的政府组织，但是这一法案在美国激起了广泛的争论，即使是今天这场争论也没有平息。

骇人听闻的食品和药品

19世纪后半叶，随着大批美国人离开农村涌入城市，乡村集市和当地屠夫让位给了大型食品生产企业和屠宰加工中心。购买食品的消费者，再也不能亲眼看着这些食物从头到尾做出来了，有毒有害的添加剂因此肆无忌惮的蔓延，侵蚀着美国的食品安全。

利欲熏心的商人把苯甲酸钠注入坏了的西红柿中，防止它继续腐烂，泼洒硫酸铜使蔬菜看起来更鲜嫩；肉类加工企业用硼砂除去烂火腿的臭味；而所谓的草莓酱是没有一点果肉的苹果皮加上葡萄糖制成的。面包商人为了节省面粉，竟然在原料中加入粉笔末、尘土和融水石膏。还有人在红糖里掺杂碾碎的虱子（表面看起来非常像红糖）。至于罐装火鸡里没有火鸡，橄榄油实际上是棉籽油，提纯威士忌几乎不含威士忌而大部分是人工色素这类的欺诈行为更是数不胜数。

如果说食物让人病得不轻，那么自南北战争后就开始在市场上泛滥的专利药品，就足以要人命了。所谓的专利药品并不就意味着这种化合混合物就真的有效，更不能说明这种药物的配方就真的是个创新的秘密。人们在吞下那些药丸药片之前，对其一无所知，比如平克汉姆这个美国专利药物生产公司，它的蔬菜合剂（vegetable compound）当时最广为流传。丽迪亚·平克汉姆（Lydia Pinkham）这个美国很有成就的医药专利所有人，声称她的植物合剂，可医治从神经衰弱到子宫下垂的任何妇女疾病。她的蔬菜合剂20%是酒精，成千上万个宣誓戒酒的女人，都在饮用，具有讽刺意味的事，丽迪亚夫人本人就是戒酒运动的倡导者。一种称为"Liquozone"的灵丹妙药，其实99%是水，再加上一点硫酸增加气味，却声称可以治疗37种疾病。一种给婴儿服用的，号称是滋润果汁的东西，竟然含有鸦片，会杀死成千上万个孩子。砒霜、可卡因和吗啡，在药品成分里随处可见。在马萨诸塞州医学会年会上，一位医师说：我坚信，如果把今天我们使用的所有药物全部倒入海里，那样会对人类健康更有益，却会把海中的鱼统统害死。

1906年，美国人的餐桌真正到了最危险的时候。当年的有关调查报告显示：每年有价值近30亿美元的掺假和贴着虚假说明书的产品流入市场，卖给消费者。这个价值总额是极其惊人的，它相当于美国南北战争整场战争的开支，是当时美国国债的3倍多。1906年，一位国会议员谈到："在美国，有15%～30%的产品要么掺假要么贴的是虚假说明书。"1905年根据各州食品法案进行的食品检查和关于食品方面起诉的调查数据显示：在某些州，高达56%的被抽查食品不达标，虽然大部分对不达标食品的起诉都获胜了，但是，这些被揭露出来的毕竟只是冰山一角，国内市场上到底有多少掺假产品和贴有虚假说明书的产品谁也说不清楚。

1906年法案之父哈维·威里

1906年的法案得以通过，大半要归功于哈维·威里（Harvey Wiley），但是整个过程的困难与艰辛只有威里自己最清楚，“我推动纯净食品和药品立法，被认为是古怪的人才从事的工作，很多人认为我缺乏基本的商业常识。”但哈维·威里坚持了下来，因而被称为“人群中的一座高山，好斗的一头雄狮”。

1844年，威里出生于美国印第安纳州的一个小镇，先后在西北基督徒大学、哈佛大学学习药学和医学，毕业后在普度大学任教9年。作为一个兼通药学、医学的专家，威里很早就注意到罐装食品为延长保存期而加入的各种化学添加剂对人体非常有害。他曾从事过葡萄糖研究，因而很早就反对过量使用葡萄糖作为食品添加剂。1883年，他开始在农业部下属的化学局工作，担任首席化学家，从此不遗余力地为推动纯净食品和药品立法而努力。他在各个地区建立起食品检验机构，1887～1893年，威里主持的化学局发表了由8部分组成的“食品和食品掺假”报告，指出许多食物都普遍存在掺假问题。他还常常举行各种演讲，指出掺假食品的巨大危害。他建议控制各州之间药品和食品的商业销售，因为“我发现我们每天消费的食品充满有害的细菌，以至于我都不敢去餐桌。”1902年，在他的领导下进行了一系列的试验，把一些常见的添加剂，如把硼砂和苯甲酸纳持续地注入一些志愿者身上，这些志愿者被称为“试毒小组”。试验结果证明，这些添加剂对人体非常有害，因此产生多种疾病，铁证如山，制造商们再也不能抵赖了。威里希望通过严格的药品立法，规定所有药品都要在标签上真实说明所含成分。1905年，威里和他的同事游说罗斯福总统建议颁布一部法律“以管制州间贸易中的食品、饮料和药品的掺假和伪造商标行为”。

此时，美国医学会也以自己的方式向国会施加压力，它向每一个参议员提交了一份呼吁食品药品立法的陈情书，参议员希伯恩（Heyburn）因此向国会提交了一份打假法案动议。

威里的行动还得到了当时要求变革的进步主义者的支持，扒粪记者在《妇女家庭杂志》和《克里尔》杂志上发表文章，让大众知晓了骇人听闻的食品药品内幕。

读过《丛林》之后，再也不想碰香肠了

尽管医师和药品销售商对那些名不副实的“专利药”深恶痛绝，但这些药品还是因铺天盖地的广告优势，在销售上遥遥领先。当时很多报纸都是靠吹嘘这些虚假的灵丹妙药生存，药品广告占总收入的一半以上。他们当然不愿意揭这些衣食父母的老底。但也不尽然，有很多杂志站出来与专利药品作斗争。

在20世纪的最后几年，《妇女之家杂志》明确禁止专利药品在封面上做广告。这份杂志上连续刊载了包括“关于专利药”、“专利药的咒语”、“专利药为什么是

危险的”、“赝品内部的故事”等文章。《国家周刊》（National Weekly）杂志定期推出“美国大欺诈”（The Great American Fraud）栏目，揭露那些含量和疗效与宣称不符的药品，并将相关药品制造商曝光。1905～1906年，塞缪尔•霍普金斯•亚当斯在《克里尔》杂志的频繁报道了市场上流行的假药，这些报道后来结集为《美国大骗局》。

更大的炸弹是1906年出版的新闻记者阿普顿•辛克莱（Upton Sinclair）的一本小说《丛林》（Jungle），辛克莱是个社会主义者，比起改造肉类加工企业有更高的目标。他希望他的小说引起美国人对劳工阶层悲惨处境的重视。在书中他对美国当时的肉食加工过程进行了穷形尽相的描写，成为当时卖得最好的一本书，也让当时的肉制品销售受到致命的打击，《丛林》中的故事发生在芝加哥的帕克镇，当地有达哈姆家族的联合畜产品加工厂。工厂向世人展示着现代化工业的优越性：生产高效率，资源充分利用。一小时可以宰杀500头牛，除去屠宰场的主产品肉食，还有一系列副产品：牛角制的梳子、发卡；牛蹄子冲压的纽扣；冲压边角料熬制的骨胶等等，都贴上“达哈姆”商标。来自立陶宛的小伙子吉盖的工作是给打晕的牛放血。比起上一道工序的伙伴们，抡着大锤砸晕几千条牛，吉盖的工作算是轻松。吉盖逐渐发现这个王国内部的黑暗和罪恶。从欧洲退货回来的火腿，已经长了白色霉菌，公司把它切碎，填入香肠；商店仓库存放过久已经变味的牛油，公司把它回收，重新融化。经过去味工序，又返回顾客餐桌；公司技术人员的才干就是把发臭的肉去掉味道；技术员们靠调味剂和染料就可以把同一种鸡肉做成松竹鸡、子鸡等不同品种的罐头；绵羊肉和羔羊肉都出自山羊身上……香肠车间的情况更不能声张，仓库的生肉在地板上堆成垛，你站在高处用手掌抹一把顶部，就能抹出一把老鼠屎；工厂为治服成群结队的老鼠，到处摆放了有毒的面包做诱饵，工人却漫不经心地将毒死的老鼠和生肉一起铲进绞肉机的进料漏斗；车间没有专用洗手池，工人就在一个水槽里搓洗油污的双手，这水槽里的水是要配置调料加到香肠里去的；掉在地上的生肉沾满尘土和锯末，没人注意，人们早已习惯在肉锭上走来走去，甚至直接在上面吐痰……“有结核病的工人拖着屠宰后的牲畜走过整个工棚，地板肮脏不堪。一堆堆腐烂的、被老鼠啃噬过的猪肉，一样被投入进料口，去生产香肠”，“一个工人由于不慎滑进了正在滚开的炼猪油的大锅里，谁也没有注意到。几天以后，人只剩下了一副骨架，其余的连同所炼的猪油一起拿到市场上去出售了。”

据说当时西奥多•罗斯福在白宫边吃早点边读这本小说。读到这里，罗斯福总统大叫一声，跳将起来。他把口中尚未嚼完的食物吐出来，又把盘中剩下的一大段香肠用力抛出窗外。读者们同样愤怒了，要求政府有所行动。罗斯福总统每天收到的要求整顿肉制品行业的信件越来越多，被触怒的总统给辛克莱的编辑去信：请转告辛克莱先生，让他回家歇着吧，让我掌管这个国家一会儿。已经在国会推诿4年之久的《纯净食品和药品法案》终于获得通过。

反对联邦立法的势力

在 1906 年法案签署以前，各个州与假冒伪劣的食品、药品的斗争持续了很多年。很多州已经通过了各自州内部的食品法案，但是要让联邦政府插手，却令许多政治家难以忍受，共和党控制的参议院两次驳回了纯净食品和药品法案。

随着越来越多的科学检测表明企业的欺诈行为使人们的健康受到了损害，国会对纯净食品和药品立法开始积极主动起来。1899 年，国会开始听取有关纯净食品的报告；到 1902 年，众议院和参议院都听取了包括食品、饮料、药品的掺假、欺诈行为的检查结果的报告。国会承认这些掺假、欺诈行为严重危害了公众的健康。正如 1906 年 1 月 23 日国会议员珀特•麦克库博尔在国会所宣布的："我们越来越清楚地认识到：我们的健康有赖于自身消费的食物，而不是那些事后治疗疾病的药物。我们越来越清楚地认识到：根据每个人不同身体状况而定的饮食不仅仅是最灵的万灵药，而且是避免疾病的最佳预防。"

阻碍联邦立法无法通过的势力还来自相关利益集团。整个联邦关于化学添加剂和食用色素使用的标准和规范始终不能建立，部分原因是因为罐装食品、药品和威士忌生产商以及其他一些商业利益集团担心，如果确定一种统一的标准和规范的话，势必会影响到他们的产品生产和销售。由于这些商业利益集团的反对，在 1879～1906 年这 27 年，尽管国会就关于制定整个联邦的食品和药品法案动议高达 200 多次，但都没有获得通过。

在 19 世纪的后 25 年里，大量外国食品和饮料产品进入美国市场，威胁到美国国内的生产商。早在 1875 年英国就颁布实施了全国性的纯净食品和药品法案，德国等国家也紧随其后颁布了类似法律。比起这些国家来，美国产品由于缺乏统一的行业标准和生产规范而毫无竞争力。一些外国竞争者甚至在美国建立了生产和销售基地，使其产品在价格上更具竞争力。

美国产品想打入外国市场却难上加难，因为毫无标准和规范的美国产品根本通不过其他国家的食品和饮料检查。一些国家甚至明确反对进口美国产品，例如在 1879～1891 年美国发生猪肉危机时，欧洲国家联合抵制美国猪肉。面对如此境况，美国的一些食品生产商们开始意识到有必要制定统一的行业标准和规范，以增强自身的竞争力。

在 1905～1906 年，大部分企业已经适应了联邦规定，他们示意国会可以签署法案了，至此反对法案的政治抵抗消失了。1906 年 2 月 21 日，参议院议长宣布他愿意听取法案，当天法案以 64 票赞成，4 票反对得以通过。在众议院以 241 票赞成，17 票反对，也顺利通过。

法案引发百年争论

国会通过的 1906 年法案分为两部分。

第一部分，肉制品检查法案（Meat Inspection Act）要求联邦政府监督检查所有在国内销售的肉制品，并且为这个行业制定统一的卫生标准。拒绝接受检查和卫生不合格的不得在国内销售。

第二部分洁净食品及药品法案，对食品和药品同样适用，实际上却软弱无力。法令禁止食品掺假，但是对药品的管理仅限于标签，只不过要求标签说明真实无误，不能误导消费者。药品可以宣传它的疗效有多么神奇，无论说法有多含混都行。

“民众可以享受纯净食品和真正药品的时代来临了”，《纽约时报》充满希望的高呼，而别的媒体不过把这个法案看作照亮未来国会应该遵循的道路的一点火花。

美国国会授权农业部化学局来执行1906年法案，威里领导下的化学局后来改名为美国食品药品监督管理局（FDA），当时只给了非常少的财政预算。在威里的领导下，联邦农业部化学局雇用了一批分析化学家，积极地对药品质量问题加以管理检查，并开展自己的实验工作。他们清查了收集死马的人，这些人专门倒卖死马，把死马肉当牛肉卖。他们起诉了 Cuforhedake Brane-Fude 药品，因为它的标签有歧义，但是胜诉之后，700 美元的罚款，很难与该公司从这个药品中赚到的 200 万美元相比。

根据1906年法案，美国食品药品监督管理局要在法庭上证明受到质疑的产品有害或者有造假之处，可制造商们可是寻找法律漏洞的老手，所以专利药品制造商们还是日进斗金，销售良好。1938年的新法案增加了FDA的威力，新法案规定：在商品上市之前，生产者要提供该产品安全无害的证明，并且禁止在疗效宣传上造假。

并不是每个人都能从1906年法案和随后的法令中受益。20世纪80年代的放宽管制运动（deregulation movement）攻击政府对每一项商业的监督管理，美国最大、影响力最强的保守派公共政策研究机构传统基金会（The Heritage Foundation）宣称政府监管最终负担都由民众负担。里根总统在任期内要求每一项新的商业管理法令都要通过白宫批准。当时FDA同样感受到了政治之手所给予的沉重压力，财政预算被大幅消减。

20世纪90年代，在制药企业的支持下，共和党国会试图消减FDA决定药品能不能进入市场的权力。中间温和派也发起了反击，要求政府承认自1906年起，FDA就拥有的和美国环境保护局、联邦贸易委员会、美国消费品安全委员会同样的监管权力。

今天有些人批评FDA，认为它束缚了发明革新的手脚，是民众接近特效药的障碍。另一方面，有些人说它太过宽大仁慈。比如默克制药公司风湿关节炎药 Vioxx，研究显示会增加患心脏病的机会，FDA 还是让它上市销售。来自两方面的抱怨和斗争，早在1906年就已经开始，这也许是为了制约商业自由、保护民众基本利益和罗斯福总统所说的政府对重大行业的权力三者之间的平衡。

（资料来源：张翼，白丁．2007．餐桌保卫战：美国的食品安全保护伞．世界博览，10.）

问题：

根据上面的这份材料，谈谈对食品监管的认识。

主要参考文献

曹汝英．2003．商品学基础．北京：高等教育出版社．

戴诗琼．2002．检验检疫学．北京：对外经济贸易大学出版社．

丁立言，张铎．2002．仓储规划与技术．北京：清华大学出版社．

冯毅，郭清山．2002．进出口商品检验实务．北京：对外经济贸易大学出版社．

冀连贵．1999．商品学概论．北京：中国财政经济出版社．

李晓慧，等．2000．服装商品学．北京：中国纺织出版社．

梁燕君．1997．现代商品学．北京：科学出版社．

刘爱珍．1998．现代商品学基础与应用．上海：立信会计出版社．

刘北林．2003．海关商品学．北京：中国物资出版社．

刘联辉．2003．超市物流．北京：中国物资出版社．

刘培刚．1997．商品知识与质量鉴别，北京：中国商业出版社．

刘先德．2010．食品安全与质量管理．北京：中国林业出版社．

刘一铭．1993．现代时装设计入门．杭州：浙江人民美术出版社．

罗克波特出版公司．1999．包装设计．北京：中国轻工业出版社．

苗述凤．2003．外贸商品学概论（修订版）．北京：对外贸易教育出版社．

牛变秀．2002．现代商品学基础．北京：人民邮电出版社．

任商言．1993．如何识别假冒伪劣商品．北京：北京民族出版社．

万融．2008．商品学概论（第三版）．北京，中国财政经济出版社．

万融，等．1996．现代商品学概论．北京：中国财政经济出版社．

江卫华，吴明涛．2010．北京：清华大学出版社．

汪永太．1997．商品学概论．北京：中国商业出版社．

汪永太，等．1996．商品经营知识．合肥：安徽科学技术出版社．

王婉芳．2010．商品学基础知识．北京：清华大学出版社．

王孝达．2000．金属工艺学．北京：高等教育出版社．

魏国辰，等．2002．怎样编写商品说明书．北京：中国物资出版社．

吴广清．1996．商品学概论．北京：中国商业出版社．

谢瑞玲．1999．商品学知识．北京：高等教育出版社．

杨可桢，程光蕴．2000．机械设计基础（第 4 版）．北京：高等教育出版社．

杨天赐，吴伯诚．1994．进出口商品检验．太原：山西经济出版社．

尹章伟．2001．商品包装知识与技术问答．北京：化学工业出版社．

于立和．1997．常见伪劣商品识别．北京：经济科学出版社．

叶梅．2007．外贸商品学教程（修订本）．北京：中国商务出版社．

袁观洛．2005．纺织商品学（第二版）．上海：东华大学出版社．

俞仲文．2001．物流运输技术与实物．北京：人民交通出版社．

张建新．2006．食品标准与法规．北京：中国轻工业出版社．

张志强．1996．商品养护与保管．北京：中国商品出版社．

赵仁德．1998．商品学分论．北京：中国商业出版社．

赵苏．2006．商品学．北京：清华大学出版社．

中国物品编码中心．1992．商品条码应用技术．北京：中国标准出版社．

中国物品编码中心．2003．条码技术与应用．北京：清华大学出版社．

刘燕明．2001．商品名称及编码协调制度国际公约读本．北京：中国海关出版社．

周福义，杨世明．2001．机械基础．北京：中国纺织出版社．

诸鸿．1995．商品销售包装的功能分析．杭州：包装世界杂志社．

诸鸿，等．1995．日用工业品商品学．北京：中国人民大学出版社．

祝燮权．2003．实用金属材料手册．上海：上海科学技术出版社．

孙参运．2011．商品学基础与实务．北京：中国财政经济出版社．

孙远明．2010．食品营养学．北京：中国农业大学出版社．

国家认证认可监督管理委员会，http:www.cnca.gov.cn．

中国质检总局，http:www.aqsiq.gov.cn．

中国质量新闻网，http:www.cqd.com.cn．

中国食品商务网，http:info.china.alibaba.com．

中国标准服务网，http：cssn.net.cn．

中国强制产品认证制度，http：edu.china.com．